普通高等院校规划教材

大学体育教程新编

第二版

执行主编　黄恩洪　陈宏星

主　　编　易　勤　孔　军　陈帮军
　　　　　乐建军　查吉陆　赵　杰

副 主 编　王晓红　汪　英　魏四成　汪　青
　　　　　郑立红　邹玉享　李浩智　唐宝清
　　　　　张　洁　刘飞平

编　　委　王叶峰　张　雷　骆晓玲　杨立春
　　　　　郭冉冉　徐素华　吴　刚　黄　靖
　　　　　汪金安　涂永民　陈福海　王佳茵
　　　　　郑　涛　贺新家　黄亚彬　郭　浩
　　　　　王寒西　黄　林　潘丛华　孙彩红
　　　　　吴　雪　李圣傅　王　昆　李　赛
　　　　　童为城　邵　丽

WUHAN UNIVERSITY PRESS
武汉大学出版社

图书在版编目(CIP)数据

大学体育教程新编/黄恩洪,陈宏星执行主编;易勤,孔军,陈帮军等主编.—2版.—武汉:武汉大学出版社,2010.8(2014.8重印)
ISBN 978-7-307-07743-0

Ⅰ.大… Ⅱ.①黄… ②陈… ③易… ④孔… ⑤陈… Ⅲ.体育—高等学校—教材 Ⅳ.G807.4

中国版本图书馆CIP数据核字(2010)第079716号

责任编辑:高 璐 责任校对:王 建 版式设计:马 佳

出版发行:武汉大学出版社 (430072 武昌 珞珈山)
(电子邮件:cbs22@whu.edu.cn 网址:www.wdp.com.cn)
印刷:黄石市华光彩色印务有限公司
开本:787×1092 1/16 印张:22 字数:532千字
版次:2008年8月第1版 2010年8月第2版
2014年8月第2版第10次印刷
ISBN 978-7-307-07743-0/G·1565 定价:28.00元

目　录

前　言

体育理论、体育精神、体育体制、体育规范、体育伦理、体育智慧、体育惯例和体育风尚等是人们通过长期的体育实践创造的物质财富和精神财富的总和，是体育文化。在当代合格人才的培养过程中，良好的文化起着极大的促进作用，其中学校的体育课程又为当代合格人才的全面成长提供了一条具体途径。通过体育课程的教学活动，探索成才的客观规律，了解体育的本质与功能，明确体育的目的和身心健康的系统知识，构建自身全面发展的合理机制；通过体育教学活动，学会科学锻炼身体的方法，养成自觉锻炼身体的良好习惯，树立终身体育的观念。通过体育教学活动，不断增强体质，增进健康，了解并提高自身的综合素质，努力使体育与运动成为自己生活中不可分割的一部分。通过体育课程的教学活动，使大学生们懂得，当代合格人才的健康包括身体健康、心理健康、社会适应能力强，此外还应包括学会生存、学会做人、学会生活、学会创造。

为了加强体育课程建设，提高教学质量，我们组织有关专家、教授，按照 2002 年教育部颁布的《全国普通高等学校体育课程指导纲要》的基本要求，结合教育部、国家体育总局实施《国家学生体质健康标准》的通知，根据中共中央 2007 年 7 月文件《中共中央、国务院关于加强青少年体育增强青少年体质的意见》的精神，面对高校的现实状况，遵循体育课程建设的客观规律，广泛参阅多本优秀教材，编写了这本集理论与实践于一体的《大学体育教程新编》。

编写本书的指导思想是：切实贯彻中共中央、教育部和国家体育总局的一系列文件精神，按照文件精神规定的原则和要求，以全新的体育健康观，牢牢把握体育教育，建立以增强学生体质、发展学生基本活动能力、培养学生自愿参与体育锻炼的习惯为主线的教材体系；借鉴和吸取体育界最新的研究成果，最大范围地满足当代大学生的需求，集科学性、先进性、时效性、全面性于一体，遵循大学生的身心发展规律和兴趣爱好，力争做到精炼规范、涵盖面宽、通俗易懂、指导性强。

本书共分十八章。第一章至第五章为理论部分；第六章至第十八章为实践部分。全书从社会学、心理学、人文学、生物学、营养学、生理学、运动力学的不同角度，论述了人体健康的基本原理与指导性的锻炼方法。同时，在教材的阐述上，注意了理论与体育、生活实践的联系，突出了作为“方法学、应用学”学科的特征，加强了具体操作和使用方法的介绍。在教材内容的选择上，为适应不同学校、不同形式的教学和自学参考需要，除以常规内容作为基础外，还选择了一些目前开始广为开展的新内容。为了便于学生自学、自检，以提高实际效果，本教材对《国家学生体质健康标准》也作了介绍。总之，本书具有知识性、科学性、针对性和实践性相结合的特点，通俗易懂。《大学体育教程新编》一书既是普通高校的教科书，又是当代大学生的良师益友。

本书的编写工作得到了教育部体育卫生与艺术教育司和全国普通高等学校体育指导委

员会的领导及专家的关心和指导，以及全国众多高校的专家、教授的无私支援，武汉大学出版社对本书的出版给予了很大的帮助，在此对所有关心、支持、指导和帮助本书成稿、出版作出贡献的单位和个人致以诚挚的谢意。

在编写的过程中，我们参考了众多优秀的专业书籍，在此向有关的作者致以诚挚的感谢。

由于编写人员水平有限，不妥之处在所难免，恳请广大读者给予批评指正。

编　者

2008年5月

第一章　学校体育概述

第一节　体育的概念

所谓概念，是指对某一事物属性的一种准确判断。那什么是“体育”呢？19 世纪 60 年代，由西方传入的“体育”（Physical Education），其意是指同维持和发展身体的各种活动有关联的一种教育过程。近几十年来，随着人类社会的不断进步和体育实践的日益丰富，当出现体育教育、竞技运动和身体锻炼三个既有区别、又互为联系的内容，并逐渐形成与教育、文化相并列的新体系之后，原指体育教育的“体育”概念已不能涵盖具有相对独立体系的“竞技运动”和“身体锻炼”。根据我国体育发展的特点和规律，可以为“体育”下这样一个定义：体育是一种特殊的社会现象，它是以发展身体、增强体质、增进健康为基本特征的教育过程和社会文化活动。它应包括体育教育、竞技运动和身体锻炼三方面内容。体育既受一定的社会政治、经济的影响和制约，也为一定的社会政治、经济服务。同时必须指出，体育的概念并非一成不变的。随着社会的不断发展，人们对体育的认识还会进一步深化。

第二节　体育的组成

体育从产生、发展到现在，都是随着社会生产力的发展而发展的，都带有明显的时代特征，它受一定社会政治、经济的制约，也为一定社会的政治、经济服务。现代体育由学校体育、竞技体育、群众体育组成。

一、学校体育

学校体育是学校教育的重要组成部分，是全民体育的基础。它是按不同教育阶段和年龄特征，通过体育课程、课余体育训练及课外体育活动这三种基本形式，围绕着“增强体质”这个中心，全面实现学校体育的各项任务，使学生在德、智、体、美几方面都得到发展。随着社会不断发展，现代体育教育既重视增强体质的近期效益，又注重培养学生的体育意识，讲究体育锻炼的科学性，进行终身体育教育，为学生终身体育打下良好的思想、技能和理论基础。学校体育还将为国家培养和输送竞技体育人才，以适应当代社会和青年对日益增长的精神、文化生活的需要。

二、竞技体育

竞技体育是为了最大限度地发挥个人或集体的运动能力去争取优异成绩而进行的运动

训练和竞赛。目前有50多种运动项目用于国际比赛。由于竞技体育的表演技艺高超，竞争性强，极易吸引广大观众，因此它富有感染力，又容易传播精神力量，在活跃社会文化生活、振奋民族精神、提高国际威望、促进友谊等方面都有着重要的意义。当前随着竞技水平不断提高，为了应对日趋激烈的赛场竞争，正采用先进的科学训练方法和手段，以探索人类运动的极限。我国在竞技体育方面从一个极其落后的国家发展为亚洲体育强国，并向世界体育强国迈进。

三、群众体育

群众体育也称大众体育或社会体育，是以健身、健美、娱乐、医疗为目的，内容丰富、形式多样的体育活动。国内外经常提到的娱乐体育、休闲体育、养生体育等均可列入此范畴。现代社会的生产、工作和生活节奏加快，只有保持健康的身体和旺盛的精力才能适应这种节奏。同时，现代科学技术既给人类带来了舒适和方便，也带来了许多不利因素，如环境和大气污染，生态失去平衡，缺乏运动和营养过剩等造成各种“文明病”。人们越来越认识到，只有科学地进行体育锻炼，才能保持和促进身体健康。因此，大众体育是现代社会的一种生活方式，也是提高生活质量必不可少的手段。目前我国的各种“健康城”、“康复中心”和“健身俱乐部”正吸引着大批体育爱好者。

第三节 体育的功能

一、体育的健身功能

“强身健体”是体育的本质功能。体育以身体运动为基本表现形式，通过科学组合的身体锻炼给予各器官、系统以一定量和强度的刺激，促使身体在形态结构、生理机能等方面发生一系列适应性反应和趋优变化，从而增强体质，增进健康。

（一）体育对增进健康的作用

“身体健康”是指正常的生长发育、良好的生理功能、平衡的心理、充沛的精力及承担负荷后的适宜反应。那么怎样才能促进和保持身体健康呢？早在公元前300年，古希腊伟大思想家亚里士多德“生命在于运动”的名言，就深刻寓意了运动对身体健康所起的重要作用。后来医学关于“适者生存”、生理学关于“用进废退”的原理又证明：人的健康状态和工作效率，不仅取决于全身各器官、系统的功能和相互的协调，还有赖于使身体获得对自然和社会环境的适应能力。而这种能力的获得，除受制于不同的生活环境外，还在相当程度上与体育锻炼休戚相关。实践证明，科学地从事体育锻炼，由于中枢神经和内分泌系统产生的良好刺激，对促进人体新陈代谢，改善血液循环和呼吸功能，延缓有机体适应能力的降低，推迟生物体各组织器官结构、功能发生退化性变化都有明显的效果。因此，为了促进青年人的生长发育，为了使中年人保持旺盛的精力和老年人延年益寿，凡是经济发达国家，都大力提倡“为生命而跑”、“为健康散步”……

早在20世纪70年代就有人提出生理——心理——社会医学的新模式，强调在健康诊断中，应包括和考虑由社会环境引起的心理活动因素，并把良好的心理调节能力和讲究精神卫生作为判断精神健康的基础。诚然，影响这种“基础”的因素很多，但体育锻炼所起的作用是至关重要的。因为通过各种体育锻炼，可以增强人的意志品质，催人奋发进取，培养集体观念，加强组织纪律性，协调人际关系，从而促进提高心理调节能力，有利于排除各种不健康的心理因素，使人体在与环境的和谐统一中变得欢乐、轻快和活泼，最终达到精神健康的目的。

（二）体育对增强体质的作用

在现实生活中，带有不健康因素的人总是属于大多数。据医学统计，世界上约有50%～70%的人都有异常表现，如果再进行更精细的检查，这种异常率就会更高。但为何这些不健康因素往往不被人所察觉呢？其实这正是体质对健康的弥补作用。

体质作为健康的物质基础，既然意义如此重要，那么体育对增强体质的作用又如何呢？实践证明，科学的体育锻炼在改造人体器官、系统方面所起的作用，不仅有利于骨胳、肌肉的生长，促使身体形态与内脏器官正常发育，而且还能提高人体对外界的适应能力，改善血液循环、呼吸、消化等系统的机能状况，使人的"防卫体力"得到提高。另外，系统进行体育锻炼对发展力量、耐力、灵敏、柔韧等素质有十分明显的功效。这表明，当"防卫体力"和"行动体力"得到同步发展时，人体就能充分发挥潜在的运动功能，改善对环境的适应能力，最终达到增强体质的目的。

二、体育的教育功能

教育功能是体育最基本的社会功能，就其作用的广泛性而言，它对人类社会产生的影响，是体育的其他社会功能无法比拟的。所以，人们都高度重视体育在教育中的作用。

（一）体育在学校中的教育作用

马克思主义关于教育的经典论述，从来都把体育视为学校教育不可缺少的组成部分，并始终重视它在这个特定领域里对培养全面发展人才所起的重要作用。因此，利用身心共同参与其过程的有利条件，培养学生将来担任社会角色所必备的修养，以适应未来社会生活和工作的需要，是体育在学校发挥教育作用的主要使命。为达此目的，学校通过完整的体育教育过程对受教育者进行政治思想、意志品质、道德情操和发展身体的教育，使他们获得基本的体育理论知识，掌握必要的运动技能，学会科学锻炼身体的方法，提高运动实践能力并养成锻炼身体的习惯。

（二）体育在社会中的教育作用

就社会教育意义而言，由于体育所独具的活动性、技艺性、竞争性、群聚性、国际性和礼仪性等特点，它作为一种传播体育价值观的理想载体，在激发爱国热情、振奋民族精神及培养社会公德、教育人们要与社会保持一致性方面等，具有极大的社会教育功效。大家都有这样的体会，当置身于社会群体之中，因为竞赛的礼仪形式、激烈的竞争气氛、高超的表演技巧和比赛的胜负结果等因素，在同伴与同伴之间、同伴与对手之间、观众与运动员之间产生极其复杂的感情交流，并激起人们的荣誉感、责任心、集体观念、民主意识和奋发向上的进取精神。这种通过体育实践诱发的社会教育因素，使体育的社会影响变得更加深刻，并产生不可低估的社会教育作用。比如，当我国女子排球队员在世界大赛中连续五次夺冠时，全国人民无不为她们的胜利欢欣鼓舞，国家号召"以女排精神搞四化"，不少人因此决心在坎坷与逆境中奋起。又如，在我国举办第十一届亚运会和争办2008年奥运会期间，几乎举国上下都以高昂的热情投身于其中，人们那种为祖国荣誉作贡献的精神，不但表现了中华民族的自尊、自强和自信，而且在全国范围内树立了讲科学、求实效、快节奏、高效率等现代社会意识。

三、体育的娱乐功能

“娱乐身心”是被挖掘和利用较早的体育社会功能。在体育粗具雏形的原始社会，原始人在狩猎之余用以宣泄情感而进行的嬉戏活动，虽缺乏明确的目标和稳定的运动方式，却已通过这种潜意识行为，反映出原始人对精神生活的需求。据《帝王世纪》记载：“击壤而歌”就是原始人在休息时伴之唱歌的一种游戏活动；《太平清话》还记载了始于黄帝时代用于调节军士枯燥生活的蹴鞠活动。体育形成初期，亦即古代开展民族、民间体育阶段，许多供娱乐消遣的身体活动项目，常在节日庆典、宗教仪式和表演技艺中出现，对调节和丰富人民生活起着重要作用。在同时代的欧洲，自进入文艺复兴时期，人文主义者和新型资产者以“提高和改善人类的生活”为宗旨，大力提倡消遣娱乐活动，并利用各种体育手段开展社交。

随着物质产品不断丰富，余暇增多，人们为享受生活和善度余暇，使体育的娱乐功能有了更广泛的发挥。比如，现代都市生活使人与大自然几乎隔绝，但参加户外体育活动，可以调节生活，使人享受返回大自然境界的乐趣；随着工作紧张和生活节奏加快，体育锻炼有利于密切人际交往和享受集体聚会的乐趣；通过参与体育竞赛活动或从事一些惊险性体育项目，可以在体力向自然的挑战中，体验创造人生价值的乐趣；经常欣赏体育比赛和表演，可以从运动员的高超技艺中得到美的艺术享受。目前，我国为了丰富人民的业余文化生活，移风易俗，建立良好的社会风气，通过实施《全民健身计划纲要》来寻求适合我国国情的最健康的、理想的体育娱乐方式，以便让大家在和谐的氛围中获得精神快感，使工作和劳动中造成的精神紧张、脑力疲劳和紊乱的情绪得到调解，最终达到“净化”心灵和充分享受生活乐趣的目的。

第四节　高等学校体育的目的和任务

一、高等学校体育的目的和任务

在现代教育和科学的框架上，高等学校体育应该有自己恰当的位置。它是属于教育学和体育学下的一个学科层次，应该充分体现体育和教育的共同属性。一方面，高等学校体育是学校教育的重要组成部分，其目的应和学校教育的总目的相一致；另一方面，高等学校体育又是体育的一个重要方面，它又应该充分体现体育的属性，即要以运动和身体练习为基本手段，提高人的潜能，增强体质，增进身心健康，促使大学生的全面发展。所以，综合来讲，高等学校体育的目的就是以运动和身体练习为基本手段，对大学生机体进行科学的培育，在提高人的生物潜能和心理潜能及社会适应潜能的过程中，进德、益智、促美，达到全面发展的教育总目的。

二、高等学校体育的任务

高等学校体育的目的是通过完成以下五方面的任务来具体实现的。

（一）增强学生体质，促进学生身心健康

增强体质是高等学校体育的首要任务。体质的增强，除了意味着骨骼、肌肉、内脏各器官和系统的增强之外，更意味着大脑机能的改善。它反映为：中枢神经系统对机体发展、发育和人体运动的控制力，神经系统各器官机能的支配力，大脑皮层对各器官活动协调力等。

个体生命的健康存在是保证人的全面发展的物质基础，而人的一切活动都是在大脑指挥下实现的。人的一切正常活动都是在大脑相应部位正常反应的结果，人的一切不正常活动都是大脑相应部位的异常反应的结果，而人的大脑反应的病态和终止也就意味着人的个体行为的障碍和生命的结束。体质增强还包括大脑的灵活性和协调性。体育活动对大脑的锻炼有独到的作用，这一点在当今知识信息时代来临的背景下更显得重要。全面增强学生体质有赖于有目的、有组织的系统运动和练习。要在学生生长发育良好的前提下，实现体姿健美；在机体结构全面发展的基础上发展学生的“自稳态”；增强免疫力，促使学生精力充沛，生命力旺盛。

（二）促使学生努力掌握体育的基本知识、基本技术和基本技能

通过“三基”知识的学习，教会学生科学的身体锻炼方法，培养学生终身参加体育锻炼的兴趣、能力和习惯。引导学生正确地从事运动和身体练习，必须经过一个由感知到理解，再到巩固和应用的过程。在此过程中的一个重要的转折点便是智力和体力相结合，它不仅表现在运动及身体练习中，而且表现在它们的结果上。高等学校体育应充分体现智力和体力的结合以及理论知识和实践能力的科学组合。

（三）培养学生的道德意志品质

在体育中对学生进行共产主义道德品质的教育，决不是运动及身体练习与政治口号的生硬结合，而是要通过运动及身体练习来对学生进行知、情、意、行的教育，最终提高学生的思想品德修养。在此过程中要特别注意培养学生参与和完成运动及身体练习的毅力。同时，学生的行为是受他的理想、信念和情操所支配的，因此在高等学校体育教育过程中，应十分注意培养学生高尚的情操，通过发展精神品质来更有效地完成体育教育的任务。

（四）培养学生审美和创造美的能力

体育与美，自古以来就紧紧相连。运动是力和智慧的结合，身体练习是意念和形体的统一。人可以用自身的“造型”来表现对客观世界的认识，并通过“造型”达到其增强功能的效果。在运动及身体练习中，学生通过韵律体操、竞技体育、基本体操和律动来表现“造型”的艺术美。美的心灵、美的情操都是通过美的举止、美的造型来表现的。因此高等学校体育应十分注意培养学生高尚的情操，使“外在美”与“内在美”很好地统一起来。

（五）培养高水平的运动员

多出人才，出好人才，这其中当然也包括出优秀的体育人才，出世界冠军。我们应该充分发挥高等学校在师资、器材、设施和多学科交叉方面的优势，充分认识大学生的心理、生理特征和体力、智力优势，把部分有运动天赋和运动才能的大学生培养成为高水平的运动员，这是时代赋予高等学校的新的使命。

第五节　高等学校体育的基本途径

国家为我们规定了为社会主义现代化事业培养德、智、体全面发展的建设者和接班人的培育目标，但是，高等教育和高等学校体育的目的与任务都不会自动实现，它必须通过多种多样的组织形式为其提供具体途径，并实施相应的教学计划才能得以实现。

在我国的高等学校体育教育过程中有以下几种基本组织形式。

一、体育课程

体育课程是我国高等学校教学计划的重要组成部分，被视为高等学校体育教育的中心环节，也是高等学校体育教育的最基本的组织形式。它为确保高等学校体育的目的和任务的圆满实现提供了具体途径。

中华人民共和国成立以来，我国高等学校均设置了体育课程，国务院教育部批准颁发的《学校体育工作条例》，《全国普通高等院校体育课程教学指导纲要》明确规定："普通高等学校的一、二年级必须开设体育课程……对三年级以上的学生开设体育选修课程。"这一法规为加强高等学校体育课程建设提供了人、财、物、时间、信息等方面的重要保证，将有力地推动我国高等学校体育课程建设。

通过体育课程这种特殊的组织形式，逐步树立正确的体育观念，了解体育的基本知识，掌握锻炼身体的基本技术，形成较强的体育意识，增强自身的体育能力，培养自觉坚持参加身体锻炼的兴趣和习惯，接受潜移默化的良好品德教育，增强审美和创造美的能力，深刻领会体育教育与成才的内在联系，从生存、发展、享受等不同层次的需要上去理解体育给自身和国家、民族带来的好处，学以致用，勇于实践，充分理解体育课程目标与高等学校体育目标的一致性，把握参与体育课程学习的良好时机，努力完成体育课程的各项任务，自觉地使体育与运动进入自己的生活，为成才和奉献打下坚实的物质基础。

二、课余体育活动

高等学校的课余体育活动是体育课程的延续和补充，是高等学校体育教育过程中不可分割的环节，它为实现高等学校体育的目的和任务提供了又一重要途径。课外体育教学是学校体育的基本形式，其目的在于增强学生体质，培养学生自觉锻炼身体的习惯，同时可以陶冶学生情操，丰富学生文化生活，发展学生个性，对于完成本课教学任务具有潜移默化的作用。

我国进入改革开放的新的历史时期以来，许多高等学校倍加重视为课余体育活动注入时代气息，在内容和形式上均有较大突破，已经收到了令人满意的实效。课余体育活动主要有以下几种形式：

一是早操。早操即清晨运动，是每天起床后坚持的室外活动，是大学生合理的作息制度中的重要组成部分。大学生坚持做早操，不仅是锻炼意志，养成良好的卫生习惯，促进身体健康的良好措施，也是每天从事脑力劳动的准备活动，它可以使神经兴奋，活跃生理机能，形成良好的生理状态。早操活动时间一般以15～20分钟为宜。形式可以集体组织与个人活动相结合。内容多以健身跑、广播操、打拳、健美操以及各种身体素质锻炼为主。

二是早操课间活动。课间活动（课间操）是文化课下课后在教室周围进行的几分钟轻微活动或两节课后休息期间进行的体育活动。目的是活动躯体，进行积极性的休息，为下一堂课的学习注入更充沛的精力。课间活动时间一般为 3～10 分钟。形式以个人活动为主。以散步、广播操等为主要内容。

三是课外体育锻炼。课外体育锻炼是大学生结束一天课程学习后，利用每天下午第七、八节课的时间，进行有目的、有计划、有组织的体育活动。搞好课外体育锻炼，可以使大学生增强体质、增进健康、陶冶情操、丰富知识，达到身心完善、精神饱满的目的。课外体育锻炼时间一般在 1 小时左右。形式以班集体、单项体育协会组织为主，也可以结合个人锻炼，还可结合小型多样的竞赛活动。各校还可以从实际出发，因人、因地、因时制宜地开展活动。

四是课余体育训练与体育竞赛。课余体育训练与体育竞赛是高等学校利用课余时间对部分身体素质较好并有体育专长的大学生进行系统训练的一种专门教育过程，是实现高等学校体育目的的重要组织形式之一，它有助于提高我国大学生运动技术水平。参加不同层次的竞赛，还能为学校培养一支体育骨干，有利于推动学校群众性体育活动的开展。目前全国有很多大学组办了各个项目的高水平运动队。中学也试办传统体育项目的重点学校，同大学挂钩，形成一条龙试办高水平运动队学校。

五是全校性的运动会和体育节。一年一度的校田径运动会和体育文化节都把各个高等学校的体育教育推到了本年度的高潮。以运动会为舞台给全校师生公平竞争的机会，在拼搏中找寻个人的成功，在竞争中增强集体的凝聚力，每一次校运会体育文化节成功，都给学校带来新的活力。近年来，我国高等学校中的一些有远见卓识的领导人，在加深了对教育和体育的本质与功能的认识之后，明智地作出决定，在自己学校的校历中，安排为期 10 天到半个月的体育节，全校动员、宗旨明确、内容丰富、情趣高雅、组织严密、效果良好，有如盛大节日一般。

六是野外活动。野外就是指山、河、湖、海、草原、天空等自然环境，野外活动就是指在这种自然环境中开展的各种活动，它是由活动环境、活动主题、活动内容构成的。野外活动的内容主要可分为陆域、水域、空域。根据活动的范围可分为：陆地运动、水上运动、冰雪运动、空中运动或称作新体育运动；按活动的性质还可分为：有竞技性的活动、健身娱乐性活动、教育活动。野外活动是一项具有陶冶情操、强身健体、消除疲劳等效能，深受青少年和广大人民群众喜爱，是其他运动所不能替代的有益活动。其活动特点决定了它对青少年的教育意义，因而已成为发达国家学校教育的内容和终身体育不可少的部分。所以也应把推广野外活动列入我国学校体育之中，使之在促进社会主义精神文明建设，培养青少年爱国主义、集体主义，以及在提高整个国民素质诸多方面发挥积极作用。

第二章　大学生的身心健康

第一节　现代健康观

什么是健康？健康的本质是什么？这一直是人们所关心的古老而又现实的问题。人们对健康的认知总是与对世界、对宇宙的看法联系在一起的。人们对世界、对宇宙的认识观点不同，对生命、对人体的认识也就不同。不同的历史阶段对健康有不同的理解，并赋予健康不同的内涵，不同的学科研究也从不同角度给予健康不同的界定。

一、现代健康观的内涵

现代健康观应以具有权威性的世界卫生组织对健康的定义为认识基础，不能单纯地从人的生物性方面来考察健康问题，而应更全面、客观地从生物、心理、社会三方面来探讨人的健康。以生物、心理和社会为基础的健康模式，包括以下几个方面的重要内容：

（1）生物因素。人是一种生物。具有生物属性的人的健康必须是躯体结构与功能正常。一般来说，健康会受到多种不利因素影响，如自然因素、体质因素、遗传因素等。

人对这些影响健康的生物性不利因素的行为反应有两种，一是适应，二是改造。人类在进化过程中，不断增强与生物性健康环境平衡的能力和抵抗疾病的能力，这便是适应。人通过掌握自然科学的客观规律，发挥科学技术的力量，主动避免、控制和消灭影响健康的不利因素，积极预防与治疗疾病，通过各种形式的身体活动增强体质，这便是改造。

（2）心理因素。心理活动是人脑的机能，是人脑对客观世界的反映。人的健康应当包括心理健康，即气质、性格、情绪、智力、心理年龄、心理活动等都应处于一种正常状态。心理活动是在生命活动的基础上产生的，反过来又通过情绪的中介作用影响人体内脏器官的生物生化变化。积极的情绪可增进健康，延缓衰老过程；消极的情绪则会损害健康。心理因素可以致病，也可治病。良好的心理状态有利于疾病的预防治疗和身体的康复。

（3）社会因素。构成人的属性是其自然性和社会性。人的健康的社会因素是指人具有正常的社会生活方式与社会活动能力，包括政治、经济、文化、风格、习惯、职业、社交、婚恋、经历、地位、人际关系、生活方式等诸多方面。积极的社会因素能促进人的健康，消极的社会因素可导致疾病。社会因素在更多的情况下是通过一些中介因素导致疾病和影响健康的。例如，工业生产的迅猛发展，本应是人类进步的表现，但如果人们片面地追求经济发展，而忽视环境保护，使工业废物过多地进入生态环境，将给人们的健康带来极大的危害。

对社会因素所导致的疾病，主要靠改变社会条件来防治。人对于社会因素造成对健康的危害，不能采取被动的行为——适应，而应是采取主动的行为——不断地改造社会环境，消除社会致病因素，积极争取健康。

二、树立“健康第一”的理念

人类已跨入知识经济的新世纪，在充满竞争与挑战的新世纪里，拥有大批高素质的人才是一个国家可持续发展的优势。健康的体质是思想道德素质和科学文化素质的物质基础，是高素质的人才成才的物质基础，“健康第一”是新世纪合格人才和提高人类生活质量的新理念。随着社会的发展进步，人类正沿着文化——科学——经济——健康——长寿这个文化历史的轴心，螺旋式地向前发展。人类对健康的认识过程也在由过去的“疾病学”向“健康学”的方向发展。21 世纪的国际竞争，就是高素质的国民和专门人才的竞争。没有高素质的国民和专门人才，就很难占领激烈竞争的制高点。所谓高素质的人才，就是德、智、体全面发展的合格人才。健康是人一生关注的永恒主题。树立“健康第一”的理念，将对人类的发展和社会进步，对我国在新世纪的改革与发展产生深远的影响。

第二节　体育运动对身体机能的作用

身体机能是指人体在新陈代谢作用下各器官系统工作的能力。运动锻炼可以提高各器官系统的机能，尤其是神经系统、心血管系统、呼吸系统和消化系统。

一、运动能改善和提高中枢神经系统的工作能力

第一，使人头脑清醒、思维敏捷。人脑是人体的最高指挥部，人体的一切活动的指令都是由大脑发出的。大脑只占人体重的 2%，但它需要的氧气却要由心脏总流血量的 20% 来供应，比肌肉工作时所需血液量多 15% ~20%。进行体育运动，特别是到大自然中去活动，可以改善大脑供血、供氧情况，促使大脑皮层兴奋性增加。此外，体育运动是以肌肉活动为核心，要完成任何一种锻炼活动，相应的肌肉都得有规律而协调地收缩，这不仅要求肌肉有一定的力度，而且对动作的幅度、动作的速度和动作的节奏都有要求，这些实际上都是在神经系统的调节和控制下完成的。这样的一些过程对神经系统是一个很好的锻炼，使兴奋和抑制、传导和反应等都能得以改善，表现为大脑皮层神经过程的兴奋性、均衡性和灵活性提高，反应的潜伏期缩短，大脑及神经系统的机能改善，使经常运动的人精力充沛，动作敏捷，思维灵活。

第二，解除疲劳和精神紧张，改善睡眠。经常参加运动的人，由脑垂体产生一种称为乙种内啡呔的物质。这种物质能增加对疼痛的耐受性，它还能降低血压，抑制食欲，并给运动者以愉快和健康的感觉。

第三，防止脑动脉硬化，维持大脑良好的血液供应。脑动脉的硬化是由于血液内胆固醇含量过高所致。科学研究证明，体育活动可使血液总胆固醇含量降低，尤其是低密度脂蛋白胆固醇降低，提高高密度脂蛋白胆固醇含量，从而清除沉积在血管壁上的胆固醇，防止动脉硬化。

第四，提高体温调节中枢的机能，增强人体耐寒耐热的能力。一个训练有素的人既不畏冰天雪地的严冬，也不怕炎热的酷暑，这是因为运动中神经系统的调节能力会得到改

善，特别是体温调节中枢的机能会加强。在寒冷的环境中进行锻炼，由于下丘脑产热中枢的兴奋，提高了机体的产热过程，同时皮肤血管收缩使散热减少；而在酷热的环境中进行锻炼，下丘脑散热中枢的机能加强，可使机体散发更多的热量，以便维持正常体温。

二、运动能改善心血管系统的形态结构和机能

第一，提高心肌利用氧的能力。经常参加体育运动，可以使心肌兴奋性增高，收缩力加强，冠状动脉扩张，血流改善，心肌利用氧的能力提高，从而使心脏的功能得以加强。运动时，由于肌肉的活动，心脏的工作量增加，心肌的血液供应和新陈代谢加强，心肌纤维增粗，心壁增厚，心肌中的毛细血管口径变大，数量增多，供血量相应加大，使心脏具有更大的收缩力，同时使心脏增大。一般人心脏重约 300 克，运动员可达 400 ~ 500 克。这种心脏增大称为功能性心脏增大。

第二，提高心力储备。坚持运动，可以提高人体的心力储备，增进健康。心力储备是指心输出量率（每搏输出量 X 心率）随人体代谢需要而增加的能力，它包括每搏输出量和心率可以发生的最大、最适宜的变化。心脏的良好心力储备表现为长期坚持运动者安静时脉搏频率低，为 40 ~ 60 次/分钟（一般人安静时为 60 ~ 80 次/分钟），在运动时脉搏频率升高少，紧张活动时脉搏频率升高很多，运动后脉搏频率能较快地恢复到安静状态。动物实验证明，体育运动能影响营养心脏的血管，使冠状动脉口径增粗和重量增加，心肌的毛细血管数量增加，增强心肌供血、供氧能力，使其收缩更为有力，功能增强。

第三，降低血脂，减少心血管病的发生率。美国学者对 59 名马拉松赛跑者、85 名健身跑者和 74 名不运动者（年龄为 35 ~ 36 岁）进行血液化验，发现马拉松赛跑者每 100 毫升血液中的高密度脂蛋白胆固醇含量是 6.5 毫克，健身跑者为 5.8 毫克，不运动者为 4.3 毫克，说明跑步者血液中高密度脂蛋白含量高于不运动者，而这种物质有保护心脏、防止心肌梗塞的作用。中国学者研究发现：一组 50 ~ 89 岁经常练习太极拳的老人，血压平均为 134.1/80 毫米汞柱，而同年龄不运动组，血压平均为 154.5/82.7 毫米汞柱，运动组明显低于不运动组。

三、运动能促进物质代谢，改善消化系统的功能

经常参加体育运动，能量的消耗就比平时多，新陈代谢也旺盛起来。这些消耗的能源物质要通过饮食来补充，于是促进了消化机能的发展。另一方面，由于运动时呼吸加深、加快，与呼吸有关的呼吸肌（如膈肌和腹肌）的活动也大大加强。膈肌上下移动和腹壁肌肉前后活动，对胃肠起着一种很好的按摩作用，这不仅改善了消化系统的血液循环，而且帮助了胃肠的蠕动，对提高消化机能、促进食物的消化和吸收是很有利的。这些就是经常锻炼的人所以吃得多、消化得好的原因。

体育运动促进了人的消化机能，而消化机能的提高又给肌肉工作创造了更好的物质基础，人的体质就是在这样的良性循环中一天天强壮起来的。

第三节　大学生的心理健康

健康是人类最宝贵的社会财富，是人类生存发展的一个基本要素。判断身体健康与

否，并非单指机体有无疾病而言。健康是指包括身体的、精神的、社会的诸多方面因素所维持的平衡状态。目前多数学者同意世界卫生组织关于健康的定义："健康乃是一种在身体上、精神上的完满状态，以及良好的适应能力，而不仅仅是没有疾病和衰弱的状态。"这就是人们所说的身心健康，或者说一个人只有躯体健康、心理健康、社会适应性良好和道德健康四方面都健全，才是完全健康的人。

一、心理健康的标志

人的心理意识是客观现实在大脑中的反映，感觉、知觉、记忆、思维、情感、意志、气质、性格、能力等都是人脑反映客观事物不同形式的主题活动。著名心理学家潘菽教授说：人类的心理是物质发展到人或人脑这种高级阶段所表现出来的一种机能，是人脑高度组织起来的物质所特有的一种运动形态。

那么作为人类健康重要内容之一的心理健康又具体包括哪些主要标志呢？一是认知能力正常，没有精神性认知障碍。认知能力是人的基本能力，是心理健康的基础，也是衡量心理健康的首要标准。一个心理健康的人，首先必须认知能力正常。二是情绪稳定，积极愉快。三是有健康的理想和价值观。四是个性（人格）健全，情操健康。五是人际关系和谐。六是自我评价恰当。七是对困难和挫折有良好的承受力。

以上七个方面是心理健康的标志，它们既相互联系，又相对独立。

二、我国大学生心理健康的现状

调查研究资料表明：我国大学生心理健康者占绝大多数，我国大学生心理健康的总体状况是良好的，但也存在一些问题。精神方面的内容包括精神状态、心理变化、感情波动、意志、毅力等。在漫长的人生道路中，人们会遇到许多挫折，过分的喜怒哀乐悲恐惊都可危害健康。进入 20 世纪 80 年代中后期以来，我国大学生中心理疾病的发病率正在增长，患者人数不断增加，病种不断扩大。大学生常见的心理疾病包括以下几种：

（1）神经官能症。又称神经症，是由精神因素造成的常见病。它在神经系统上并没有器质性病变，但却是既有精神性症状，又有躯体性症状的一种心因性疾病。主要包括神经衰弱、焦虑症、强迫症、癔病、恐怖症、疑病症和器官性神经症等。

（2）心身疾病。是指那些主要或完全由心理和社会因素引起的、与情绪有关的躯体疾病。这些疾病一般在身体的生理机能或组织结构上有明显的损害，所以也称心理生理障碍。如因长期焦虑、恐惧、忧愁、愤怒等消极精神影响，诱发胃溃疡、高血压、偏头痛等。

（3）精神分裂症。大学阶段是精神分裂症的易发时期。主要表现为精神活动分裂，即认识过程、情感过程、意志过程和个性特征全面分裂与失调。精神分裂症种类很多，大致有单纯型、青春型、紧张型、偏执型（妄想型）、潜隐型、残留型、衰退型和其他如急性发作及非典型精神分裂症等。在大学生中常见的为单纯型与青春型。

三、体育运动与大学生的心理健康

运动不仅可以强身健体，还能促进人的心理健康，消除人的消极情绪（包括抑郁、消沉、悲伤、疲惫、沮丧等），培养人的积极情绪，满足人的心理需要，使人保持精神上的愉悦。运动对心理的保健作用主要有以下几个方面：

（1）运动能提高人的心理素质，增强自信心，克服自卑感。运动中你能体会到成功的喜悦和失败的沮丧；进步的欣慰和失误的悔恨，这对磨炼自己，增强心理承受能力有着积极的作用。一些技巧性的运动，如平衡木、单双杠、跳马等项目，有助于人们克服害怕风险、害怕失败的胆怯心理，培养人勇往直前的大无畏精神；需要耐力或爆发力的运动，如长跑、游泳、举重等，可以锻炼人的意志；跨栏、跳高、乒乓球、羽毛球等运动，可以培养人果断的性格；而棋类、太极拳、散步、慢跑等缓慢、持久、柔和的运动，则有利于增强人的自我控制能力，稳定人的情绪。

（2）运动具有宣泄功能，在身体活动时你可以释放内心压抑，忘却烦恼。大量的实验也表明，运动可以释放人的心理能量，促使人的心理平衡，同时也给你带来身心上的愉悦。人在社会生活中必然会遭遇到各种各样的精神压力，运动使人从所遭受的逆境压力中解脱出来，人在直接参与或观看这些运动的过程中，情感得到宣泄。特别是足球运动对于人的情感的宣泄有着十分明显的作用。

（3）运动可以增强社会交往能力，改善人际关系。通过运动尤其是户外运动，人与人之间相互沟通，增进了解、增加交往。

（4）运动可以调节人的生活。在激烈竞争的现代生存环境中，面对单调而繁忙的工作和学习，参与运动或观看竞技比赛，可以使你的生活得到有效的调节，消除精神疲劳，丰富生活且生活质量得到提高。

（5）运动是实现人的自我价值的需要。人的心理需要多种多样，其中，自我价值的实现是人的一种高层的需要。自我价值的实现，可能在事业上或生活中难以达到，在运动的过程中人们可以充分开拓自己的固有潜能，走向自己所能达到的高度。运动给参加者以强烈的情绪感受。从另一个角度实现了参与者的自我价值，使人获得精神上的愉悦。

运动对人体的长期益处总结为：可降低某些疾病的发病率，如心脏冠状动脉类疾病、糖尿病、骨质疏松、结肠癌、高血压和中风。有助于提高人体抵抗精神疲劳、较好地适应和调整应激、降低焦虑、提高睡眠。对维持自尊、自信和自重等良好心理状态，享有较高的生活质量等方面具有积极的作用。总之，体育疗法能够改善情绪，调节精神状态，促进身心健康，是大学生心理保健的一剂良药。

第四节　大学生道德与健康

一、道德健康的基本特征

道德健康是指人的信仰、品德、情操、人格等处于积极向上、高尚和完善的状态。

（1）有健康、积极向上的信仰。良好的信仰是形成道德健康的基石。一般来讲，信仰的形成，世界观的确立，是经过了较长时期的思想活动、心理活动、生理活动和社会活动而取得的，这些活动本身就促进了人体的健康与发展，同时，健康、积极向上的信仰又不断促进人体健康的多种因素的发展，形成更完善的人体健康发展体系。这是道德健康的主要特征。

（2）具有高尚的品德与情操。道德健康者往往体现在品德与情操的高尚上，以奉献为乐，助人为乐，不计较个人得失，心胸开阔，不存在精神上的空虚和道德上的危机，任何时候都是表里如一，精神可嘉，思想境界高。

(3) 有完美的人格。道德健康者的人格是完美的，有很好的做人准则，不两面三刀，不搬弄是非，不自私自利，不为难他人，吃苦在前，享受在后，对生活和事业充满信心等。

二、道德健康的基本标准

(1) 有坚定而完美的人格信念。人格信念实际上是做人的准则，不只是停留在口头上，更重要的是落实在行动上。

(2) 作风正派，遵纪守法。作风正派是遵纪守法的基础。具备这种素质的人不仅是道德健康的体现，而且更有利于促进身体健康。

(3) 坚持真理，敢于斗争。善于坚持真理的人，心里踏实，具有战胜困难的勇气和信心，并且能受到大多数人的尊重，这是道德健康的重要方面。

(4) 努力工作，乐于奉献。道德健康者时常把工作放在重要的地位，不计较个人得失，以勤奋为本，以奉献为乐。

(5) 严于律己，团结群众。严格要求自己，宽以待人，是一种高尚的品质，时常能赢得群众的欢迎。有这种品格的人善于团结群众，能获得一种健康的心理满足。

(6) 生活简朴，以苦为乐。不追求奢侈的生活，不企求得不到的东西。只要思想充实，精神富有，再简朴、艰苦的生活都能充满乐趣。

(7) 对社会、朋友、家庭要善于承担责任。道德健康的重要一点就是有责任感，损公利己、坑害朋友是一种极不道德的行为，同时也更有害于自己的健康。

(8) 善于学习，努力进取。道德健康者是不满足于工作与学习的现状的，善于从经验中学习，有改造世界的决心和信心，能不断攀登事业的高峰，在前进中获得满足，获得健康。

(9) 谦虚谨慎，戒骄戒躁。这是做人的重要准则，不谦虚的人最后总是没有好结局的，同时它还会影响个人的健康。

(10) 容纳他人的进步与发展。品德高尚的人不仅要能与人共事，更重要的是能促进和容纳他人的进步与发展，不认为他人的进步与存在是对自己的不利。

第五节 大学生情绪、性格与健康

情绪是人体对客观事物的一种态度，当人的需要得到满足或基本满足的时候，便产生积极肯定的情绪，如愉快、高兴等；当人的需要得不到满足或与本人的需要相反的时候，便会产生消极或否定的情绪，如愤怒、忧郁等。

当人产生消极的情绪时，人体内部器官、系统功能失调，植物性神经功能紊乱，内分泌功能失调。如人在发怒时，交感神经活动相对亢进，肾上腺素和去甲肾上腺素增多，引起心动过速、血压升高、胃肠活动抑制、消化液减少、免疫功能下降等。长期情绪不好，很容易引发“心身疾病”，如冠心病、阵发性心动过速、心率紊乱、高血压、胃及十二指肠溃疡、神经性头疼、过度换气症等。人在恐惧时，可以使意识变窄，判断力、理解力降低，甚至丧失理智和自制力，造成正常行为的瓦解。

积极肯定的情绪体验，有利于心理健康。情绪可以影响和调节人的认知过程与活动效率。良好的情绪有助于发挥积极性，提高效率，克服困难。我们经常体会到，在积极良好的心境中学习和工作，记忆效果好，思路开阔，思维敏捷，解决问题迅速准确。情绪可以影响和协调社会交往与人际关系。人通过各种表达情绪、情感的手段传递信息，情绪同语言一起或单独地调节人际行动，是人们彼此联系的纽带。在良好的情绪中，人们容易相互接纳，彼此喜悦与亲近，能创造和谐的生活与学习环境。

那么，如何调节和控制自己的情绪？

（1）树立正确的人生观。认清人生的意义，树立远大的理想，热爱生活。学会客观地认识和分析事物，提高自我修养，不沉湎于日常琐事，培养忍耐性，加强意志锻炼，用理智调节烦恼，控制消极情绪。要做到“喜而不狂，悲而不伤”。

（2）人贵有自知之明。对自己的优点、成绩不可沾沾自喜、盛气凌人，对失败、错误要勇敢面对，积极寻求克服的办法，绝不能消极悲观、自暴自弃。要多看别人的优点，严于律己，宽以待人，学会谦让，不要嫉妒。

（3）培养幽默感。幽默是将两种不同的事件豁然串通起来，让人产生惊奇和有趣的感觉。要学会运用幽默，从而放松紧张心理，释放压抑情绪，摆脱窘迫场面，缓和气氛，减轻焦虑和忧愁，使烦恼在笑声中消逝。

（4）调整“现实我”与“理想我”的差距。理想目标较低，虽容易实现，但不能满足；理想目标太高，难以实现，会有挫折感。要从自己的实际条件出发，调整理想目标，或把总目标分解为几个子目标，通过努力能够一个一个地达到，一步一个脚印地前进。

（5）积极参加体育锻炼，全身心投入到锻炼中。体育锻炼有助于丢掉烦恼，消除紧张忧郁，缓解思想压力，使人神采飞扬、愉快向上。

（6）增加愉快生活体验。多回忆愉快的往事，善于从光明的一面去观察事物，有利于克服不良情绪。

（7）多方位观察事物。很多表面看会生气的事情，如果从另一角度去看，就会发现一些正面的积极意义。

（8）注意力转移。当存在不良情绪时，可以转移一下注意力，做一些感兴趣的事情，如听音乐或看电视等，从而遏制不良情绪。

（9）合理宣泄。情绪不好时，可以找知心同学、老师、家长、朋友等倾诉内心的苦恼，把想说的话说出来，这样心情就会平静，“怒则即泄，气则即消”。

（10）语言调节。通过一些富有哲理的语言来调节，如林则徐墙上挂有“制怒”条幅，当要发怒时，可以利用这个警句来提醒自己，约束自己。

大学生作为社会的一个特殊群体，他们的性格特征也很独特。据心理学家研究表明，大学生的性格特征总的轮廓是趋于开朗、乐观、好强、积极、严肃、负责。

心理学家的调查证实，大学生的主体性格特征是良好的，但也有一些同学存在不良性格的表现：有的对祖国缺乏感情，个人至上，自由散漫，缺乏真诚，粗暴无礼；有的懒惰敷衍，粗心马虎，浮华不实，挥霍浪费；有的自命不凡，自傲自大；有的盲目冲动，任性固执，不能自控；有的喜怒无常，情绪波动剧烈；有的自卑怯懦，羞怯软弱；有的孤僻闭锁，离群索居，敏感多疑，抑郁焦虑等。

性格因素是大学生整体素质的重要组成部分，是大学生成才、成功的重要的非智力因素，更是大学生的健康因素。良好的性格因素能促使人主动适应社会，关心集体，尊重他人，勤奋学习，努力工作，与社会和集体保持和谐的关系，使工作和生活更加富有生机；良好的性格因素能促使人正确评价自己，正确对待他人，既不夜郎自大、目中无人，也不妄自菲薄、自惭形秽，减少许多不必要的烦恼；良好的性格因素能促使人持恒有常，饮食起居有节有律，养成良好的生活习惯，保持充沛的精力，这些都是保持身心健康的前提。良好性格因素中的情绪特征更是与身心健康息息相关，大喜大悲给人带来的危害和造成的人间悲剧，不仅仅见诸文学作品，现实生活中也屡见不鲜。因过分压抑郁闷，暴躁性急，引起身体机能紊乱、衰减，导致疾病缠身的案例更是比比皆是。

性格制约着气质，性格特征可以在一定程度上掩蔽或改造气质的特点。良好的性格特征可以改变气质的某些消极方面。例如，自制力强的大学生可以克服自己急躁、易冲动的缺点；强烈的责任感可以使比较抑郁的大学生满腔热情地投身于改革与建设之中。性格还制约能力的发展。良好的性格特征，如强烈的事业心、进取心、坚定、勤奋、认真、谦虚、细心是能力发展和事业成功的催化剂；不良的性格特征，如不思进取、敷衍、骄傲甚至马虎粗心，则是能力发展和工作顺利的绊脚石。

渴望成才的大学生，必须自觉进行良好性格的培养，努力克服不良性格。性格主要是通过人的生活实践，在外界生活条件和人的心理活动的相互作用下培养和形成起来的。因此，大学生应当积极参加各种实践活动，把知、信、行统一起来，把理论与实践结合起来，不仅要在顺利的情境中锻炼自己，更要在遭受不同程度挫折的逆境中磨炼自己。在实践中发展良好性格特征，转化和克服不良性格特征，保持身心健康，顺利成才。

第六节　大学生生活环境与健康

人类环境包括自然环境和社会环境，它们是影响人体健康的重要因素。

(1) 自然环境：指天然形成的水、空气、土壤、阳光等生态系统。它们是人体生存的物质基础，对人体健康有促进作用。

由于工农业生产和人们集居生活对自然环境的污染，当前，环境问题已受到全世界的普遍关注，人们采取了各种保护措施，如臭氧层保护、生态保护等。我们每个人都必须有环保意识，加强保护与改善环境的责任感，建立有益于环境的行为。

(2) 社会环境：指由政治、经济、文化、教育等因素构成的社会环境。社会环境对人体健康有重大的影响，随着经济的发展和科学技术水平的提高，人们的劳动条件越来越好，物质文化生活越来越丰富，极大地提高了人们的健康水平。

由于环境问题是一个相当宏观的问题，我们不可能全面而详尽地论述，只能就与大学生健康有关的校园环境加以分析。校园环境就其根本属性而言，它是属于自然环境和人为环境的结合体。

日常的生活和学习中，大学生们不仅需要在宿舍内起居、劳作和休息，还需要眺望室外，欣赏自然景色，以消除疲劳，恢复精力、体力和视力。同时也需要漫步在校园内，接受阳光、山水、花木的抚慰，领略人们自身创造的美。因此，校园建设就显得十分重要。

大学生活是一种集体生活，一个宿舍多人居住，因此宿舍空气的清洁状况成了一个很突出的问题。若是不注意宿舍卫生，长期居住在通风不良、空气污染严重的条件下，人们会感到食欲不振、疲劳、头晕、恶心，且易患各种呼吸系统疾病等，有损健康。

声音与健康的关系也已引起人们的重视，大学生宿舍建设中也有一个声音问题。悠扬悦耳的乐曲能使人心旷神怡，消除疲劳，亦是促进健康的环境因素。而非周期性振动发出的声音——噪声则威胁着人们的身心健康，容易引起失眠、疲劳、头昏、记忆力衰退、烦躁不安等症状。

第七节　大学生人际关系与健康

大学生人际关系交往危机主要是指作为在校大学生与他人相处和交往的过程中表现出的不适、自闭、逃避、自恋、自负以及难以调和与他人关系的不良心理状态和行为表现。造成大学生人际关系交往危机的原因很多，但大学生在交往中存在一些人格缺陷和不良个性特征是引发大学生人际关系交往危机的主要原因。

一、引发交往危机的不良个性心理特征

自我封闭：受成长环境的影响，这些学生表现为不愿与他人交往，喜欢独来独往，不合群。

自我否定：这类同学表现较为自卑。进入大学后，由于在学习、社交、社会工作、经济、家庭乃至相貌等方面感到不如人，有强烈的失落感，缺乏乃至丧失自信心和进取精神。

自我欣赏：这类学生自我感觉特别好，喜欢抛头露面，在各种场合都希望自己是中心，对别人的反感缺乏敏感。

盛气凌人：这类学生往往有较好的成长经历，一直是家庭、学校、社会的宠儿，走进大学后仍然被过分关注，因而在心理上形成了优越感，肯定自己，否定他人。

二、交往危机的心理及行为表现

不善交往：由于不善交往和不主动与他人交往，这类学生感到孤独，自我心理压力较大，生活态度不乐观，遇事从坏处着想，对自己的能力没有信心或过于自负，对同学和老师的话过于敏感，容易导致心理疾病。

交往不善：这类学生不是不会交往，而是在交往的方式、态度等方面把握不好。因为较为关注自己，对别人的感受不在意，甚至以伤害别人为乐趣。缺乏基本的道德修养，不尊重别人，比较霸气，自我定位高，易于引起他人反感。

一般来说，大学生是容易交往的，多数同学经过一段时间的接触、熟悉、了解，便可以融入新的人际关系。但是由于阅历、知识、经验、技巧的缺乏和不足，在人际关系中也往往会出现一些障碍，既影响身心健康，又影响良好人际关系的建立。因此，必须选取正确的出发点，克服障碍。

首先必须态度端正，做到：（1）摆正自己的位置，正确评价自己，正确评价他人，既不自傲，又不自卑，积极热情，谦虚谨慎。（2）努力了解和认识他人，要有交往的愿望和行动。（3）与人交往要坦诚，平等待人，对人要宽容。（4）心胸开阔，宽宏大量，不因无原则的纠纷而斤斤计较。

第三章　大学生的身体锻炼

第一节　概　　述

身体健康是指运用各种身体练习和方法，以健身为主要目的的身体活动。一般来讲，竞技体育项目都具有竞技、健身、娱乐等多种属性的特点，但身体锻炼的目的、对象、内容等多方面都具有其自身的特点。表 3-1-1 能反映出两者间的不同。

表 3-1-1　　身体锻炼与竞技体育

项目	身体锻炼	竞技体育
目的	强身健体，追求身心健康的实际效果	提高技术水平，创造优异成绩
对象	不同性别，不同年龄	各类、各层次运动员
组织形式	灵活多样，个人或集体均能进行	在教练员指导下，按严格的规则进行训练或比赛
内容	按参加者的兴趣、爱好、能力，自己选择	以正式比赛项目为主
运动负荷	以对健身有益的适当负荷为主	以提高运动成绩，有效的大强度负荷为主
效果评定	用自我测定的手段，以客观和主观指标为标准	以提高技术水平、取得优异成绩为标准，并被公众所承认

身体锻炼的作用：促进青少年的正常发育和健康成长，使成人保持旺盛的精力。促进人体形成良好的体形、健壮的体格，增强体质。陶冶情操、培养意志，促进人的心理健康。调节情感，丰富精神生活，使身体得到积极的休息，精力充沛。

身体锻炼的内容：（1）健身运动：是指为增进健康、增强体质而从事的身体锻炼。其目的和内容大致可分为强壮身体、松弛肌体和治疗疾病三方面。（2）健美运动：是为了人体的健美而进行的身体锻炼。通过健美锻炼可增强体质、发达肌肉、改善体形、增进健康。同时还能培养审美能力和身体的表现能力。（3）娱乐休闲体育：是为了调节精神、丰富文化生活而采用的体育活动。这类活动能使人身心愉快，减轻学习、工作压力而产生的疲劳，既锻炼了身体，也陶冶了情操。

身体锻炼的基本原则：一是自觉性原则；二是适量负荷、循序渐进原则；三是持之以恒原则；四是自我健康状态的评估原则。

第二节 增强心、肺功能的耐力身体锻炼

耐力是指人体长时间有节奏地进行肌肉活动的能力。耐力素质是人体体能的重要素质之一。发展耐力素质可采用有氧锻炼和无氧锻炼两种方法，前者主要用于增强心肺功能，以健身为目的，而后者主要用于发展保持快速跑的能力，以提高运动成绩为目的。

有氧耐力锻炼是指肌肉组织维持长时间大量的氧气供应，而不引起显著的乳酸堆积的锻炼，在运动过程中，耗氧量达到肌体最大耗氧量的40%～60%，肌肉中的能量代谢以有氧代谢为主。有氧锻炼的目的是使身体在一定时间内加大吸氧量，这时锻炼者会快速吸入大量空气，加快氧气与二氧化碳的气体交换，以便使身体的各部位都能得到氧的供应。因此，吸氧能力的大小，直接反映出人体的心肺功能情况。

有氧耐力锻炼持续时间最少应在5分钟以上，一般多为15～60分钟，心率一般控制在120～140次/分钟。

一、有氧锻炼对心肺功能的影响

（1）安静时的心率减慢，每搏输出量增加，使心脏得到充分的休息。经常进行有氧锻炼的人，在运动时能提供更多的心输出量来满足运动需要。

（2）安静时呼吸频率降低，肺活量、最大通气量等增加。运动时吸入空气量大，能提供充分的氧供身体使用。

（3）长期的有氧耐力锻炼可使脂肪代谢更加活跃，利用脂肪供能的能力提高，不仅可以有效地控制肥胖，还能使血液内甘油三酯含量下降，高密度脂蛋白含量增加，能防治动脉硬化引起的冠心病等疾病。

二、提高心肺功能的有氧锻炼方法

（1）健身步行

健身步行是一种最简便易行的健身方法，目前已被越来越多的人所采用。健身步行最好安排在清晨或晚上睡眠前，每天进行一次，每周至少5次。

步行的正确姿势是：抬头，目视前方，略挺胸收腹，步伐自然、轻松、有节奏，呼吸自然，身体的重心落在前脚掌。

正常速度步伐：大致为每分钟走80～100步，每次20～30分钟。

快速步行：其速度为每分钟走100～130步，每次最少20分钟。

步行锻炼应根据性别、年龄、健康状况等具体情况制定出锻炼计划。

步行运动量的大小是否合适，可通过测量脉搏跳动次数来评定，一般步行10分钟后测一次脉搏跳动次数（可停下原地踏步测量），就可知道是否符合自己锻炼的预定心率数。在步行结束后5～10分钟内，再测量一次，这时一般心率应恢复到比运动前多10～15次/分钟。如超过100次/分钟，说明步行的运动量偏大，应作调整。

（2）健身跑

健身跑是提高人的体力和心肺功能最好的锻炼方法之一，适用于男女老少。如今，健身跑作为一种“心肺健康之路”而风行全球。

健身跑的特点是要消耗大量氧气，跑步时吸人的空气量比安静时高出数倍，使肺部得到充分活动，可提高人体携氧及利用氧的能力。实验证明，受过良好训练、体力强壮的人，在进行大强度的运动时，呼出16%的氧，而吸收消耗的氧多达5%，而一般的人能呼出17%的氧，被吸收消耗的氧仅有4%。

美国科学家经过多年的实验，研究制定出了12分钟跑测试标准（见表3-2-1、表3-2-2），它简便、科学，已为世界各国广泛采用，它既可了解本人的体力水平，又是日常锻炼的有效手段。

表3-2-1　**男子12分钟跑测试成绩评分表**

体力级别		30岁以下	30～39岁	40～49岁	50岁以上
1	极差	1600（m）以下	1500（m）以下	1400（m）以下	1300（m）以下
2	差	1600～1999（m）	1500～1799（m）	1400～1699（m）	1300～1599（m）
3	稍差	2000～2399（m）	1800～2199（m）	1700～2099（m）	1600～1999（m）
4	好	2400～2799（m）	2200～2599（m）	2100～2499（m）	2000～2399（m）
5	极好	2800（m）以上	2600（m）以上	2500（m）以上	2400（m）以上

表3-2-2　**女子12分钟跑测试成绩评分数**

体力级别		30岁以下	30～39岁	40～49岁	50岁以上
1	极差	1500（m）以下	1400（m）以下	1200（m）以下	1000（m）以下
2	差	1500～1799（m）	1100～1699（m）	1200～1499（m）	1000～1399（m）
3	稍差	1800～2199（m）	1700～1999（m）	1500～1799（m）	1400～1699（m）
4	好	2200～2599（m）	2000～2399（m）	1800～2299（m）	1700～2199（m）
5	极好	2600（m）以上	2400（m）以上	2300（m）以上	2200（m）以上

健身跑的运动量测定，可在跑步5～6分钟后采用测量脉搏的方法来测定。对于每一个年龄段，都有一个相应的较佳的脉搏数区间来表示。（见表3-2-3）

表3-2-3　**跑步、年龄、运动量对照表**

年龄	脉搏数（次/分钟）	年龄	脉搏数（次/分钟）
20	140～170	45	123～149
25	137～165	50	119～145
30	133～162	55	116～140
35	130～157	65	112～135
40	126～152	70	105～128

第三节　强壮、健美的力量性身体锻炼

一、发展力量的身体锻炼对人体的作用

第一，使肌肉发达、有力。力量性锻炼可使肌肉发生质的变化。运动能使更多的肌纤维参加收缩和放松活动，肌肉毛细血管的血液量增多，可加强肌肉细胞营养代谢能力，使肌肉产生更多的肌酸，肌酸能促使核糖核酸的合成，并与氨基酸、多糖和脂肪结合成不同的化合物。这些化合物使肌肉细胞体积增长，肌肉纤维横切面增大。这就是肌肉越练越发达的基本原因。

第二，使人体的体形匀称、健美。人体的美在很大程度上与肌肉的强健、丰满有关，调查研究证明，运动员的肌肉占人体体重的45.55%，而一般人的肌肉只占人体体重的30% ~40%。一个体形健美的人，肌肉必定匀称，男性体格魁梧，肌肉壮实；女性丰满圆润，富有曲线美。通过力量性的锻炼，可使男性和女性的这些特征很好地体现出来。

第三，增强全身各系统的功能。力量性锻炼要求有一定的运动负荷，经常进行锻炼，除对运动系统的影响外，对心肺功能、消化系统、神经系统等都有很好的影响。运动消耗了大量的能量，肌体需要更多的营养补充，消化功能随之得到加强。另外，力量性练习在中枢神经的统一指挥下进行，要求保持较好的均衡、协调和灵活性，这样也提高了中枢神经的功能及对外界环境的适应能力。

第四，为其他运动打下了基础。力量素质是反映人的体质最重要的素质之一，同时也是各项运动的最基本的素质之一。从事各种项目的运动员，都很重视力量性练习，并把力量性练习作为提高运动成绩的重要手段。

二、强壮、健美身体的力量性锻炼方法

人体的肌肉共有500多块，每块肌肉都有其特有的功能。一个动作的完成，实际上是与此运动相关联的肌肉群的收缩和放松活动。因此，每次锻炼要有针对性地对特定的肌肉群进行锻炼。

（一）力量性锻炼的种类

（1）克服外部阻力的练习：通过各种器械及克服弹性物体阻力的练习，如杠铃、哑铃、实心球、沙袋、拉力器、橡皮筋等。

（2）克服本身体重阻力的练习：如引体向上、俯卧撑、双臂屈伸、跳跃等。

（二）力量性锻炼的不同手段

（1）不同的练习速度：发展爆发力的锻炼，应采用快速度进行重复练习，在一定的时间内，重复的次数越多，对提高爆发力的效果越好。而在健美锻炼中则要求动作平稳，速度适中，始终要有控制重量感，不能借助任何惯性，只能靠肌肉收缩完成动作。

（2）不同的动作结构：做同一动作，如果采用不同的结构，其锻炼效果是不一样的，如推举，采用宽推能发展斜方肌和三角肌等肌肉；采用窄推能发展肱三头肌和三角肌等。

（3）不同的呼吸方式：在发展最大力量的锻炼中，通常是在憋气过程中完成动作的。在健美锻炼中，一般采用呼吸方式，即肌肉收缩用力时吸气，在肌肉放松时呼气，这样有

助于氧气的充分供给，防止头晕和休克。

（4）不同的意念：发展力量的锻炼，不应在意念上下功夫，只要把注意力集中到完成动作结构上，而健美锻炼则要求注意力集中在某块肌肉或某肌肉群上，这样往往能突出这块肌肉的锻炼，获得较满意的效果。

（三）力量性锻炼应注意的问题

（1）练习前要做好准备活动，根据自己的体力等条件选择适合的起点，防止肌肉和关节损伤。

（2）循序渐进增加负荷，练习时逐步而合理地增加负荷重量，由轻到重，速度上也应由慢到快，可采用一定重量→增加次数和组数→增加重量→再增加次数和组数→再增加重量的方法进行。

（3）练习中要采取必要的保护措施，特别是在进行大重量的杠铃练习时，一定要在有保护的情况下进行，这样既能防止伤害事故，同时也能保证动作的正确合理。

（4）每次练习要充分地做放松整理活动，以提高肌肉的弹性和协调性。

第四节 消除紧张的放松身体锻炼

现代社会的一个显著特点就是追求高效率、高节奏的工作方式。由此，人们越来越感受到精神上、体力上的压力，以致造成过度的紧张。

一、紧张的表现形式

紧张的表现可分为生理性紧张和心理性紧张。生理性紧张主要是指肌肉速度的疲劳，并由此造成局部疼痛现象。心理性紧张主要是指由于外界刺激而引起的精神方面的负面反应，如烦躁、焦虑等。无论生理性紧张还是心理性紧张，如果长时期持续下去，不仅要影响人们正常的工作学习，更重要的会在很大程度上危害人们的身体。因此，在当今充满竞争的现代社会里，消除紧张的方式和方法是人们迫切需要的。

二、消除紧张的放松身体锻炼方法

消除紧张的放松身体锻炼主要是通过运动使大脑皮层产生抑制冲动的刺激，并传递到肌肉，使肌肉纤维得到伸展，避免紧张的肌肉过多地收缩，使其尽可能地放松。消除紧张的放松身体锻炼的方法很多，下面重点介绍身体主要部位的放松锻炼方法。

（一）颈部

大学生由于经常长时间看书、写字，往往会出现脖子酸胀、僵硬等症状，造成颈部肌肉的过度紧张。颈部肌肉中，最容易疲劳、紧张的肌肉是斜方肌和胸锁乳突肌。斜方肌的放松方法如下：

第1节 自然站立，双肩放松，颈部慢慢地向前、后伸屈，然后再向左、右伸屈，到最大限度时，维持3~5秒钟，然后还原，重复3次。

第2节 自然站立，双肩放松，颈部慢慢地向左转动，转到最大限度时维持3秒钟，还原，再向右侧转动，左右交替进行，重复5次。胸锁乳突肌的放松方法如下：

自然站立，双手置于背后，左手握住右手手腕，头向左倾，同时左手将右手向左侧慢慢侧拉，维持10秒钟，还原，左右交替进行，重复5次。

（二）背部

背部是承受负荷的主要部位之一，同时，颈部和腰部的紧张、疲劳都会直接影响到背部。另外，心理性紧张往往也会造成背部肌肉的紧张。背部肌肉的放松方法如下：

第1节　背靠墙壁，双脚离墙脚20～30厘米，把上身重量靠在墙上，随后扭动双肩及身体，每次2～3分钟。

第2节　分脚坐地，双手抱住小腿，上身慢慢向前弯曲，弯曲到最大限度时，维持10～15秒钟，然后还原，重复5次。

第3节　五指胸前交叉，掌心向外，向前用力做伸展运动，伸到最大限度时，维持10秒钟，还原，重复5次。

（三）腰部

腰部是最容易产生紧张和受伤的部位。长时间站立以及在工作或运动时用力不当都可能会引起腰部肌肉的紧张甚至损伤。

放松腰部肌肉的方法：

第1节　仰卧位，右腿屈曲。动作：上身慢慢起座，双手抱右膝，同时吸气，还原时呼气，左右交替进行，各做3～5次。

第2节　仰卧位，双手置于体侧，两腿伸直。动作：腰部慢慢地弓起，同时吸气，利用肩部、手臂和脚部支撑地面，保持5秒钟，然后慢慢还原、呼气，重复6～8次。

第3节　仰卧位，双手自然置于体侧。动作：右腿屈膝向左侧地面伸展，带动髋成左侧卧姿。左手按压右膝，同时右手尽量向右侧地面贴紧，维持3～5秒钟，左右方向交替进行，重复6～8次。

（四）全身性放松锻炼方法

（1）跳交谊舞和健身操，运动量不宜过大，心率控制在120次/分钟以下。

（2）放松性气功，包括局部放松气功法和默念放松气功法等。通过意念的调节有侧重地放松某一部位。

（3）肩肘倒立：每次维持15～20秒钟，稍间歇后做重复练习3～5次，练习熟练后逐步延长倒立时间。此练习较容易，适合于不同年龄的人。

（4）头手倒立：每次练习15秒钟左右，休息30～60秒钟，再进行练习，重复6～8次。此练习较适合青少年。

（5）倒退步行：其目的是为了让一些不常参加活动的肌肉参加运动，以达到肌体的平衡和放松的目的。倒退步行时，脚向后退步，骨盆倾斜的方向与向前走时的方向相反，从而使腹部及下肢肌肉充分放松。倒退步行可采用叉腰和摆臂两种形式，但动作一定要协调，步子不宜过大，身体重心后移，先前脚掌着地，随后过渡到全脚掌着地。每次练习15～20分钟。

第五节　运动性病症和运动性损伤

一、常见运动性病症及其处理

运动性病症一般系指因机体对运动应激因子不适应或训练安排不当而造成体内紊乱所

出现的一类疾病、综合征或机能异常，包括人体生理活动过程的有序性由于运动而受到暂时性破坏所导致的某种生理反应。运动性病症在体育运动中较为常见，在学校体育中也是较为常见的。

（一）延迟性肌肉酸痛（DOMS）

延迟性肌肉酸痛是指机体进行大运动量训练后，特别是大强度的离心训练或进行新的不习惯的练习之后一段时间，参与运动的肌肉所出现的酸痛现象。到目前为止，其病因和发病机理还未完全清晰，也没有真正有效清除或减轻 DOMS 的方法。

1. 临床表现

一般在运动后 24 小时之内出现肌肉僵硬、酸痛和自觉酸痛部位肿胀，有压痛，多发生于双下肢主要伸、屈肌群，而肌肉远端和肌肉一肌腱移行处常常症状较重，严重者则肌肉全长发生疼痛，且以腹肌为主。24～48 小时内，酸痛达到高峰，之后可自行缓解，5～7 天消失。其过程较少受外界因素（如各种治疗措施）的影响。

大强度、大运动量锻炼或训练，较长时间未锻炼后刚开始锻炼，长时间登山及大强度离心运动（如长距离下坡跑、肌肉牵拉）等均可能引起 DOMS。它既可发生于高水平运动员，亦可发生于未经训练者，既可发生于极限强度下，亦可发生于次极限强度下。

2. 处理

（1）热敷。（2）伸展状态下的静力牵张。即患部关节伸直，慢慢拉长受伤肌肉，牵拉 2 分钟后休息 1 分钟，重复进行几次。（3）按摩。主要采用揉捏法，即将掌心及各指紧紧贴于酸痛部位皮肤，拇指与其余四指相对用力，开始时动作要轻，适应后逐渐加重，结束前放松。（4）口服维生素 C。（5）理疗。

3. 预防

（1）循序渐进，把握运动强度及运动量的递进性原则。（2）降低训练环境的温度，尤其要避免在炎热的气温条件下进行大强度的肌肉离心性工作练习。（3）大强度力量练习后，对主要工作肌肉进行推拿按摩。

（二）极点和第二次呼吸

1. 极点

剧烈运动时，由于运动开始阶段内脏器官的活动满足不了运动器官的需要，氧债不断积累，大量乳酸性代谢产物堆积在血液中，而引起呼吸循环系统暂时失调，机能下降。出现呼吸困难、肌肉酸痛、动作迟缓、胸闷难忍、下肢沉重和不愿再运动下去等现象，这在运动生理学上被称为“极点”。

2. 第二次呼吸

“极点”出现后，若适当降低运动速度并有意识地加深呼吸，上述生理反应将逐渐缓解与消失，随后人体植物性机能的惰性被克服，氧供应增加，各器官系统的机能活动开始进入一种稳定状态，此时呼吸变得均匀而加深，动作感到轻快，一切不舒适的感觉都消失。这种现象在运动生理学上被称为“第二次呼吸”。

“极点”和“第二次呼吸”是长跑运动中常见的生理现象，只要坚持经常锻炼，“极点”现象是可以延缓和减轻的，并且，只有在锻炼中不断克服“极点”，人体机能才能逐步得到提高。

（三）肌肉痉挛

肌肉痉挛（俗称抽筋），是肌肉不自主的强直性收缩。它是运动中较为常见的一种症状，尤其是在田径、游泳、足球等一些时间长、强度大的运动项目中，发生率高。

1. 临床表现

运动中最易发生痉挛的肌肉是小腿腓肠肌，其次为足底的屈跖肌和屈趾肌。痉挛的肌肉僵硬或隆起，疼痛难忍，痉挛肌肉所涉及关节的伸屈功能有一定障碍；痉挛缓解后，局部仍有酸痛不适感。

2. 处理

（1）牵引痉挛肌肉。如腓肠肌痉挛，可伸直膝关节，同时用力将踝关节背伸；如屈跖肌和屈趾肌痉挛，可用力背伸踝关节和足趾。牵引时用力宜均匀、缓慢，切忌暴力。

（2）配合局部按摩。一般几分钟后即可缓解。

（3）游泳时如发生肌肉痉挛，首先不要惊慌，应立即呼救，在无人或呼救无果时，可自行解脱痉挛。其具体方法是：①小腿腓肠肌或脚趾痉挛时，先吸一口气，仰卧水上，用痉挛肢体对侧的手握住痉挛的脚趾，并用力向身体方向拉，另一手掌压住痉挛肢体的膝关节，以帮助膝关节伸直。②大腿肌肉痉挛时，深吸一口气，仰卧水面，弯曲痉挛大腿的膝关节，然后用双手抱着小腿用力使它贴在大腿上，并用力向前伸直。③胃部肌肉痉挛时，先吸一口气，仰卧水上，迅速屈髋、屈膝（大腿、小腿折叠），并使大腿靠近腹部，用双手稍抱膝，随即下肢向前伸直，注意用力不要过大。④手指肌肉痉挛时，用力握拳，然后用力迅速把手张开，重复几次。⑤手掌肌肉痉挛时，两手掌相对用力压，并做震颤动作。

3. 预防

（1）经常参加体育运动，提高身体素质。（2）运动前做好充分的准备活动。（3）根据自身的实际情况，合理安排运动量。（4）冬季锻炼注意保暖，夏季运动注意加强电解质的补充。（5）机体饥饿或疲劳时不宜参加体育活动。

（四）运动性晕厥

由于脑部一时性血液供给不足或血液中化学物质变化而突然发生的一时性知觉和行动能力丧失的现象，称为运动性晕厥。其多发生于大强度训练或激烈比赛中或比赛后。

1. 临床表现

在运动中或运动后突然出现一般性知觉丧失及昏倒；发生前可感到全身无力，头昏耳鸣，眼前发黑，面色苍白，恶心，出虚汗等；昏倒后，皮肤苍白，四肢发凉，脉搏细弱，一般经短时间休息后神志迅速恢复。其病因和发病机理，主要由脑部供血、供氧不足所引起。

2. 处理

（1）立即平卧，头略低于足部，安静，保暖。（2）进行由小腿至大腿的重手法推摩或揉捏，同时用手指掐按人中、合谷、百会、涌泉等穴位。（3）如有呕吐，应将头偏向一侧，以免因舌头后坠及呕吐物堵塞气道而妨碍呼吸。（4）如呼吸停止，应立即做人工呼吸。如伴有心跳停止，应同时进行胸外心脏挤压。（5）如神志不能迅速恢复，应立即送医院处理。

3. 预防

（1）坚持体育锻炼，提高心血管功能。（2）发生过晕厥者应做全面的检查，并避免剧烈运动。（3）久蹲后要慢慢地站立；疾跑后应继续慢跑，并作深呼吸。（4）剧烈运动后，应休息约半小时后再洗澡或淋浴（因立即淋浴有可能造成心肌缺血，心排血量减少）。（5）若有晕厥先兆时，应立即平卧。

（五）运动中腹痛

运动中腹痛是指由于体育运动而引起或诱发的腹部疼痛，它是运动中常见的一种症状，尤其在长跑中发生率较高。运动中腹痛多发生在运动过程中或运动结束时，以右上腹疼痛为常见，男运动员多于女运动员。引起运动中腹痛的原因，大致可分为腹腔内疾患、腹腔外疾患和原因不明但与运动有关的运动性腹痛三大类。

1. 处理

（1）一般只要减慢运动速度，加深呼吸，按压疼痛部位或弯腰跑一段距离，疼痛即可减轻，以至消失。（2）若疼痛仍不减轻，甚至反而加重，就应停止运动，口服解痉止痛药，针刺或用手指点揉穴位内关、足三里、大肠俞等。（3）若以上措施均不见效，则应请医生诊治。

2. 预防

（1）循序渐进，把握运动训练和体育健身活动的运动强度及运动量的递进性原则。（2）加强全面身体训练，提高生理机能水平。（3）膳食安排要合理，饭后须经过一定时间（1.5 小时左右）以后才可进行剧烈运动；运动前不宜过饱或过饥。（4）要充分做好准备活动，运动中注意呼吸节律，中长跑时要合理分配速度。

（六）中暑

中暑是因高热环境或受到烈日暴晒而引起的一种物理病因性急性病。它多发生在长跑、负重行军、越野跑、马拉松、自行车及足球等运动项目。

1. 分类和临床表现

根据其发病机制，它可分为以下几类：

（1）热痉挛：在高温环境中因出汗过多，体内丢失大量的氯化钠，引起肌肉兴奋性增高，导致肌肉疼痛和痉挛。

（2）热衰竭：高温时大量出汗可引起失水，使血容量减少，同时由于皮肤散热需要，皮肤的血液循环大量增加，如心脏功能和血管舒张调节功能不能适应，可导致周围循环衰竭。其起病急，头晕，头痛，呕吐，面色苍白，皮肤湿凉，脉搏细弱，神志恍惚，有时可出现意识丧失。患者体温正常或稍低。

（3）日射病：由于头部长时间受到烈日直接照射，红外线和紫外线穿透颅骨引起脑组织充血和水肿，而导致呼吸和周围循环衰竭。表现为剧烈头痛，头晕，眼花，耳鸣，剧烈呕吐，烦躁不安，严重时出现昏迷、惊厥。患者体温正常或稍升，但头部温度很高。

（4）热射病：由于长时间处于高温、高热或不通风的环境中，机体体温调节功能失常，散热机制发生障碍，热能逐步累积导致中枢神经等损伤及凝血机制紊乱。其典型表现为高热，颜面灼热潮红，皮肤干燥无汗，呼吸快而弱，脉搏细速，神志逐渐模糊，有时出现昏迷和惊厥。

2. 处理

（1）迅速脱离热环境，到阴凉通风处平卧，解开衣服，喝清凉饮料等。（2）对热痉挛和热衰竭患者，重点是大量口服含盐饮料。（3）对日射病患者，重点是进行头部有效降温，可用冷水泼头颈部或采取额部冷敷，或用50%的酒精（白酒亦可）擦浴。（4）对热射病患者，重点是迅速有效的全身降温，如冷水淋浴、冷敷、50%的酒精擦浴等。（5）若症状较重或昏迷时，应一方面进行急救，一方面迅速送医院做进一步处理。

3. 预防

（1）平时要坚持在较热的环境中锻炼，逐步提高身体的耐热能力。（2）高温季节应调整作息时间，耐力性运动应安排在上午10点前或傍晚。（3）在烈日下运动应戴白帽，穿浅色、宽松、透气性能好的运动服。（4）室内运动场应有良好的通风、降温设备。（5）夏季运动时应备有清凉消暑或低糖含盐的饮料。

二、运动损伤及其急救处理

体育运动过程中所发生的损伤，称为运动损伤。它的发生与锻炼者的运动基础、体质水平、运动项目的特点、技术难度及运动环境等因素有关。其特点为：小创伤多，慢性伤多，严重及急性者少。

（一）出血的初步急救处理

（1）冷敷：用于急性闭合性软组织损伤有内出血者，如踝关节扭伤。用冷水冲淋或用冷毛巾敷于患处。

（2）加压包扎法：用于小静脉和毛细血管出血。先用消毒纱布覆盖伤口，然后用绷带适当加压包扎。

（3）止血带法：用于四肢部位大动脉外出血。在靠近出血部位的近心端缚扎止血带，稍紧即可，上肢每隔半小时、下肢每隔一小时放松止血带一次，以免肢体缺血坏死。止血带可用橡皮管、宽布条、皮带、毛巾等，切忌用绳索代替。

（4）充填法：用于鼻出血或躯干部位出血。用消毒药棉、凡士林油纱条或消毒的卫生纸巾充填于伤口内，以压迫止血。

（5）直接指压法：在大量出血，情况紧急，来不及采用其他止血法时，可用手指直接压迫出血的血管或出血部位，暂时止血，以便进一步采取措施。

（6）间接指压法：用于动脉出血，是一种临时性止血的好方法。用手指压迫身体表浅部位的动脉，最好压在骨面上，使该动脉供血部位的出血暂时停止。常用的有以下几种：

①头顶及额部出血：以拇指压迫耳屏前方的血管搏动处（即颞动脉）（图3-5-1）。

②面部出血：以拇指压迫下颌角前1.5厘米切迹处的血管搏动部位（即面动脉）（见图3-5-2）。

③肩部和上臂出血：以拇指用力压迫锁骨上方、胸锁乳突肌外缘的动脉搏动处（即锁骨下动脉），将该动脉向内后下压在第一肋骨上（图3-5-3）。

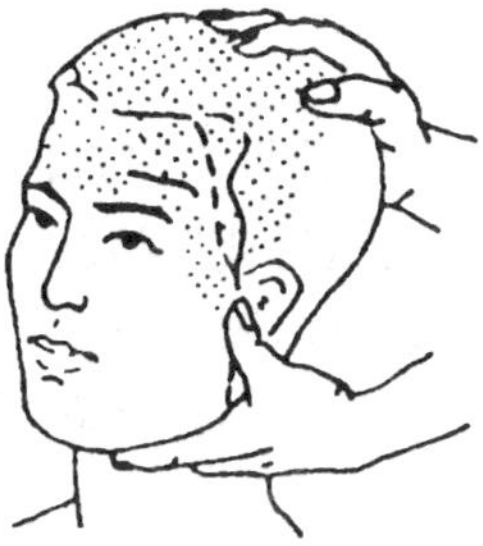

颞动脉压迫部位

图 3-5-1

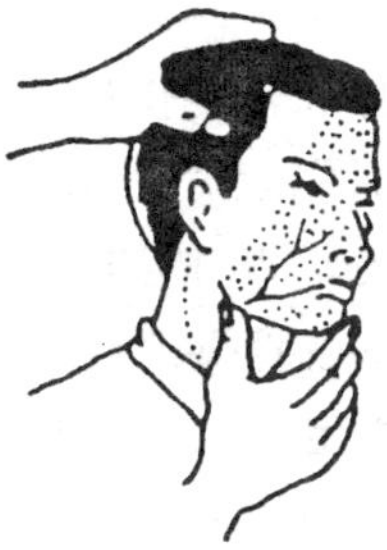

面动脉压迫部位

图 3-5-2

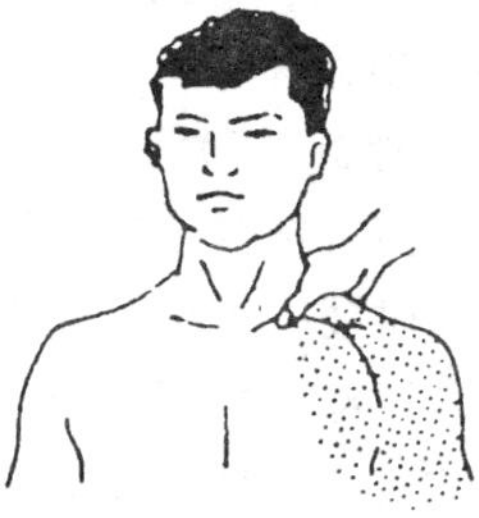

锁骨下动脉压迫部位

图 3-5-3

④肘部和前臂出血：以拇指压迫上臂中段、肱二头肌内缘的动脉搏动处（即肱动脉），将该动脉压迫在肱骨上（图 3-5-4）。

⑤手指出血：以拇指和食指相对夹压出血手指的第一指节根部两侧（即指动脉）。

⑥大腿及小腿部出血：以双手拇指重叠压迫腹股沟中点稍下方的动脉搏动处（即股动脉），将该动脉压迫在耻骨上（图 3-5-5）。

⑦足部出血：以双手拇指分别按压踝关节背侧、足背皱纹中点的动脉搏动处（即胫前动脉）和内踝与跟骨之间的动脉搏动处（即胫后动脉）（图 3-5-6）。

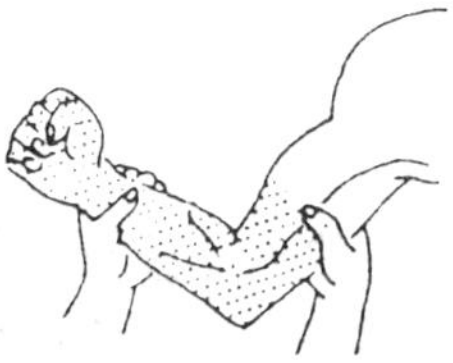

肱动脉压迫部位

图 3-5-4

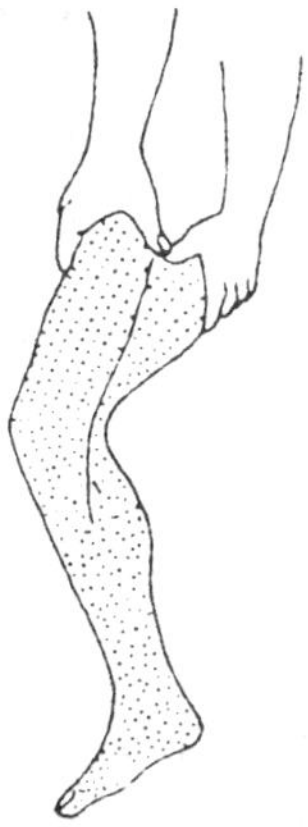

股动脉压迫部位

图 3-5-5

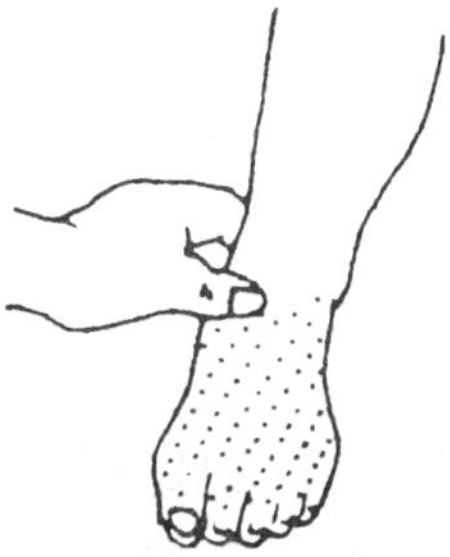

胫前、后动脉压迫部位

图 3-5-6

（二）骨折及其初步急救处理

1. 骨折的概念

在外力作用下，骨的完整性和连续性遭到破坏的损伤，称为骨折。运动中，身体某部位受到直接或间接的暴力作用时，可造成骨折。凡受伤后局部有疼痛、压痛、纵向叩击（或挤压）痛、畸形、功能障碍、假关节活动及移动肢体时有骨摩擦音者，即可作出骨折的诊断。脊柱骨折者这些征象多不明显，疑有骨折即应按脊柱骨折急救处理。

2. 骨折的初步急救处理

（1）伴有休克者，应先抗休克。

（2）伴有出血和伤口者，应先止血和包扎伤口。

（3）四肢骨折：①急救原则：及时固定骨折部位，避免加重骨折端附近的组织、神经、血管等损伤，减轻疼痛，便于搬运。②固定的办法：将长度超过骨折部位上、下两个关节的夹板或树枝、木板、纸板置于患肢骨折部位一侧或两侧，再用绷带或布带等进行包扎；先固定骨折部位的两个断端，再固定其上、下两个关节。如寻找不到合适的器材，可将受伤的上肢用布类吊在胸前，或将受伤的下肢与健肢捆在一起。

（4）脊柱骨折：①急救原则：始终保持脊柱在伸直状态，以免加重或造成脊髓损伤。其关键是搬运方法要得当。②搬运方法：须由3～4人将患者同时托住头、背部和下肢，把患者身体平托起来，移至硬板上（图3-5-7）。切忌一人抬头、一人抬脚的软抬。③疑有颈椎骨折时，应由一人专管头部的牵拉固定，使头部与身体成直线位置不摇动（图3-5-8）;将患者抬上硬板后，应在颈下放一小垫，不用枕头，并在头颈两侧用沙袋或衣物垫好，防止头部左右摇动。④在转运过程中，要尽可能减少震动，并且，务必使躯干保持伸直位。

（5）经初步急救处理后，须立即送医院作进一步处理。

3. 骨折的愈合

正确复位与固定是骨折愈合的重要条件，但在治疗过程中，既要保持局部的相对固

图 3-5-7

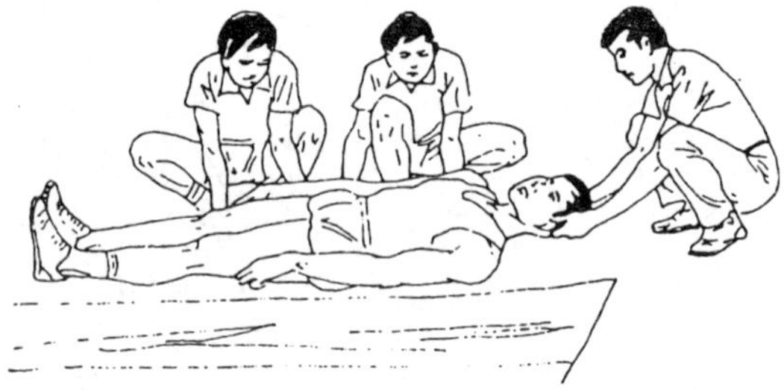

图 3-5-8

定，又要重视全身和患肢肌肉、关节的适当活动，以促进骨折的良好愈合和结构及功能的完全恢复。骨折愈合的整个过程是持续渐进的，一般分为血肿机化期、原始骨痂期和骨痂塑形期。

骨折的临床愈合标准：（1）局部压痛、纵向叩击痛消失。（2）局部异常活动消失。（3）X线片显示骨折线模糊，有连续性致密梭形骨痂通过骨折线。（4）解除外固定的情况下，上肢能平举1公斤重物达1分钟，下肢能连续徒步行走3分钟，并不少于30步。

（三）关节脱位及其初步急救处理

1. 关节脱位的概念

由于暴力的作用，构成关节的各骨关节面失去正常的互相连接关系，造成关节基本结构及辅助装置破坏，引起关节功能失常者，称为外伤性关节脱位。运动中发生的关节脱位，多由间接外力所致，常见有肘关节脱位、肩关节脱位或指关节脱位。凡伤后局部有关

节畸形（关节轮廓变形，骨突标志改变，肢体保持在特殊畸形位置等）、关节弹性固定（被动活动伤肢时可感到弹性阻力，被动活动停止后，患肢立即弹回原有的特殊畸形位置）、关节功能障碍、肿胀、剧烈疼痛及压痛者，即可做出关节脱位的诊断。大关节脱位或合并其他损伤时，可并发休克。

2. 关节脱位的初步急救处理

（1）抗休克。（2）立即用三角巾、夹板、绷带等在脱位所形成的特殊畸形姿势下固定患肢。若没有合适的器材，可将患肢固定在自己的躯干或健肢上。（3）肩关节脱位的固定：将患肢肘关节屈曲90°，一条三角巾在颈后打结，将前臂悬挂于胸前，另一条三角巾绕过患侧上臂，在健侧腋下打结，将上臂固定于躯干上。（4）肘关节脱位的固定：将铁丝夹板弯成约135°的托板，置于肘后，用绷带扎好，再用三角巾将前臂悬挂于胸前。若无铁丝夹板，可直接用三角巾将前臂悬挂于胸前。（5）指间关节脱位：用绷带或布带将患指直接固定于健指上。（6）经初步急救处理后，应立即送医院作进一步处理，争取早期复位。

（四）溺水及其初步抢救措施

1. 溺水的概念

人淹没于水中，由于呼吸道被水、污泥、杂草等堵塞，或因吸水的刺激导致喉头、气管发生反射性痉挛，引起窒息和缺氧，称为溺水。因溺水引起的窒息和缺氧，可导致呼吸、心跳骤停而致死。溺水常因未掌握游泳技术而误入深水、游泳时肌肉痉挛或思想麻痹大意等引起。溺水者一般有身体发绀，面色苍白肿胀，口鼻充满泡沫，四肢冰冷，神志昏迷，腹部胀大，甚至呼吸、心跳停止等临床表现。

2. 溺水的初步抢救处理

溺水者被救上岸后，应立即按以下步骤迅速就地抢救：（1）清除口腔和鼻腔内的分泌物及其他异物。（2）控水：对上腹鼓胀、腹内有水者，可将溺水者腹部置于抢救者屈膝大腿上，使溺水者头部下垂，然后按压背部，使口腔、咽喉及气管内的水倒出。控水时间不宜过长，切不可因控水而失去心肺复苏的良机。（3）检查呼吸、心跳情况，如呼吸、心跳停止，立即就地进行人工呼吸和胸外心脏按压（详见下述的“呼吸、心跳骤停及其初步抢救措施”）。（4）迅速转送医院，应当尽量在运送途中仍然继续进行人工呼吸和心脏按压术。切忌不作任何抢救就将溺水者送往医院，这样会使溺水者脑缺氧时间过长而无法挽救生命。

（五）呼吸、心跳骤停及其初步抢救措施

1. 呼吸、心跳骤停的概念

呼吸停止和心跳停止，可单独发生或同时发生。呼吸停止后因全身缺氧，随即可引起心跳停止。心跳停止后，因延髓血流即停止，可迅速引起延髓缺氧及中枢性呼吸衰竭而导致呼吸停止。电击伤、一氧化碳中毒或药物中毒、溺水和窒息等均可引起呼吸、心跳骤停；在运动损伤中，严重创伤所导致的大量失血，亦可导致呼吸、心跳骤停。

2. 呼吸、心跳骤停的初步抢救措施

呼吸、心跳骤停的诊断一经确立，应立即用最简便的方法重新建立有效的循环和呼吸，而人工呼吸和胸外心脏按压是现场复苏急救的重要手段。复苏成功的关键是：必须行动迅速，争分夺秒，不可延误时机。

（1）人工呼吸：借助人工方法来维持机体的气体交换，改善缺氧状态，并排出二氧化碳，为恢复自主呼吸创造条件。对呼吸停止但心跳尚未停止的患者，应立即进行人工呼吸。

①操作方法（仅介绍口对口人工呼吸法，此方法简便有效，并可同时进行胸外心脏按压）：使患者仰卧，解开衣领、裤带和胸腹部衣服，抢救者一手托起患者下颌，掌根轻压环状软骨（喉结的下方），以避免将空气经食管吹入胃内；另一手捏住鼻孔，掌根压住患者前额，深吸一口气后对准患者口吹入（有条件时可在患者口部盖上一块纱布），吹完气后松开捏住鼻孔的手。如此反复进行。

②注意事项：人工呼吸前应清除患者口腔异物，并将其头部置于极度后仰位，以保持呼吸道的通畅。每次吹气量应为800～1200毫升，吹气按每分钟16～18次的频率进行。

（2）胸外心脏按压：通过按压胸骨下端而间接地压迫左、右心室腔，使血液流入主动脉和肺动脉，建立有效的大、小循环，为恢复心脏自主节律创造条件。对心跳停止但呼吸尚未停止的患者，应立即进行胸外心脏按压。

①操作方法：使患者仰卧于木板或地上，抢救者以一手的掌根部置于患者胸骨中、下1/3交界处，另一手置于前手之上，肘关节伸直，充分利用上半身之重量和肩、臂部肌肉的力量，带有一定冲击力并有节奏地垂直按压胸骨，使之下陷3～4厘米（儿童相应要轻些），随即迅速抬手，使胸廓复位，以利于心脏舒张。如此反复进行。

②注意事项：接触胸骨只限于掌根部。用力不可太猛，以免引起肋骨骨折。按压以每分钟60～80次的频率进行，儿童应以单手掌根按压，每分钟100次左右。

（3）对呼吸与心跳都停止的患者，应同时由两人进行口对口人工呼吸与胸外心脏按压。一人口对口人工呼吸，一人做胸外心脏按压，每按压5次，吹气一次，交替进行。若只有一人时，则应每按压心脏15次，进行口对口人工呼吸2次，反复交替进行。

（4）抢救时应沉着、冷静、迅速，抢救一经开始，就要连续进行，不能间断，一直做到患者恢复自主呼吸及心跳或确定死亡为止。

（5）在就地进行抢救的同时，要迅速请医生来处理或迅速转送医院，在运送途中仍然要不间断地进行人工呼吸和心脏按压术。

（六）休克及其初步急救处理

1. 休克的概念

休克是人体遭受体内外各种强烈刺激后发生的一种因毛细血管的血流灌注量急剧减少所引起的组织代谢障碍和细胞受损的综合征，若不及时抢救，可导致患者的死亡。其临床上以急性周围循环衰竭为特征，有效循环血量的锐减是休克的主要矛盾。

（1）病理机制：由于有效循环血量的绝对减少或相对减少，导致组织器官的缺氧和代谢率紊乱，同时，神经系统和内分泌系统也发生不同程度的功能紊乱，并互为因果而造成恶性循环。

（2）病因：凡能引起有效循环血量不足或心排出量减少的各种因素都能引起休克。运动损伤中并发的休克多为外伤性休克，主要是损伤引起的剧烈疼痛所致，多见于脑脊髓损伤、骨折、睾丸挫伤等，由于神经作用使周围血管扩张，有效循环血量相对减少；其次为出血性休克，由于损伤引起大血管破裂出血、腹部挫伤合并肝脾破裂等，因出血引起血容量突然降低，有效循环血量绝对减少。此外，还有心源性休克、中毒性休克、过敏性休克等。

（3）主要临床表现：①兴奋期：紧跟损伤而出现，是抑制期的前导，可能只持续几分钟乃至数秒钟。此期患者多有烦躁不安、呻吟，表情紧张，面色苍白，脉搏快而有力，呼吸急促，血压正常或反而稍高。②抑制期：此期患者出现显著病容，虚弱，表情淡漠，反应迟钝，口渴，头晕，出冷汗，四肢发凉，气促，脉搏快而无力，血压下降。严重者出现发绀、酸中毒、昏迷。

2. 休克的初步急救处理

（1）应立即让患者平卧休息，一般应采取头和躯干部抬高20°~30°，下肢抬高15°~20°的体位。（2）神志清醒又无消化道损伤的患者，可饮适量的盐水或姜糖水、热茶等。（3）保暖，但不宜过热，以免皮肤血管扩张，影响生命器官的血液灌注量和增加氧气的消耗。在炎热的夏天，要注意防暑降温，防止中暑。（4）保持呼吸道畅通，对昏迷病人要及时清除口腔分泌物及血块，松解衣领，必要时可将舌头牵出口外。（5）剧烈疼痛时，可口服或注射止痛剂、镇静剂。（6）可针刺或指压人中、百会、涌泉、内关、合谷等穴位，宜用强刺激手法。（7）对有骨折或脱位者应进行必要的急救固定，对有出血者应及时采用适当的方法止血，对疑有内脏出血者应迅速送医院抢救。（8）在进行以上现场急救的同时，应迅速请医生处理，或尽快将患者送医院治疗。

三、常见运动损伤及其处理

（一）闭合性软组织损伤及其治疗原则

软组织损伤主要是指因外力撞击、跌仆闪挫、扭转牵拉、钝器挤压、强力负重、过度活动和姿势不正等原因引起的软组织急性损伤和慢性损伤，是运动损伤中最常见的一种。常见的闭合性软组织损伤包括：挫伤，肌肉拉伤，关节囊和韧带扭伤，劳损、肌腱腱鞘和滑囊损伤等。

闭合性软组织损伤可根据损伤的病理变化过程分为急性损伤和慢性损伤两大类，其治疗的基本原则是按不同的病理过程进行处理。

（1）急性损伤：即受到直接或间接外力作用、有急性伤史的软组织损伤。其治疗可按早、中、后三个时期进行。

早期：即伤后24小时或48小时以内。其临床表现主要为：红、肿、热、痛、功能障碍。其处理原则主要是：适当制动，止血，防肿，镇痛和减轻炎症。其治疗方法主要为：伤后即刻冷敷、加压包扎、抬高患肢，24小时后外敷新伤药、内服去痛片等。

中期：即伤后24小时或48小时后。其临床表现主要是：红、肿、热、痛逐渐消退，但仍有瘀血和肿胀。其处理原则主要是：改善伤部血液循环和淋巴循环，促进组织新陈代谢，加速瘀血和渗出液的吸收及坏死组织的清除，防止粘连形成，促进再生修复。其治疗方法主要为：热疗，理疗，按摩，针灸，药物痛点注射及外敷活血生新的中草药等。

后期：其临床表现主要是：肿胀和压痛消失，功能尚未完全恢复，锻炼时仍感局部微痛、酸胀、无力或僵硬。其处理原则主要是：增强和恢复肌肉、关节的功能。如有瘢痕硬结和粘连，应设法软化和松解，以促进功能的恢复。其治疗方法主要为：按摩，理疗，功能锻炼，中草药熏洗等。

（2）慢性损伤：由急性损伤后处理不当转化而来。劳损亦属此类。其病理变化主要是变性和增生。其临床表现主要是：自觉局部酸胀，疼痛，发凉，活动不便。其处理原则主要是：改善局部血液循环，促进组织新陈代谢，合理安排局部的负担量。其治疗方法与急性损伤的后期大致相同。

（二）挫伤

挫伤是身体某一部位受钝性暴力作用而引起该处及其深部组织的闭合性损伤。

其临床表现主要有：（1）单纯性挫伤：是皮肤和皮下组织（包括皮下脂肪、肌肉、关节囊和韧带）的挫伤。轻者局部仅有疼痛、压痛、肿胀、功能障碍。重者可因皮下出血形成血肿或瘀斑，如有血肿可查得波动感，疼痛和功能障碍都较明显。（2）混合性挫伤：在皮肤和皮下组织受到挫伤的同时，还合并其他组织器官的损伤。如头部挫伤可合并脑震荡或脑溢血，胸部和背部的挫伤可合并肋骨骨折或肺脏损伤而发生气胸或血胸，腰、腹部挫伤可合并肾挫伤和肝、脾破裂而发生内出血和休克，股四头肌、腓肠肌的严重挫伤可引起肌肉或肌腱断裂。

其治疗主要为：单纯性挫伤在局部冷敷后外敷新伤药，加压包扎，抬高患肢。头部、躯干部挫伤有休克症状出现者应首先进行抗休克处理，并立即送医院治疗。有肌肉、肌腱断裂者，将肢体包扎固定后速送医院治疗。

（三）肌肉拉伤

肌肉拉伤是肌肉主动强烈收缩或被动过度的拉长，超过了肌肉本身的负担能力或伸展性所造成的损伤。拉伤可发生在肌腹、肌腹与肌腱交界处或肌腱的附着处。

其主要临床表现有局部疼痛、肿胀、压痛、肌肉紧张或痉挛，功能受限，受伤肌肉做主动收缩或被动拉长的动作时，疼痛加重。肌肉严重拉伤者，在受伤当时可感到或听到断裂声，疼痛和肿胀明显，皮下瘀血显著，运动功能严重障碍。肌纤维部分断裂或完全断裂时可在断裂处摸到凹陷或一端异常隆起。

其治疗主要为：轻者立即冷敷，加压包扎，止痛，24 小时后可外敷新伤药，痛点药物注射、针灸、理疗或按摩等。重者经加压包扎等急救处理后立即送医院，如有肌肉完全断裂应及早做手术缝合。

（四）关节囊和韧带扭伤

多为关节部位的复合性损伤。它是由于间接外力的作用，迫使关节异常扭转，而导致关节囊、韧带和关节附近其他软组织结构损伤。

其临床表现主要有：局部疼痛、肿胀、压痛、皮肤青紫，关节功能障碍及关节不稳。关节侧扳试验是检查韧带损伤的重要方法，关节侧扳时若出现疼痛，即为韧带扭伤或少量韧带纤维断裂，如果出现“关节松动”或超常范围的活动，则为韧带完全断裂。关节韧带扭伤时，常可合并其他损伤，如膝关节内侧副韧带扭伤可合并膝内侧半月板及十字韧带损伤，踝关节外侧韧带扭伤可合并副舟骨损伤或第五跖骨基底部骨折等。

其治疗主要为：轻者立即冷敷，加压包扎，止痛，24 ~ 48 小时后可外敷新伤药，痛点药物注射，3 天后进行理疗或按摩等。重者经加压包扎等急救处理后立即送医院，及早做手术缝合。

（五）劳损

劳损是局部的肌肉、肌腱、筋膜等组织因长期负荷过度或体位不正等因素引起的慢性积累性损伤。它由微细的小损伤逐渐积累而成，其实质为一种慢性无菌性炎症的病理改变。较为常见的劳损有腰肌劳损、疲劳性骨膜炎等。

其临床表现主要有：局部酸胀、疼痛，准备活动后症状减轻或消失，运动结束后症状又出现或加重，经休息后又减轻。其症状常与天气变化有关。

其治疗主要为：按摩（效果较好），理疗，痛点注射考的松类药物等。

（六）踝关节扭伤

踝关节扭伤是闭合性软组织损伤中最常见的一种，它多由于跑步、跳跃、行走时突然踏在不平的地面上，或踩在他人的脚上，或踩在球上，或下楼梯时因足部受力不稳，突然发生过度内翻或外翻，致踝外侧或内侧副韧带受到强大的扭转牵拉张力作用而损伤。

其临床表现主要有：(1) 有明显扭伤史。(2) 踝关节外侧（踝关节内翻、内旋位损伤）或内侧（踝关节外翻、外旋位损伤）剧烈疼痛，活动受限，行走时疼痛明显。(3) 轻者仅局部肿胀，重者整个踝关节肿胀，跛行或不能行走。(4) 伤处有明显压痛。(5) 如有踝外侧韧带完全断裂，则伤处剧痛，肿胀严重且范围大，踝关节不稳和距骨异常活动，踝关节前抽屉试验（患足稍跖屈，检查者一手握住小腿，一手握住足跟向前推拉，使距骨向前错动）活动范围加大。

其治疗主要为：(1) 伤后立即冷敷或用冷水冲淋 10 余分钟。(2) 可顺足尖方向轻轻牵拉足前部，以理顺踝关节诸骨及韧带的关系。(3) 用绷带或布带加压包扎。包扎时，绷带或布带的缠绕方向应与受伤暴力作用方向相反，如内翻、内旋位损伤，绷带或布带应由内向外绕过足底进行包扎，并应将踝关节包扎于轻度外翻、背屈位；如外翻、外旋位损伤，绷带或布带则应由外向内绕过足底进行包扎，并将踝关节包扎于轻度内翻、背屈位。(4) 在包扎固定的同时，外敷新伤药，一般应包扎固定 5～7 天。(5) 3 天之内不要作热敷、理疗、按摩等。(6) 对较严重的扭伤，应在现场初步处理后，送医院作进一步诊治。必要时可摄 X 光片，以判断是否有骨折。

（七）大腿后群肌肉拉伤

大腿后群肌肉拉伤亦是闭合性软组织损伤中最常见的一种，其损伤原因主要分为主动拉伤（该群肌肉强烈收缩引起，如短跑运动员猛烈蹬离起跑器、跳远运动员最后一步强力蹬地腾起等）和被动拉伤（该群肌肉超生理范围运动引起，如强行踢腿、压腿、劈叉等）两种。其好发部位多为肌腹和坐骨结节肌腱附着点。

其临床表现主要有：(1) 常有急性损伤史，受伤当时可能听到断裂的声音。(2) 轻伤疼痛局限于伤部，休息时不痛，重复受伤动作时才痛。(3) 重伤者伤肢多处于屈曲位，疼痛剧烈，步履困难。(4) 大腿后侧肿胀，伤处压痛明显，肌肉发紧，有时能触及硬结；肌肉完全断裂者，可摸到膨大的两断端与中间的凹陷。(5) 受伤肌肉主动收缩或被动拉长时疼痛加重。

其治疗主要为：(1) 伤后立即加压包扎。(2) 冷敷 4～6 小时，并抬高患肢休息。(3) 24 小时后可外敷新伤药，痛点药物注射、针灸、理疗或按摩等。(4) 重者经加压包扎等急救处理后立即送医院，如有肌肉完全断裂应及早做手术缝合。

（八）网球肘

网球肘又称肱骨外上髁炎（肱骨外上髁为前臂伸肌群附着点），是一种慢性劳损所致的肘外侧疼痛综合征，在运动损伤中较为多见，尤以网球运动员好发，故名网球肘。此外，乒乓球、羽毛球运动员等亦可发生。

其临床表现主要有：(1) 无明显受伤史，其症状逐渐出现。(2) 早期在做某一动作时，有肘关节外侧疼痛；病情发展，肱骨外上髁部位发生持续性疼痛，并可向前臂或上臂放射。(3) 重者握物无力，手提不重的物品时，可突然发生不可抑制的无力感而丢掉物品。(4) 扫地、拧毛巾、反手击球时，疼痛尤为显著。(5) 肘关节外侧有明显压痛。(6) 前臂桡侧上段软组织有轻度肿胀、压痛及僵硬。(7) 伤肘微屈，前臂旋前，腕关节屈曲，在有外力加于腕关节背侧时用力背伸腕关节，肱骨外上髁产生疼痛。

其治疗主要为：(1) 用手法按摩、药物痛点注射（强的松龙等）、针灸（阿是穴［即痛点］、曲池穴、网球肘穴［曲池穴与肩峰的连线，曲池穴上 3 寸，用拇指按压此处有明显的酸胀痛感］）等综合性治疗，绝大多数可获得满意效果。(2) 手腕和前臂用力活动时，于前臂肌腹处缠绕弹性绷带或戴护肘，可减轻疼痛发生。(3) 对少数久治不愈的患者，可考虑手术治疗。

（九）胫腓骨疲劳性骨膜炎和疲劳性骨折

该症又称应力性损伤或行军骨折或应力骨折，为长期、反复、快速、轻微的外伤应力累积于骨骼的某一部位，逐渐发生的慢性损伤。好发于跑跳运动员、长途行军的新兵等。

其临床表现主要有：(1) 无明显受伤史，逐渐出现胫骨前或小腿后外侧疼痛。(2) 训练或较大运动量后，或上下楼梯时、或走路多时疼痛加重；做后蹬腿动作感觉乏力且疼痛加重。(3) 胫骨内侧或外踝上有轻度凹陷性水肿，皮肤发红、灼热。(4) 胫骨内侧的中、下段有明显压痛，部分患者在腓骨的外踝上方亦有压痛。(5) 病程较长的患者，其患部可触摸到凹凸不平或硬结。

其治疗主要为：(1) 减少下肢运动量，调整训练内容，避免在过硬的场地上跑步或跳跃。(2) 患侧小腿用弹力绷带包扎。(3) 对患部进行按摩，理疗，外敷药等。(4) 对经上述治疗后，局部症状无改善甚至加剧者，应拍 X 光片确诊是否疲劳性骨折，如有骨折，则应按骨折处理。

第四章　奥林匹克运动

第一节　奥林匹克运动会与奥林匹克运动

一、古代奥林匹克运动会

从公元前776年有文字记载的第1届算起，到公元393年，历时1 169年，共举办了293届古代奥运会。它的活动形式、传统与精神体系，对世界体育的发展产生了深刻的影响。

(一) 古代奥林匹克运动会的起源

古代奥运会的起源，实际上与古希腊的社会情况有着密切的关系。

(1) 古代希腊商品生产极为繁荣，这在以农业经济为主的人类古代社会是绝无仅有的。商品经济的繁荣，使生产力得到迅速发展，征服自然、改造自然的信念易于形成，社会生活内容也就丰富多彩，奥林匹克竞技活动就是其中的一部分。

(2) 商品经济的发展和开放的海洋地理环境使希腊人产生了外向、好动的性格。他们有独立不羁的人格、开拓的精神。这种充满自由、竞争精神的文化个性，鼓励人们参与各种竞争活动，激发了人们的竞争能力。

(3) 古希腊的城邦统治注重军事，更注重军事力量的主体——人的体力的发展。

(4) 古代奥运会是一种泛希腊的宗教庆典，它与宗教习俗活动关系密切。这些机制的综合运行，产生了古代奥林匹克运动会，并持续了1 000余年，成为人类文明史上的一枝奇葩。

(二) 古代奥林匹克运动会的规定

(1) 古代奥林匹克运动会的举办时间。

古代奥林匹克运动会基本上是每4年举行一次，这一周期被称为“奥林匹亚德”。按此周期算，则从公元前776年到公元393年间共应举办293届，但实际上召开的次数要少得多。不过，古代奥运会有规定，一个奥林匹亚德为一届，不管举行与否次数照算。

古代奥运会初期，竞赛项目不多，会期只有1天。后来随着比赛项目的增加，会期不断延长。从公元前472年的第77届奥运会起，会期延长到5天。

(2) 古代奥林匹克运动会的比赛项目。

古代奥林匹克运动会的竞技比赛项目主要是田径。场地跑是古代奥运会最早设立的竞赛项目，也是从第1届到第13届运动会上的唯一竞赛项目，距离是一个“斯泰德(stade)”，约为192.27m，这个距离是传说中的竞技之父——赫拉克勒斯神的脚的600倍。后来逐渐增加了中长距离跑、摔跤、五项全能、拳击、赛马、角斗，以及战车赛、武装赛跑，等等，最多时达23项。大多数比赛项目为现代运动项目的原始雏形，比赛规则简单，任意性很大，一些项目如最富有古希腊运动特色的角斗在现代运动中已经绝迹。

此外，还举行文艺比赛，参加者为诗人、作家、艺术家和演说家等。文艺比赛是从公元前 444 年的第 84 届古奥运会开始的，当时被誉为希腊“历史之父”的格罗多特宣读了他的名作《历史》中的某些章节，歌颂了公元前 490 年在马拉松河谷战役中打败波斯军队的希腊战士，最终赢得首次文艺比赛的桂冠。

（3）古代奥林匹克运动会的奖励。

比赛结束时，在宙斯神坛前为各项目的优胜者举行庄严而隆重的发奖仪式。首先由裁判庄严宣布优胜者姓名和他们父亲的姓名、所属城邦，以及他们在奥运会获胜的项目，同时授予优胜者一枚棕榈，再由神的代表——奥运会的祭司授予神赐给人类的象征和平、幸福的橄榄枝花冠。每位奥林匹克冠军都是城邦的英雄，这一地位和荣誉是人间无与伦比的，即便是身在高位的将军也对此羡慕不已，宁愿以将军的头衔去换得那用橄榄枝编织的奥运会桂冠，尽管那只是一顶花环，而不是财富和权势。可见，在古奥林匹克繁荣时期，奥林匹克在人们心目中的地位是多么圣洁和高尚。最初的奖赏偏重于荣誉，以后逐渐发展成为优厚的物质奖赏，并授予某种特权。

（4）古代奥林匹克运动会的规定。

古代的奥运会，对运动员、裁判和观看者有着种种规定、特权与禁令。

古代奥运会对运动员资格审查是极为严格的，当时的规定是：只有希腊血统的自由民才能作为参赛者，而奴隶、外国人、犯过罪的人，对神不虔诚的人和有亵渎行为的人都不能参加。妇女不但无参赛资格，而且也不允许观看。

古代奥运会的裁判官由伊利斯城邦在有名望的贵族中推举产生，大多由王公贵族担任，权力很大。最初只有 1～2 名裁判，到公元前 348 年的第 100 届奥运会上才确定为 10 名。裁判官负责向各城邦宣告“神圣休战令”开始，审查运动员资格，执行赛场纪律。裁判员不仅是赛场的执法者，也是整个大会的组织者。

古代奥运会的比赛规则十分严格，古希腊人认为奥运会是神圣的，光明正大的取胜是光荣的；反之，则是对神圣事业的亵渎。这表现了古希腊人的荣辱意识。据说在第 98 届古奥运会上，一拳击运动员因买通另外 3 名敌手取胜，结果 4 人皆被罚重金，并用这 4 人的罚金雕刻了 4 尊宙斯像，其中一尊还刻上警语：奥林匹克的胜利不是可用金钱买来的，而需依靠飞快的两腿和健壮的体魄。

（5）古代奥林匹克运动会的特点。

赤身运动是古希腊体育竞技的一大特色，表现出其独特的民族风尚和艺术风格，同时也显示出古希腊人对神的崇敬以及对美和力量的崇尚。因此在比赛场上的运动员全身赤裸，涂上橄榄油，使皮肤富有光泽，肌肉更富有弹性，既有利于比赛，又显示出力量与美。

（6）妇女与古代奥林匹克运动会。

古代奥运会的禁令主要是针对妇女而言，当时规定：女子不能参加或观看体育比赛，违者要受法律制裁，甚至处以死刑。不过，也有例外的情况。公元前 396 年第 96 届奥运会上，一位拳击世家的妇女——卡莉帕捷里娅女扮男装混入赛场，在教练员席上观看儿子的比赛。当儿子获得冠军后，她欣喜若狂跑入赛场热烈拥抱亲吻儿子，暴露了自己真实的身份。由于其父是第 79 届奥运会的拳击冠军，再加上长老的说情，她才免于一死，成为有历史记载的古代奥运会史上妇女违禁得以生还的罕见事例。

（三）古代奥林匹克运动会的盛衰

古代奥运会按其起源、盛衰，大致分为三个时期：

（1）公元前776年至公元前388年，这一时期各城邦之间虽有纷争，但希腊是一个独立国家，政治、经济、文化都较发达，是古代奥运会的黄金时期。

（2）公元前388年至公元前146年，古代奥林匹克运动会开始衰落。公元前431年，在古希腊爆发了使古希腊民间丧失元气的伯罗奔尼撒战争，这场战争持续了近30年，战争不仅耗损了几乎所有希腊城邦的国力，而且嘲弄了希腊人借奥林匹克竞技实现民族团结、精神统一的梦想，到了后来，马其顿人毫不留情地把这种梦想撕了个粉碎。

（3）公元前146年至公元393年，古代奥运会由衰落走向毁灭。公元393年罗马皇帝狄奥多西一世宣布基督教为国教，认为古代奥运会有违基督教教旨，是异教徒活动，翌年宣布废止古奥运会。

（四）古代奥林匹克运动会的文化遗产

古代奥运会虽然衰亡了，但它给人类社会留下了宝贵的文化财富，在世界体育史上有深远的影响，具体表现在：

（1）创造了一种竞技运动的组织模式。从单一项目的竞赛到大型综合性竞赛，从运动会的组织、活动内容到竞赛方法，都形成了独特的体系。

（2）积累了丰富的体育教育经验。延续了一千多年的古代奥运会，促进了古希腊人身体训练制度的形成，使古希腊“对青年的教育原则中贯穿着竞技运动、神性与人性的精神。在希腊文化的全盛期，运动锻炼一直是城邦生活的重要部分和教育的基本原则”，为人类积累了体育教育经验。

（3）在体育的理论和实践上留下了宝贵财富。1 000多年的古奥运会的实践，在体育的功能、德智体美关系、运动生理、运动营养、训练周期、运动道德等方面都积累了丰富的经验。

（4）形成了一种价值体系——“奥林匹克精神”。古代“奥林匹克精神”主要内容为：①和平与友谊的精神。古代奥运会反映了人民渴望和平的意愿。在“神圣休战”期间，各城邦人民可以自由交往、经商旅行，反映了人民对友谊的崇尚。②尊崇公正、平等、竞争的精神。运动员赛前宣誓：“不以不正当的手段取胜！”这既是一种社会对人的理想化的规范，也反映了人们对公正、平等、竞争的渴望与崇敬。③追求人体健美的精神。古代奥运会不仅是体能的比赛，也是健美的比赛，它体现了古希腊人对人体健美的追求。④追求奋进精神。古代奥运会是古希腊人展示自我、表现自身价值的一种形式。运动员来到赛场，就是要胜过别人，成为冠军。这是一种鼓舞人奋进向上、不断探索和推动社会进步的可贵动力。

二、近现代奥林匹克运动会

19世纪80年代，由于古代奥运会遗址的多次发掘，各国人民对恢复奥运会的呼声日益高涨，法国教育家皮埃尔·德·顾拜旦男爵于1888年首先向全世界提出恢复奥运会的倡议。1894年6月16日至24日，有34个国家参加的国际体育大会在法国召开。会上决定，第1届现代奥运会将于1896年在希腊雅典举行，只允许业余运动员参加；成立国际奥林匹克委员会，选举希腊的维凯拉斯为第一任国际奥委会主席，顾拜旦任秘书长。这样，现代奥林匹克运动会从此正式诞生了。

（一）夏季奥林匹克运动会

夏季奥运会，简称奥运会，为有别于冬季奥运会，又称为夏季奥运会。每 4 年举办一届。夏季奥运会沿袭古奥运会旧制，不管运动会举行与否，届次照算。自 1896 年在雅典举行第 1 届奥运会起，到 2004 年雅典奥运会止，共 28 届。因两次世界大战，实际只举行了 25 届。

第 1 届（艰难的起步）：第 1 届现代奥运会于 1896 年 4 月 6 日至 15 日在雅典举行。这届奥运会因经费问题遇到重重困难。大会沿袭了古希腊奥林匹亚竞技会体制。虽然参加奥运会的只有 13 个国家和地区的 311 名运动员，但这次运动会面向的却是全世界的各国人民。这届奥运会不允许女运动员参加比赛。由希腊人塞玛拉斯作曲的奥运颂歌第一次奏响。1957 年，这首歌曲成为奥运会的正式会歌。

第 2 届（女子走向世界舞台）：1900 年 5 月到 10 月，第 2 届奥运会在法国巴黎举行。比赛持续了 5 个月，被称为是一次“马拉松”式的奥运会。参加本届奥运会的共有 22 个国家和地区的1 330名运动员。有 11 名女运动员突破传统的禁戒，参加了高尔夫球和网球比赛。英国的夏洛特·库珀在女子网球单打比赛中获得冠军。

第 3 届：1904 年 7 月 1 日至 11 月 23 日在美国圣路易斯举行的第 3 届奥运会并没有弥补巴黎奥运会的不足，总共只有 12 个国家参加。参赛运动员 625 名（其中女运动员 8 名）中美国人占了 533 人。有人甚至称之为“美国运动会”。

第 4 届：1908 年 4 月 27 日至 10 月 31 日，第 4 届奥运会在英国伦敦召开。这是第一次五大洲运动员齐聚的奥运会。22 个国家和地区的 2 600 名运动员（其中 36 名女运动员）参加，人数几乎是 1896 年雅典奥运会的 10 倍。

第 5 届（《体育颂》流传于世）：1912 年在瑞典的斯德哥尔摩举行。共有 28 个国家和地区的2 547名运动员（其中女运动员 57 名）参赛。在这届奥运会上，为了答谢作家、音乐家、建筑师及诗人，奥运会设立了艺术竞赛项目。国际奥委会主席顾拜旦写出《体育颂》获首次举行的奥运会文学艺术比赛金牌。1924 年，法国作家蒙泰朗和画家富白塔表达了因没能获奖而深感失望的心情，后来，艺术比赛就被取消了。

第 6 届：原定 1916 年在德国的柏林举行，因第一次世界大战而中断。

第 7 届（五环旗首次在奥运赛场上空飘扬）：1920 年 8 月 14 日至 29 日，第 7 届奥运会在比利时的安特卫普举办。参赛国家 29 个，运动员共2 607人（其中女运动员 64 人）。由于战争的原因，第 6 届奥运会未能如期举行。奥运会在安特卫普，这座被战争摧毁、被经济问题所困扰的城市重新举办。在这届奥运会上，象征着博爱的奥林匹克运动会会旗，第一次在体育场升起，运动员第一次进行宣誓，第一次出现周长 400m 的标准跑道。

第 8 届：1924 年 5 月 4 日至 7 月 27 日在法国巴黎举行了第 8 届奥运会，这是巴黎举办的第二次奥运会。参加本届奥运会的有 44 个国家和地区的3 092名运动员（其中女运动员 136 名）。国际奥委会第一次正式允许女子参赛。

第 9 届（奥运殿堂终为女子正式敞开）：1928 年 5 月 17 日至 8 月 12 日在荷兰的阿姆斯特丹举行了第 9 届奥运会。共有 46 个国家和地区的 3 014 名运动员（其中 290 名女运动员）参赛。奥林匹克火炬从奥林匹亚引取火种，并远距离向奥运会场传递，其中各国代表团入场由希腊率先，东道国殿后，其他代表团按东道国语字母顺序进入会场的传统，都是从这一届奥运会开始的。应该特别指出的是，妇女终于获准参加奥运会田径赛中5个项目的比赛了。在这届奥运会上，美国运动员贝蒂·鲁宾逊成为第一位奥运会女子100m冠军。中国首次派宋如海以观察员身份出席了这届奥运会。

第10届：1932年7月30日至8月14日在美国西海岸的洛杉矶举行。共有37个国家和地区的1 048名运动员（其中女运动员127名）参赛。中国代表团6人首次参加奥运会，但仅有刘长春参加了100m和200m的短跑比赛，未获名次。

第11届：1936年8月1日至16日在德国柏林举行。本届奥运会参赛国家和地区有49个，运动员共4 066名，其中女运动员328名。中国运动员69名。从本届起国际奥委会正式规定，每届奥运会开幕式都必须举行点燃奥林匹克火焰的仪式。希特勒原想借奥运会来炫耀纳粹德国的“兴盛”，掩盖他加紧备战的阴谋；另一方面，他也想借奥运会来宣扬“亚利安人种优越论”。但美国黑人田径运动员杰西·欧文斯却成为这届奥运会的焦点，他夺得了4枚金牌（100m、200m、跳远和4×100m接力赛）。直到48年后才有另一名跑步运动员夺得了这4个项目的全部金牌，这就是1984年洛杉矶奥运会上的卡尔·刘易斯。

第11届奥运会在某种意义上只是纳粹主义实力的演示，它预示着战争。希特勒已下令他的军队进攻全世界。在闭幕式期间，当奥林匹克旗帜被带到体育场外时，每个人都十分清楚：和平被埋葬了。

第12届：原定1940年在东京和赫尔辛基举行，因第二次世界大战而中断。

第13届：原定1944年在英国的伦敦举行，因第二次世界大战中断。

第14届：第二次世界大战之后，1948年7月29日至8月14日在具有抵抗运动历史的英国伦敦举行奥运会可以说是奥运复兴的最好象征。有59个国家和地区的4 099名运动员（其中女运动员385人）参赛。中国有33名运动员参赛，均未获名次。

第15届（五星红旗飘扬在奥运赛场）：在这个沉浸在第二次世界大战后东西方冷战中的世界里，波罗的海沿岸的宁静城市赫尔辛基于1952年7月19日至8月3日提供了一块和平的“净土”。苏联人自从1912年以来第一次重新参加奥运会。日本与德国也重返奥运赛场。共有69个国家和地区的4 925名运动员（其中女运动员518人）参赛。中华人民共和国体育代表团派出40名运动员第一次参加奥运会，但在运动会已接近尾声时才到达，只有吴传玉参加了游泳比赛。

第16届：1956年11月22日至12月8日第16届奥运会在澳大利亚的墨尔本举行。因牲口入境检疫问题，马术比赛改在瑞典斯德哥尔摩举行，成为奥运会史上唯一分在两个洲举办的奥运会。共有67个国家和地区的3 184名运动员（其中女运动员371人）参赛。

第17届：1960年8月25日至9月11日在意大利的罗马举行。共有84个国家和地区的5 348名运动员（其中女运动员610名）参赛。本届奥运会首次对某些项目实施兴奋剂检查。中国台湾的杨传广号称田径十项全能“三杰”之一，他战胜前苏联的库兹涅佐夫，但以微弱的劣势输给美国的约翰逊，获得银牌，成为中国第一个获奥运会奖牌的人。

第18届：1964年10月10日至24日，奥运会第一次在亚洲举办，地点是日本的东京。共有94个国家和地区的5 140名运动员（其中女运动员683名）参赛。在开幕式上，1945年8月6日出生于广岛的19岁的阪井吉手持奥林匹克火炬进入体育场。8月6日是第一颗原子弹爆炸的日子，10多万人丧生。因此，阪井吉象征着新生命的诞生，也表明了日本人民渴望和平的强烈愿望。

第19届：1968年10月12日至27日在海拔2 250m的墨西哥城举行。这一届共有112个国家和地区的5 531名运动员（其中女运动员781人）参赛。本届奥运会增加了裁判员宣誓仪式，并首次正式实施性别和兴奋剂检查。

第20届（慕尼黑惨案震惊世界）：1972年8月26日至9月10日第20届奥运会在德国的慕尼黑拉开序幕。有122个国家和地区的7 147名运动员（其中女运动员1 070名）参赛。9月5日，巴勒斯坦“黑九月”（“黑九月”是巴勒斯坦解放运动的一个强硬派）组织成员袭击奥运村，杀害了11名以色列运动员……奥运会在恐怖紧张的气氛下继续进行。

第21届：在慕尼黑悲剧发生后4年，第21届奥运会于1976年7月17日至8月1日在加拿大蒙特利尔开幕。共有88个国家和地区的6 189名运动员（其中女运动员1 274名）参赛。

第22届：1980年7月19日至8月3日第22届奥运会在莫斯科举行。这次奥运会由于苏联出兵阿富汗而受到美国、联邦德国、中国、日本等62个国家和地区的抵制，参赛的仅有81个国家和地区的5 872名运动员（其中女运动员1 247名）。

第23届（商业化的开端）：在美国洛杉矶举办第10届奥运会的52年后，1984年7月28日至8月12日，第23届奥运会回到了洛杉矶的纪念体育场。共有140个国家和地区的7 616名运动员（其中女运动员1 719名）参赛。中国体育健儿开始走向世界，共有225名运动员参赛。在自由企业与美国资本主义的共同合作之下，奥运会首次全部交由一个私人委员会组织承办，若干个跨国大公司出资，而不再是由举办城市和举办国出资。洛杉矶奥运会首次实现了扭亏为盈。此后，主办国在历届奥运会中均能赚到丰厚的利润。

中国射击运动员许海峰获得第一枚洛杉矶奥运会金牌。这是一个庆祝中国重返奥林匹克大家庭的象征。

第24届：1988年9月17日至10月2日，在韩国汉城举办的第24届奥运会最大的问题已不是政治问题，而是体育方面的——关于加拿大短跑运动员本·约翰逊使用兴奋剂的丑闻。汉城奥运会标志着自1952年以来有损于奥运精神的意识形态领域中的冲突结束了。共有160个国家和地区的9 581名运动员（其中女运动员2 476名）参赛。

第25届：1992年7月25日至8月9日第25届奥运会在西班牙的巴塞罗那举行。共有170个国家和地区的9 364名运动员（其中女运动员2 705名）参加了本届比赛。

第26届（百年奥运）：1996年是现代奥运的百年诞辰，7月19日至8月4日在美国亚特兰大举行的第26届奥运会实现了奥运家庭的大团圆。本届比赛中设26个大项，271个小项，共有来自世界197个国家和地区的10 788名运动员参加了各项比赛的角逐，各国选手经过17天的激烈争夺共打破25项世界纪录。

第27届：2000年9月15日至10月1日，第27届奥运会在澳大利亚的悉尼举行。共有199个国家和地区的11 116名运动员（其中女运动员4 254名）参加了比赛。本届奥运会加大了兴奋剂检测力度，血检第一次成为奥运会兴奋剂检测的方法之一。

第28届：2004年8月13日至29日在希腊雅典举行。共有201个国家和地区的11 099名运动员（其中女运动员4 524名）参加了301个比赛项目的角逐。中国此次派出了由600多人组成的历史上规模最大的代表团，取得了32金17银14铜的历史最好成绩，列金牌榜的第二位。

（二）冬季奥林匹克运动会

冬季奥运会比赛项目都和冰雪有关，所以有人称之为“白色奥运会”。自 1924 年在法国夏蒙尼举行第 1 届冬季奥运会起，至 2006 年在意大利都灵举办冬季奥运会止，共举办了 20 届。运动规模越来越大。1924 年第 1 届冬季奥运会只有 16 个国家和地区的 293 名运动员参加，比赛项目仅有 4 个，分 14 个单项。而参加 1992 年第 16 届冬季奥运会的国家和地区已达到 64 个，运动员 1 801 名，比赛项目大项为 6 个，单项 57 个。冬季奥运会每四年举办一届，按实际举行次数计算届次。为了使冬、夏两季奥运会不在同一年举行，第 17 届冬季奥运会改在 1994 年举行。会期原为 12 天，从第 15 届起改为 16 天。

（三）伤残人奥运会

伤残人奥运会是根据奥林匹克宗旨所创设的由伤残者运动员参加的奥运会。伤残人奥运会的英文名称 paralympics，是由 paraplegia（截瘫）与 olympic（奥林匹克）两词合成的。奥林匹克运动的宗旨在于向所有的人开放，吸收一切人参加。根据这一宗旨，1960 年在第 17 届奥运会之后，在罗马举办了第 1 届伤残人奥运会，并成立了国际伤残人奥委会（IPC），获得了国际奥委会的承认。每 4 年一届，与奥运会同年举行，一般是在夏季奥运会闭幕后举行。伤残人奥运会由国际伤残人奥委会主办。1988 年汉城奥运会之后，伤残人奥运会更趋正规化，决定每届伤残人奥运会在夏季奥运会的同一奥运城，并使用夏季奥运会的体育设施举行。伤残人奥运会的正式比赛项目有田径运动、游泳、举重、射击、自行车、射箭、篮球、排球、足球、网球、乒乓球、门球、击剑、柔道等。

三、奥林匹克运动

在人类社会浩瀚的历史长河中，全球性的活动丰富多彩。然而，从古至今在持续的时间、规模以及所象征的崇高思想方面，几乎没有一种活动可以同奥林匹克运动相媲美。

奥林匹克运动，是在奥林匹克主义的指导下，以体育运动和四年一度的奥林匹克庆典为主要活动内容，促进人的生理、心理和社会道德全面发展，沟通各国人民之间的相互了解，在全世界普及奥林匹克主义、维护世界和平的国际社会运动。奥林匹克运动包括以奥林匹克主义为核心的思想体系，以国际奥委会、国际单项体育联合会和各国或地区奥委会三大支柱为骨干的组织结构体系和以奥运会为周期性高潮的活动内容体系。

（一）现代奥林匹克运动的诞生

现代奥林匹克运动在 19 世纪兴起，是多种因素作用的结果。从 14 世纪起，欧洲各国相继发生文艺复兴、宗教改革和启蒙运动三大思想文化运动，18 世纪到 19 世纪，欧洲完成了资产阶级革命和工业革命，它们为现代奥林匹克运动的诞生扫清了思想障碍，奠定了物质基础。而奥林匹克运动产生的直接动因则是古希腊体育传统影响、资产阶级教育改革、现代体育的兴起和国际化。

在经历了古希腊和罗马帝国的文艺繁荣之后，欧洲进入了被称为“黑暗时代”的中世纪。教会和贵族领主的封建统治禁锢了人们的思想，中世纪宗教哲学提倡“灵肉对立论”和“禁欲主义”，扼杀了体育的发展。14 世纪文艺复兴运动在西欧各国兴起，第一次冲击了封建领主和教会的专横统治。在“重新振兴文艺”的口号下，西欧各国的文化艺术、科学有了重大发展。文艺复兴运动是欧洲从中世纪封建社会向近代资本主义社会转变时期的反封建、反教会神权的一场思想解放运动，也是近代人类的第一次思想解放运动。18 世纪的启蒙运动被称为近代人类第二次思想解放运动。启蒙运动推崇以近代思想文化取代教会和贵族的专制、迷信和欺骗，倡导自由、平等、民主和法制。三大思想文化运动的一个共同点是宣扬古希腊身心和谐发展的教育思想，赞美古奥运会的理想和精神。这一思想文化运动，引起了人们对古希腊体育和古奥运会的关注。

18 世纪 60 年代，以机器大工业代替手工业的工业革命从英国开始，到 19 世纪末，欧洲基本上完成了工业革命。工业革命使生产力大为提高，它不仅引起生产技术发生了根本性的变革，也使社会思想和人们的生活方式发生了重大变化，并推动了教育改革。资产阶级教育的目的是培养具有强健的身体、丰富的知识和能力以及具有开拓、进取、务实精神的社会活动家和经济实业家。个性和人格的发展，成为教育的主要目标。古希腊教育制度和古奥运会的基本精神符合文艺复兴以来的教育家们主张个性解放的思想，对教育改革起了重要作用。

在教育改革初期，欧洲大陆各国盛行与军事训练相结合的体操活动，而英国盛行户外活动和竞技运动。到 19 世纪后期，随着大工业生产的迅速发展，都市化生活的节奏加快，人们需要寻求具有较好娱乐功能、能有效地消除紧张状态的活动方式，竞技运动最能适合这一需要，由此获得了迅速的发展，并通过涌向各地的殖民者向世界传播，在世界不同类型体育的交流和融合中产生了现代体育。

从 18 世纪开始，英、法、德等国的一些专家学者，相继赴奥林匹亚实地考察和发掘。进入 19 世纪后，欧洲和美国、加拿大的一些地区为复兴奥运会进行了各种尝试。1830 年，希腊从土耳其获得独立，出现了复兴古希腊文明的热潮。1881 年，古奥运会遗址的主要设施终于重见天日。奥林匹亚的考古成果，激发了人们对奥林匹克运动的憧憬。

在创立现代奥林匹克运动的众多先驱者中，法国教育家皮埃尔·德·顾拜旦最为突出。1888 年，他通过对各国体育状况的调查，强烈地感到需要尽快复兴古奥运会精神，以团结、友好、和平精神指导体育竞赛。顾拜旦希望通过体育消除偏见，增进了解，促进人们友好共处，达到世界和平。1889 年 7 月，在巴黎召开的国际田径代表大会上，顾拜旦首次公开提出用现代形式复兴奥运会的设想。1892 年他又发表了著名的“复兴奥林匹克”演说，正式提出了复兴奥运会的具体构想。从此奥林匹克运动进入了具体筹备阶段。1893 年，根据顾拜旦的建议，在巴黎举行了讨论复兴奥运会问题的国际性体育会议。1894 年 6 月 16 日，“国际体育运动代表大会”在巴黎索邦神学院开幕，大会通过了《复兴奥林匹克运动》的决议。6 月 23 日成立了国际奥林匹克委员会，标志着现代奥林匹克运动的诞生。1986 年国际奥委会决定，把每年的 6 月 23 日定为“奥林匹克日”。各国都在这一天举行各种纪念活动，以纪念 1894 年 6 月 23 日国际奥林匹克委员会的成立。

（二）奥林匹克运动的发展

从 1894 年国际奥委会成立，奥林匹克运动已经度过了一个多世纪的岁月，这期间无论是奥林匹克运动本身，还是它存在的社会环境都发生了巨大而深刻的变化。奥林匹克运动的发展过程按其特征可以大体上分为以下四个阶段。

1. 奥林匹克运动的初创时期（1894 年至第一次世界大战）

当时正值世界性的政治经济关系发生急剧变化时期，各种民族主义和排外心理妨碍了正常的国际交往。现代运动项目仅在少数欧洲国家有所开展，世界范围的体育竞赛活动很少进行。奥林匹克运动尚处于一种摸索阶段。1908 年奥运会实施了标准化和规范化管理，为未来奥运会的举办构建了基本框架。1912 年奥运会是这一时期最成功的奥运会，从参赛国家、运动员人数、场地设施到组织工作都有较大提高，第一次实现了顾拜旦所期望的没有事故、没有抗议、没有民族沙文主义仇恨的奥运会。

这一时期存在的主要问题是国际奥委会、国际单项体育组织和国家奥委会还都只是一个松散的机构。国际奥委会尚未认识到奥运会是国际奥委会委托给某个城市承办的，放弃了领导和监督权，以致奥运会一切事宜均由东道主随意安排。由于不允许妇女正式参加奥运会，不但使奥运会的广泛性存在重大的缺陷，而且也使女子体育发展受到阻碍。

2. 奥林匹克运动的形成时期（1914 年至第二次世界大战）

因第一次世界大战而中断的奥林匹克运动会于 1920 年重新进行。国际奥委会从实践中意识到奥运会规范化的重要性，整个奥运会的基本框架、运行机制和基本特征在这一时期基本形成，比赛项目的设置逐渐趋向合理，比赛设施进一步完善，会期基本固定，申办、举办程序基本确立，并基本解决了有关运动员的参赛资格问题。先进的技术开始应用到比赛中去，如电子计时器、终点摄影仪、自动打印机、闭路电视转播等。自 1928 年起，女子田径项目纳入正式比赛，这一重要变化对奥林匹克运动的普及性和号召力起到了推动作用。另一重要发展是有了冬季奥运会，它使奥林匹克运动的覆盖面大大增加。

这一时期，奥林匹克运动的组织机构也得到发展，国家奥委会由第一次世界大战前的 29 个增加到 60 个，为奥林匹克思想在世界各地的传播做出了重要贡献。与此同时，各国际单项体育组织也相继成立，通过国际奥委会与各国际单项体育组织和各国家奥委会的协调，使国际奥委会摆脱了每届奥运会都存在的具体技术事务，而更多地在领导、协调、决策等更高的层次上发挥作用。

这一时期政治对奥林匹克运动的影响日益加重，如 1936 年柏林奥运会，被希特勒用以向世界炫耀自己的实力，违背了奥林匹克和平、友谊、进步的宗旨。

3. 奥林匹克运动的发展时期（1946—1980 年）

第二次世界大战结束后，世界政治格局形成了东西方两大政治集团对峙的局面，这对奥林匹克运动的发展产生了重大影响。另一方面，战后各国经济振兴和科技发展，促进了奥林匹克运动的发展。

由于苏联及新兴独立国家的参加，这一时期奥运会每届参赛国家和人数以及竞赛项目都在增加；与此同时，顾拜旦关于在各大洲轮流举办奥运会的设想得以实现；各洲范围的运动会、伤残人奥运会也相继产生。随着奥林匹克运动的普及，竞技运动水平也迅速提高，非洲体育开始崛起。在奥运会上形成美国和苏联争强的局面。奥运会比赛场地及各种配套设施较前有很大的发展，奥运会向大型化、艺术化方向发展。先进的电子设备，以及性别和违禁药物检查，使比赛的公正性得到加强。

这一时期政治对奥运会的影响也更趋明显、复杂，各种势力集团都想通过这个舞台来达到自己的目的。此外，兴奋剂问题、奥运会承办国财政负担过重等问题都提到重要议程。三大支柱之间出现了裂痕，经济上也危机四起。

4. 奥林匹克运动的改革时期（1980 年至今）

进入 20 世纪 80 年代，在萨马兰奇的领导下，针对奥林匹克运动所面临的各种问题进行了大规模的变革。过去的那种“独立性”原则，即在经济上不谋利，政治上不同政府联系的做法已不适应新时期的需要。人们对奥林匹克运动的要求不只限于四年一度的奥运会，奥林匹克运动已参与了更加广阔的领域。国际奥委会在文化教育、科学技术方面注重了奥林匹克思想的传播。

自20世纪80年代以来，国际奥委会建立了包括主席、各类专业人员在内的长驻机构——洛桑总部，保证了总部机构对各方面的领导。自1981年起，国际奥委会第一次有了正式的法律地位，从而得以法人的身份参与处理各种重大事务，经济上大胆进行商业性开发，利用各种活动创造财富，为奥林匹克运动的发展提供了一个良好的经济基础。从第23届奥运会开始，连续几届的奥运会主办国均未出现赤字。经济上的盈利，极大地调动了主办国家搞好奥运会的积极性。

这一时期发生的重要变化是在肯定政治对体育作用的同时，强调体育不应听命于任何一个国家的指挥；在肯定商业化的同时，对商业化采取一定的限制措施，并废除了参赛者业余身份的原则，使奥运会向所有优秀的运动员开放。这种务实的态度，促进了奥林匹克运动向健康的方向发展。

（三）奥林匹克运动体系

现代奥林匹克运动在其发展过程中，形成了一个完整的体系。这个体系由思想体系、组织体系、活动体系三大部分组成。

1. 奥林匹克运动的思想体系

奥林匹克运动的思想体系包括奥林匹克主义、奥林匹克精神、奥林匹克思想及其宗旨和格言等，它们都属于一个统一的范畴，包含在《奥林匹克宪章》中。

2. 奥林匹克运动的组织体系

奥林匹克运动的组织体系包括国际奥委会、国际单项体育联合会和国家奥委会。三个组织构成了奥林匹克运动组织的三大支柱。此外，为使国家奥委会在区域性的范围内更好地合作，促进各大洲奥林匹克运动的发展，在五大洲还设有国家奥委会的洲级协会。

3. 奥林匹克运动的活动体系

奥林匹克运动的活动内容是实现奥林匹克理想的具体手段和途径，它包括奥林匹克运动会、大众体育以及与体育有关的教育、科学和文化等活动。以奥林匹克主义贯穿一系列活动，形成一个具有鲜明特色的奥林匹克活动体系。在奥林匹克运动众多的活动内容中，四年一度的冬、夏季奥运会是最重要的活动，是奥林匹克运动的主旋律。

奥林匹克运动的其他重要竞赛活动，包括：各大洲际运动会、伤残人奥运会等国际奥委会承认的竞赛活动；大众体育活动主要是每年都举办的“奥林匹克日”，旨在促进群众体育活动的开展，扩大奥林匹克影响；奥林匹克科学、文化教育活动主要包括开办国际奥林匹克学院，建立奥林匹克博物馆，召开奥林匹克科学大会等。另外还有为表彰一些为发展奥林匹克运动作出贡献的团体或个人而进行的颁奖活动。

第二节　奥林匹克思想体系

一、奥林匹克主义

奥林匹克运动之所以长盛不衰，其重要原因之一就是它在发展过程中逐渐形成了以奥林匹克主义为核心的思想体系。这一体系，主要由奥林匹克主义、奥林匹克宗旨、奥林匹克精神、奥林匹克格言、奥林匹克名言所组成，该体系使奥林匹克运动有了坚实的思想基础和明确的指导方针。

（一）奥林匹克主义的概念

“奥林匹克主义”是将身、心和精神方面的种种品质均衡地结合起来，并使之得到提高的一种人生哲学。它将体育运动与文化和教育融为一体。奥林匹克主义的中心思想是人的和谐发展，旨在创造一种在努力中求欢乐、发挥良好榜样的教育作用，并尊重基本公德原则的“生活方式”。

（二）奥林匹克主义的特点

（1）奥林匹克主义的核心内容是教育。教育的内容有：奥林匹克知识教育、奥林匹克宗旨教育、奥林匹克理想教育、奥林匹克精神教育。

（2）吸收、发展和借鉴了古代奥运会的传统思想和仪式。现代奥运会继承了古代奥运会的宝贵历史遗产，如公平竞争、拼搏进取和身心和谐发展的思想，以及4年一个奥林匹克周期，奥运会的火炬接力，奥运会期间的点燃圣火及开幕式、闭幕式等古代的传统仪式。

（3）充满浓厚的理想主义色彩。奥林匹克主义有着浓厚的理想主义色彩，希望通过竞技运动来改造社会，造就人类的未来，向往和追求人类的真、善、美。正如顾拜旦在1896年所说的“和平只能产生于一个好的世界，一个好的世界只能由好的个人组成，好的个人只能从激烈的比赛中造就”。

（4）发扬公平竞争的精神。古代奥运会的一个突出的传统就是崇尚精英、崇拜英雄，而这些精英和英雄必须在竞赛中遵守规则，通过公平竞争而获得，不能投机取巧。现代奥运会正是继承了古代奥运会的这种传统，这也构成了奥林匹克精神的核心内容。

（三）奥林匹克主义的现实意义

（1）在奥林匹克主义的指导下的奥林匹克运动，既不局限于体育也不局限于奥运会的竞技比赛，而是一种超越体育竞技运动的关于人的身心和谐发展和社会发展的思想、理论和运动。

（2）奥林匹克主义谋求人的全面发展。奥林匹克主义主张人的身心和谐、全面发展。在古希腊，人们崇拜的竞技者不仅技艺高超，而且道德高尚、知识丰富、内心充实、体魄健美、举止优雅，现代奥运会继承和发展了这种和谐发展的思想，把体育与文化、教育结合起来，以促进人的全面发展，宣传人的全面发展，宣传体育在建设社会文明中的重要作用。

（3）奥林匹克主义对人类社会产生的深刻影响。由于奥林匹克主义提倡体育与文化及教育相结合、人的身心和谐发展以及在竞技中公平竞争，所以激励人类挖掘自身的潜力，以创造自己的人生价值及社会价值。

二、奥林匹克运动的人文思想

（一）奥林匹克运动的宗旨

《奥林匹克宪章》指出，奥林匹克运动的宗旨是：通过没有任何歧视、具有奥林匹克精神——以友谊、团结和公平精神互相了解的体育活动来教育青年，从而为建立一个和平的、更美好的世界作出贡献。

奥林匹克运动力图通过体育运动增进世界各国人民之间的了解，达到减少战争，促进和平的目的。其宗旨在一定程度上满足了当代国际社会的需要，促进不同国家、不同文化之间的相互了解，从而促进和维护世界和平。

（二）奥林匹克精神

《奥林匹克宪章》指出“奥林匹克精神”就是“互相了解、友谊、团结和公平竞争的精神”。“奥林匹克精神”是奥林匹克思想体系的重要组成部分，没有互相了解、友谊、团结和公平竞争的奥林匹克精神，奥林匹克主义就不可能得到贯彻，奥林匹克运动也无法实现。

（三）奥林匹克格言

“更快、更高、更强”是奥林匹克运动的格言。

这一格言是顾拜旦的好友——巴黎阿奎埃尔修道院院长迪东，在一次户外运动会上鼓励他的学生时说的，“在这里，你们的口号是：更快、更高、更强”。顾拜旦借用过来，将这句话用于奥林匹克运动。1920 年，国际奥委会将其正式确认为奥林匹克格言，在比利时的安特普奥运会上首次使用。此后，奥林匹克格言的拉丁文：Callus，Altus，Orgies 出现在国际奥委会的各种出版物上。“更快、更高、更强”的内涵是非常丰富的，它充分表达了奥林匹克运动不断进取、永不满足的奋斗精神和不畏艰险、勇攀高峰的拼搏精神。在比赛场上，面对强手，发扬勇往直前的大无畏精神，敢于斗争，敢于胜利；对自己则是永不满足，不断战胜自己，不断超越自己，实现新的目标，达到新的境界。

（四）奥林匹克名言

“参与比取胜更重要”是奥林匹克运动广为流传的名言。这是顾拜旦 1908 年 7 月 24 日伦敦第 4 届奥运会期间，在英国政府所举行的招待宴会上发表的讲话。这句话出自圣·保罗大教堂一次宗教仪式上宾夕法尼亚主教的一段话：“对奥林匹克运动会来说，参与比赛比取胜更重要。”顾拜旦引用了这句话后还做出精辟的解释：“生活中重要的不是凯旋，而是奋斗，其精髓不是为了获胜，而是使人类变得更勇敢、更健壮、更谨慎和更落落大方。这是我们国际奥委会的指导思想。”

第三节　奥林匹克运动与科技

一、科学技术的进步与应用推动了奥林匹克运动的发展和繁荣

奥林匹克运动与科学技术之间的关系，集中表现在两个方面，即首先是科学技术的进步与应用推动了奥林匹克运动的发展和繁荣。再者就是奥林匹克运动的发展对现代科学技术的进步具有积极的促进作用。

（一）现代科学技术的进步与应用对奥林匹克运动发展的影响

现代社会的科学技术得到了飞速的发展，高科技不断渗入人们生活的方方面面。作为现代国际社会最大型的体育文化活动——奥林匹克运动的发展，越来越离不开现代科学技术的支持；无论是科学训练、运动器材与装备的改进，还是运动会的各项保障系统，无不

依靠现代科学技术的庇护。可以说是现代科学技术的进步和应用推动了奥林匹克运动的发展。

（二）体育科学的不断发展与完善为奥林匹克运动的发展提供了动力

19世纪末，现代奥林匹克运动诞生之时，现代体育科学的主干学科已经基本形成，并有了许多研究的成果。现代科学技术对体育领域的渗透日益广泛，已成为奥林匹克运动发展的推动力量。

（三）科学训练保证了运动技术的不断完善和运动成绩的不断提高

随着现代科学技术的进步和应用，奥林匹克的运动训练已经形成了一个完善的科学体系。现代奥运会运动成绩的大幅提高，使许多运动项目的成绩已经接近和达到了人体的生理极限，那种仅仅依靠教练员的经验和运动员“辛勤与汗水”换来运动成绩的时代已经结束，依靠科学知识和先进技术来提高运动成绩的“知识体育时代”已经来临。现在，以系统论、控制论、信息论为指导，以计算机等高科技器材为手段的现代运动训练方法，越来越广泛地运用于运动训练的实践。

1. 科学训练的方法论

现代运动训练已脱离了原始的、无序的、盲目的、大运动量的训练方法，而是在根据运动生物力学、运动生理学、仿生学、运动生物化学等原理的指导下进行有目的、有针对性的、科学的训练过程。先进的科学检测仪器可以有效地记录运动员的训练过程，经过科学的分析，可以发现技术缺陷，使运动技术的合理性得以体现。

2. 科学训练与恢复

有效的恢复手段可以消除大负荷训练所产生的疲劳，使运动员得以超量恢复，减少运动损伤和疾病的发生。

3. 科学训练与营养

在现代科学技术发展的今天，运动员的营养的科学化使运动成绩稳步提高得以保证。

（四）运动器材和装备的科学化促进了运动成绩的提高

有助于运动成绩提高的变量主要有两个，即“内在变量”——指运动员自身体能和技能的提高和“外在变量”——指运动器材与装备的改进和革新。目前，在运动成绩接近人体体能极限的情况下，依靠内在变量来提高运动成绩的难度越来越大，为了求得运动成绩的不断提高，人们越来越热衷于利用高科技来改变外在的变量，即注重运动器材和装备的革新。如20世纪60年代联邦德国的塑胶跑道、电动计时器和终点摄像设备、短跑用的起跑器、新式跑鞋、新的仿生学游泳衣等。

（五）科学的检测手段限制和杜绝了违禁药物的泛滥

科学技术也像一把双刃剑，既可以为提高运动成绩服务，又可以为恶，做出违背体育道德的事来。这就是困扰和危害奥林匹克运动的毒瘤——兴奋剂。但是科学技术的发展又有力地限制了兴奋剂的使用和蔓延。

（六）现代科学技术的应用为奥运会的举办提供了保障

（1）气象预报的科学化，使天气预报的准确性有了明显的提高。

（2）交通运输的科学化，使一个城市的交通现代化程度要求越来越高。

(3) 安全保障的科学化，切实地保护奥运会参与者，特别是运动员的安全，使奥运会能够在热烈、祥和、融洽的环境和氛围中进行，一直是历届奥运会组办者面临的头等大事，特别是当前国际恐怖与反恐怖斗争日趋深化，也加大了奥运会安保工作的难度。

(4) 奥运会信息服务的科学化，在计算机技术和网络技术的推动下，奥运会信息服务科技系统进入了一个崭新的发展阶段。

二、奥林匹克运动的发展促进了现代科学技术的进步

(一) 奥林匹克精神为体育科技工作确定了目标

在奥林匹克精神的倡导下，世界体育运动发生了翻天覆地的变化。在奥林匹克运动“更高、更快、更强”这一格言的鼓舞下，体育竞技领域成为人类不断超越自我、挑战人体极限的前沿阵地。体育运动作为人类的一项重要的实践活动，有着自身的特殊规律和科学内涵。仅仅竞技运动的训练过程，就包括科学选材、系统训练、技术诊断、机能评定、医务监督、伤病防治、体能恢复等众多环节。现在，奥林匹克运动已经进入更加理性化、更加科学化的时代。随着奥林匹克运动在全球范围的普及，随着竞技运动水平的普遍提高，奥运会的竞争日趋激烈，提高运动成绩、夺取奥运金牌的难度越来越大。提高运动员的运动能力，成为体育科技工作的确定目标。

(二) 奥林匹克运动为科学技术的发展提供了特殊的条件

奥林匹克运动为科技成果的应用提供了最佳的“科技实验场”。奥林匹克运动为科技成果的交流提供了特殊的场合。奥林匹克运动使科技知识的传递速度大大加快。

(三) 奥林匹克运动赋予科学技术在体育领域的应用

顾拜旦所提出的奥林匹克主义，决定着体育科学技术必须以人为本来促进公平竞争和文明进步的前进方向。一切利用高科技手段进行违背奥林匹克精神的不正当行径，都将遭到国际奥林匹克大家庭成员的唾弃和谴责。

第四节　奥林匹克运动与中国

一、中国早期的奥林匹克运动

现代奥林匹克运动传入中国，并取得发展，经历了一个漫长的过程。早在 1894 年奥委会刚刚成立的时候，国际奥委会便致函邀请中国清政府派人参加 1896 年在雅典举办的现代第 1 届奥林匹克运动会，清政府没有回信。1913 年开始举办的远东运动会（最初名为“远东奥林匹克运动会”），是奥林匹克运动在亚洲的先驱，中国是发起者之一。在远东运动会上中国运动员取得了较好的成绩，表现了良好的体育道德。1922 年，中国大学校长王正廷被选为国际奥委会委员。1924 年中华全国体育协进会（简称全国体协）成立后，中国陆续加入了田径、游泳、体操、网球、举重、拳击、足球、篮球 8 个国际单项体育联合会。1931 年全国体协被国际奥委会正式承认为其团体会员。从此，中国与国际奥委会有了更紧密的联系，并积极参与了国际奥委会组织的一些重大比赛活动。

1928年，中国派了一个观察员去参观在荷兰阿姆斯特丹举行的第9届奥运会。从1932年起，中国开始正式派运动员参加奥运会，至1948年共参加了3届。

第10届奥运会1932年在美国洛杉矶举行。事前国民党政府宣称不派运动员出席，可是日本帝国主义却积极筹派两名东北运动员以“满洲国”名义参加奥运会。消息传出，国内外舆论大哗。全国体协乃出面筹资派人参加。当时勉强拼了一个代表团，仅有刘长春参加了1130m和200m的短跑比赛。因旅途疲倦，体力不支，刘长春在预赛即被淘汰。这是中国运动员第一次正式进入奥运会赛场，虽然成绩不佳，但向世界宣告了中国奥林匹克运动的存在。

第11届奥林匹克运动会于1936年8月在德国柏林举行。国民党政府于1935年便令全国体协进行运动员的训练和选拔。1936年组成了一个空前庞大的代表团参加。69名运动员参加田径、足球、篮球、游泳、举重、拳击、竞走、自行车比赛和武术表演，同时还有一个由34人组成的赴欧体育考察团，随同前往。竞赛结果，除符保卢撑杆跳高进入复赛外，其余均在初赛中被淘汰。但武术表演却引起了各国体育界人士的极大兴趣。

第14届奥林匹克运动会于1948年7月在英国伦敦举行。在全国体协的努力下，中国仍派出一个代表团参加：总领队王正廷，总干事董守义，总教练马约翰（后来未去），运动员33人，参赛项目有足球、篮球、游泳、田径、自行车等。竞赛结果各项均未能进入决赛。运动会结束后，代表团在当地华侨总会的帮助下，解决了路费问题，运动员才得以返回祖国。

二、中国近期的奥林匹克运动

1949年中华人民共和国成立以来，中国社会的政治、经济、文化等各个方面发生了一系列中国历史上最为深刻的变化。社会的变化给体育的发展创造了良好的条件，也给奥林匹克运动在中国的发展提供了前所未有的机遇。奥林匹克运动在中国开始了新的历程。

（一）中国奥林匹克运动组织的更新与发展

1949年10月1日，中华人民共和国宣告成立。同年10月26日，将原中华全国体育协进会改组为中华全国体育总会，全国体总对外代表中国奥委会。全国体总成立后，陆续改组和成立了一批全国性的单项体育协会。为了广泛动员社会各界发展体育运动的积极性，又先后成立了一批行业性的体育运动协会。

（二）中国在奥委会中的合法地位

1952年，中华全国体育总会就曾致函国际奥林匹克委员会，声明中华全国体育总会是代表中华人民共和国的唯一体育组织，任何其他团体不能作为中国的任何合法代表参加国际奥委会及其活动。并排除一切困难参加了第15届赫尔辛基奥运会，以表示我们对国际奥委会的尊重与诚意。1954年5月，在雅典举行的国际奥委会第49次会议上，以25票赞成、21票反对通过决议，承认中华全国体育总会为中国国家奥委会，是国际奥委会的成员。但是，当时的国际奥委会主席——美国的布伦戴奇却同时将中国台湾的体育组织以“中华民国”的名义列入被国际奥委会承认的国家奥委会名单中，搞起了“两个中国”的把戏。1956年以后，一些国际单项体育组织也陆续用“中华民国”的名义接纳了台湾的体育组织，允许他们占据我国的合法席位。为了坚决抵制“两个中国”的阴谋，维护国家主权，1958年8月19日，中国奥林匹克委员会（中华全国体育总会）发表关于同国际奥林匹克委员会中断关系的声明。从此，中国和国际奥委会的正常联系被迫中断了21年，这不仅给中国体育的发展造成了巨大损失，也给国际奥委会带来了无法弥补的缺陷。

20世纪下半叶，国际国内形势发生了许多变化，中国重回奥运会国际大家庭的时机成熟了。1975年4月9日，中华全国体育总会向国际奥委会提交了要求恢复我国合法席位的申请。1979年，根据邓小平“一国两制”的设想，中国奥委会向国际奥委会提出解决中国合法席位的建议。10月25日，国际奥委会执委会在日本名古屋市举行，会上一致通过了恢复中国在国际奥委会合法席位的决议。11月26日，国际奥委会领导人在瑞士洛桑国际奥委会总部正式宣布，经过国际奥委会全体委员通讯表决，以62票赞成、17票反对、2票弃权批准了国际奥委会执委会在日本名古屋会议上通过的关于中国代表权问题的决议。根据“一个中国”的原则，确认代表全中国奥林匹克运动的是中华人民共和国的奥委会，正式名称为“中国奥林匹克委员会”，会址北京，使用中华人民共和国的国旗和国歌；台湾地区的奥委会，正式名称为“中国台北奥林匹克委员会”。这就是闻名于世的“奥运模式”。之后，中国奥委会主席钟师统宣布：中国奥委会接受国际奥委会决议。

三、中国积极参与奥林匹克运动

1. 中国参加奥林匹克运动的情况

（1）参加奥运会。

1952年，中华人民共和国派出以中华全国体育总会副主席荣高棠为团长的，包括足球、篮球和游泳选手在内的40人的中国体育代表团，首次参加了在芬兰赫尔辛基召开的第15届奥林匹克运动会。7月29日中国代表团抵达芬兰时，奥运会比赛已进行了10天，足球、篮球等项目的预赛均已结束，只有游泳选手吴传玉参加了一项男子仰泳比赛，中国的篮球队与芬兰国家队等进行了几场友谊赛。

新中国首次参加奥运会历尽艰难，但飘扬在奥运会会场上空的五星红旗，向全世界表明中华人民共和国有参加奥运会的合法权利。同时，中国体育代表团在参与第15届奥运会的过程中，表达了中国人民热爱和平、同世界人民加强友谊的良好愿望。

1980年2月，我国派出了28名运动员前往美国的普莱西德湖参加第13届冬季奥运会，这是我国在被迫中断与国际奥委会的联系20多年后，第一次出现在奥运盛会上，也是中国有史以来第一次参加冬季奥运会，它拉开了中国当代体育向世界体育高峰进军的序幕。1980—2006年，中国参加了第23～28届夏季奥运会及第13～20届冬季奥运会。中国运动员在奥运会上的出色表现证明了中国已成为奥林匹克运动中一支不可忽视的劲旅，它大大提高了我国在奥林匹克运动中的地位。

1984年在美国洛杉矶举行的第23届奥运会上，射击运动员许海峰实现了中国奥运会金牌“零”的突破，我国运动员总共获得了金牌15枚、银牌8枚、铜牌9枚，迎来了中国奥林匹克运动史上新的时代；在1992年第16届冬季奥运会上，我国滑冰运动员叶乔波获得女子速滑500m和1000m两枚银牌，李琰获女子短道速滑500m银牌，实现了我国在冬季奥运会上奖牌“零”的突破。如表4-4-1所示，是中国参加历届奥运会的成绩情况。

表 4-4-1　　中国参加历届奥运会的成绩（1952—2006 年）

届　次	时间	地点	金牌	银牌	铜牌
第 15 届夏季奥运会	1952 年	赫尔辛基			
第 23 届夏季奥运会	1984 年	洛杉矶	15	8	9
第 24 届夏季奥运会	1988 年	汉城	5	11	12
第 25 届夏季奥运会	1992 年	巴塞罗那	16	22	16
第 26 届夏季奥运会	1996 年	亚特兰大	16	22	12
第 27 届夏季奥运会	2000 年	悉尼	28	16	15
第 28 届夏季奥运会	2004 年	雅典	32	17	14
第 13 届冬季奥运会	1980 年	普莱西德湖			
第 14 届冬季奥运会	1984 年	萨拉热窝			
第 15 届冬季奥运会	1988 年	卡尔加里			
第 16 届冬季奥运会	1992 年	阿尔贝维尔		3	
第 17 届冬季奥运会	1994 年	利勒哈默尔			
第 18 届冬季奥运会	1998 年	长野		6	2
第 19 届冬季奥运会	2002 年	盐湖城	2	2	4
第 20 届冬季奥运会	2006 年	都灵	2	4	5

（2）参加奥林匹克运动的其他活动。

在体育技术方面，到 1992 年我国先后向 105 个国家和地区派出过乒乓球、羽毛球、体操、排球、跳水、武术等 25 个项目的教练员。据不完全统计，从 1978 年到 1992 年，我国共派出援外教练员 1 077 人次。近年来，我国有大批乒乓球、羽毛球、体操和排球运动员退役后到欧美各国留学或当教练员、运动员，对所在国家这些项目的发展做出了贡献。国际奥委会和国际乒联、国际羽联有关人士，对中国在这些项目发展中做出的贡献都给予了极高的评价。

此外，到 1992 年中国还为亚非拉和南太平洋地区的 36 个国家设计、施工、援建了 74 项大型体育设施（场、馆、池、运动员宿舍及配套设施）。从 1980 年到 1992 年，先后派出工程技术人员3 000余人。为了表彰我国在第三世界国家体育设施建设中做出的特殊贡献，时任国际奥委会主席萨马兰奇于 1986 年 4 月专程来华，将国际奥委会的最高荣誉奖——奥林匹克杯授予中国奥委会。

2. 举办第 11 届亚运会和申办 2000 年奥运会

（1）举办第 11 届亚运会。

1990 年 9 月 20 日至 10 月 6 日，第 11 届亚运会在北京举行。这是中国第一次主办的大型综合性国际运动会。运动会开得极为成功。这届运动会在历届亚运会中是参加代表团最多、参加运动员人数最多、比赛项目数最多（27 个大项、308 个小项、2 个表演项目）的一届。

（2）申办2000年奥运会。

改革开放以来，由于我国经济的持续发展、政治和社会的稳定、人民生活水平的不断提高、体育事业的巨大成就，以及北京亚运会的成功举办，大大提高了我国在国际上的地位和在国际奥林匹克运动中的影响，中国已具备了承办重大国际比赛和2000年奥运会的能力。

1991年2月26日，中国奥委会和北京市决定向国际奥委会提出在北京举办2000年第27届奥林匹克运动会的申请，并成立了北京2000年奥运会申办委员会。同年12月4日，北京申奥委代表在瑞士洛桑向国际奥委会主席萨马兰奇递交了承办申请书；1993年1月11日又递交了正式的申请报告。虽然，北京最终以两票之差输给了悉尼，未能成为最后的幸运者，但却向世界表示了中国人民要为人类的发展做出更大贡献的决心，申办活动对中国奥林匹克运动的发展起到了极大的促进作用。

3. 2008年在北京举办奥林匹克运动会

1998年11月25日，隆重而庄严的“北京市向中国奥委会递交申办2008年奥运会申请书仪式”在人民大会堂举行，北京市正式宣布申办2008年第29届奥运会。1999年1月6日，中国奥委会召开全体会议，按照国际奥委会规定的程序对北京市的申请进行了审议和批准，一致通过了北京的申办奥运会的申请。1999年4月6日，中国奥委会主席伍绍祖和北京市市长刘淇等一行赴瑞士洛桑国际奥委会总部，向国际奥委会递交了北京市承办2008年奥运会的申请书。中国北京再次站在了申办奥运会的起跑线上。

2000年8月28日，北京入选为第29届奥运会5个申办城市之一。北京、巴黎、多伦多、大阪和伊斯坦布尔5个城市站在同一条起跑线上，开始向2008年奥运会的主办权进行最后的冲刺。

自此，从2 000多份应征作品中脱颖而出的北京申奥会徽——由五星、五环和太极拳动作幻化而成的图案，出现在大街小巷、车站、机场、机关、学校、商场……北京的申奥口号——新北京、新奥运（new Beijing，great Olympics），在全北京、全中国、全世界叫响。

2000年10月16日上午10时40分，尼日利亚籍的国际乒联副主席乔治·塞贡和国际乒联市场部主任、加拿大人特斯特罗姆抵达中国，就北京申办2008年奥运会有关乒乓球比赛的场馆建设等问题进行了实地考察。从这一天始到12月底，28个国际体育单项组织陆续来京考察。

2001年1月16日，以秘书长王伟为团长的北京奥申委代表团，带着这部凝聚了200多人经过100多个日日夜夜奋战的心血结晶的《申办报告》，飞赴洛桑，交给国际奥委会。《申办报告》共分18个部分，前17个部分包括国家和城市特点、法律、海关入境、财政、环保、市场开发、体育竞赛、奥运村、交通、安全、技术、新闻、医疗卫生、残奥会等方方面面，可谓是一部内容丰富的“百科全书”，它全面反映了北京与中国的现状和前景。

2001年2月20日至25日，由各方面专家、各国际单项体育联合会主席、运动员代表等组成的国际奥委会评估团一行17人第一个考察了北京，中国首都给他们留下了深刻而美好的印象。

2001年7月13日9点30分起，5个申办城市分别进行45分钟的陈述，这是申办城市第一次和惟一一次直接面对国际奥委会全体委员，它对随后的投票表决具有重要意义。

从莫斯科时间下午 5 点 30 分（北京时间晚 9 点 30 分）起，紧张的投票工作开始了。北京时间 7 月 13 日晚 22 点 08 分，当萨马兰奇打开那个信封后，一个坚定而雄浑的声音传遍全世界："下面我宣布：主办城市是——北京！"

奥运选择北京，世界看好中国。正如国际奥委会在评估报告中评价：2008 年北京奥运会，"将给中国和世界体育留下独一无二的宝贵遗产"。在占世界人口 1/5 的中国举办奥运会，是有史以来的第一次，奥林匹克运动将更大规模地普及，奥林匹克精神会更广泛地弘扬。中国是有着 5000 年悠久历史的文明古国，北京是有着 3000 多年历史的文化古都，举办奥运会将促进东西方文化的交流，增进中国人民和世界人民的交往，促进奥林匹克运动的进一步发展。

举办 2008 年奥运会是我国在新世纪的一次重要机遇。

第一，奥运会能增强一个民族的凝聚力。一个国家能否举行一次盛大的奥运会，是一个国家实力的显示。奥运会申办成功，是一个国家政治、外交、体育事业上的胜利，它能充分激发一个民族和一国人民的自豪感和荣誉感。为了把奥运会办好，我国人民会同心同德，万众一心，把国家和申办城市建设得更加美好。

第二，奥运会能带动经济的高速发展。尽管金钱无法凌驾于奥林匹克精神之上，但谁也无法忽视奥林匹克运动蕴藏的对经济发展的巨大推动力。国家统计局公布：北京申办成功后，从 2002 年起到 2008 年，中国经济增长速度每年将增长 0.3 个百分点。

奥运会还创造了大量的就业机会，在一定程度上缓解了举办国，特别是举办城市失业人口的压力。如洛杉矶奥运会创造就业机会共 2.5 万个，汉城奥运会给 3.4 万人提供了工作。若按照汉城奥运会的六倍计算，北京总体增加的就业人数可达 150 万人。

第三，促进我国体育事业的发展。申奥的成功最大的受益者应属体育产业。奥运会需要的各种体育器材、设备用品等物资。体育产业和其他产业有较强的产业关联度，因而除了直接的产品消耗外，体育产业与其他产业在边沿交叉上将形成体育广告业、体育旅游业、体育博彩业等行业的发展机遇。此外，可以推动我国的体育体制改革的进程。我国体育体制改革的主要问题就是如何与国际现代体育接轨。举办奥运会，在与各个国际和国家体育组织的广泛交往过程中，学习别人先进的体育管理理念，会促使我国的体育组织得到发展与完善。

第四，举办奥运会还为一个国家树立良好的国际形象提供难得的机会。韩国由于成功地举办了奥运会，其国际形象得到极大改善。随之而来的是进出口贸易扩大，经济、技术交流加速发展，国际信用评价部门对韩国的信用评价指数也相应提高。2008 年，中国人将以自己独特的方式让世界了解美丽而古老的东方文明古国，了解中国文化的精华，了解经历了百年沧桑的东方文化的神韵，了解中国人民渴望和平安宁和寻求世界文化多样性的意愿。

第五，举办城市的环境、设施将得到极大的改观。北京为迎接奥运会，将建设体育场馆、修建道路、增加通信设施、治理环境污染等。那时，北京的天空会更蓝，水会更清，空气会更新鲜，生态环境会得到根本的改善；北京的交通更发达，形成市中心向周围辐射的交通网；新建的体育场馆将成为北京又一道亮丽的风景。群众性的体育活动随着人们生活质量的提高更加活跃，更加普及。

第五章　学生体质健康评价

第一节　学生体质健康测定与评价概述

（一）体质的基本概念

世界卫生组织对健康的定义为“健康不仅仅是指没有疾病或不虚弱，而是生理、心理的健康和社会适应的完好状态”。对体质的定义在体育、教育和卫生系统，也已基本形成共识，即“体质，是指人体的质量，它是在遗传性和获得性的基础上表现出来的、相对稳定的特征”。

体质是人们从事一切生命活动的基础，它在形成和发展的过程中，具有明显的个体差异和阶段性。在人的生命活动的各个阶段，从儿童、青少年到中老年，体质状况不但具有某些共同的特征，而且是不断变化的。

（二）体质的范畴

体质的范畴包括人体形态结构、生理功能和心理因素等方面。

（1）身体形态发育水平，即体格、体型、姿势、营养状况及身体组成成分等。

（2）生理功能水平，即机体新陈代谢水平以及各器官、系统的效能。

（3）身体素质和运动能力发展水平，即速度、力量、耐力、灵敏和柔韧等素质及走、跑、跳、投和攀爬等身体活动能力。

（4）心理发育（或发展）水平，即本体感知能力、个性和意志等。

（5）适应能力，即对内外环境条件的适应能力、应激能力和对疾病的抵抗力等。

以上5个方面的情况，决定着人们的不同体质水平。在进行体质的测量和评价、检查增强体质的实际效果时，必须看到体质的综合性特点以及测定和评价的多指标性质。

（三）体质测定与评价的目的意义

进行体质测定与评价的目的是为了掌握测定对象体质的状况及其发展变化，检查、评定体育教学和体育锻炼对增强体质的效果，分析研究影响体质强弱的各种因素，并从加强科学的体育教学和锻炼以及改善营养、卫生条件等方面，及时采取适宜的措施，从而更有效地增强体质。体质测定与评价的主要意义如下：

第一，可使学校有关部门了解和掌握学生体质的现状。通过测定和评价获得的数据，经过分析研究，了解学生体质变化的客观规律，并且可检查、衡量体育教学和身体锻炼对增强体质的效果。

第二，为制定切合实际的体育教学大纲、计划，确定适宜的教学内容和方法提供了科学依据。同样，也为制定科学的体育锻炼计划提供了客观的依据。

第三，使学生了解自己的发育程度、机能水平、身体素质和运动能力以及各个时期体质的发展和变化。引导学生关注自己的体质状况，激发和培养他们科学锻炼身体的自觉性和积极性。

第四，体质测定和评价过程中收集和积累了大量数据资料，能促进学校体育卫生工作的科学研究。

第五，能更有效地改善学校体育、卫生、营养、生活制度和学习负担等工作管理，从而进一步增强学生的体质，提高健康水平。

第二节　学生体质健康标准评价原则

（一）可靠性原则

可靠性是指在同等条件下，对一批受试者重复测量时测量结果的一致程度。《学生体质健康标准》（以下简称《标准》）所采用的均是受技术因素和主观因素影响较小、重复测量结果一致程度较高的测试项目。从理论上讲，在相同条件下（受试者本身不发生变化），对同一受试者进行两次测量，应该得到相同的测量结果。然而，即使最严格地保证标准化的测量条件，使用最精密的仪器，测量结果总会存在一定误差。这种误差的大小在很大程度上决定了测量的可靠性。如果测试者没有熟练掌握测量方法的技巧和要领、使用不合格的仪器、受试者不配合、测试项目本身的技术要求高等，都会降低测量的可靠性。为了保证测量的可靠性，《标准》里没有设置受技术因素影响较大的测试项目。

（二）有效性原则

有效性指某一测试在测量某一种特性（质量、能力和特征等）时所具有的准确程度。也就是说我们想测量的和所测量到的是否一致。例如，我们想测量学生跑的速度，一般用50m跑，它的有效性是很高的；如果用50m跑测量学生的耐力时有效性就低，甚至可以说是无效的。《标准》所采用的评价指标均有很强的针对性，是针对身体形态、身体机能或身体素质中的某一方面的有效评价，能够有效地测出学生在该方面的特性。

（三）客观性原则

客观性指不同的测试人员，按照统一的测试方法对同一批受试者实施测试时测量和评价结果的一致程度。我国地域辽阔，各地的发展水平不同，为了保证测试准确，不同测试者只要按照统一的要求进行测量，都能够得到可靠的数据，《标准》所设置的测试项目都是规范化的项目，只要依照规定的测量程序和方法，测量结果就能准确定量。

（四）一致性和个别性原则

《标准》所采用的测试项目均适合受试者的能力，采用的评价指标既能适应年龄、性别特征，又使之尽可能一致，以便进行纵向和横向研究。测量数据能反映个体差异，不同阶段测量结果能较准确反映出被测者体质健康水平的动态变化。

（五）标准化原则

标准所采用的测试项目和评价指标，尽可能选用全国通用的指标，以利于研究和比较。

（六）代表性和可操作性原则

《标准》采用的测试项目简便易行，测试项目虽少，但具有代表性，基本上能反映学生的体质健康状况。我国有2亿多学生，如果《标准》中的测试项目和评价指标过多，会导致测试和评价的工作量十分繁重，不利于《标准》的实施。因此，研制组精选了具有代表性同时又便于操作的项目作为《标准》的测试项目，做到少而精。

第三节　《国家学生体质健康标准》大学生测试项目及操作方法

在实施《标准》的过程中，掌握各项目正确的测试方法是所有体育教师和测评人员迫切需要了解的内容。测试工作必然和所使用的测试仪器有一定的关系，现在测试器材多种多样，有全手工操作的，也有电子仪器。手工操作与电子仪器的操作流程不完全相同。如使用带有 IC 卡的测试仪器就可以减少测试人员的记录和计算工作。但无论使用何种仪器，对测试人员的基本的操作要求是一致的，本节对《标准》中各个项目基本的测试方法及其操作要求进行介绍。对于不同的测试器材，可参考相应测试器材的说明书。

（一）身高

1. 测试目的

测试学生身高，与体重测试相配合，评定学生的身体匀称度，评价学生生长发育的水平及营养状况。

2. 场地器材

身高测量计。使用前应校对 0 点，以钢尺测量基准板平面至立柱前面红色刻线的高度是否为 10.0 厘米，误差不得大于 0.1 厘米。同时应检查立柱是否垂直，连接处是否紧密，有无晃动，零件有无松脱等情况并及时加以纠正。

3. 测试方法

受试者赤足，立正姿势站在身高计的底板上（上肢自然下垂，足跟并拢，足尖分开成 60°角）。足跟、骶骨部及两肩胛区与立柱相接触，躯干自然挺直，头部正直，耳屏上缘与眼眶下缘呈水平位。测试人员站在受试者右侧，将水平压板轻轻沿立柱下滑，轻压于受试者头顶。测试人员读数时双眼应与压板水平面等高进行读数，记录员复述后进行记录。以厘米为单位，精确到小数点后一位。测试误差不得超过 0.5 厘米。

4. 注意事项

（1）身高计应选择平坦靠墙的地方放置，立柱的刻度尺应面向光源。

（2）严格掌握“三点靠立柱”、“两点呈水平”的测量姿势要求，测试人员读数时两眼一定与压板等高，两眼高于压板时要下蹲，低于压板时应垫高。

（3）水平压板与头部接触时，松紧要适度，头发蓬松者要压实，头顶的发辫、发结要放开，饰物要取下。

（4）读数完毕，立即将水平压板轻轻推向安全高度，以防碰坏。

（5）测量身高前，受试者应避免进行剧烈体育活动和体力劳动。

（二）体重

1. 测试目的

测试学生的体重，与身高测试相配合，评定学生的身体匀称度，评价学生生长发育的水平及营养状况。

2. 场地器材

杠杆秤或电子体重计。使用前需检验其准确度和灵敏度。准确度要求误差不超过

0.1%，即每百千克误差小于0.1千克。检验方法是：以备用的10千克、20千克、30千克标准砝码（或用等重标定重物代替）分别进行称量，检查指标读数与标准砝码误差是否在允许范围。灵敏度的检验方法是：置100克重砝码，观察刻度尺变化，如果刻度抬高了3毫米或游标向远移动0.1千克而刻度尺维持水平位时，则达到要求。

3. 测试方法

测试时，杠杆秤应放在平坦地面上，调整0点至刻度尺水平位。受试者赤足，男性受试者身着短裤；女性受试者身着短裤、短袖衫，站在秤台中央。测试人员放置适当砝码并移动游标至刻度尺平衡。读数以千克为单位，精确到小数点后一位。记录员复诵后将读数记录。测试误差不超过0.1千克。

4. 注意事项

（1）测量体重前受试者不得进行剧烈体育活动或体力劳动。

（2）受试者站在秤台中央，上下杠杆秤动作要轻。

（3）每次使用杠杆秤时均需校正。测试人员每次读数前都应校对砝码标重，以避免差错。

（三）台阶试验

1. 测试目的

测试学生在定量负荷后心率变化情况，评价学生的心血管机能。

2. 场地器材

台阶或凳子、节拍器（或录音机及磁带）、秒表、台阶试验仪。

3. 测试方法

大学各年级男生用高40厘米台阶（或凳子），各年级女生用高35厘米的台阶（或凳子）做踏台上、下运动。测试前测定安静时的脉搏，然后受试者做轻度的准备活动，主要是活动下肢关节。上、下台阶（或凳子）的频率是30次/分钟，因而节拍器的节律为120次/分钟（每上、下一次是四动）。受试者按节拍器的节律完成试验。

被测试者从预备姿势开始，（1）被测试者一只脚踏在台阶上；（2）踏台腿伸直成台上站立；（3）先踏台的脚先下地；（4）还原成预备姿势，用2秒上、下一次的速度（按节拍器的节律来做）连续做3分钟，做完后，保持静止休息状态，测量运动结束后的1分钟至1分半钟、2分钟至2分半钟、3分钟至3分半钟的3次脉搏数，并用下列公式求得评定指数，计算结果包含有小数的，对小数点后的1位进行四舍五入取整进行评分：

评定指数=踏台上、下运动的持续时间（秒）×100/2×（3次测定脉搏的和）

4. 注意事项

（1）心脏有病的学生不能参加测试。

（2）按2秒上、下一次的节律进行。当受试者跟不上节奏时应及时提醒，如果三次跟不上节奏应停止测试，以免发生伤害事故。

（3）上、下台阶时，膝、髋关节都应伸直。

（4）被测试者不可自己测量脉搏。

（5）如果受试者不能完成3分钟的负荷运动，以实际上下台阶的持续时间进行计算，计算公式同上。

（四）肺活量

1. 测试目的

测试学生的肺通气功能。

2. 场地器材

电子肺活量计。

3. 测试方法

房间通风良好；使用干燥的一次性口嘴（非一次性口嘴，则每换测试对象需消毒一次，每测一人时将口嘴下倒出唾液并注意消毒后必须使其干燥）。肺活量计主机放置在平稳的桌面上，检查电源线及接口是否牢固，按工作键液晶屏显示“0”即表示机器进入工作状态，预热 5 分钟后测试为佳。

首先告知受试者不必紧张，并且要尽全力，以中等速度和力度吹气效果最好。令被测试者面对仪器站立、手持吹气口嘴，面对肺活量计站立试吹 1 至 2 次，首先看仪表有无反应，还要试口嘴或鼻处是否漏气，调整口嘴和用鼻夹（或自己捏鼻孔）；学会深吸气（避免耸肩提气，应该像闻花式的慢吸气）。受试者进行一两次较平日深一些的呼吸动作后，更深地吸一口气，屏住气向口嘴处慢慢呼出至不能再呼为止，防止此时从口嘴处吸气，测试中不得中途二次吸气。吹气完毕后，液晶屏上最终显示的数字即为肺活量毫升值。每位受试者测三次，每次间隔 15 秒，记录三次数值，选取最大值作为测试结果。以毫升为单位，不保留小数。

（五）50 米跑

1. 测试目的

测试学生速度、灵敏素质及神经系统灵活性的发展水平。

2. 场地器材

50 米直线跑道若干条，地面平坦，地质不限，跑道线要清楚。发令旗一面，口哨一个，秒表若干块（一道一表）。秒表使用前，应用标准秒表校正，每分钟误差不得超过 0.2 秒。标准秒表选定，以北京时间为准，每小时误差不超过 0.3 秒。

3. 测试方法

受试者至少两人一组测试。站立起跑，受试者听到“跑”的口令后开始起跑。发令员在发出口令的同时要摆动发令旗。计时员视旗动开表计时，受试者躯干部到达终点线的垂直面停表。以秒为单位记录测试成绩，精确到小数点后一位，小数点后第二位数按非零进 1 原则进位，如 10.11 秒读成 10.2 秒记录之。

4. 注意事项

（1）受试者测试最好穿运动鞋或平底布鞋，赤足亦可。但不得穿钉鞋、皮鞋、塑料凉鞋。

（2）发现有抢跑者，要当即召回重跑。

（3）如遇风时一律顺风跑。

（六）800 米或 1000 米跑

1. 测试目的

测试学生耐力素质的发展水平，特别是心血管呼吸系统的机能及肌肉耐力。

2. 场地器材

400 米、300 米、200 米田径场跑道，地质不限。也可使用其他不规则场地，但必须丈量准确，地面平坦。使用前需校正秒表，要求同 50 米跑测试。

3. 测试方法

受试者至少两人一组进行测试，站立式起跑。当听到“跑”的口令后开始起跑。计时员看到旗动开表计时，当受试者的躯干部到达终点线垂直面时停表。以分、秒为单位记录测试成绩，不计小数。

4. 注意事项

（1）测试人员应向受试者报告剩余圈数，以免跑错距离。

（2）受试者不得穿皮鞋、塑料凉鞋、钉鞋参加测试。

（3）对分、秒进行换算时要细心，防止差错。

（七）立定跳远

1. 测试目的

测试学生下肢爆发力及身体协调能力的发展水平。

2. 场地器材

沙坑、丈量尺。沙面应与地面平齐，如无沙坑，可在土质松软的平地上进行。起跳线至沙坑近端不得少于 30 厘米。起跳地面要平坦，不得有坑凹。

3. 测试方法

受试者两脚自然分开站立，站在起跳线后，脚尖不得踩线（最好用线绳做起跳线）。两脚原地同时起跳，不得有垫步或连跳动作。丈量起跳线后缘至最近着地点后垂直距离。每人试跳三次，记录其中成绩最好一次。以厘米为单位，不计小数。

4. 注意事项

（1）发现犯规时，此次成绩无效。三次试跳均无成绩者，应允许再跳，直至取得成绩为止。

（2）可以赤足，但不得穿钉鞋、皮鞋、塑料凉鞋参加测试。

（八）掷实心球

1. 测试目的

测试学生的上肢爆发力。

2. 场地器材

长度在 30 米以上的平整场地一块，地质不限，在场地一端画一条直线作为起掷线。实心球若干，大学各年级测试球重为 2 千克。

3. 测试方法

测试时受试者站在起掷线后，两脚前后或左右开立，身体面对投掷方向，双手举球至头上方稍后仰，原地用力把球投向前方掷出。如两脚前后开立投掷，当球出手的同时后脚可向前迈出一步，但不得踩线。每人投掷三次，记录其中成绩最好的一次。记录以米为单位，取一位小数。丈量起掷线后缘至球着地点后缘之间的垂直距离。为了准确丈量成绩，应有专人负责观察实心球的着地点。

4. 注意事项

（1）受试者需原地投掷，不得助跑。

（2）实心球必须从肩上方投出。

(3) 如受试者前后开立投掷，当实心球出手的同时后脚可向前迈出一步，但不得踩线。

(4) 发现踩线等犯规时，则此次成绩无效。三次均无成绩者，应允许再投，直至取得成绩为止。

(九) 握力

1. 测试目的

测试学生上肢肌肉力量的发展水平。

2. 场地器材

电子握力计或弹簧式握力计。

3. 测试方法

受试者两脚自然分开成直立姿势，两臂自然下垂。一手持握力计全力紧握（此时握力计不能接触受试者的衣服和身体），记下握力计指针的刻度（或握力器所显示的数字）。用有力（利）手握两次。取最大值，以公斤为单位，保留1位小数。

4. 注意事项

保持手臂自然下垂姿势，手心向内，不能触及衣服和身体。

(十) 引体向上

1. 测试目的

测试学生的上肢肌肉力量的发展水平。

2. 场地器材

高单杠或高横杠，杠粗以手能握住为准。

3. 测试方法

受试者跳起双手正握杠，两手与肩同宽成直臂悬垂。静止后，两臂同时用力引体（身体不能有附加动作），上拉到下颌超过横杠上缘为完成一次。记录引体次数。

4. 注意事项

(1) 受试者应双手正握单杠，待身体静止后开始测试。

(2) 引体向上时，身体不得做大的摆动，也不得借助其他附加动作撑起。

(3) 两次引体向上的间隔时间超过10秒停止测试。

(十一) 坐位体前屈

1. 测试目的

测量学生在静止状态下的躯干、腰、髋等关节可能达到的活动幅度，主要反映这些部位的关节、韧带和肌肉的伸展性和弹性及学生身体柔韧素质的发展水平。

2. 场地器材

坐位体前屈测试计。

3. 测试方法

受试者两腿伸直，两脚平蹬测试纵板坐在平地上，两脚分开约10～15厘米，上体前屈，两臂伸直前，用两手中指尖逐渐向前推动游标，直到不能前推为止。测试计的脚蹬纵板内沿平面为0点，向内为负值，向前为正值。记录以厘米为单位，保留一位小数。测试两次，取最好成绩。

4. 注意事项

(1) 身体前屈，两臂向前推游标时两腿不能弯曲。

(2) 受试者应匀速向前推动游标，不得突然发力。

(十二) 仰卧起坐

1. 测试目的

测试学生的腹肌耐力。

2. 场地器材

垫子若干块（或代用品）、铺放平坦。

3. 测试方法

受试者仰卧于垫上，两腿稍分开，屈膝呈90°角左右，两手指交叉贴于脑后。另一同伴压住其踝关节，以固定下肢。受试者坐起时两肘触及或超过双膝为完成一次。仰卧时两肩胛必须触垫。测试人员发出“开始”口令的同时开表计时，记录1分钟内完成次数。1分钟到时，受试者虽已坐起但肘关节未达到双膝者不计该次数，精确到个位。

4. 注意事项

(1) 如发现受试者借用肘部撑垫或臀部起落的力量起坐时，该次不计数。

(2) 测试过程中，观测人员应向受试者报数。

(3) 受试者双脚必须放于垫上。

(十三) 跳绳

1. 测试目的

测试学生的下肢爆发力和身体协调能力。

2. 场地器材

地面平整、干净的场地一块，地质不限。主要测试器材包括秒表、发令哨、各种长度的跳绳若干条。

3. 测试方法

两人一组，一人测试，一人记数。受试者将绳的长短调至适宜长度，听到开始信号后开始跳绳，动作规格为正摇双脚跳绳，每跳跃一次且摇绳一回环（一周圈），计为一次。听到结束信号后停止，测试员报数并记录受试者在1分钟内的跳绳次数。测试单位为次。

4. 注意事项

测试过程中跳绳绊脚，除该次不计数外，应继续进行。

(十四) 篮球运球

1. 测试目的

测试学生综合身体素质和篮球基本技能水平。测试年级为大学各年级。

2. 场地器材

测试场地长20米，宽7米，起点线后5米设置两列标志杆，标志杆距左右边线3米。各标志杆距杆3米，共5排杆，全长20米，并列的两杆间隔1米。测试器材包括秒表（使用前应进行校正，要求同50米跑）、发令哨、30米卷尺、标志杆10根（杆高1.2米以上），篮球若干个。测试用球应符合国家标准。

3. 测试方法

受试者在起点线后持球站立，听到出发口令后，按图中所示箭头方向单手运球依次过杆，高中学生和大学生每次过杆时需换手运球。发令员发令后开表计时，受试者与球均返回起终点线时停表。每名受试者测两次，记录其中成绩最好一次。以秒为单位记录测试成绩，精确到小数点后1位，小数点后第2位数按非零进1原则进位。

4. 注意事项

(1) 测试中篮球脱手后，如球仍在测试场地内，受试者可自行捡回，并在脱手处继续运球，不停表。

(2) 测试过程中出现以下现象均属犯规行为，取消当次成绩：出发时抢跑、运球过程中双手同时触球、膝盖以下部位触球、漏绕标志杆、碰倒标志杆、人或球出测试区域、未按图示要求完成全程路线、通过终点时人球分离等。

(3) 受试者有两次测试机会，两次犯规无成绩者可再测直至取得成绩。

(十五) 足球运球

1. 测试目的

测试学生足球基本技能水平，测试年级为大学各年级。

2. 场地器材

在坚实、平整场地或足球场上进行，测试区域长30米，宽10米，起点线至第一杆距离为5米，各杆间距5米，共设5根标志杆，标志杆距两侧边线各5米。测试器材包括足球若干个（测试用球应符合国家标准），秒表（使用前应进行校正，要求同50米跑），30米卷尺，5根标志杆（杆高1.2米以上）。

3. 测试方法

受试者站在起点线后准备，听到出发口令后开始向前运球依次过杆，不得碰杆。受试者和球均越过终点线即为结束。发令员发令后开始计时，受试者与球均返回终点线时停表。每人跑两次，记录其中成绩最好的一次。以秒为单位记录测试成绩，精确到小数点后一位。小数点后第二位数按非零进1原则进位。

4. 注意事项

(1) 测试过程中出现以下现象均属犯规行为，取消当次成绩：出发时抢跑、漏绕标志杆、碰倒标志杆、故意手球、未按要求完成全程路线等。

(2) 受试者有两次测试机会，两次犯规无成绩者可再测直至取得成绩。

(十六) 排球垫球

1. 测试目的

测试学生排球基本技能水平。

2. 场地器材

在坚实、平坦的场地或排球场上进行，测试区域为3米×3米。测试器材为排球。测试用球应符合有关国家标准。

3. 测试方法

受试者在规定的测试区域内原地将球抛起，个人连续正面双手垫球，要求手形正确、击球部位准确、达到规定的高度，球落地即为测试结束，按次计数。受试者每次垫球应达到的高度，大学男生为2.43米，女生为2.24米。每名受试者测试两次，记录其中成绩最好的一次。测试单位为次。

4. 注意事项

(1) 测试过程中如出现以下现象均只作为调整，不计次数：采用传球等其他方式触球、测试区域之外触球、垫球高度不足等。

（2）为方便判定垫球高度，可将排球场的球网调整到相应的高度，或者在测试区域外相距 0.5 米处插两根标志杆，标志杆顶端用橡皮筋或标志线相连，将标志杆调整到相应的高度进行判定，测试时通过比较垫球的高度和球网或标志线的高度进行判定。

第四节 《国家学生体质健康标准》大学生测试项目查分表

表 5-4-1 大学一年级～四年级男生身高标准体重（体重单位：公斤）

身高段（厘米）	营养不良 50 分	较低体重 60 分	正常体重 100 分	超 重 60 分	肥 胖 50 分
144～144.9	<41.5	41.5～46.3	46.4～51.9	52～53.7	>=53.8
145～145.9	<41.8	41.8～46.7	46.8～52.6	52.7～54.5	>=54.6
146～146.9	<42.1	42.1～47.1	47.2～53.1	53.2～55.1	>=55.2
147～147.9	<42.4	42.4～47.5	47.6～53.7	53.8～55.7	>=55.8
148～148.9	<42.6	42.6～47.9	48～54.2	54.3～56.3	>=56.4
149～149.9	<42.9	42.9～48.3	48.4～54.8	54.9～56.6	>=56.7
150～150.9	<43.2	43.2～48.8	48.9～55.4	55.5～57.6	>=57.7
151～151.9	<43.5	43.5～49.2	49.3～56	56.1～58.2	>=58.3
152～152.9	<43.9	43.9～49.7	49.8～56.5	56.6～58.7	>=58.8
153～153.9	<44.2	44.2～50.1	50.2～57	57.1～59.3	>=59.4
154～154.9	<44.7	44.7～50.6	50.7～57.5	57.6～59.8	>=59.9
155～155.9	<45.2	45.2～51.1	51.2～58	58.1～60.7	>=60.8
156～156.9	<45.6	45.6～51.6	51.7～58.7	58.8～61	>=61.1
157～157.9	<46.1	46.1～52.1	52.2～59.2	59.3～61.5	>=61.6
158～158.9	<46.6	46.6～52.6	52.7～59.8	59.9～62.2	>=62.3
159～159.9	<46.9	46.9～53.1	53.2～60.3	60.4～62.7	>=62.8
160～160.9	<47.4	47.4～53.6	53.7～60.9	61～63.4	>=63.5
161～161.9	<48.1	48.1～54.3	54.4～61.6	61.7～64.1	>=64.2
162～162.9	<48.5	48.5～54.8	54.9～62.2	62.3～64.8	>=64.9
163～163.9	<49.0	49～55.3	55.4～62.8	62.9～65.3	>=65.4
164～164.9	<49.5	49.5～55.9	56～63.4	63.5～65.9	>=66.0
165～165.9	<49.9	49.9～56.4	56.5～64.1	64.2～66.6	>=66.7
166～166.9	<50.4	50.4～56.9	57～64.6	64.7～67	>=67.1
167～167.9	<50.8	50.8～57.3	57.4～65	65.1～67.5	>=67.6

续表

身高段（厘米）	营养不良 50分	较低体重 60分	正常体重 100分	超　重 60分	肥　胖 50分
168～168.9	<51.1	51.1～57.7	57.8～65.5	65.6～68.1	>=68.2
169～169.9	<51.6	51.6～58.2	58.3～66	66.1～68.6	>=68.7
170～170.9	<52.1	52.1～58.7	58.8～66.5	66.6～69.1	>=69.2
171～171.9	<52.5	52.5～59.2	59.3～67.2	67.3～69.8	>=69.9
172～172.9	<53.0	53～59.8	59.9～67.8	67.9～70.4	>=70.5
173～173.9	<53.5	53.5～60.3	60.4～68.4	68.5～71.1	>=71.2
174～174.9	<53.8	53.8～61	61.1～69.3	69.4～72	>=72.1
175～175.9	<54.5	54.5～61.5	61.6～69.9	70～72.7	>=72.8
176～176.9	<55.3	55.3～62.2	62.3～70.9	71～73.8	>=73.9
177～177.9	<55.8	55.8～62.7	62.8～71.6	71.7～74.5	>=74.6
178～178.9	<56.2	56.2～63.3	63.4～72.3	72.4～75.3	>=75.4
179～179.9	<56.7	56.7～63.8	63.9～72.8	72.9～75.8	>=75.9
180～180.9	<57.1	57.1～64.3	64.4～73.5	73.6～76.5	>=76.6
181～181.9	<57.7	57.7～64.9	65～74.2	74.3～77.3	>=77.4
182～182.9	<58.2	58.2～65.6	65.7～74.9	75～77.8	>=77.9
183～183.9	<58.8	58.8～66.2	66.3～75.7	75.8～78.8	>=78.9
184～184.9	<59.3	59.3～66.8	66.9～76.3	76.4～79.4	>=79.5
185～185.9	<59.9	59.9～67.4	67.5～77	77.1～80.2	>=80.3
186～186.9	<60.4	60.4～68.1	68.2～77.8	77.9～81.1	>=81.2
187～187.9	<60.9	60.9～68.7	68.8～78.6	78.7～81.9	>=82.0
188～188.9	<61.4	61.4～69.2	69.3～79.3	79.4～82.6	>=82.7
189～189.9	<61.8	61.8～69.8	69.9～79.9	80～83.2	>=83.3
190～190.9	<62.4	62.4～70.4	70.5～80.5	80.6～83.6	>=83.7

注：身高低于表中所列出的最低身高段的下限值时，身高每低1厘米，实测体重需加上0.5公斤，实测身高需加上1厘米，再查表确定分值。身高高于表中所列出的最高身高段时，身高每高1厘米，其实测体重需减去0.9公斤，实测身高需减去1厘米，再查表确定分值。

表 5-4-2　　大学一年级 ~ 四年级女生身高标准体重（体重单位：公斤）

身高段（厘米）	营养不良 50 分	较低体重 60 分	正常体重 100 分	超　重 60 分	肥　胖 50 分
140 ~ 140.9	<36.5	36.5 ~ 42.4	42.5 ~ 50.6	50.7 ~ 53.3	>=53.4
141 ~ 141.9	<36.6	36.6 ~ 42.9	43 ~ 51.3	51.4 ~ 54.1	>=54.2
142 ~ 142.9	<36.8	36.8 ~ 43.2	43.3 ~ 51.9	52 ~ 54.7	>=54.8
143 ~ 143.9	<37.0	37 ~ 43.5	43.6 ~ 52.3	52.4 ~ 55.2	>=55.3
144 ~ 144.9	<37.2	37.2 ~ 43.7	43.8 ~ 52.7	52.8 ~ 55.6	>=55.7
145 ~ 145.9	<37.5	37.5 ~ 44	44.1 ~ 53.1	53.2 ~ 56.1	>=56.2
146 ~ 146.9	<37.9	37.9 ~ 44.4	44.5 ~ 53.7	53.8 ~ 56.7	>=56.8
147 ~ 147.9	<38.5	38.5 ~ 45	45.1 ~ 54.3	54.4 ~ 57.3	>=57.4
148 ~ 148.9	<39.1	39.1 ~ 45.7	45.8 ~ 55	55.1 ~ 58	>=58.1
149 ~ 149.9	<39.5	39.5 ~ 46.2	46.3 ~ 55.6	55.7 ~ 58.7	>=58.8
150 ~ 150.9	<39.9	39.9 ~ 46.6	46.7 ~ 56.2	56.3 ~ 59.3	>=59.4
151 ~ 151.9	<40.3	40.3 ~ 47.1	47.2 ~ 56.7	56.8 ~ 59.8	>=59.9
152 ~ 152.9	<40.8	40.8 ~ 47.6	47.7 ~ 57.4	57.5 ~ 60.5	>=60.6
153 ~ 153.9	<41.4	41.4 ~ 48.2	48.3 ~ 57.9	58 ~ 61.1	>=61.2
154 ~ 154.9	<41.9	41.9 ~ 48.8	48.9 ~ 58.6	58.7 ~ 61.9	>=62.0
155 ~ 155.9	<42.3	42.3 ~ 49.1	49.2 ~ 59.1	59.2 ~ 62.4	>=62.5
156 ~ 156.9	<42.9	42.9 ~ 49.7	49.8 ~ 59.7	59.8 ~ 63	>=63.1
157 ~ 157.9	<43.5	43.5 ~ 50.3	50.4 ~ 60.4	60.5 ~ 63.6	>=63.7
158 ~ 158.9	<44.0	44 ~ 50.8	50.9 ~ 61.2	61.3 ~ 64.5	>=64.6
159 ~ 159.9	<44.5	44.5 ~ 51.4	51.5 ~ 61.7	61.8 ~ 65.1	>=65.2
160 ~ 160.9	<45.0	45 ~ 52.1	52.2 ~ 62.3	62.4 ~ 65.6	>=65.7
161 ~ 161.9	<45.4	45.4 ~ 52.5	52.6 ~ 62.8	62.9 ~ 66.2	>=66.3
162 ~ 162.9	<45.9	45.9 ~ 53.1	53.2 ~ 63.4	63.5 ~ 66.8	>=66.9
163 ~ 163.9	<46.4	46.4 ~ 53.6	53.7 ~ 63.9	64 ~ 67.3	>=67.4
164 ~ 164.9	<46.8	46.8 ~ 54.2	54.3 ~ 64.5	64.6 ~ 67.9	>=68.0
165 ~ 165.9	<47.4	47.4 ~ 54.8	54.9 ~ 65	65.1 ~ 68.3	>=68.4
166 ~ 166.9	<48.0	48 ~ 55.4	55.5 ~ 65.5	65.6 ~ 68.9	>=69.0

续表

身高段（厘米）	营养不良 50 分	较低体重 60 分	正常体重 100 分	超　重 60 分	肥　胖 50 分
167～167. 9	<48. 5	48. 5～56	56. 1～66. 2	66. 3～69. 5	>=69. 6
168～168. 9	<49. 0	49～56. 4	56. 5～66. 7	66. 8～70. 1	>=70. 2
169～169. 9	<49. 4	49. 4～56. 8	56. 9～67. 3	67. 4～70. 7	>=70. 8
170～170. 9	<49. 9	49. 9～57. 3	57. 4～67. 9	68～71. 4	>=71. 5
171～171. 9	<50. 2	50. 2～57. 8	57. 9～68. 5	68. 6～72. 1	>=72. 2
172～172. 9	<50. 7	50. 7～58. 4	58. 5～69. 1	69. 2～72. 7	>=72. 8
173～173. 9	<51. 0	51～58. 8	58. 9～69. 6	69. 7～73. 1	>=73. 2
174～174. 9	<51. 3	51. 3～59. 3	59. 4～70. 2	70. 3～73. 6	>=73. 7
175～175. 9	<51. 9	51. 9～59. 9	60～70. 8	70. 9～74. 4	>=74. 5
176～176. 9	<52. 4	52. 4～60. 4	60. 5～71. 5	71. 6～75. 1	>=75. 2
177～177. 9	<52. 8	52. 8～61	61. 1～72. 1	72. 2～75. 7	>=75. 8
178～178. 9	<53. 2	53. 2～61. 5	61. 6～72. 6	72. 7～76. 2	>=76. 3
179～179. 9	<53. 6	53. 6～62	62. 1～73. 2	73. 3～76. 7	>=76. 8
180～180. 9	<54. 1	54. 1～62. 5	62. 6～73. 7	73. 8～77	>=77. 1
181～181. 9	<54. 5	54. 5～63. 1	63. 2～74. 3	74. 4～77. 8	>=77. 9
182～182. 9	<55. 1	55. 1～63. 8	63. 9～75	75. 1～79. 4	>=79. 5
183～183. 9	<55. 6	55. 6～64. 5	64. 6～75. 7	75. 8～80. 4	>=80. 5
184～184. 9	<56. 1	56. 1～65. 3	65. 4～76. 6	76. 7～81. 2	>=81. 3
185～185. 9	<56. 8	56. 8～66. 1	66. 2～77. 5	77. 6～82. 4	>=82. 5
186～186. 9	<57. 3	57. 3～66. 9	67～78. 6	78. 7～83. 3	>=83. 4

注：身高低于表中所列出的最低身高段的下限值时，身高每低 1 厘米，实测体重需加上 0. 5 公斤，实测身高需加上 1 厘米，再查表确定分值。身高高于表中所列出的最高身高段时，身高每高 1 厘米，其实测体重需减去 0. 9 公斤，实测身高需减去 1 厘米，再查表确定分值。

表 5-4-3　　　　　　　　　　　　**大学男生评分标准**

等级	单项得分	肺活量体重指数	1000 米(分/秒)	台阶试验	50 米跑(秒)	立定跳远(米)	掷实心球(米)	握力体重指数	引体向上(次)	坐位体前屈(厘米)	跳绳(次/1 分钟)	篮球运球(秒)	足球运球(秒)	排球垫球(次)
优秀	100	84	3′27″	82	6	2. 66	15. 7	92	26	23	198	8. 6	6. 3	50
	98	83	3′28″	80	6. 1	2. 65	15. 2	91	25	22. 6	193	9	6. 5	49
	96	82	3′31″	77	6. 2	2. 63	14. 4	90	24	22	186	9. 6	6. 9	46
	94	81	3′33″	74	6. 3	2. 62	13. 6	89	23	21. 4	178	10. 3	7. 3	44
	92	80	3′35″	71	6. 4	2. 6	12. 5	87	22	20. 6	168	11. 1	7. 7	41
	90	78	3′39″	67	6. 5	2. 58	11. 5	86	21	19. 8	158	12	8. 2	38
良好	87	77	3′42″	65	6. 6	2. 56	11. 3	84	20	18. 9	152	12. 4	8. 5	37
	84	75	3′45″	63	6. 8	2. 52	10. 9	81	19	17. 5	144	12. 9	8. 9	34
	81	73	3′49″	60	7	2. 48	10. 5	79	18	16. 2	136	13. 5	9. 3	32
	78	71	3′53″	57	7. 3	2. 43	10	75	17	14. 3	124	14. 3	9. 9	29
	75	68	3′58″	53	7. 5	2. 38	9. 5	72	16	12. 5	113	15	10. 4	26
及格	72	66	4′05″	52	7. 6	2. 35	9. 3	70	15	11. 3	108	15. 6	10. 7	25
	69	64	4′12″	51	7. 7	2. 31	8. 9	66	14	9. 5	101	16. 6	11. 2	23
	66	61	4′19″	50	7. 8	2. 26	8. 5	63	13	7. 8	94	17. 5	11. 7	21
	63	58	4′26″	48	8	2. 2	8	59	12	5. 4	85	18. 8	12. 3	18
	60	55	4′33″	46	8. 1	2. 14	7. 5	54	11	3	75	20	12. 9	15
不及格	50	54	4′40″	45	8. 2	2. 12	7. 3	53	9	2. 4	71	20. 6	13. 3	14
	40	52	4′47″	44	8. 3	2. 09	7	51	8	1. 4	64	21. 6	13. 8	12
	30	51	4′54″	43	8. 5	2. 06	6. 7	49	7	0. 5	58	22. 5	14. 3	10
	20	49	5′01″	42	8. 6	2. 03	6. 2	47	6	-0. 8	49	23. 8	15	8
	10	47	5′08″	40	8. 8	1. 99	5. 8	44	5	-2	40	25	15. 7	5
优秀	100	70	3′24″	78	7. 2	2. 07	8. 6	74	52	21. 1	190	11. 2	7. 3	46
	98	69	3′27″	75	7. 3	2. 06	8. 5	73	51	20. 8	184	11. 5	7. 8	44
	96	68	3′29″	72	7. 4	2. 05	8. 4	72	50	20. 3	175	12	8. 6	41
	94	67	3′32″	69	7. 5	2. 03	8. 2	71	49	19. 8	166	12. 6	9. 4	38
	92	65	3′35″	64	7. 7	2. 01	8	69	47	19. 2	154	13. 3	10. 5	34
	90	64	3′38″	60	7. 8	1. 99	7. 8	67	45	18. 6	142	14	11. 5	30

表 5-4-4　　大学女生评分标准

等级	单项得分	肺活量体重指数	800 米(分/秒)	台阶试验	50 米跑(秒)	立定跳远(米)	掷实心球(米)	握力体重指数	仰卧起坐(次/分钟)	坐位体前屈(厘米)	跳绳(次/1分钟)	篮球运球(秒)	足球运球(秒)	排球垫球(次)
良好	87	63	3′42″	59	7.9	1.97	7.7	66	44	17.7	137	14.6	11.9	29
	84	61	3′46″	57	8	1.93	7.6	63	43	16.3	130	15.6	12.5	27
	81	59	3′50″	55	8.2	1.89	7.5	61	42	15	122	16.5	13.2	25
	78	57	3′54″	52	8.3	1.84	7.4	58	40	13.1	112	17.8	14	23
	75	54	3′58″	49	8.5	1.79	7.2	55	38	11.3	102	19	14.9	20
及格	72	53	4′03″	48	8.6	1.76	7.1	53	37	10.1	98	19.8	15.6	19
	69	51	4′08″	47	8.7	1.72	7	50	35	8.3	92	20.9	16.7	17
	66	49	4′13″	46	8.8	1.69	6.8	48	33	6.5	86	22	17.8	15
	63	46	4′18″	44	8.9	1.63	6.6	44	31	4.1	78	23.5	19.3	13
	60	43	4′23″	42	9	1.58	6.4	40	28	1.7	70	25	20.8	10
不及格	50	42	4′30″	41	9.1	1.56	6.2	39	27	1.5	66	25.8	21.2	9
	40	41	4′37″	40	9.3	1.53	6	38	26	1.3	59	26.9	21.9	8
	30	39	4′44″	39	9.5	1.5	5.7	36	25	1	53	28	22.5	7
	20	37	4′51″	38	9.8	1.46	5.4	34	23	0.6	44	29.5	23.4	6
	10	35	5′00″	36	10	1.42	5	32	21	0.2	35	31	24.3	4

第六章　田径运动

第一节　田径运动概述

一、田径运动的概念

1. 田径运动的定义

田径运动是人类从走、跑、跳跃和投掷自然运动的基础上发展起来的，是用于健身和竞技的身体运动和竞技项目。也就是说田径运动包括田径健身运动和田径竞技运动。

田径运动是以发展人类的基本运动能力、提高身体的健康水平为目的的，是人类以自身的走、跑、跳跃和投掷这些劳动生产的基本技能和身体活动发展起来的健身手段、方法或运动方式。田径运动又是以“更快、更高、更远”为目标，以当代科学技术和专业基础理论为基础，不断挑战人类运动能力的极限，是人类体育运动文化的重要组成部分，是人的走、跑、跳跃和投掷等基础运动能力的升华和典型表现。

田径在国际上和在人们的头脑中出现最多和影响最深的是一种竞技运动项目。世界竞技运动的权威机构国际田径竞技组织机构——国际业余田径联合会将田径竞技的范围解释为“田赛和径赛、公路赛跑、竞走和越野赛跑”。由此可见，国际上的“田径”，实际上指的是“田径竞技”。很多国家的“田径”都是指从人们走、跑、跳、投等生活技能中发展起来的一种竞技运动项目。因此，我国有的田径教材将田径运动解释为“田径运动的内容包括男女竞走、跑、跳跃和投掷等 40 多个单项以及由跑、跳、投部分项目组成的全能运动。以时间计算成绩的竞走和跑的项目叫“径赛”；以高度和远度计量成绩的跳跃和投掷项目叫“田赛”。“径赛”和“田赛”总称为“田径运动”。

在我国，“田径运动”这个词是从英文 Track and Field Sport 翻译和演变而来的。英国人把在运动场跑道上进行的赛跑和在运动场中间进行的跳跃、投掷比赛称之为 Track and Field Sport。Track 的中文意思为“小路”（径），Field 的中文意思为“田地”。19 世纪末，欧美体育传入中国时，我们将 Track and Field Sport 翻译为“田径赛”，以后演变为“田径运动”。

虽然我国的“田径运动”是由外国的“田径竞技”翻译和演变而来的，但是，目前我国的“田径运动”与外国的“田径竞技”在含义上已有所不同。按照中国人对田径运动约定俗成的概念，不仅竞技的走、跑、跳跃和投掷是田径运动，而非竞技用于健身的走、跑、跳跃和投掷也是田径运动。

田径运动具有两种属性，即竞技属性和健身属性。两种属性的田径运动，有很多相同之处。例如，都是人体走、跑、跳跃和投掷的运动形式；对人的身心发展都有一定的影响等。但是，它们却有着本质的区别（表 6-1-1）。只有认识和区别两种不同属性的田径运动，并按照各自的原理、原则依法去运行，才能促使田径运动健康发展，才能使我们更好地发挥田径运动的功能和作用。

表 6-1-1　　两种属性田径运动的区别

健身属性	竞技属性
①面向广大群众，以锻炼身体、增进健康、增强体质为目的； ②掌握基本技术，追求锻炼身体的最佳效果； ③有专门的健身原理、原则和方法； ④根据年龄、性别、健康状况，确定不同内容、形式和方法； ⑤要服从增进健康、增强体质和教育的要求； ⑥对运动场地、器材的规格没有严格的要求。	①面向运动员，以提高运动成绩，比赛获取优胜为目的； ②追求最佳化的技术和优异的运动成绩； ③有专门的训练原理、原则和方法； ④有专门的比赛项目、形式和方法； ⑤有严格的竞赛规则要求； ⑥要保证安全和讲究卫生。

2. 田径运动的功能

（1）健身功能。田径运动是一项易于在群众中开展且健身价值较高的运动项目。经常系统地参加田径运动锻炼，能提高人体走、跑、跳跃和投掷等基本活动技能的水平；能促进人体正常生长发育和各器官、系统机能的发展；能全面发展速度、力量、耐力、灵敏和柔韧等身体素质。由于田径运动多在户外进行，使人体更多地受到日光、空气等自然条件的锻炼，能提高人体对外界环境变化的适应能力。由此可见，田径运动是一项健身功能很强的运动项目，是人们增进健康、增强体质、推迟衰老和延年益寿的重要手段。因此，田径运动不仅是我国《国家体育锻炼标准》中的主要内容，也是我国各级各类学校体育课教材的主要内容。

（2）竞技功能。竞技体育是社会文化不可缺少的组成部分，每年在国内和国际上举行的田径运动竞赛很多。在大型综合性运动会上，田径项目奖牌数最多，影响最大，故有“得田径者得天下”之说。田径竞技运动的功能在于推动田径运动的普及，加强国内和国际间交往，提高国家威望，振奋民族精神。对观众来说，则起到消遣、娱乐和教育的作用等。另外，著名田径运动员所产生的明星效应，对提高田径运动的商业价值，激活田径竞赛表演市场，促进田径竞技运动按产业化方式运作，起着积极的推动作用。

（3）基础功能。田径运动的基础功能表现在 3 个方面。首先，当进入发达社会以后，生产力高度发展，人类已从原始社会时依靠走、跑、跳跃和投掷获取生活资料和延续生命中解脱出来，但是人类永远不会摆脱依靠走、跑、跳跃和投掷等基本活动技能去提高人类的生活、生存和生命的质量。其次，很多运动项目都离不开走、跑、跳跃和投掷等动作，田径运动成为很多运动项目的基础。再次，由于田径运动能有效和全面地发展人的各种身体素质，而身体素质全面发展的水平越高，对于各项运动的技术发展和运动成绩的提高也越能起积极和决定性作用。因此，很多竞技项目都把田径运动作为体能训练的重要手段，使田径运动成为提高各种竞技项目运动水平的基础。

（4）教育功能。由于参加田径运动练习要承受一定的生理负荷和心理负荷，还要遵循一定的练习方法、要求和规则，接力跑项目还需集体协同作战，因此能培养良好的思想、心理品质。另外，在从事田径运动教学、锻炼、训练和竞赛过程中还有很多进行思想品德教育和培养心理品质的因素。因此，田径运动就成为进行精神文明教育的一种有力手段。通过田径运动教学、锻炼、训练和竞赛，能对学生和运动员进行爱国主义、集体主义等方面的教育，同时能培养竞争意识和勇敢顽强、吃苦耐劳的优良品质。

二、田径运动的特点

1. 田径运动包括人体基本运动的主要技能

走、跑、跳和投掷是人类生活和劳动的重要技能，是田径运动项目中最基本的活动形式。通过田径运动锻炼可以提高人们适应社会的能力，提高工作效率。而这些自然动作和技能的培养对学习和掌握田径运动各项技术也是十分有利的。

2. 田径运动是奥运会金牌最多的项目

田径运动项目广泛、众多，共有 50 多个单项，在奥运会比赛中被称为金牌大户。近些年女子田径项目还在增加，有赶上男子田径运动项目数量的趋势。

3. 田径运动是各项竞技运动的基础

首先，从历史上看，田径运动的历史最长，田径运动的发展为其他运动项目的发展奠定了基础。其次，很多运动项目都离不开跑、跳和投掷等动作的基本训练，都需要速度、力量、耐力、柔韧和灵敏等身体素质，而田径运动能有效和全面地发展人的各种身体素质，因此，很多竞技项目都把田径运动作为身体训练的重要手段，使田径运动成为提高各项目运动水平的基础。

4. 田径运动属于室外运动

各种体育运动项目中，有的属于室内运动项目，有的属于室外运动项目，尽管田径运动也有室内田径比赛，但是田径运动多是户外活动，因此可以使人体更多地受到日光、空气等自然条件的锻炼，从而提高人体对外界环境的适应能力。

5. 项目要求个体形态、素质差异较大

田径运动为了出好成绩，所要求的形态、主要素质和技术，在各专项之间区别较大。例如，中长跑运动员要求体重轻、吸氧及缺氧耐受能力强；跨栏运动员要求个子高、腿部力量强、动作灵敏协调等。这在其他运动项目中是少见的，所以一定要精心做好选材工作。

6. 需要精神高度集中，发挥顽强的斗志

短跑和田赛各项目，在转瞬之间完成动作，所以在平时训练中，需要在心理上、精神上高度集中的条件下练习技术。径赛项目的中长跑及马拉松运动员，在训练和比赛中要培养坚忍不拔、顽强拼搏的意志力，才能成为优秀的运动员。

三、田径运动的分类

田径运动包括男、女竞走、跑、跳跃、投掷 40 多个单项，以及由跑、跳跃、投掷部分项目组成的全能运动。以时间计算成绩的竞走和跑的项目叫“径赛”。以高度和远度计算成绩的跳跃、投掷项目叫“田赛”。田径运动是径赛、田赛和全能比赛的合称。

田径运动的分类和项目如表 6-1-2、表 6-1-3、表 6-1-4、表 6-1-5 所示。

表 6-1-2 走、跑

项目	距离					
	成年		少年			
	男子组	女子组	男子甲组	男子乙组	女子甲组	女子乙组
竞走	20 公里 50 公里	5 公里 10 公里				
短距离跑	100 米 200 米 400 米	100 米 200 米 400 米	100 米 200 米 400 米	60 米 100 米 200 米	100 米 200 米 400 米	60 米 100 米 200 米
中距离跑	800 米 1 500 米 3 000 米	800 米 1 500 米	800 米 1 500 米 3 000 米	400 米 800 米	800 米 1 500 米	400 米 800 米
长距离跑	5 000 米 10 000 米	3 000 米 5 000 米 10 000 米			3 000 米	
跨栏跑	110 米栏 (1.067 米) 400 米栏 (0.914 米)	100 米栏 (0.84 米) 400 米栏 (0.762 米)	110 米栏 (0.914 米)	110 米栏 (0.914 米)	100 米栏 (0.84 米)	100 米栏 (0.762 米)
障碍跑	3 000 米					
马拉松	42.195 千米	42.195 千米				
接力跑	4×100 米 4×400 米	4×100 米 4×400 米	4×100 米 4×400 米	4×100 米	4×100 米	4×100 米

表 6-1-3 跳跃

项目	男子组	女子组	备注
高度	跳高	跳高	少年男、女甲组与成年男、女组项目相同
	撑高跳	撑高跳	
远度	跳远	跳远	
	三级跳远	三级跳远	

表 6-1-4 投 掷

	成 年		少 年			
项 目	男子组	女子组	男子甲组	男子乙组	女子甲组	女子乙组
铅球	7.26 千克	4 千克	6 千克	5 千克	4 千克	3 千克
标枪	800 克	600 克	700 克	600 克	600 克	500 克
铁饼	2 千克	1 千克	1.75 千克	1.50 千克	1 千克	1 千克
链球	7.26 千克	4.0 千克	6.0 千克	5.0 千克	4.0 千克	3.0 千克

表 6-1-5 全能运动

组 别	项 目	内容和比赛顺序
成年男子	十项全能	第一天 100 米、跳远、铅球、跳高、400 米 第二天 110 米栏、铁饼、撑杆跳高、标枪、1 500 米
成年女子	七项全能	第一天 100 米栏、铅球、跳高、200 米 第二天跳远、标枪、1 500 米
少年男甲	五项全能	跳远、标枪、200 米、铁饼、1 500 米
少年女甲	五项全能	第一天 100 米栏、铅球、跳高 第二天跳远、标枪、800 米
少年男乙 少年女乙	三项全能	100 米、铅球、跳高

第二节 短 跑

一、技术要领

短跑属极限强度运动，短跑比赛项目包括 60 米、100 米、200 米、400 米，是发展速度素质最有效的手段，短跑全程按技术动作变化可分为起跑、起跑后加速跑、途中跑和终点跑四个部分。

（一）100 米跑的技术

1. 起跑

起跑的任务是使身体迅速摆脱静止状态，为起跑后加速跑创造条件。田径规则规定，在短跑比赛中运动员必须采用蹲踞式起跑，必须使用起跑器。运动员要按发令员的口令完成起跑动作。

安装起跑器的目的是使脚有牢固的支撑，形成良好的用力姿势，有利于获得较快的起跑速度。

起跑器的安装方法常有普通式、接近式和拉长式3种。

前起跑器抵足板与地面的夹角为45°左右，后起跑器为60～80厘米，两个起跑器之间宽约为15厘米。

运动员采用哪种起跑器和安装方法应根据个人的身高、体形、身体素质和技术水平等情况来选择，其目的是使运动员能充分发挥肌肉的最大力量，以获得最大初速度，有助于加速跑的完成。起跑过程包括“各就位”、“预备”和鸣枪三个阶段。

听到“各就位”口令后，运动员稳定一下自己的情绪，走到起跑器前，俯身，两手撑地，两脚依次踏在前后起跑器的抵足板上，将有力脚放在前面，后腿跪地。然后两手收回到起跑线后，两臂伸直，两手间距离与肩同宽或比肩稍宽，四指并拢或稍分开和拇指成“人”字形，身体重心稍前移，肩约与起跑线齐平，头与躯干保持在一条直线上，颈部自然放松，身体重量均匀地落在两手、前腿和后腿之间，注意听“预备”口令。

听到“预备”口令后，逐渐抬起臀部，臀部要稍高于肩部10～20厘米，同时使身体重心向前上方移动。此时，身体重心落在两臂和前腿上，身体重心投影点在距起跑线15～20厘米处，两小腿趋于平行，前腿膝角为90°～100°，后腿膝角为110°～130°。两脚贴紧在前后起跑器抵足板上，集中注意力听枪声。

听到枪声后，两手迅速推离地面，屈肘做有力地前后摆，同时两腿快速用力蹬起跑器。后腿快速蹬离起跑器后，便迅速屈膝向前上方摆出。摆出时腿不应离地面过高，这有利于摆动腿迅速着地并过渡到下一步。前腿有力地蹬伸，后蹬角为42°～45°(图6-2-1)。

图6-2-1

2. 起跑后的加速跑

起跑后的加速跑是从蹬离起跑器到途中跑开始的一个跑段，一般为30米左右，其任务是尽快加速达到自己的最高速度。

起跑后第一步约为3脚半长，第二步约为4脚至4脚半长，以后逐渐增大，直至途中跑的步长。脚蹬离起跑器后，身体处于较大的前倾姿势，为了不使身体向前摔倒，继续加速，要积极加快腿与臂的摆动和蹬地动作，保持身体平衡。

加速跑的最初几步，由于运动员的身体由静止状态开始起动，跑的速度还较低，所以两脚的着地点并非在一条直线上，随着速度的加快，两脚着地点逐渐趋于一条直线。

3. 途中跑

途中跑的任务是继续发挥和保持最高跑速。加速跑结束后即进入途中跑，一个单步由后蹬、腾空、着地和缓冲几个部分组成。

(1) 后蹬和前摆。后蹬是推动人体向前的重要动作。当身体重心移至支撑垂直面时，支撑腿开始积极有力地后蹬。后蹬的用力以伸展髋关节开始，依次蹬伸膝、踝关节，直到脚掌蹬离地面。随着支撑腿的蹬地，摆动腿迅速有力地向前上方摆出，并带动同侧髋前移。

支撑腿与摆动腿的协调配合是途中跑的技术关键。正确完成蹬摆技术，特别是加快摆动腿前摆的幅度和速度，对于增大支撑反作用力、减小支撑腿的后蹬角度、增大水平速度和减小身体重心上下波动具有十分重要的作用。

（2）腾空。腾空是支撑腿结束后蹬离地面，进入无支撑状态，即当左腿离地折叠前摆时，右腿的摆动已接近最高位置，当右腿摆至最高点后，大腿积极下压，小腿随大腿快速摆落，成“鞭打”着地，与此同时，左腿大小腿夹角逐渐缩小，在右腿着地前左膝角接近最小。在大腿摆落过程中，应强调前后两大腿做快速“剪绞”动作，以便加快步频。途中跑中，头部正直，上体前倾，摆臂动作是以肩为轴前后摆动，颈肩应放松，手成半握或伸直，臂弯曲，上臂与前臂约成90°。前摆时，肘关节角度小于90°，后摆时，肘关节角度大于90°，前后摆动应自然、有力。

（3）着地和缓冲。腾空结束时，摆动腿积极下压，用前脚掌富有弹性地着地，着地瞬间小腿与地面接近垂直。摆动腿积极着地有利于缩短前支撑的时间，并能减小着地时的阻力，身体重心迅速前移转入后蹬阶段。然后迅速屈膝、屈踝缓冲，随着跑动惯性，摆动腿大小腿折叠，迅速向前摆动并与支撑腿靠拢。

在支撑腿缓冲过程中，摆动腿的大小腿折叠角处于最小状态，折叠越好，越能缩短摆动半径，减小摆动阻力，加快摆动速度，从而增加后蹬效果。

（4）终点跑。终点跑是全程跑的最后一段，要求运动员在离终点线15～20米处时，尽力加快两臂摆动速度和力量，保持身体前倾角度。当运动员离终点线前一步距离时，上体急速前倾，双手后摆，用胸部或肩部撞终点线。跑过终点后逐渐减速。

（二）200米和400米跑的技术

200米和400米跑，有一半以上的距离是在弯道上进行。为了适应弯道，技术上应有相应的变化。

（1）弯道起跑和起跑后能有一段直线距离进行加速跑，应将起跑器安装在弯道的跑道右侧，起跑器对着弯道的切线。弯道起跑后前几步应沿着内侧分道线跑。加速跑的距离适当缩短，上体抬得较早。

（2）弯道跑技术。运动员从直道进入弯道时，应尽可能沿着跑道内侧跑，身体应有意识地向内倾斜，加大右侧腿和臂的摆动力量和幅度。后蹬时，右腿用前脚掌的内侧，左脚用前脚掌外侧蹬地。两臂摆动时，右臂前摆稍向左前方，后摆时肘关节稍偏向后方，左臂稍离躯干做前后摆动。弯道跑的蹬地与摆动方向都应与身体倾斜方向趋于一致。

从弯道跑入直道时，应在弯道最后几步，身体逐渐减小内倾程度，自然跑几步，然后全力向前跑。

二、练习方法

（一）途中跑技术练习

练习1：原地脚分前后站立个人摆臂练习。

练习2：原地脚分前后站立，在教师统一口令或其他信号下摆臂练习。

练习3：原地两脚提踵站立开始，原地小步跑练习。上体保持正直、髋、膝、踝三关节伸展，脚、膝正对前方，上下肢动作配合协调。

练习4：两脚提踵站立开始，原地高抬腿跑练习。练习时，注意大腿要高抬，两腿蹬直。

练习5：两脚提踵站立开始，听到教师第一次信号后先原地做小步跑；听到第二次信号后再向前做行进间小步跑10～15米。脚落地要积极，方向正，并有扒“地”动作。

练习6：两脚提踵站立开始，听到教师第一次信号后先原地做高抬腿跑；听到第二次信号后再向前做行进间高抬腿跑10～15米。练习时，大腿要高抬，腿蹬直，身体重心高。

练习7：行进间开始，先后蹬跑15～20米，然后过渡到中速跑50～60米。

（二）起跑和起跑后疾跑技术练习

练习1：站立式起跑。

（1）原地脚分前后（有力脚在前）成小弓步站立，身体重心在前腿，上体稍前倾，两臂自然下垂。做手、脚配合站立式起跑练习。

（2）走动中突然俯身做站立式起跑。

（3）由站立式起跑姿势开始，听击掌或枪声起跑。

练习2：蹲踞式起跑。

（1）一手支撑地面半蹲式起跑。练习时，用前脚异侧臂支撑地面，起跑后要快速摆臂，并保持疾跑时身体的前倾角度。

（2）两手反握肋木起跑和疾跑10～20米。

（三）终点跑技术练习

练习1：快速跑20～30米直接过终点。

练习2：中速跑20～30米结合胸部或肩部压线动作跑过终点。

练习3：快速跑40～60米完成终点跑技术。

（四）弯道途中跑技术练习

练习1：原地脚分前后站立，前腿稍屈膝，后脚前掌内侧着地做摆臂练习。练习时，内侧臂前后摆，外侧臂稍加大左右摆动的幅度。

练习2：由直道开始逐渐进入弯道练习（直道跑15～20米，弯道跑30～40米）。内侧脚用脚前掌外侧着地，外侧脚用脚前掌内侧着地。

三、易犯错误与纠正方法

（一）“坐”着跑

纠正方法：（1）跑时上体应基本保持正直，腰部稍上提，背脊肌保持适度紧张。（2）加强后蹬跑和发展髋关节灵活性练习。

（二）动作幅度小

纠正方法：（1）明确步幅与步频的合理关系。（2）加强高抬腿跑、后蹬跑等跑的专门性练习。

（三）“甩小腿”跑

纠正方法：（1）注意摆动腿前摆动作和幅度。（2）加强小步跑、高抬腿跑等专门性练习。

（四）摆臂紧张或方向不正

纠正方法：（1）多做原地摆臂练习，强调技术的正确性。（2）通过慢跑和中速跑等练习，改进摆臂技术。

（五）跑的直线性差

纠正方法：（1）加强髋关节灵活性练习。（2）跑时注意蹬摆结合和送髋动作。

（六）抢跑

纠正方法：采用延长或缩短"预备"到鸣枪的时间进行起跑练习。

（七）两腿蹬起跑器无力

纠正方法：加强臂与腿的配合练习。

（八）起跑后疾跑时上体抬起过早

纠正方法：（1）起跑时两臂要积极配合。（2）采用推肩起跑、拉拖车或拉胶皮带起跑等辅助性手段。

（九）跳起撞线

纠正方法：（1）快速跑 20～30 米（不做撞线动作），自然跑过终点。（2）快速跑 20～30 米，结合撞线动作跑过终点。

第三节　接　力　跑

接力跑是田径运动中以集体形式出现的竞赛项目，是田径场上最具吸引力的项目之一。接力跑设置的项目一般为男、女 4×100 米接力跑和男、女 4×400 米接力跑。规则要求必须在 20 米长的接力区内完成传接棒动作。

一、技术要领

（一）4×100 米接力跑技术

1. 第一棒运动员采用蹲踞式起跑

一般用中指、无名指和小指握住棒的末端，用拇指和食指分开撑地，但接力棒不得触及起跑线及起跑线前面的地面。第二、三、四棒运动员多采用半蹲式或站立式起跑。接棒运动员起跑姿势的选择，主要取决于能否快速起跑，并能清晰地看到传棒选手以及设定的起动标志（图 6-3-1）。

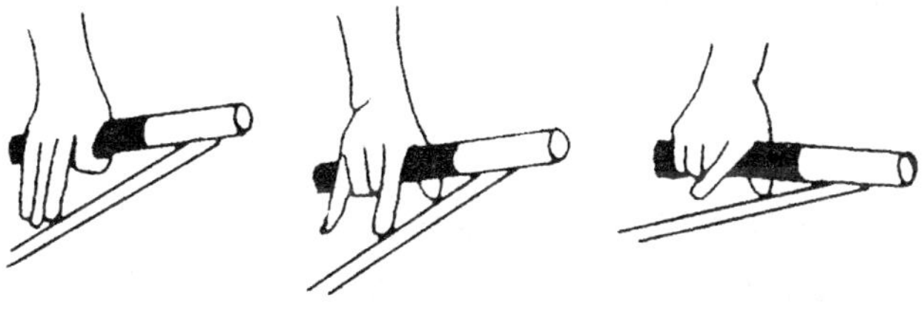

图 6-3-1

2. 传、接棒方法

传棒方法一般分上挑式、下压式和混合式三种。

(1) 上挑式：接棒人手臂自然后伸，手臂与躯干成40°～45°角，掌心向后，虎口张开朝下，传棒人将棒由下向前上方“挑”送到接棒人手中。此种方法的优点是接棒人手臂后伸的动作比较自然放松，易掌握。缺点是第二棒接棒后，手已握在棒的中部，这样不便于持棒快跑。另外，第三、四棒传接棒时，棒的前端已剩下不多，所以相对容易掉棒。

(2) 下压式：接棒人手臂后伸，与躯干成50°～60°角，掌心向上，虎口向后，拇指向内，传棒人将棒的前端由上向下“压”送到接棒人手中。这种方法的优点是每一次传接棒都能握住棒的一端，便于持棒快跑。缺点是接棒人在手臂后伸时相对紧张。

(二) 4×400米接力跑技术

4×400米接力跑的传棒技术相对简单。由于接棒人最后跑速已不快，所以接棒人应顺其跑速接棒，然后再快速跑出。

二、练习方法

练习1：原地手持接力棒摆臂，集体按教师口令做上跳式或下压式传棒动作。练习时，学生成前后两排左右错开站立，前排保持上挑式或下压式接棒的固定手势，后排按口令将棒用上挑式或下压式传至前排手中。

练习2：学生成两列横队散开队形（前后两排错开）站立，在原地小步跑中做上挑式或下压式传接棒技术练习。

练习3：学生成两列横队散开队形或成若干组，前后相距2～2.5米（左右错开），在慢跑中做传接棒技术练习。

练习4：学生分成若干组，在接力区内用快速跑进行传接棒练习。

练习5：学生分成若干接力队进行4×100米接力跑比赛。

三、易犯错误与纠正方法

(一) 传、接棒信号发出得过早或过晚

纠正方法：(1) 明确传、接棒时机，进行反复练习。(2) 传、接棒时要克服紧张情绪。

(二) 标志线确定不准确，使接棒人起动过早或过晚

纠正方法：根据传、接棒人的速度调整标志线位置，并反复进行练习。

第四节　跨　栏　跑

一、技术要点

起跨攻栏时，起跨腿要快速落地，并迅速蹬直髋、膝、踝三关节；摆动腿折叠后小腿前摆，上体前倾，异侧臂前伸；摆动腿过栏后大腿积极下压，同时起跨腿屈膝外展，经体侧迅速向前提拉，上体保持前倾，摆动腿的异侧臂向后划摆；下栏不制动，重心前移要快，栏间步节奏明显，步长稳定，重心高，速度快。

跨栏跑的距离和全力跑的生理负荷与短跑基本相同，它的技术结构属于非对称周期性运动。全程包括起跑至第一栏、跨栏、栏间跑和终点冲刺四个主要环节。项目包括：男子

110 米栏和 400 米栏，女子 100 米栏和 400 米栏。重点是栏上动作和栏间节奏。

二、练习方法

练习 1：摆动腿动作练习。原地练习摆动腿屈膝高抬、前摆小腿再积极下压做扒地动作，使摆动腿的前脚掌在身体重心投影点前落地。由原地做过渡到行进间做，在栏边做摆动腿过栏练习。

练习 2：起跨腿动作练习。扶肋木或墙，体侧处纵放一栏架，练习者位于栏立柱一脚左右，摆动腿脚跟与栏板平齐，上体前倾，起跨腿屈膝经腋下向前提拉，膝部提拉至身体正前方，身体不要扭转偏斜。练习动作速度由慢到快。栏侧做起跨腿过栏 3～4 个栏，栏距 7～8 米。先做走动过栏练习，再过渡到慢跑中完成过栏动作。

练习 3：过栏时两腿的剪绞动作和上下肢配合练习。走或小步跑经栏上完成过栏动作，同时注意两手臂动作与过栏腿动作的配合；高抬腿跑完成过栏动作。

练习 4：按栏间跑三步的合理比例和节奏连过多个栏练习。栏距和栏高先可低标准，后逐步把栏距和栏高过渡到标准要求。

练习 5：起跑过第一栏的练习，先用站立式起跑完成，再采用蹲踞式起跑完成这个练习，逐步建立栏前跑固定步数和步长的空间定位感。

练习 6：逐步增加栏的个数，由 3 个栏——5 个栏——8 个栏——完成全程，提高连续跨栏的速度能力，形成良好的全程跑栏节奏。

三、易犯错误与纠正方法

（一）直腿摆动攻栏

纠正方法：（1）讲清先屈后直的攻摆动作要领。（2）面对肋木、鞍马或墙等，反复做攻摆练习。

（二）摆动腿摆动方向不正或小腿绕过栏板

纠正方法：（1）摆动腿攻栏时要高抬腿，加快速度。（2）在栏板上正确位置处放一标志物，摆动腿过栏时，足跟向着标志物完成动作。（3）用布带或皮筋代替栏板进行练习。

（三）起跨腿后提，下栏停顿

纠正方法：（1）反复做摆动腿攻栏、下压练习。（2）加强从栏架中间的过栏练习。

（四）跳栏

纠正方法：（1）克服怕栏情绪。（2）调节起跨点距栏架的距离。（3）降低栏架高度或用皮筋、木棍等代用品练习过栏。

（五）起跑至第一栏没踏上起跨点

纠正方法：（1）通过反复练习确定步长和步数。（2）降低栏架高度，起跑后加大每步步长。

（六）过栏时前倾不够或后仰

纠正方法：（1）改进攻摆技术，强调身体前倾。（2）用语言信号提醒注意上体姿势。

第五节 中 长 跑

中长跑包括中距离跑和长距离跑。中距离跑对速度和耐力都要求较高，而长距离跑以耐力为主。现代中长跑技术的特征为：身体重心位移平稳，动作实效、经济、轻松、自然，并保持良好的节奏、高步频，积极有效地伸髋和快速有力地摆动动作。

中长跑时，应注意呼吸的节奏。呼吸的节奏取决于个人特点和跑的速度。一般是跑两三步一呼气，跑两三步一吸气，随着跑速的提高，呼吸频率也相应加快。在强度大、竞争激烈的情况下，应采用半张口与鼻同时呼吸来最大限度地满足机体对氧气的需要。中长跑时，由于内脏器官机能的惰性，氧气的供应暂时落后于肌肉活动的需要，跑一段距离后会不同程度地出现胸部发闷、呼吸困难、动作无力等现象，迫使跑速降低，甚至有难以坚持下去的感觉。这种生理现象叫"极点"，它与准备活动、训练水平有关，训练水平高，内脏器官的适应能力强，"极点"出现就缓和、短暂。当"极点"出现时，可适当降低跑速，注意加深呼吸，同时要以顽强的意志坚持下去。

第六节 跳 远

一、技术要领

助跑要提高重心、高抬腿、富有弹性、节奏明显。最后几步要有积极向踏板进攻的意识。快速、准确是助跑技术的要点，节奏是完成这一要点的关键。技术动作由助跑、起跳、腾空、落地组成，重点为助跑和腾空步。动作姿势分为蹲踞式、挺身式、走步式(图 6-6-1)。

图 6-6-1

二、练习方法

练习 1：原地摆臂动作的模仿练习。两腿前后站立，起跳脚在前，起跳腿同侧臂以大臂带动小臂由后下方向前上方摆动；摆动腿同侧臂由前下方向后上方摆动。摆动时要做到耸肩带上体，头部正直，眼看前上方。

练习 2：原地摆动腿模仿练习。两腿前后站立,起跳腿在前。摆动腿前摆时,大小腿要充分折叠,大腿带髋向上高摆。踝关节自然放松,脚尖不得超过膝关节。两臂配合摆动。

练习 3：原地蹬摆结合练习。摆动腿在前，起跳腿前摆做着地动作。重心前移缓冲，当放脚缓冲后，重心和脚跟的连线垂直地面时，开始做蹬摆动作。摆动腿在蹬的基础上向前上方摆，起跳腿在摆的同时快速蹬伸髋、膝、踝关节。摆动腿可落在适当的台阶上。

练习 4：两步助跑起跳练习。两腿前后站立。起跳腿在前，摆动腿向前跑出第一步落地后，积极后蹬推动髋部迅速前移，起跳腿积极放脚起跳。同时，摆动腿积极前上摆，落地时摆动腿先着地。

练习5：短、中距离的助跑成腾空步练习。丈量步点，采用走步丈量法。先确定助跑步数，然后根据助跑步数确定走的步数。走的步数一般为跑的步数乘2减2。例如：8步助跑的步数确定：$8\times2-2=14$（走步）。助跑要做到“三高”：高重心、高频率、高速度。起跳要强调一个“快”字。

练习6：利用俯角跳板或斜坡跑道的短、中程助跑起跳腾空步练习。

练习7：中程助跑起跳和腾空落地的结合练习。

练习8：全程助跑完整技术练习。在高速助跑的情况下，掌握好快速起跳。助跑步点要准确，空中动作要协调用力，落地要充分。每次练习时发现有错误动作应及时纠正。

三、易犯错误与纠正方法

（一）助跑步点不准

纠正方法：（1）固定助跑的开始姿势，正确使用助跑标志。（2）反复跑步点，在快跑中固定助跑的动作幅度、步频和节奏。（3）在不同的气候和场地练习助跑，培养适应各种环境的能力。

（二）“制动式”起跳

纠正方法：（1）强调起跳前保持跑的动作结构和起跳腿着地时的“扒地”动作。（2）强调在快速跑过跳板的情况下起跳。（3）在俯角斜板上进行跳远练习，做低平腾空轨迹的跳远练习。

第七节　三级跳远

一、技术要领

第一跳要尽可能做到平稳和放松，保持良好的向前冲力，控制好身体平衡，落地放脚有积极的“扒地”动作。起跳腿蹬离地面时，做好双臂的制动动作。第二跳起跳离地后，完成“跨步”飞行自然腾空，一直延续到腾空的2/3处，后1/3为下次起跳作准备。第三跳用蹲踞式或挺身式跳远腾空和落地技术。

二、练习方法

练习1：连续跨步跳练习。在整个跨步跳过程中，应做到动作幅度大而自然，持续时间较长。在腾空中段的1/3处可稍团身，以便在最后1/3处接着前摆和强有力地“扒地”和起跳。

练习2：短距离助跑单足跳练习。4~6步助跑起跳后，腾空中两腿换步，以起跳腿落入沙坑后继续跑进。重点体会空中换步时机和幅度。

练习3：连续单足3~5级跳练习。控制好蹬地方向、跳跃的节奏和“扒地”落地，同时两臂要协调配合。

练习4：连续做三步助跑起跳—单脚跳—腾空步动作。

练习5：六步助跑三级跳远练习。助跑六步，在起跳板上起跳做单脚跳——跨步跳——跳跃动作。第一跳“平”，第二跳“远”，第三跳“高”。初学者应掌握好三跳的比例：一般为第一跳35%，第二跳30%，第三跳35%。

练习6：全程助跑完整三级跳练习，助跑采用16～18步助跑距离。助跑要快速、有节奏、准确。

助跑起跳快速、有力，摆动协调、快速、有力。三跳的起跳要牢固树立摆腿起跳的概念，手臂和摆腿动作积极有力。

三、易犯错误与纠正方法

（一）跨步跳时后坐

纠正方法：加强力量练习，用跨步姿势越过某种高物或路上高物做起跳练习。

（二）第一跳腾空时过早地交换腿

纠正方法：起跳保持适宜的腾空步后做交换动作。

（三）第二跳距离过短

纠正方法：加强腿部力量练习，控制第一跳的距离，衔接好第二跳。

第八节　跳　　高

一、技术要领

助跑要积极加速、步点准、有弹性、节奏好。后段弧线助跑保持身体向内倾斜。过杆时形成较大背弓，充分利用身体重心腾起的高度和身体各环节之间的补偿作用。技术动作由助跑、起跳、过杆、落地组成。动作姿势分为跨越式、俯卧式、背越式。重点是助跑、起跳的结合，过杆动作（图6-8-1、图6-8-2）。

图6-8-1

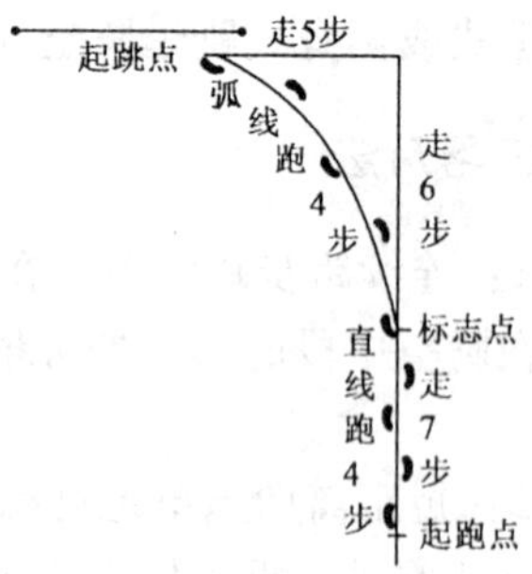

图6-8-2

二、练习方法

练习1：利用跳箱仰卧做背弓成“桥”练习。

练习 2：在垫子上原地站立，后倒背弓练习。

练习 3：利用木马做背弓练习。背靠木马站立，然后腹部放松，肩后倒挺髋，成背弓仰卧在木马上，小腿自然下垂。

练习 4：原地双腿跳起做后倒背弓练习。背对海绵包站立，然后双脚跳起，肩后倒挺髋，成背弓仰卧落在垫子上，先不要抬大腿，保持小腿自然下垂姿势。

练习 5：原地双脚跳起做背弓过杆练习。背对海绵包站立，背后放一低横杆，屈膝半蹲，两臂在体侧后下方，两臂上摆，提肩提腰，两腿蹬伸跳起，肩后倒挺髋成背弓，小腿自然下垂。下落时，提大腿，甩直小腿。过杆后，以肩背落在海绵包上。

练习 6：确定助跑步点，全程助跑起跳练习。

练习 7：4 步弧线助跑起跳成背弓练习。助跑起跳后，成背弓姿势，落在高于臀部的海绵垫上，小腿放松自然下垂。强调倒肩、放摆动腿的时机。

练习 8：弧线助跑 2 ~4 步起跳背越式跳高练习。要求倒数第二步上体保持内倾。起跳脚着地，身体快速跟上，摆动腿迅速超过起跳腿，起跳积极有力。腾起后，肩部积极向上一向后一向下运动。髋上挺，在杆上形成较大的背弓。臀部过杆后，举腿上甩小腿，以肩背部落在垫子上。

练习 9：4 ~6 步助跑起跳过杆练习。

练习 10：逐渐升高横杆高度的全程助跑背越式跳高完整技术练习。

三、易犯错误与纠正方法

（一）助跑最后两步减速

纠正方法：（1）适当降低前段助跑速度，强调后 4 步助跑节奏。（2）沿不同半径弧线进行加速跑练习。（3）弧线助跑结合起跳练习。

（二）起跳时身体过早倒向横杆

纠正方法；（1）明确弧线助跑结合起跳技术要领。（2）肋木或墙前做上步起跳模仿练习，体会起跳时的肌肉用力感觉。（3）沿弧线助跑起跳，用手、头、摆动腿、膝触高吊物练习，要求充分跳起后落在一定区域内。（4）沿弧线助跑起跳后，落在较高的海绵垫上。（5）在跳高区内做沿弧线助跑起跳练习。要求两脚踏在画好的助跑弧线上，身体向内倾斜保持到起跳脚着地。

（三）过杆时形不成背弓动作

纠正方法：（1）原地后倒成背弓仰卧在垫子上，保持背弓动作。体会身体各部位的相对位置关系和肌肉用力的感觉。（2）2 ~4 步助跑起跳后，下放摆动腿。（3）2 ~4 步助跑起跳手触高吊物练习。（4）助跑起跳后成背弓姿势，落在较高的海绵垫上。

（四）身体斜交叉过杆，不能形成背对横杆

纠正方法：（1）摆腿练习。屈膝内扣，向异侧肩摆动，体会髋、腰、肩与摆腿协调配合。（2）做放脚着地、重心和摆动腿迅速跟上、蹬伸起跳与摆动腿屈膝扣摆相配合的分解模仿练习。（3）助跑起跳练习。最后两步落在弧线上，起跳离地时身体垂直于地面，提肩、拔腰、顶头，充分伸展，离地后自然转向背对横杆。

第九节 推 铅 球

一、技术要领

滑步时身体要平稳，腿部动作以摆带蹬，以压促收，低滑快落，与最后用力紧密衔接。推铅球是在直径为2.135米的投掷圈内，将铅球推在40°角的扇形区之内。推铅球技术有侧向推铅球、背向推铅球、旋转推铅球。推铅球技术由五个方面组成：持球、预备姿势、滑步、最后用力、维持身体平衡。重点是滑步和最后用力技术(图6-9-1、图6-9-2、图6-9-3)。

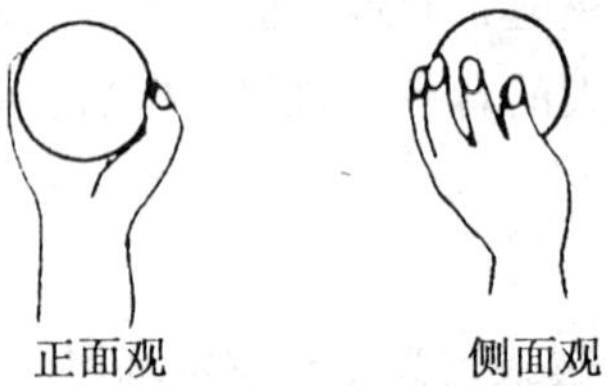

图6-9-1

图6-9-2

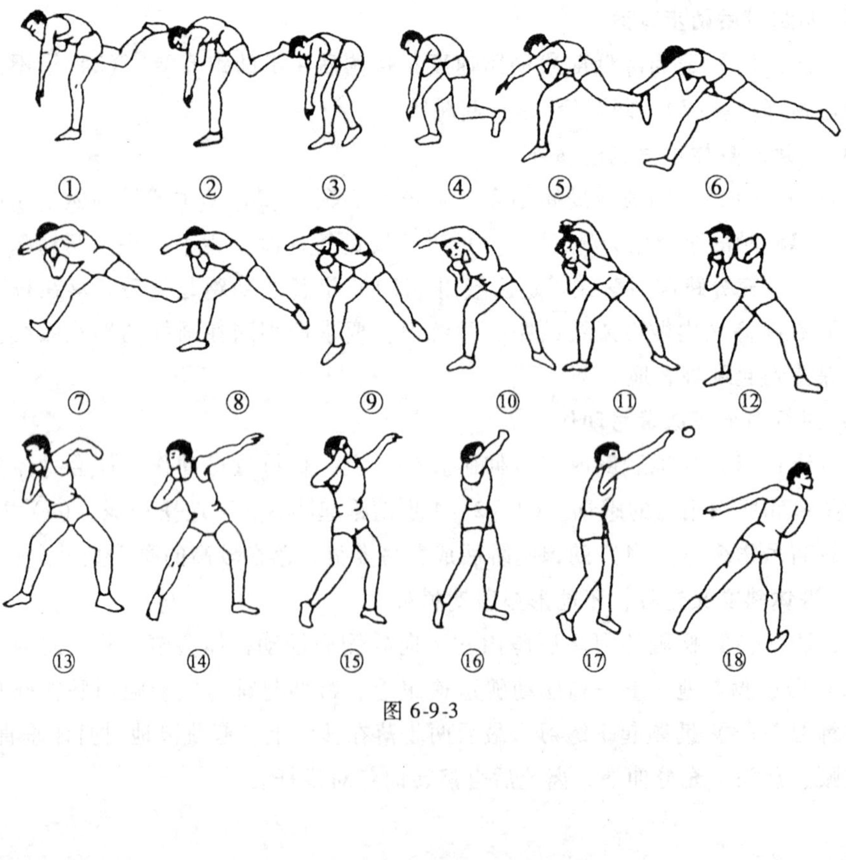

图6-9-3

二、练习方法

练习 1：向下方推球。两脚左、右开立稍宽于肩，上体微前倾，左手托球，右手抵球，持球于胸前，而后挺胸、伸臂推球，上体随之下压，掌心向外。

练习 2：向前下方推球。两脚前后自然开立，上体直立，右手握持好球（也可用左手托扶住球），然后上体右转，挺胸、转肩、伸臂拨球，将球向前下方推出。

练习 3：徒手模仿出手动作。两腿前后开立，右臂模仿持球动作，两膝微屈，重心移至后腿，在后腿用力蹬伸并将重心移向前腿的同时，做转髋、转体、送肩、伸臂、拨腕的最后用力动作。完成动作后应稍停顿，以体会出手瞬间的肌肉感觉。

练习 4：原地正面推轻铅球。两脚前后开立，面对投掷方向握持好球。左脚在前，脚尖内扣约 30°，右脚在后，膝微屈。左臂前伸内旋，肩稍有转，含胸，做向前上方挺胸、送肩、伸臂、拨球动作，以体会下肢蹬伸发力和左侧支撑与右侧转体顶肩动作的用力配合。

练习 5：原地侧向推球。侧向推预备姿势站立，身体预摆 1～2 次后，接着做蹬伸起体、转体送肩、伸臂拨球动作，将球推出。

练习 6：原地背向推球。背向推铅球预备姿势站立，完成推球动作。技术要点同练习 5。

练习 7：蹬摆配合练习。

练习 8：预摆团身练习。练习时，左脚放松，以大腿带动小腿向后上方摆动 1～2 次后，左腿回摆并靠近右腿，此时，右腿屈膝下蹲成弓背团身姿势。

练习 9：背对投掷方向站立滑步练习。

练习 10：滑步对墙推实心球。滑步与最后用力动作要连贯，左腿支撑要积极、稳固。

练习 11：背向滑步轻推铅球。

练习 12：圈内背向滑步推铅球。动作幅度要大、协调、连贯、快速，用力充分。

三、易犯错误与纠正方法

（一）推铅球时臂用力过早，下肢和腰背肌群的力量发挥不充分

纠正方法：（1）明确最后用力时髋部发力和自下而上的用力顺序。（2）由教师或同伴顶住练习者右手掌，做原地最后用力的双人对抗模仿练习，体会用力顺序。（3）原地对墙推实心球，强调积极蹬伸、抬体、转体、挺胸以及左侧支撑。

（二）最后用力时左肩侧倒或后转

纠正方法：（1）做出手结束动作模仿练习。（2）原地侧向或背向对墙推实心球。要求重心移向左腿，左侧积极有力支撑。（3）由同伴顶住持球人异侧肩，帮助制动，做推球或推球模仿练习。

（三）滑步中未做出超越器械动作

纠正方法：（1）两脚前后大开立，上体前倾稍右转，下体不动，只做收右腿内扣膝、脚尖收至臀下落地动作。(2)左手握肋木或同伴的手做滑步练习。要求右腿积极蹬伸并内收,两脚快速落地。

（四）滑步后停顿，与最后用力动作脱节

纠正方法：（1）侧向或背向徒手滑步结合蹬伸抬体练习。强调低滑快落。（2）采用较高姿势、较小幅度，持轻器械进行滑步推铅球练习。要求动作连贯，并逐步过渡到低重

心、大幅度和标准场地、器材的完整技术练习。

第十节 掷 标 枪

标枪原为古代的一种捕猎工具和武器，作为比赛项目最早出现在古希腊奥运会上，但当时的标枪，其形状、重量与投掷方法都不同于现在。1908 年第 4 届奥运会时，对标枪的规格与投掷技术做了统一的规定，逐渐形成了现代的掷标枪技术。男子标枪的第一个世界纪录是 62. 32 米，由瑞典人创造，至 2005 年提高到 98. 48 米。女子标枪于 1932 年被列入奥运会项目，现已从第一个世界纪录 43. 68 米，提高到了 80 米。掷标枪技术是由握枪和持枪、持枪助跑、最后用力与缓冲三个部分组成的。

一、技术要领

助跑逐渐加速。投掷步第一、二步完成引枪；第三步下肢积极向前，形成大幅度地超越器械动作；第四步积极落地支撑，控制好标枪的角度与指向，沿标枪纵轴快速有力地“鞭打式”投枪；第五步缓冲维持身体平衡，避免犯规。

二、练习方法

练习 1：原地正面持枪，两脚前后开立，举枪于肩后，枪尖略低于枪尾，重心在右腿，做蹬伸右腿、挺胸挥臂“鞭打”出枪动作。要求枪出手后，落在正前方地面上。

练习 2：原地侧向持枪，侧对投掷方向成原地引枪姿势，然后做提踵、顶膝送髋、抬臂翻肘成“满弓”、挺胸、挥臂“鞭打”投枪动作。主要体会用力顺序和强调主动地左侧蹬撑用力与挺胸、转肩沿标枪纵轴用力。

练习 3：徒手或持枪连续交叉步练习。

练习 4：预备姿势同练习 3，然后做交叉步成最后用力前的预备姿势，注意三、四步的节奏性，交叉步要转肩不转髋，身体和持枪臂平稳并控制好枪的位置与指向。下肢积极向前完成超越器械动作。

练习 5：交叉步掷枪，侧对投掷方向成原地引枪姿势，向前做交叉步结合最后用力掷枪练习。强调左脚主动快落和右脚落地后积极地屈蹬送髋，使交叉步与最后用力动作紧密衔接。

练习 6：慢跑投掷步掷枪，持枪助跑 4 ~ 6 步后接做投掷步轻投枪动作。强调投掷步节奏清楚，身体平稳加速，动作协调连贯，左侧支撑积极有力，沿标枪纵轴用力。

练习 7：投掷标枪完整技术练习，注意完整技术动作的紧密衔接。强调最后用力幅度大、速度快，沿标枪纵轴用力。

三、易犯错误与纠正方法

（一）投掷步阶段减速，助跑与最后用力衔接不连贯

纠正方法：（1）适当调整预跑阶段的跑速。（2）采用短助跑引枪结合交叉步练习，教师用语言或击掌信号，帮助学生形成正确的四步节奏。（3）交叉步掷枪练习，强调交叉步后积极发力意识。

(二)最后用力掷枪时，力量不能通过标枪纵轴

纠正方法：(1) 反复做引枪交叉步练习，提高控制标枪的能力。(2) 利用橡皮带或持枪做交叉步成“满弓”的动作练习。

第十一节 掷 铁 饼

一、技术要领

开始旋转要低重心、大幅度。旋转过程中重心要平稳，不断加速，边旋转边向前。当右脚摆向圆心着地、右腿单腿支撑时，要不停顿地继续旋转。左膝外展靠近右膝沿小弧度迅速摆向中心线左侧落地支撑，形成大幅度地超越器械动作。在旋转至侧对投掷方向时，右脚应转变为以蹬伸为主，并边蹬伸边转向前。当重心移向左腿的同时，要抬头挺胸，左侧用力蹬撑，肩轴迅速超越髋轴，快速挥臂“鞭打”出饼。掷铁饼比赛在直径2.5米的投掷圈内进行。掷铁饼技术可分为握饼、预备姿势和预摆、旋转、最后用力和维持平衡四部分。掷铁饼时，在投掷圈内，通过上述一系列动作将铁饼掷出并落于40°角的扇形投掷区内。

二、练习方法

练习1：直臂前后自然摆饼，左上右后摆饼，“8”字摆饼，身前身后摆饼。

练习2：竖直向上抛饼，竖直地滚饼。

练习3：正面转肩挥臂练习。面对投掷方向，两脚左右开立稍宽于肩站立，两臂抬起，肩稍右转，两膝微屈，然后，两腿蹬伸，向前转肩挥臂。

练习4：右手拉住约与肩同高的肋木或木桩等物，做两腿转蹬用力练习。

练习5：正面原地掷饼。面对投掷方向，两脚左右开立稍宽于肩，右手持饼做左上右后预摆动作，当铁饼摆至右后方时，上体右转扭紧，两膝微屈，然后两腿蹬转、转髋、转肩、挥臂“鞭打”。

练习6：原地侧向（背向）投掷铁饼。侧向站立，预摆至预备姿势，在左侧制动支撑配合下，右腿积极蹬转送髋，使重心移向左腿，同时挺胸、转肩、挥臂、将饼掷出。

练习7：迈步转体，正面站立，右腿直线前迈，以脚前掌落地屈膝向内扣旋转，左腿屈膝靠近右腿以最短途径摆向直线左侧着地，头要正，身体垂直或稍前倾，右手远远留在右后方。

练习8：跨步转体。正面站立，左脚在前，先左蹬右摆前跨，使右脚落地时屈膝内转，然后左脚沿最短途径前摆落成原地投掷预备姿势。连续做。

练习9：正面旋转投掷。正对投掷方向，两脚前后开立（左脚在前），右手持饼或辅助器材，臂稍抬起约与肩高，先前移重心，然后左蹬右摆做跨步转体接原地侧向投掷动作。要求跨步转体与最后用力紧密衔接。

练习10：侧向旋转投掷，侧对投掷方向，两脚左右开立稍宽于肩，预摆后身体重心由右腿移向弯屈的左腿，此时左膝、左脚外旋，以左侧为轴旋转90°，两腿蹬摆前跨转体接原地侧向投掷最后用力动作。

练习 11：背向旋转投掷模仿练习。

练习 12：投掷圈内背向旋转投掷铁饼完整技术练习。要求整个投掷过程重心平稳、节奏清楚、动作连贯、不断加速、动作幅度大、速度快。

三、易犯错误与纠正方法

（一）预摆时不能将饼摆至水平或掉饼

纠正方法：（1）放松肩臂，多做熟悉铁饼性能的练习。（2）持饼做蹬转腿、扭转躯干移动身体重心、带动投掷臂摆动的练习。

（二）最后用力时，左肩后转或侧倒

纠正方法：（1）明确左侧支撑动作要领，多做重心由右腿移到左腿时左侧制动蹬撑模仿练习。（2）多做抬头挺胸转肩与左侧制动支撑配合练习。

（三）旋转结束时，不能形成大幅度超越器械动作

纠正方法：（1）明确超越器械技术要领。（2）多做上步转体练习，明确并体会左腿前摆路线，强化快摆落地意识。（3）身体右侧靠近肋木，做上步转体练习。要求结束动作髋向前转送，肩轴与肋木平行。

（四）旋转与最后用力衔接不好

纠正方法：（1）左腿单腿支撑旋转“换步式”过渡到右腿支撑旋转练习，要求右腿前摆不要离地过高。（2）侧向、背向徒手或持辅助器械，当旋转至面对投掷方向时，做上步转体接最后用力动作模仿练习。

第十二节　田径运动基本竞赛规则

一、径赛项目的有关规则

（1）参加径赛项目的比赛，运动员必须按时到赛前控制中心检录。凡服装、号码、钉鞋及随身携带的旅行包等物品不符合要求者，不允许其入场比赛。凡点名不到者，取消其比赛资格。

（2）400 米及 400 米以下的项目（包括 4×400 米接力的第一、二棒，4×100 米接力的第一、二、三棒）和 800 米跑，均为分道跑和部分分道跑，道次由大会抽签决定。比赛中运动员应自始至终在各自的分道内跑。跑出自己的跑道，而从中获得实际利益或阻挡、撞别人则应取消其比赛成绩。

（3）400 米及 400 米以下的项目（包括 4×400 米、4×100 米接力的第一棒）运动员必须采用蹲踞式起跑，并使用起跑器。起跑时，运动员必须完全在自己的分道内和起跑线后做好准备姿势，双手和一个膝盖必须触地，双脚必须接触起跑器。起跑的口令为“各就位”、“预备”、鸣枪。

（4）400 米以上的项目，运动员不得使用起跑器，应采用站立式起跑。起跑的口令为“各就位”、鸣枪。站立式起跑时，双脚必须与地面接触。由分道跑转入不分道跑时，必须跑过抢道标志后，方可切入里道。

（5）接力跑比赛，运动员必须手持接力棒跑完全程，如发生掉棒，必须由掉棒运动

员拾起。在所有接力赛跑中，必须在接力区内传送接力棒。传棒后离开跑道时，不得影响他人跑进，不得通过推动或接受其他方式的助力，否则，均应取消其比赛资格。

（6）4×400 米接力比赛时，第三、四棒运动员接棒顺序的排列（由里向外），是以前棒运动员到达 200 米起点处的先后顺序为准。顺序排定后，不得变更。

（7）跨栏跑比赛，运动员在过栏时，脚或腿不得低于栏顶的水平面，不准跨越他人的栏架，也不准有意地用手推倒或用脚踢倒栏架。

（8）障碍跑比赛，运动员必须越过或涉过水面。不得踏上水池两边中的任一边，或在过栏时其脚或腿低于栏架顶端水平面，违者，均应取消其录取资格。

（9）400 米以上的项目比赛时，凡有任何形式的伴跑、听取非大会指定人员的报时、借故缩短比赛距离者，均应给予警告或取消比赛资格和录取资格的处罚。

（10）任何径赛项目，如参加人数较多,可先举行分组预、次赛或复赛。分道跑的径赛项目,最后选 8 人进行决赛。在弯道上起跑的（即 1 000 米以上的项目）,运动员超过 12 人时,同时在两条起跑线上起跑,65% 的运动员在常规起跑线上起跑,起跑后切入第 1 道;35% 的运动员在外侧一半跑道起跑线处起跑,跑过抢道标志线后方可切入第一道。

（11）径赛项目均按决赛成绩的优劣判定比赛名次，计取径赛成绩的方法是，从看到发令枪烟或闪光时开动秒表，到运动员躯干（包括头、颈、手、臂、腿、脚）到达终点线后沿的垂直面时停表。

二、田赛项目的有关规则

（一）田赛项目的比赛通则

（1）检录。田赛项目的比赛，检录工作由田赛裁判员负责。运动员的服装、号码、钉鞋等不符合规定者，不允许其入场比赛。检录不到者，取消其比赛资格。

（2）及格赛。如参加比赛的人数过多，可先举行及格赛。及格赛的成绩不作为正式比赛的成绩，但打破纪录，符合规则要求的，予以承认。及格赛的标准由大会决定，并事先公布。高度项目的及格赛，每一个高度允许试跳 3 次；远度项目，每人只许试跳或试掷 3 次。一旦达到及格标准，即不用继续参加及格赛。

（3）田赛项目的正式比赛，运动员试跳、试掷的顺序，由大会抽签排定。参加的人数超过 8 人，每人可先试掷或试跳 3 次，成绩较好的前八名与第八名成绩相等的运动员再试跳或试掷 3 次。试跳、试掷顺序以 8 名中成绩从差到好的顺序进行。若参加比赛的人数只有 8 名或不足 8 名，则每人均可试跳或试掷 6 次。

（4）无故延误比赛时间。比赛时，运动员若无故延误比赛时间超过时限的即按该轮次试跳失败论，如再次无故延误，即取消其比赛资格，但以前的成绩仍然有效。其时限为撑杆跳高 1 分 30 秒，其他项目为 1 分钟。

（5）兼项请假。田赛项目轮次：高度项目，以一个高度为一轮次；远度项目以所有运动员按顺序试跳或试掷一次为一轮次。遇兼项请假，运动员可以不按顺序试跳或试掷一次，但不得将应试跳或试掷的次数连续试跳或试掷完。回来后也不得补试已错过的比赛轮次。如未错过轮次，则可将本轮次中剩余的次数试跳或试掷完。

（6）判定名次与成绩相等。远度项目是以六次试跳或试掷最好的一次成绩，高度项目是以最后跳过的高度，全能项目是以各个单项得分总和判定名次，成绩好的名次列前。

若出现成绩相等时，远度项目应以次优成绩为准判定名次，若再相等，则以第三较优成绩判定名次，以此类推。高度项目则以在出现成绩相等的高度上试跳次数较少的名次列前，若仍相等，则以全赛中试跳失败次数（包括最后跳过的高度在内的全赛中失败次数）最少运动员列前。全能项目则以单项得分最多的项目较多者名次列前，如仍相等，则以任何一个单项得分最多者名次列前。团体总分以破世界纪录、亚洲纪录、全国纪录项次多者名次列前，若再相等，则以第一名多者列前，若再相等，则以第二名多者列前，依此类推。

田赛项目比赛的第一名不能并列。按上述办法不能判定名次时，则进行决定名次赛，远度项目，成绩相等的运动员，按原比赛顺序进行新的一轮试跳或试掷，直到决出名次为止。高度项目，涉及第一名的运动员在成绩相等的共同失败高度中的最低高度上（在免跳情况下），每人再试跳一次，如仍然不能判定，则降低或升高一个高度（跳高 2 厘米，撑杆跳高 5 厘米）试跳，每个高度试跳一次，直到决出名次为止。每次决定名次的试跳，有关运动员必须参加，不能免跳，其他名次可以并列。

（二）田赛各单项比赛规则

（1）跳高。必须单脚起跳。试跳中碰落横杆或在越过横杆之前，身体任何部位触及立柱之间，横杆延长线垂直面以外的地面或落地区，则判为试跳失败。在只剩下一名运动员或出现第一名成绩相等之前，每轮横杆升高不得少于 2 厘米。运动员可在规定的任何一个高度上开始起跳，也可在以后任何一个高度上免跳，在任何高度上连续三次试跳失败，即失去继续比赛的资格。在某一高度上已请求免跳，则不准再在该高度上恢复试跳。每次升高横杆之后，在运动员试跳之前，均应丈量高度。丈量时，须使木尺与地面垂直，从地面至横杆上沿的最低处计算高度，以 1 厘米为最小丈量单位，不足 1 厘米不计。凡涉及纪录情况，当横杆放置纪录的高度时，裁判员必须审核丈量。自从上次丈量后，如横杆曾被触及，裁判员在每次试跳结束后继续试跳之前，必须再次审核丈量。即使其他运动员均已失败，一名运动员仍有资格继续试跳，直到其放弃继续比赛的权利。助跑道的长度不得短于 15 米，助跑道和起跳区朝横杆中心的倾斜度不得超过 1∶250。起跳区必须平坦。

（2）跳远。必须在起跳板及其后面起跳。出现下列情况之一者，均被判为试跳失败，即：在未做起跳的助跳中或在跳跃动作中，运动员以身体任何部位触及起跳线以外地面者；从起跳板两端之外，不论是起跳线延伸线的前面还是后面起跳者；在落地过程中触及落地区外地面，而区外触点较区内最近触点离起跳线近者；完成试跳后，向后走出落地区者；采用任何空翻姿势者。试跳成绩应从运动员身体任何部位着地的最近点至起跳线或起跳线的延长线直角丈量。每名运动员应以最好的一次试跳成绩作为其最后的决定成绩。助跑道长不得长于 40 米，宽度最小为 1.22 米，最大为 1.25 米；助跑道的左右倾斜度不超过 1∶100，跑进方向总的倾斜度不超过 1∶1 000。

（3）铅球。运动员试掷顺序由大会抽签决定。运动员超过 8 人，应允许每人试掷 3 次，前 8 名运动员可再掷 3 次，倘若第八名成绩相等，则成绩相等的运动员（或当运动员少于 8 名时），每人均可试掷 6 次。在比赛前，每名运动员在裁判员监督下最多能练习试掷两次。练习试掷的顺序应按抽签的顺序进行。比赛一旦开始，运动员无论持器械与否，均不得使用投掷圈落地区内地面练习试掷，也不能持器械练习。铅球应从圈内推出，运动员必须从静止姿势开始进行试掷。允许运动员触及铁圈和抵趾板的内侧。铅球应从肩部用单手推出。当运动员进入圈内开始试掷时，铅球应抵住或靠近下颌，在推球过程中持球手不得降到此部位以下。铅球不得置于肩轴线后方。不允许使用任何装置对运动员在投掷时进行任何帮助，例如使用带子将两个或更多的手指捆在一起。除了开放性损伤需要包扎外，不得在手上使用绷带或胶布；不允许使用手套。为了防止脊柱受伤，运动员可系一条皮带或其他合适材料制成的带子。运动员不得在圈内或鞋底喷洒任何物质。运动员进圈并开始投掷后，若身体的任何部位触及圈外地面，或触及铁圈和抵趾板上面，或不符合规定方式将铅球推出，均为一次试掷失败，不计成绩。器械落地点必须完全落在落地区角度线内沿以内试掷方为有效。每次试掷后应立即进行丈量，从铅球着地点的最近点与圆心之间的直线量至投掷圈内沿。每一名运动员应以其最好的一次试掷成绩为其最后的决定成绩。

（4）标枪。试掷时，手应握在标枪的把手处，从肩部或投掷臂上方掷出，不得在体侧用抛或甩的方法投出，不得采用非传统姿势。投掷时，在标枪出手前，身体不得完全转向背对投掷弧。在比赛中不得使用任何有助于投掷的装置。在开始试掷后，身体任何部位触及投掷弧、助跑道边界线和助跑道以外的地区，均应判为一次试掷失败。如果违反上述规定，可中止已开始的试掷，放下器械，离开助跑道。标枪的金属尖先于其他部位触地，并留下可见痕迹，枪尖必须完全落在落地区角度线内沿以内，试掷方为有效。标枪掷出后，方可离开助跑道，离开时，首先接触的助跑道两侧平行线或线外地面，必须完全在投掷弧及两端延长线后面。如标枪在投掷时或在空中折断，或因此失去平衡而犯规，均不应判为一次试掷失败。丈量成绩时，应从标枪枪尖所留下痕迹的最近点至投掷弧的圆心的直线上，量至投掷弧内沿。

第七章　篮　　球

第一节　篮球运动概述

篮球运动于1891年由美国马萨诸塞州斯普林菲尔德市基督教青年会训练学校体育教师詹姆斯·奈·史密斯博士借鉴其他球类运动项目设计发明的。起初，他将两只竹篮钉在健身房内看台的栏杆上，竹篮上沿离地面稍高于10英尺，约3.05米，用足球作比赛工具，任何一方在获球后，利用传递、运拍将球向篮内投掷，投球入篮得一分，按得分多少决定比赛胜负。1892年，奈·史密斯制定了《青年会篮球规则》13条，比赛时间规定为上、下半时各15分钟；对场地大小也做了规定；上场人数由每队9人、7人，到1893年决定为5人。随着篮球运动在美国国内的推广和开展，场地、器材也不断改进，逐渐形成近似现代的篮板、篮圈和篮网。

由于篮球运动是一项室内、富有吸引力的新颖的运动项目，不仅在美国国内得到很快的发展，而且也相继传播到欧、亚、南美洲等一些国家。1904年，美国青年会男子篮球队在第三届奥运会上进行了表演赛。此后，篮球运动逐步在各大洲开展起来。1932年在瑞士日内瓦成立了国际业余篮球联合会，并正式出版了第一本国际篮球规则。1936年第十一届奥运会将男子篮球列入正式比赛项目，篮球运动登上了国际竞技运动舞台，成为一项世界性的运动项目。

20世纪30年代国际业余篮球联合会的建立、比赛规则的初步统一，以及男子篮球列入奥运会竞赛项目，篮球运动进入现代新起点。

20世纪40年代末50年代初，世界男、女篮球锦标赛赛制先后建立，美国NBA职业篮球联赛开始。70年代中期，女子篮球运动列入1976年第21届奥运会竞赛项目，篮球运动开始世界性的大普及、大发展。竞技水平通过自身的演进实践（规则完善）和现代科学技术的渗透影响，得到了很大的提高。

20世纪80年代，随着篮球运动发展进程中高度与速度的增加，技术、战术的进一步创新发展，个人攻防能力的增强和对抗性加剧，促使比赛场地扩大（长28米、宽15米）和远投3分球的确立，现代篮球运动迅速向科学化、国际化、大众化、社会化、整体化、综合化、个性化、技艺化、产业化道路迈进，显示出现代篮球竞技运动发展的新趋势。

20世纪90年代初美国NBA职业篮球运动员组成的“梦之队”进入在西班牙举行的第25届奥运会，进一步增强了现代篮球运动文化艺术、科技含量的氛围和职业化带来的商业化、产业化气息，从某种意义上促进了21世纪新时代篮球运动发展的新观念、新理论、新技术、新战术的形成。

第二节 篮球基本技术与练习方法

一、移动

移动是队员在比赛中改变位置、速度、方向和争取高度时所采用的各种脚步动作的统称。

(一) 基本技术

1. 起动

起动是队员在场上由静止状态变为跑动状态的一种脚步动作。突然快速起动在比赛中运用最多，是摆脱对方最简单、最有效的方法。起动时，前脚掌要短促而迅速地用力蹬地，使动作具有突然性。起动的前几步要小而快速，同时上体迅速前倾或侧转，向跑动方向转移重心，手臂协调摆动，能在最短的距离内充分发挥速度或以起动超越对方。

2. 变向跑

变向跑是队员在跑动中突然改变方向并加快速度来摆脱防守的一种方法。变向时，上体稍向前倾，同时右（左）脚前脚掌内侧用力蹬地，随之腰部扭转，上体向左（右）前倾，移动重心，左（右）脚向左（右）前方跨出一小步后，右（左）脚迅速同左（右）腿的侧前方跨出一大步，继续跑动。

3. 侧身跑

比赛时，队员在跑动中为了更好地摆脱或超越对手，同时观察场上变化接应队员，经常采用侧身跑。侧身跑时，头部和上体放松地向球的方向扭转，同时侧肩，脚尖朝着跑的方向，既要注意观察场上情况，又要保持奔跑速度。

4. 急停

跨步急停：队员快速跑动到最后两步时，先向前迈出一步，用脚后跟着地并过渡到全脚掌抵住地面，迅速屈膝，同时身体稍向后仰，转移重心，减缓向前的冲力。第二步着地时，身体侧转，脚尖稍向内转，用前脚掌内侧蹬地，两膝弯屈，重心落在两脚之间。

跳步急停：队员在近距离慢跑中，用单脚或双脚起跳（离地不高），上体稍后仰，两脚同时落地。落地时用前脚掌内侧着地，两膝弯屈，下降重心，保持身体平衡。

5. 转身

前转身：一脚从中枢脚脚尖前绕过移动为前转身。如向左做前转身时，左脚为中枢脚，右脚前脚掌用力蹬地，同时上体向左转动。

后转身：一脚从中枢脚跟后面绕过移动为后转身。如向右做后转身时，左脚为中枢脚，身体重心移到左脚，右脚前脚掌用力蹬地，同时上体向右转动。

6. 滑步

前滑步：由前后站立姿势开始，向前滑步时，前脚向前跨一小步，与此同时后脚用力蹬地向前滑一步，保持开立姿势。注意屈膝降低重心。

侧滑步：由两脚平行站立姿势开始，向左侧滑步时，左脚向左跨出，落地的同时，右脚蹬地滑动，跟随左脚移动，保持屈膝低重心的姿势。身体不要上下起伏，两脚不要交叉，重心要落在两脚之间。向右侧滑步时动作相反。

7. 后撤步

前脚掌内侧用力蹬地，重心后移，然后将前脚移至后脚的斜后方，紧接前滑步，保持防守位置。

（二）练习方法

（1）基本站立姿势（面向、背向、侧向），听或看信号起动跑的练习。

（2）自抛或别人抛球后，迅速起动快跑，把球接住。

（3）成一路纵队，采用全场“之”字形急停急起。练习时，一队员急停变向后，第二名接上再做，依次进行。

（4）看手势做前、后、侧滑步，后撤步练习，全场“之”字形滑步练习。

（5）两人一组，一攻一守练习。

（6）两人一组，一人运球做各种变向、变速运球，另一人根据对方运球做相应的防守动作。

（三）易犯错误与纠正方法

（1）移动时低头，不注意观察。纠正方法：可采用看教练手势进行移动练习或组织竞赛性练习，以提高观察判断能力。

（2）起动时，上体不能快速前倾，两臂摆动与脚蹬地无力。纠正方法：讲解示范，强调起动蹬地、摆臂的用力方法，采用由原地慢跑变快速碎步跑、追逐跑练习或自抛自接球起动练习等，以提高起动时蹬地的协调配合。

（3）侧身跑时，头和上体未转向有球方向或边跑边回头，脚尖没朝向跑的方向，而形成交叉步跑、滑跳步跑。纠正方法：强调动作要领，正误对比示范，在练习中教练及时提醒“侧身看球”、“脚尖向前”等，还可围绕中圈、罚球圈做侧身跑练习。

（4）急停不稳，重心前移，甚至走步违例。纠正方法：强调动作要领，通过示范建立正确的技术动作概念，可做走动中急停练习，体会急停时脚用力制动的方法，也可做跑动中急停练习，掌握前脚掌用力蹬地，屈膝降低重心，保持身体平衡和全身的协调配合。

（5）转身时，中枢脚用前脚掌做轴旋转，身体上下起伏、重心不稳。纠正方法：练习中强调转身前保持正确的基本站立姿势，可规定中枢脚，要求降低和转移重心保持身体平衡，队员听教练员的口令由慢到快做转身练习。

二、运球

运球是篮球比赛中个人进攻的重要技术，是组织全队进攻战术配合的重要桥梁。运球练习可以提高控制球、支配球的能力。经常做各种运球练习，不仅可以提高运球技术，而且对传接球、投篮等技术都有很大的促进作用。

（一）基本技术

1. 急停急起运球

在防守较紧的情况下，运球向前推进时，可利用急停急起的变化来摆脱对手。

动作方法：在快速运球中，突然急停时，手拍按在球的前上方。运球急起时，要迅速起动拍球的后上方，要注意用身体和腿保护球。

技术要点：运球急停急起时，要停得稳、起得快。

2. 前变向运球

当对手堵截运球路线时，突然向左或向右改变运球方向，摆脱防守的运球方法。

动作方法：以右手为例，运球向右侧前进，遇到对手堵截前进路线时，右手拍球的右上方使球从体前弹向左侧。同时右脚向前跨，上体向左用肩挡住对手，然后换左手按球的后上方，左脚跨出，从对手的右侧继续运球前进。

技术要点：手、脚、肩、身体协调配合。

3. 虚晃运球

在对手堵截运球路线时，不换手的横运球，改变球路线，摆脱防守的运球方法。

动作方法：运球假动作突破是运球队员利用腿部、上体和头部虚晃，佯作运球动作迷惑对手，使其产生错误判断而做出抢球动作。当其一侧露出空隙时，立即运球突破，左晃右过，右晃左过。

技术要点：手按拍球的部位和拉拍球的动作要连贯。

4. 背后运球

这是在运球前进中，当遇到对手堵截一侧时，而且距离较近而无法采用体前变向运球时，所采用的一种运球方式。

动作方法：以右手运球，向左侧变向为例。变向时，右脚在前，右手将球拉到右侧身后。迅速转腕拍接球的右后方，将球从身后拍按至身体的左侧前方，然后用左手运球，左脚向前，加速前进。

技术要点：手拉拍球的右外侧，手、脚、腿及身体协调配合。

5. 转身运球

当对手逼近，不能用直线运球且体前变向运球突破时所采用的一种运球方法。

动作方法：变向时，左脚在前为轴，做后转身。同时，右手将球拉至身体的左侧前方，然后换手运球，加速前进。

技术要点：蹬地、转身，拉引球、拍按球动作协调。

6. 胯下运球

当防守队员迎面堵截时，用这种运球摆脱防守方法。

动作方法：当防守队员迎面堵截，贴得很近时，以右手运球为例。变向时，左脚在前，右手拍按球的右侧上方。将球从两腿之间运至身体左侧然后上右脚，换手运球，加速。

技术要点：拍按球的右侧上方，球从两腿之间穿过，上步、换手要协调。

（二）练习方法

（1）原地运球：听哨音或看手势，做各种运球练习，体会运球动作，增强手感，逐步提高控球能力。

（2）直线运球：分两组或多组，成横队站于端线处。第一组持球行进间高运球至另一端线，返回时换左手运球，然后将球交给下一组，轮流进行。

（3）变向换手运球：身后运球转身，都采用每人一球，从端线的一边行进间“之”字形依次运到另一边。

（4）对抗练习两人一组一球，全场一攻一防，进攻者采用各种运球方法，从一端攻到另一端攻防交换。

(三) 运球易犯错误与纠正方法

(1) 运球时低头，不能观察场上情况，易失去进攻机会。纠正方法：可采用看固定目标或教练手势进行运球练习。然后可采用甲、乙两人一组，每人一球，甲做各种运球练习，乙观察并跟着甲做各种运球练习。

(2) 运球时，用手打球，而不是用手腕、手指的动作按拍球。纠正方法：教练员讲解并示范运球时是以肩关节为轴，用前臂、手腕、手指力量柔和地随球上、下按拍的动作要领，然后在教练员指导下，队员做原地运球练习，逐步过渡到做行进间运球练习。

(3) 运球时，不能合理地用身体保护球，易被对方打掉。纠正方法：教练员讲解并示范运球时的身体姿势，手臂协调配合方法与防守的位置、距离，使队员看清保护球的重要性。可组织队员做边运球、边打对方球的练习，以提高运球中保护球的能力。

(4) 在变向、变速运球或运球转身时，形成明显翻腕动作，造成两次运球违例现象。纠正方法：教练员向队员示范并分析产生错误的原因主要在于手触球的部位是在球的下方或侧方。可组织队员在慢速练习中体会手触球的部位正确与否所产生的结果，然后逐渐在快速练习中进行。

三、传、接球

传、接球是实现战术组织配合的纽带，它能把5名队员连成一个整体，充分发挥集体力量，体现篮球运动特点。巧妙准确的传球，能打乱对方防御部署，创造更多、更好的投篮机会；若接到传球后直接投篮得分，则这个传球被称为“助攻”。稳定牢靠合理的接球，能弥补传球的不足，从而很好地完成传球、突破、投篮等动作。

(一) 基本技术

1. 持球手法与传出后的手形

手法：根据手的大小，两拇指八字或一字相对，手指展开拿球。手心不应触球。

2. 持球姿势与方法

持球基本姿势是可投、突、传的三威胁姿势。它的动作要领：脚尖正对篮圈，前后开立，曲膝，背要直。躯干要对篮，球放在胸前，抬头看防守及观察场上情况。

3. 传球技术与方法

传球由“动作方法、球的运行路线和球的落点”三者构成，这是评价传球质量的重要指标。

(1) 双手胸前传球

双手胸前传球是一种最基本而又最常用的传球方法。这种传球快速有力，可在不同方向、不同距离中使用，而且便于和突破、投篮等动作相结合。

动作方法：以基本姿势站立，双手持球，向传球方向迅速伸臂、抖腕，同时身体向传球方向移动。初次练习传球时，应向前跨一步以帮助传球。

技术要点：手臂前伸与手腕后屈的协调，伸臂与拨腕指的衔接。

(2) 双手头上传球

双手头上传球出手点高，便于与头上投篮相结合，与突破、运球等技术相结合使用时，增加动作的幅度，所以它适于高大队员使用。

动作方法：传球时应将球举过头顶。使用双手持球，球高过前额，目光集中在传的点上，双手朝向传球的方向，应意识到对手可能会封盖传球。通过抖动指腕将球传出，球就呈直线传到同伴手中。

技术要点：摆臂与拨腕指的衔接。

（3）单手肩上传球

单手肩上传球是最基本的传球方法，而且是经常运用的一种远距离传球方法。

动作方法：由持球基本姿势开始，右手腕向右肩处翻转，到达合适传球位置后，以肘关节为轴，借助下肢蹬转或腰腹转动的力量，顺势带动前臂的挥动。手腕、手指前屈，球通过指端旋转传出。

技术要点：展体挥臂和蹬腿与身体重心前移的协调连贯。

（4）单手体侧传球

这是一种近距离隐蔽传球的方法，外围队员传球给内线同伴时常用这种方法。

动作方法：持球经身体侧后方弧线向外伸展手臂，以肩为轴向前摆臂，当手臂侧伸较充分时，及时扣、拨腕指将球传出。

技术要点：体侧弧线引球，摆臂制动与拨腕指的衔接。

（5）反弹传球

这是最常用的一种近距离隐蔽传球方式，是小个队员对付高大防守者或中锋传给往球篮方向切入的同伴的有效手段。

动作方法：双手掌心向下，置球于胸腹之间。用手指、手腕弹拨球传出。反弹点落于离接球队员三分之一处。反弹高度于腰膝之间。

技术要点：球速快，掌握好击地点。

（6）单手体前侧传球

这是最常用的一种非常隐蔽传球方式，适用于各个位置。

动作方法：以“三威胁”姿势开始，余光观察自己同伴的位置，把握时机。传球时，摆动小臂，当球基本过了前胸时及时压腕、拨指将球传出。

技术要点：摆动小臂与压腕、拨指的连贯。

（7）单手背后传球

当持球者贴近防守者时运用之，一般情况在快攻结束和突破分球时运用。

动作方法：向背后引球时肘稍上抬，上臂带动前臂摆动，当半球位于体后时及时拨腕指将球传出。

技术要点：摆臂与拨腕的时机。

4. 接球

接球就是获得传球的动作。良好的接球技巧能够弥补传球的不足。

无论何种接球，都是由伸臂迎球和缓冲握球等动作组成。接球时，要伸臂迎球，当指端触球的瞬间，手臂要顺势后引，曲肘缓冲来球的惯性后持球。有对手防守时，要先卡位再要球。接球后要随时做“三威胁”攻击姿势，并尽快衔接下一个动作。

（1）接球的手法

①双手接球。两臂先伸出迎球，双手十指自然分开成半球状，手指指端触球瞬间，双臂随球缓冲来球的力量后，自然持球于胸腹之间，保持好“三威胁”的姿势。

②单手接球。五指自然分开成弧形并伸出手臂迎球，手指指端触球的瞬间顺势缓冲控

球。同时，借助另一手的辅助成双手持球的“三威胁”姿势。

（2）接球方法

①原地接球方法。迎、引、成基本姿势：迎：是向来球方向伸臂或上步迎接球。引：即在缓冲过程中将球带到所需部位。成基本姿势：是指下一个进攻动作的开始姿势。由接球点到腹前走一条向后向下的弧线。

②移动接球方法。跨停步接球：靠近来球方向的内侧脚跨步缓冲接球，后腿膝部内扣，斜撑制动。

跳停步接球：收身稍跳起接球，双脚同时落地。

（二）练习方法

（1）原地对墙做各种传、接球。

（2）两人一组做各种传、接球。

（3）迎面传、接球。

（4）行进间两人传、接球：把人数分成相等的两组站在端线后，两人一组传、接球上篮交给对面的另一组做同样的练习，然后排到队尾，交替进行。

（5）行进间三人传、接球：练习方法同上，要求三人传球时，中间队员稍后与左右两名同伴成三角形队形，每次传球必须通过中间队员。

（6）三人“8”字围绕传、接球：传球人始终从接球者身后绕切至前面接球。

（三）主要传、接球技术动作易犯错误和纠正方法

（1）持球手形不正确，掌心触球，传球无力。纠正方法：队员观察教练员正确持球手形，看图片或录像。可采用两人持一球互相推传的练习，使队员体会正确的持球和出手用力方法。

（2）双手持球，两肘外张，传球时形成挤球动作。纠正方法：教练员讲明正确持球手形，分析肘外张多是手指朝上握球，两臂与肩、手腕、手指紧张造成的。练习时，要求队员握球手形正确，上肢各部位肌肉放松。

（3）双手传球时用力不一致，传出的球侧旋。纠正方法：保持正确的基本站立姿势和持球手法。然后两人一组做持球与不持球的传球模仿练习，体会传球动作的连贯性和上下肢的协调配合。再做由慢到快、由近到远的两人传、接球练习，体会两手翻腕、拨指动作。

（4）单手肩上传球时，手指指向衣领部形成推铅球式的传球。纠正方法：先采用徒手模仿练习，体会蹬地、转体、甩臂、扣腕协调动作。然后由近到远练习单手传球，体会和提高传球技术。

（5）接球时手形不正确，手臂未伸向来球方向，无缓冲动作。纠正方法：要求以正确的手形迎球，臂、肘放松，手臂伸向来球方向，接球时顺势后引。二人练习传、接球，掌握接球时机和接球后的缓冲动作。移动中练习接球，提高判断来球方向及速度的能力，加强接球手法与步法的协调配合。

（6）行进间双手胸前传、接球时，手与脚步动作配合不协调，腾空较高，出现交叉步、跳步等。纠正方法：在走动、慢跑中做行进间模仿练习，练习时要求自然跑动。可采用在慢跑中先接、传固定球的练习，再进行跑动中传、接球，体会正确动作，逐渐增加练习。

四、投篮

投篮得分是篮球运动所有技术、战术、技能的最终目的，是篮球比赛中惟一的得分手段。篮球所有的技、战术配合都是为了创造最佳投篮时机，提高命中率，因此投篮是篮球比赛的关键，是攻防对抗的焦点。

（一）基本技术

1. 投篮的身体姿势和持球方法

（1）投篮的身体姿势

两脚开立，与肩同宽或略宽。重心在两脚之间，保持好重心平衡。两个膝关节要保持弯曲，上身要含胸直背，身体不能前后、左右摇动，目视投篮目标。

肘关节的姿势是当投篮手举起时，手应放松地贴住自己的身体。手和球举起后，肘关节适度外展，躯干与上臂，上臂与前臂，前臂与手腕都要形成90°。

（2）持球方法

对于单手投篮，用投篮手的食指尖端接触球的平面中心部位。投篮手的拇指应该展开，与食指呈60°夹角，手指应有“握球”的感觉，手心自然空出。扶球手扶球的一侧，手指全面展开到最大程度。

2. 投篮技术与方法

（1）原地投篮

原地投篮是比赛中应用比较广泛的投篮方法，是行进间单手高手投篮、跳起单手肩上投篮等技术动作的基础。

①单手肩上投篮。动作方法：以投篮姿势，用力蹬地，伸展腰腹，抬肘，手臂上伸、手腕、手指前屈，指端拨球，用中指食指将球投出，手臂向前自然伸直。

技术要点：全身动作协调，用力一致。

②双手胸前投篮。动作方法：双手持球于胸前，肘关节自然下垂（不要外展），上体稍前倾，两膝微屈，身体重心放在两脚之间，目视投篮目标。投篮时，两脚蹬地，腰腹伸展，两臂上伸，两手腕同时外翻，指端拨球，用拇指、食指、中指投出，手自然伸直。

技术要点：掌握好屈膝蹬地、腰腹伸展。手臂上伸与手腕、手指用力动作的连贯、协调。

③勾手投篮。动作方法：以右手为例，降低重心，上体向左倾斜，左脚用力蹬。

技术要点：掌握身体重心，手腕和手指力量的控制。

（2）行进间投篮

行进间投篮是一种被广泛应用的投篮方法。一般在快攻中或切入篮下时运用，也可以在中、近距离运用。

①行进间篮下单手肩上投篮。这是快攻和突破到篮下时常运用的一种投篮方法。比赛中命中率较高。动作方法：以右手为例，在跑动中右脚向前跨出一大步，双手迎前接球，左脚接着上一步，脚跟先着地迅速过渡到前脚掌起跳，同时双手举球，右脚屈膝向上抬配合左脚起跳。当身体到达最高点时，扣腕和手指拨球，柔和地将球投出。

技术要点：接球、起跳、引球、扣腕、拨指配合协调。

②行进间单手低手投篮。这是快速中超越对手后所采用的一种投篮方法。它具有速度

快、伸展的距离远和便于保护球的优点。动作方法：以右手为例。在跑动中右脚向前跨出一大步，双手迎前接球，左脚接着上一步，脚跟先着地迅速过渡到前脚掌起跳，同时双手举球，右脚屈膝向上抬配合左脚起跳。当身体到达最高点时，左手离球，右手托住球的下部，手臂继续向球篮上方伸展，并以手腕为轴，手指向上挑球从食指尖投出。

技术要点：助跑、接球、起跳举球、挑球动作连贯协调。

（3）跳起投篮

跳起投篮，它具有突破性强、出手点高、不易防守、便于与传球、突破和其他假动作相结合的优点。经常与移动、传接球、运球突破等技术动作结合运用。

①原地跳投。动作方法：以投篮姿势，在两脚用力蹬地向上起跳的同时，上体向上伸展，双手举球，当身体接近最高时，右臂抬肘向上伸直，最后用手腕、手指的力量将球投出。落地时，双腿屈膝缓冲，准备下一个动作。

技术要点：利用身体在空中最高点刹那间的稳定迅速出手。全身用力协调一致。

②接球急停跳投。动作方法：在快速移动中接球，用跨步或跳步急停。突然向上起跳，迅速举球，当身体接近最高点时前臂向前上方伸直，手腕前屈，手指拨球，通过指端将球投出。

技术要点：急停时，步子要稳，连接起跳技术，身体腾空和投篮出手协调一致。

③运球急停跳投。动作方法:在快速运球中,用跨步或跳步急停,突然向上起跳,迅速举球。当身体接近最高点时前臂向前上方伸直,手腕前屈,手指拨球,从指端将球投出。

技术要点：急停时，步子要稳，连接起跳技术，身体腾空和投篮出手协调一致。

（二）练习方法

（1）持球模仿投篮练习：成广播体操队形，体会原地或跳起投篮的手法和用力过程。

（2）接球急停跳投练习：两人一组一球，相距5米左右。一人跳起做投篮练习，另一人接球急停后跳起模仿投篮练习。体会动作的衔接过程。

（3）五点定位投篮。三人一个球篮，用一个或两个球，篮下有人捡球，按五点顺序投篮或跳投，每个点投中三个球才能换下一个点，设计中或未中次数。离篮3～4米逐渐放远到5～6米，并逐渐加快速度，依次练习。

（4）罚球投篮练习：持球站在罚球线后，原地或跳起投篮。进一步体会投篮手法，协调用力和投篮出手角度。

（5）在三分线区域内做一分钟投篮练习：一人一球自投自抢，先3米远左右投篮，再把距离拉远投篮练习。

（6）行进间运球投篮练习：把队员分成两组，从中场开始做运球上篮。

（7）行进间全场传接球投篮:三人直线传接球投篮,三人围绕跑动中传接球投篮练习。

（三）易犯错误与纠正方法

（1）持球时，掌心触球，手指没有自然分开，影响手腕、手指用力。纠正方法：教练员反复讲解示范，使队员看清手持球的部位，组织队员对墙或两人相对，做投篮模仿练习和投篮练习，相互纠正动作，体会正确持球方法和用力动作。

（2）持球时，肘关节外展，投篮出手时，球不是向后旋转而是侧转。纠正方法：教练员进行正确示范，并说明投篮时球向侧旋转是持球的手臂肘关节外展，以及持球手形、握球部位不对和球出手的用力顺序不正确造成的。可先做徒手模仿练习，一人一球自投自接练习，两人一球相互投篮，练习时自己与同伴注意观察持球的姿势，手腕、手指用力方法与全身协调配合，然后过渡到投篮练习。

（3）投篮出手角度小，球飞行的弧线低。造成此问题的原因在于，投篮时手臂向前推而没有向上提肘伸臂动作。纠正方法：在投篮练习时，队员面前站一人，并向上举起双臂，迫使投篮队员改变投篮角度和提高投篮的弧线，同时还可以帮助队员克服投篮时向前冲的毛病。

（4）行进间投篮时步法乱，手脚配合不协调。纠正方法：教练员站在篮下适当的位置托球，让队员先走动后跑动，以正确的步法去拿教练员的球投篮。跑动中自抛自接球做行进间投篮练习，以掌握跑动的节奏、步幅和手脚的协调配合。在此基础上，在跑动中接前、侧、侧后方的传球进行投篮练习。

（5）起跳投篮时身体重心不稳，失去平衡，跳起投篮出手晚，在身体下落时球才出手。纠正方法：教练员讲解示范跳投的3个环节，即起跳（垂直向上）、引球上举（空中短暂停顿）、投篮出手。可做原地持球上一步跳投练习，拍一次球上步拿球跳投练习。练习时，可运用语言刺激，如“跳”、“举”、“投”，以建立正确概念和掌握跳投的动作顺序。

五、持球突破

随着篮球技术的发展，各个位置的队员都能熟练地运用持球突破技术。持球突破技术发展主要表现为突然性强、速度快，与其他技术的结合非常紧密。持球突破后的各种运球和投篮更加具有攻击性。与假动作结合，使突破防不胜防。主要有以下几种方法：

（一）基本技术

1. 交叉步持球突破

动作方法：以右脚做中枢脚为例。突破时左脚先向左跨出一小步（假动作），而后，左脚前脚掌内侧用力蹬地，同时上体向左侧转，左肩下压，使身体向右前方跨出，将球引向右侧并运球，中枢脚蹬地上步继续运球超越对手。

技术要点：蹬跨积极，转体探肩保护球。

2. 同侧步持球突破

动作方法：准备姿势和突破前的动作要求与交叉步相同。突破时，右脚向右前方跨出一步，向右转体探肩，重心前移，右手运球，左脚前脚掌迅速蹬地，向右前方跨出，突破防守。

技术要点：蹬跨积极，转体探肩保护球，第二次加速蹬地积极。

3. 前转身突破

动作方法：以左脚做中枢脚为例。突破前的准备动作背向球篮站立，两脚平行开立，屈膝，重心降低，两手持球于胸前。突破时重心移至左脚上，以左脚为轴前转身，右脚向球篮方向跨出，向左压肩，右手运球后左脚蹬地突破对手。

技术要点：移重心，蹬地运球动作连贯。

4. 后转身突破

动作方法：准备动作与前转身相同，突破时以左脚为轴转身，右脚向右侧后方跨步，压肩，脚尖指向侧后方，右手向右脚前方放球，左脚前脚掌内侧迅速蹬地向球篮方向跨出，运球突破防守。

技术要点：重心平稳。右脚向右侧后方跨出，左脚掌内侧蹬地发力。

（二）练习方法

（1）原地模仿练习。

（2）运用假动作：做不同的突破技术练习，提高运用动作的变化能力和动作的变换速度。

（3）半场或全场一对一对抗比赛：两人一组一球，先由一方持球开始进攻，进攻时可以运用交叉步或突破上篮。如突破成功或投篮命中，进攻者继续进攻，反之则交换。

六、个人防守

个人防守技术更具有攻击性。防守者降低重心，增大防守面积，充分利用自己的身体体重与灵活多变的脚步。对有球队员采用平步或斜步的紧逼攻击性防守，对无球队员采用错位防守。做到以球为主，球、人、区三位一体的防守。

（一）防守的基本动作

1. 基本姿势

动作方法：两脚左右分开，一脚稍前，屈膝下蹲，重心在两脚之间。上体挺胸塌腰。一脚稍前比两脚平行站立前后更稳定，在突然后撤或向前时易于发力而不需调整。

2. 脚步移动

滑步：移动时先向移动方向蹬跨，跨步脚紧贴地面，再蹬地脚紧贴地面并步。

后撤步：第一步蹬跨后撤要跨步完成，紧接滑步动作。

交叉步：是后撤步接追踪步的第一步（交叉）再接滑步的组合。

追踪步：是保持给对手一定压力的、重心稍低的侧身跑动作。

（二）防有球队员的基本动作

迅速调整防守脚步贴近对方，用手干扰对方，破坏对方进攻动作。同进攻者保持一臂距离，重心降低，始终要把进攻者置于自己的两腿之间。若运球停止后，要迅速贴近，积极挥动手臂进行封堵。

1. 平步防守

动作方法：两脚平行站立，重心置于两脚之间。重心降低膝角约100°，两手臂侧伸，五指张开，两脚处于起动状态。膝关节内扣。

2. 斜步防守

动作方法：两脚前后斜步站立，一臂上举，一臂侧伸。重心置于两脚之间，屈膝收腹。重心低于对方，两脚处于起动状态。

（三）防无球队员的基本动作

人、球、区兼顾，做到近球上，远球放，控制对手接球。防守强侧的无球队员时，采取面向对手侧向球的站位法。用眼睛的余光注意球。防守弱侧无球队员时，采取侧向对手面向球的站位法。防止对手接球。

（1）在球、对手、球篮三点的夹角中间防守

动作方法：两腿稍屈，两臂自然，保持放松机动姿势，侧对防守对象和球。根据对手离球和球篮的远近不断调整与防守对象的距离。

（2）绕前防守

这是一种在防守的人、球、球篮成直线或从篮下溜过时要采用的防守方法。它可分为挤绕和后转身绕。

①挤绕。动作方法：后臂从上前伸下压同时后脚前跨。

②后转身绕。动作方法：前臂屈肘以前脚为轴后转身。绕前防守紧贴的对手，一手后伸掌握防守对手的移动。技术要点：快速移动中身体姿势和重心的稳定；人和球兼顾。

（3）贴身防守

这是一种在对手接近球篮时要采用的防守方法。

动作方法：两脚斜步防守，一手屈肘顶住对方腰部，一手前伸干扰传接球。

七、抢篮板球

篮球比赛中，抢篮板球是获得控制球权的重要手段之一。

（一）基本技术

1. 抢进攻篮板球

根据自己场上所处的位置，及时判断出球反弹方向，快速起动，摆脱防守，抢占有利的位置。采用单脚或双脚起跳，腾空后身体和手臂充分伸展，及时调整重心，进行投篮或将球传出。

2. 抢防守篮板球

攻方投篮时，防守队员应根据自己与进攻队员之间的不同距离，采用不同的挡人方法。然后根据球反弹的方向，及时转身，抢占有利位置，跳起用单手或双手迅速将球抢下来。落地后持球远离对手，便于及时传球或运球。

（二）练习方法

（1）原地起跳抢球练习，向上自己抛球，然后用双脚起跳，在最高点处将球抢下来。落地屈膝缓冲。体会起跳、空中抢球和落地动作。

（2）两人一组一球，一人站在罚球线处，传球给篮下的队员。篮下队员接球后把球向篮板上抛出碰板。罚球线处的队员上步用双脚或单脚起跳抢从篮板上反弹起来的球，抢下后把球投进篮圈；数次后交换。

（3）抢罚球篮板，双方按照比赛中罚球方法进行站位。确定甲方其中一人执行罚球，甲方的另外四人和乙方分别站在分位线后。当投球碰板或碰圈弹起瞬间，双方即冲抢篮板球。如投篮命中，则换由甲方的另一名队员罚球；如投篮不中，由抢得篮板球的队罚球。

第三节　篮球基本战术

一、战术基本配合

（一）进攻战术基础配合

1. 传切配合

传切配合是指利用传球和切入技术组成的简单配合（图 7-3-1）。

2. 突分配合

突分配合是指进攻队员持球突破防守队员向篮下切入，遇到防守方另一队员补防时，将球传给因对方补防而漏防的同伴，或传给转移到指定的配合位置上的接应同伴的简单配合方法（图7-3-2）。

3. 掩护配合

掩护配合是指进攻队员以自己的身体采取合理的动作挡住同伴防守者的移动路线，使同伴借以摆脱防守的一种方法。根据被掩护者的不同方位而分为侧掩护、前掩护和后掩护（图7-3-3）。

4. 策应配合

一般是指处于内线的队员背对或侧对球篮接球，由他作枢纽与外线队员的突切相配合而形成的一种里应外合的方法（图7-3-4）。

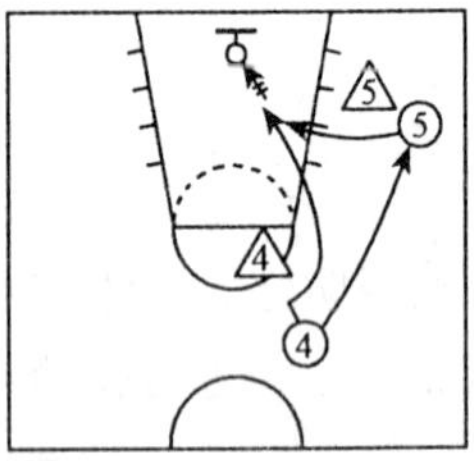

图7-3-1（传切）

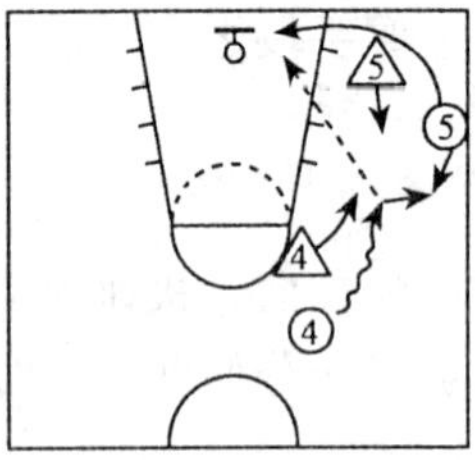

图7-3-2（突分）

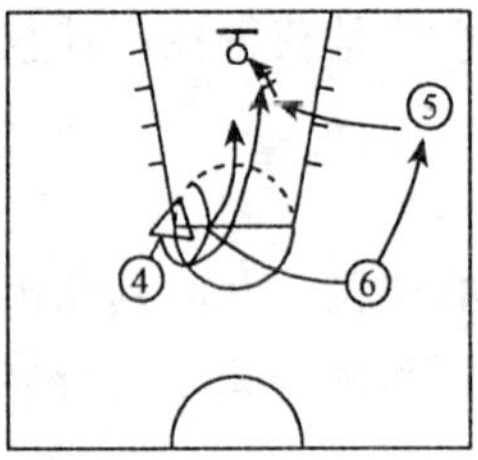

图7-3-3（侧掩护）

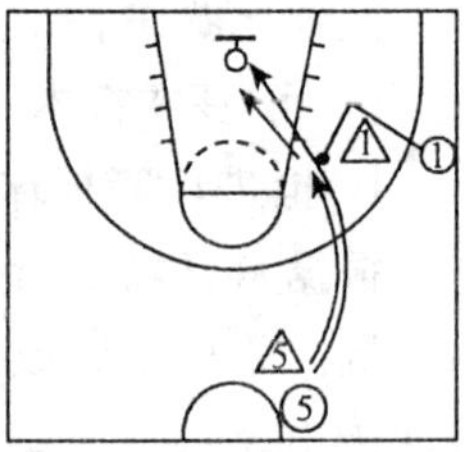

图7-3-4（策应）

（二）防守战术基础配合

1. 挤过配合

挤过配合是在对方进行掩护配合时，防守者为了破坏对方的掩护，在掩护者临近一刹那，主动靠近自己的对手，并从两个进攻队员之间侧身挤过去，继续防住自己的对手（图7-3-5）。

2. 穿过配合

对方进行掩护配合时，防守掩护的队员主动后撤一步，让同伴从自己和掩护队员之间穿过去，以便继续防守自己的对手（图7-3-6）。

3. 交换防守配合

交换防守配合是为了破坏进攻队员掩护配合，防守队员及时交换所防对手的一种配合方法（图7-3-7）。

4. “关门”配合

“关门”配合是临近的两个防守队员协同防守突破的配合方法（图7-3-8）。

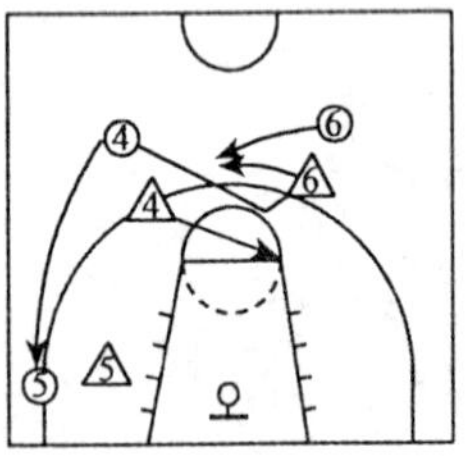

图7-3-5

图7-3-6

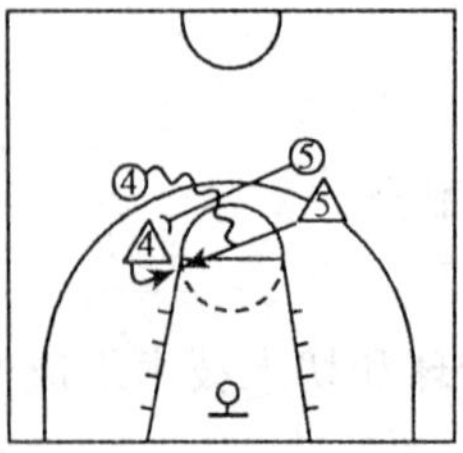

图7-3-7

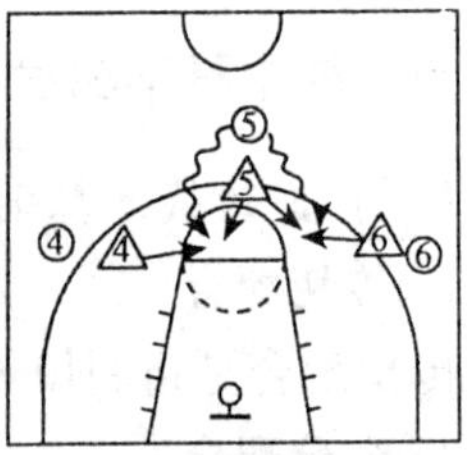

图7-3-8

二、全队战术配合

（一）全队进攻战术配合

1. 进攻半场人盯人

常采用内线、外线结合，积极穿插、换位，连续掩护等基本手段，制造中投或篮下投篮等各种机会。常采用的队形有："2—1—2"（单中锋进攻法）、"1—2—2"（双中锋进攻法）、"8"字掩护进攻法、移动进攻法等。

2. 进攻区域联防

进攻区域联防的方法有很多，可根据本队的具体情况和对方联防的形式确定阵式和配合方法。其目的在于攻击对方区域联防的薄弱环节。如"1—3—1"进攻队形布局是针对"2—1—2"和"2—3"区域联防而组成的，"2—1—2"进攻队形布局是针对"1—3—1"区域联防组成的等。

（二）全队防守战术配合

1. 半场人盯人防守战术配合

这种战术配合是进攻队进入防守队的后场后，防守队立即迎上积极盯住各自的对手，同时，进行集体协同防守。基本战术要求是："以人为主，人球兼顾"和"有球紧，无球松"；针对对手的具体情况（如个人特点和离球、离篮的远近），抢占有利位置，积极移动，进行抢、堵，控制对手的行动，破坏对方进攻配合。半场人盯人防守分松动和扩大两种形式。一般来说，对外围中投不太准而篮下攻击力量较强的对手，采用"松动"形式，反之采用"扩大"形式（图 7-3-9）。

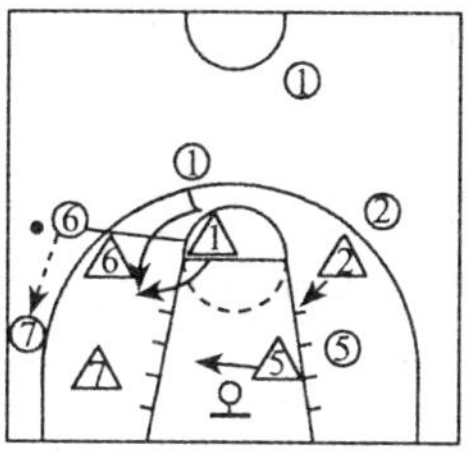

图 7-3-9

2. 全场人盯人防守战术配合

全场人盯人防守是一种积极主动、富有攻击性的防御战术。在进攻转入防守后，立即在全场积极地阻挠对手移动、接球和投篮。这种战术不但能破坏对方有组织、有计划的战术配合，提高比赛速度，而且能促使对方失误。目前，常用的全场紧逼人盯人防守队形有"1—2—1—1"、"2—1—2"、"2—2—1"等。

3. 区域联防

区域联防是指当进攻队转入防守时，队员迅速退回到后场，每个人负责防守一定的区域，并把每个区域有机地联系在一起所组成的集体防守网。半场区域防守要求防守队员的行动随球的转移而变化，加强有球一侧的防守，兼顾远离球的一侧，做到"近离球者紧，远离球者松，松紧结合，人球兼顾"。区域联防有许多战术队形，但要根据比赛时进攻队的特点而制定防守占位队形。例如：对付内外线攻击力量较平均的队，可采用“2－1－2”区域联防队形；对付内线较强的队，且希望加强篮板球的争夺与控制，可采用“2－3”区域联防队形；对付外围投篮较准，而内线攻击较差的队，可采用“3－2”区域联防队形（图 7-3-10 ~ 图 7-3-12）。

图 7-3-10

图 7-3-11

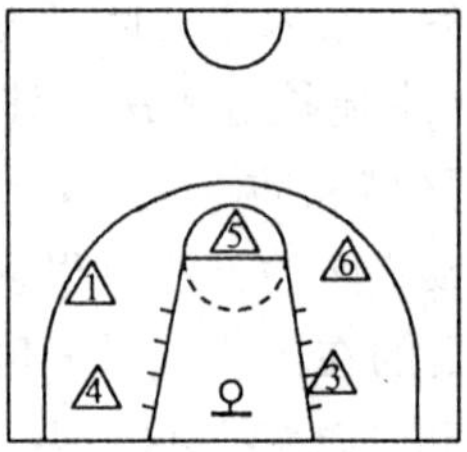

图 7-3-12

（三）快攻、防快攻

1. 快攻

快攻是以守转入攻时，趁对方立足未稳，以最快的速度推进到前场，造成以多打少，或人数相等以及人数少于对方的情况下，果断而合理地进行进攻的一种速决战的进攻战术。发动快攻的机会一般有：抢到后场篮板球时，掷后场界外球时，跳球得球时，抢断球后。

快攻一般有长传快攻、短传快攻、运球突破快攻三种。其中长传快攻：是队员在后场获得球后，立即把球传给迅速摆脱对手进行偷袭的同伴的一种配合（图 7-3-13）。短传快攻：是指在防守中获球后，立即以快速的奔跑和短促的传球迫近对方篮下进行攻篮的一种配合。

运球突破快攻：是指在防守中获球后，不便于传球的情况下，以快速运球推进至前场，创造或寻找配合机会，以提高快攻的速度和威力（图 7-3-14）。

快攻由发动接应、推进和结束三阶段组成。

接应阶段：是指由守转攻获球后，及时地组织第一传和接应第一传的配合。

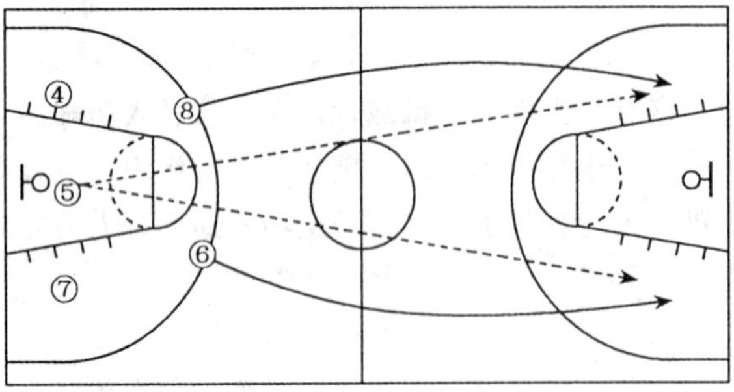

图 7-3-13

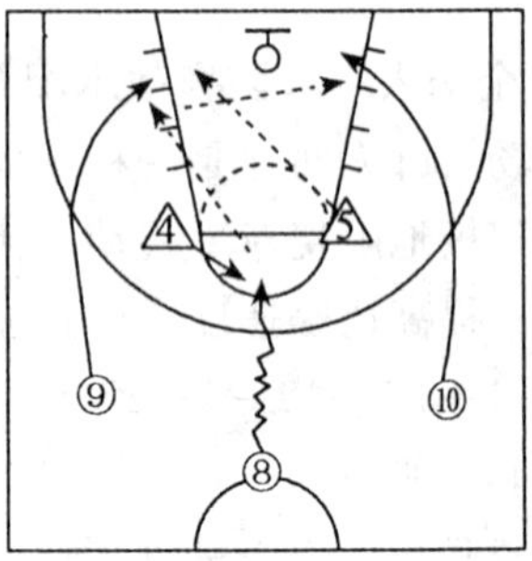

图 7-3-14

推进阶段：是指快攻发动后，结束配合之前在中场一带的配合的方法。推进阶段有三种形式：运球推进、传球推进、传球和运球结合推进（图 7-3-15）。

结束阶段：是指快攻推进到前场进行攻击时运用的配合方法。快攻能否取得成功，取决于此阶段的配合。常遇到的有二攻一和三攻二的形式（图 7-3-16）。

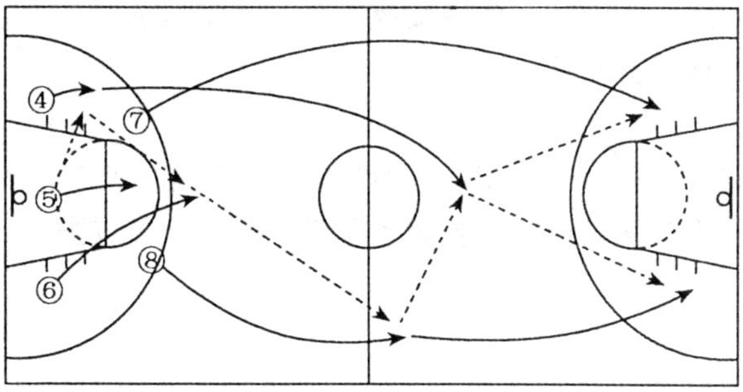

图 7-3-15

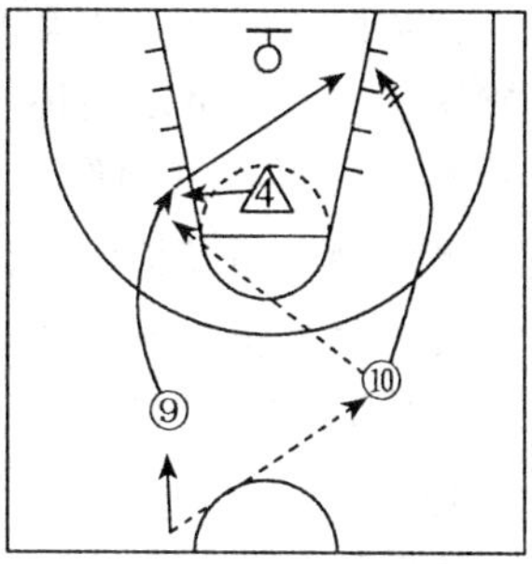

图 7-3-16

2. 防快攻

防守快攻是防守战术中的重要组成部分。其主要防守要点是封堵对方的一传和接应，这是防快攻的关键。在逐步退守中采取“堵中间、卡两边”的办法，控制对手快速推进，并切断先下队员和接应队员的联系。退守中要积极移动，始终注意占据和调整有利于兼顾的防守位置，同伴之间要紧密配合，里外兼顾，左右照应，分工明确，严控篮下。

第四节　篮球运动基本竞赛规则

一、球队

1. 球队及队员

球队是由教练员、助理教练员、球员和随队人员组成。当比赛时球员将分成队员和替补队员两部分，已发生 5 次犯规的队员将成为替补队员。当一名队员受伤后，在 1 分钟内无法继续比赛时，必须被替换。

2. 教练员

教练员是球队的惟一代表，在比赛期间只有教练员可以提出暂停的要求，并被允许保持站立，但必须在自己球队的球队席内，当他需要一次替换时，替补队员必须向记录员报告替换请求并立即做好比赛准备。

二、比赛通则

1. 时间

比赛应由 4 节组成，每节 10 分钟，第 1、2 节（第一半时）之间，第 3、4 节（第二半时）之间以及每一决胜期之前应有 2 分钟的休息时间，每个决胜期为 5 分钟，决胜期应被视为第四节比赛的延伸。在比赛开始时某一球队场上队员不足 5 人时，比赛不能开始。

2. 跳球

第一节开始时，在中圈由任何两名互为对手的队员之间进行跳球。除第一节外，所有其他节开始时，实行交替拥有的方法，即以掷球入界而不是以跳球来使球成活球。在所有跳球情况中，双方球队将交替拥有在最近发生跳球情况的地点掷球入界权。

3. 控制球

当一名队员正持着、运着或可处理一个活球时为队员控制球。当某队的队员控制一个活球时或球在同队队员之间传递时为球队控制球。

4. 队员正在做投篮动作

队员将球投、扣或拍向对方球篮已开始得分尝试时为投篮动作的开始，此动作继续到球离开队员的手为止，就腾在空中的投篮队员而言，投篮动作继续到该队员双脚落回地面并允许他（她）完成连续动作。

5. 暂停

一次暂停的时间为1分钟，在第一半时（1、2节），每队可准予两次要登记的暂停；在第二半时（3、4节），可准予三次要登记的暂停，每一决胜期可准予一次暂停，未用过的要登记的暂停不得遗留给下一个半时或决胜期。暂停的机会为球成死球且比赛计时钟停止或某队在对方队投篮得分时。

6. 替换

在替换机会期间球队可以替换队员，当球成死球，比赛计时钟停止，在第四节的最后2分钟或任一决胜期的最后两分钟内，投篮得分时，对于非得分队，可提出替换。

7. 比赛因弃权或缺少队员告负

当球队在主裁判通知后拒绝比赛，它的行为阻碍比赛继续进行、迟到15分钟以上或不能使五名队员入场准备比赛时，该队将被判为弃权，对方球队以20∶0获胜；在比赛中，如果球队在球场上的队员人数少于两名，该球队将由于缺少队员告负，如对方队比分领先，应有效，如不领先，则比分应计写为2∶0。

三、违例

1. 出界

当球触及界外的人或物、篮板支架、篮板背面以及比赛场地上方的任何物体，将判为出界，并由对方在就近的界线外掷界外球。

2. 带球走

当队员在场上持着一个活球，其一脚或双脚超出规则所述的限制向任一方向非法移动视为带球走。

3. 3秒钟

当某队在前场上控制活球，并且比赛计时钟正在运行时，其同队队员在对方的限制区内停留持续超过3秒钟，将被视为3秒钟违例。

4. 被严密防守的队员

一名队员在球场上正持着活球，这时对方队员处于积极的防守位置，距离不超过1米，该队员必须在5秒钟内传、投或运。

5. 8秒钟

当一名队员在他的后场获得控制活球时，他的队必须在8秒钟内使球进入前场。

6. 24 秒钟

当一名队员在球场获得控制活球时，他的队应在 24 秒钟内投篮，并触及篮圈或进入球篮。

7. 球回后场

球回后场应满足以下三个条件：（1）在前场控制球。（2）该队队员在他的前场最后触及球。（3）该队队员在他的后场首先触及球。

四、犯规

1. 侵人犯规

队员犯规，含有与对方队员非法的身体接触，无论球是活球还是死球。

（1）阻挡：是阻碍对方队员行进的非法身体接触。

（2）撞人：是有球或无球队员推进或移动到对方队员躯干上的身体接触。

（3）背后非法防守：是防守队员从对方队员的背后与其发生的身体接触。

（4）拉人：是干扰对方队员移动自由的非法身体接触。

（5）非法掩护：是非法地试图拖拉或阻止不控制球的对方队员在球场上的移动。

（6）非法用手：是发生在防守队员处于防守状态，并且手或手臂放置在对方队员身上并保持接触，以阻止其行进。

（7）推人：是队员用身体的任何部位强行推动或试图移动对方队员时发生的非法身体接触。

在比赛中，队员们必须保持自己的合法位置，过分地伸展手、肘、膝或髋，并使对方队员处于不利位置的身体接触，将被判侵人犯规。在实际运用过程中，如果此种犯规未使对方队员处于不利位置，且可继续完成动作，裁判员应根据当时情况判断，视其为有利球，让比赛继续进行。

2. 双方犯规

双方犯规是两名互为对手的队员在大约同时相互发生接触犯规的情况。如果当时哪一个队员都没有控制球，也没有球权，一次跳球情况发生。

3. 技术犯规

技术犯规分为队员技术犯规和教练员技术犯规。

队员技术犯规是不包含与对方队员接触的队员犯规，此犯规将由对方获得两罚一掷。

教练员技术犯规是指教练员及球员席的其他人员在比赛期间进入球场（暂停时除外），或对裁判员和辅助裁判员有不礼貌的举止，此种犯规将使对方获得两次罚球和在中场掷球的权利。

4. 违反体育道德的犯规

根据裁判员的判断，一名队员不是在规则的精神和意图的范围内合法地试图去直接抢球，发生的接触犯规是违反体育道德的犯规，反复出现此种犯规的队员将被取消比赛资格。

五、一般犯规

（1）队员 5 次犯规

一名队员不论侵人犯规或技术犯规达到 5 次，应立即离开比赛，并在 30 秒钟内被替换。

(2) 全队犯规处罚

在一节中，某队已发生了4次全队犯规时，该队处于全队犯规处罚状态。任一决胜期内的犯规应被认为是第四节的一部分。如果是控制球队的侵人犯规，不得判给罚球，应判对方队员掷球入界。

(3) 罚球

一次罚球是给予一名队员在罚球线后的半圆内，在无争抢的情况下得1分的机会。对一起侵人犯规，应由被犯规的队员执行罚球，而一起技术犯规，可由被犯规队的任一队员执行罚球。在限制区两侧的位置区内应最多有5名队员（3名防守和2名进攻队员）占据，并不得在球离开罚球队员的手之前进入限制区；罚球队员和其余队员应在球触及球篮之后进入限制区。

六、三人篮球球赛特殊规定

(一) 时间

(1) 每场比赛为10分钟包干，只允许比分落后的一方请求暂停一次，时间为1分钟，不含在10分钟比赛之内。

(2) 在比赛中某方控制一个活球时，该队必须在20秒钟内完成投篮，否则将被判罚违例，由对方在中线的发球区发球。

(3) 当裁判员宣判某方罚球或追加一次罚球，双方队员必须在4秒钟内积极完成在分位线上的站立，裁判员从速主持罚球，不站位的队员责任自负，有意或无意错位在优势分位区抢篮板的队员，裁判有权判其违例。

(4) 请求换人必须在5秒钟内完成，否则判罚违例，且计时不停表。

(二) 比赛开始与争球

每场比赛为球区跳球开始，裁判员面向球篮行使跳球时的抛球，跳球队员分别在裁判员的两侧进行跳球。比赛中的所有争球均在罚球区进行，只有裁判员宣判争球的手势清楚，并从速执行跳球，不积极站位抢球的运动员责任自负。

(三) 比赛胜负

比赛时间到，比分领先的一方获胜，如果比赛时间到出现平分，则场上队员依次执行一对一罚球，直至产生胜负。

(四) 攻守转换

守方断球或抢得篮板球，必须将球运或传出三分线外，并且是控制球的队员必须双脚接触地面，方可组织进攻，否则判违例。每次投中或最后一次罚中球后，由对方在中线发球区内（中圈的内半圈）发球。

(五) 界外球

所有犯规、违例及球出界，在就近的连线发界外球，且必须由裁判员扶球。

(六) 犯规

全队累计5次犯规后，该队以后每次的侵人犯规均执行两次罚球。每个队员累计3次犯规后，该队员以后每次侵人犯规，均按违反体育道德的犯规进行处罚，即判给对方队员的两次罚球和一次中线发球区发界外球机会。

（七）半场区域分工和职责

半场区域划分的目的，在于使两个临时场裁判员分工明确和有目的地观察，有利于看清和判准。半场区域的划分，如图 7-4-1 所示，将半场划为 6 个长方形区域。

（1）追踪裁判员的职责与观察范围：当球在①、②、③区内，也就是当球在中线与罚球线之间，追踪裁判员主要观察球和球周围的比赛；当球到④区时，追踪裁判员主要观察靠近球一侧的外策应区的攻、守队员的身体接触和观察弱侧到远离球区的内策应区可能发生的犯规；当球在⑤区时，追踪裁判员除了观察球和球周围的比赛外，还要负责观察球的飞行，球是否中篮，以及攻守队员的干扰球，特别注意观察当球从球篮弹回时抢篮板球的犯规；当球在⑥区三分投篮区内，特别是在队员投篮时，追踪裁判员要观察球和球周围的比赛；当球在他的左侧边线出界后，他应指出掷界外线的方向和地点。

总之，在半场区域分工中，当球在图 7-4-2 表示的深色区域内，追踪裁判员负责观察球和球周围的比赛情况。

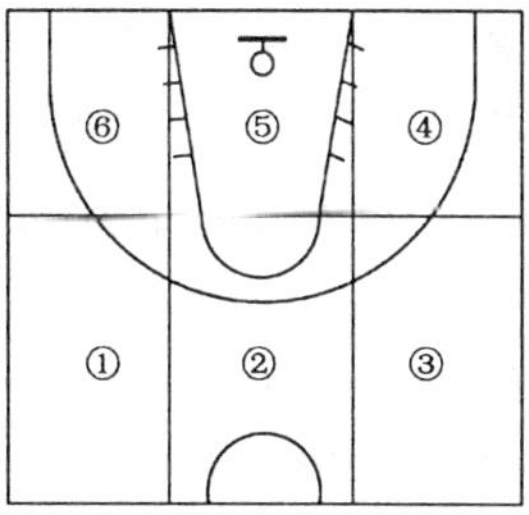

图 7-4-1

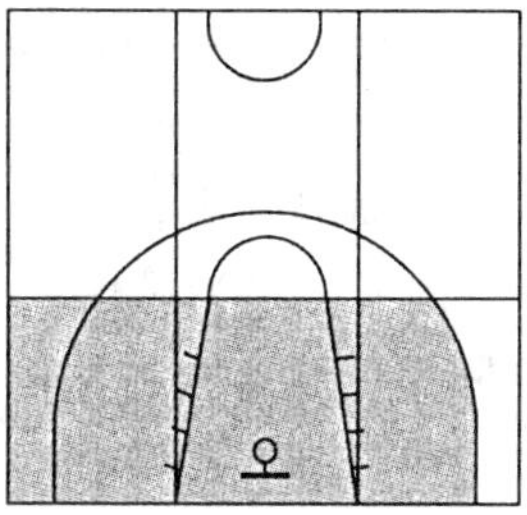

图 7-4-2

（2）前导裁判员的职责与观察范围：前导裁判应永远保持在进攻方向的最前边，移动程度比最快的队员还要快，不要落在任何队员的后边。到达端线区时，他的移动范围是由④区三分线与端线交点起至⑥三分线与限制区斜线中点止。当球运动在两侧时也不要超越上述范围。当球在①、②、③区时，前导裁判的移动选位要与球保持直线位置，主要负责视察无球区域内攻守队员的动作；当球在④区内，前导裁判员与球要保持直线位置并负责观察围绕球的攻守情况；当该区出现三分投篮时，他应立即做出三分试投手势，以告知追踪裁判员。

第八章 排　　球

第一节 排球运动概述

排球运动是一项两队对抗，每队 6 人，分两排站位，以中间球网为界，根据规则以身体任何部位击球过网而决定胜负的球类运动。

排球运动是 1895 年美国人威廉·莫根发明的，最初是在室内球网两边用篮球胆拍来拍去使球不落地的一种游戏，取名 Volleyball，意为“空中飞球”。排球运动经历了多种发展形式，最初为 16 人制排球（每排 4 人，按 4 排站位），后来演变成 12 人制（每排 4 人，分 3 排站位）和 9 人制（每排 3 人，分 3 排站位），以及至今的 6 人制排球。因为它是按排站位打球的，所以中国人称之为排球。

1947 年 4 月，国际排球联合会在法国巴黎成立，现在已成为拥有 178 个会员国的体育组织。1949 年首届世界排球锦标赛在布拉格举行。1964 年排球运动被正式列为奥运会比赛项目。目前世界性的比赛有：世界排球锦标赛、世界杯排球赛、奥运会排球赛和世界排球联赛。中国女排从 1981 年到 1985 年的世界杯排球赛，连续获得了“五连冠”。中国女排在世界性比赛中所表现出来的一往无前的气概，被人们誉为“女排精神”，激励着中国各行各业的工作人员克服困难、为国争光。新一届中国女排于 2001 年 4 月成立，在四国邀请赛、世界女排大奖赛、亚锦赛和大冠军杯赛上都有上佳表现，并在 2004 年雅典奥运会上重夺世界冠军。

第二节 排球基本技术与练习方法

排球技术有两种：一种是有球技术，包括传球、垫球、扣球、发球和拦网；另一种是无球技术，包括准备姿势、移动、起跳及各种掩护动作等。

一、准备姿势和移动

准备姿势和移动是排球运动中各项技术的基础技术。任何一项排球技术在比赛中运用的效果，在很大程度上取决于准备姿势和移动技术。

（一）准备姿势

两脚支撑的位置：两脚左右开立，略比肩宽。站左半场的队员，左脚在前（约一只脚的距离），右脚在后；站右半场的队员，右脚在前，左脚在后；站在场中央的队员，两脚平行开立比肩稍宽。

身体基本姿势：双目注视来球，两膝弯曲并内扣，膝部的垂直面超出脚尖，脚跟提起，身体重心的着力点在前脚掌拇趾根部，上体前倾，两肩的垂直面超出膝部。

手的位置：两臂自然弯曲，并置于胸腹之间，两手心相对，手指自然张开。

（二）移动

移动是接好球的重要条件。无论任何方向的来球，身体必须面对来球方向。因此，要尽快地移动取得好位置，做好接球前的准备姿势。

通常采用的几种移动步法是：滑步、交叉步、跨步、跨跳步、跑步、后退步等。

（三）练习方法

（1）学生集体做准备姿势，强调两脚的位置；

（2）原地跑或慢跑中，看教师发出的信号，迅速做准备姿势；

（3）学生在准备姿势的基础上，看教师手势做向前、后、左移动；

（4）两人一组，一人抛球一人按步法要求移动接球；

（5）各种形式的移动接力。

（四）易犯错误与纠正方法

（1）身体太直，臀部后坐，全脚掌着地，形成挺胸、塌腰姿势。纠正方法是体会要领，观察示范，练习中强调含胸、收腹和上体前倾。

（2）上体前倾，两腿弯曲不够，重心过高。这主要是腿部力量差，下蹲动作吃力造成的。纠正方法是多做低姿势移动练习，加强腿部力量。

二、发球

发球是比赛的开始，同时也是进攻的开始。现代的发球技术已越来越具有强大的攻击能力。攻击力强的发球不但可以直接得分，更主要是可以破坏对方的接发球，削弱其进攻威力，减轻我方的防守压力，取得比赛的主动权。

（一）基本技术

所有发球技术的动作结构是相同的，但根据不同的发球技术又有不同的技术特点。发球技术的动作结构可以分为准备姿势、抛球、击球手形、挥臂击球四个技术环节。

发球的种类很多，不管采用哪一种发球，要想把球发好，必须注意以下几点：

（1）抛球稳：抛球是基础，要求掌心向上平稳地把球抛起。每次抛球的高度和身体的距离应基本固定。

（2）挥臂快：手臂的挥动速度与球飞行速度成正比，手臂挥动快，则球的速度快。

（3）击球准：用力方向必须和所要发出球的方向相一致。

（4）正确的手法：击球手法不同，发出球的性能也不同。不同的发球种类应使用不同的击球方法。

1. 正面下手发球

这种发球简单易学，失误率较小。但速度慢，力量小，攻击性差，适用于初学者。

发球前，面对球网，两脚前后站立，左脚在前，右脚在后，两膝微屈，上体前倾，左手持球置于腹前，右臂自然下垂。发球时，左手将球在体前右侧抛起，离手 20 ~ 30 厘米。在抛球的同时，右臂向后摆动。击球时，右脚蹬地，身体重心前移，右臂伸直，以肩为轴，向前摆动到腹前，用虎口或掌根击球的后下部。随着击球动作重心前移，迅速入场（图 8-2-1）。

图 8-2-1

2. 侧面下手发球

（1）准备姿势：左肩对网站立，两脚左右开立，与肩同宽，两膝微屈，上体稍前倾，重心落在两脚间或稍偏右脚，左手持球置于腹前。

（2）抛球：左手将球抛至胸前，约离身体一臂之远。

（3）击球：在抛球的同时，右臂摆至右侧后下方，手指微屈而紧张，利用右脚蹬地和向左转体的力量，带动右臂向前摆动，在腹前用全掌击球的后中下部，将球击出。击球时，手臂要伸直，眼睛要看球。

3. 正面上手飘球

发球前在发球区选好位置，面对球网站立，左脚在前，右脚在后，重心落在后脚上。左手持球置于胸前，观察对方的站位布局，选定最佳落点。

发球时左手将球平稳地向右肩的前上方抛起，高度适中。在抛球的同时，右臂抬起，并屈肘后引，五指并拢，指尖朝上，手腕保持一定的紧张度。

击球时利用蹬地转体的动作带动手臂有力地向前上方挥动，重心随之移至左脚，以手掌根击球的后中下部，击球的力量要集中、迅猛，击球的作用力通过球的重心使球不旋转地向前飞行，击球结束时手臂要有突停动作。击球后，右脚随着击球动作自然前移，迅速进场（图 8-2-2）。

4. 勾手大力发球

这种发球的特点是力量大，弧度平。由于球向前旋转，从而加快了球的下落速度，容易造成对方措手不及，有较强的攻击性，但这种发球需要很好的体力，技术要求高，掌握不好容易造成发球失误。

发球前左肩对网站立，两脚开立与肩同宽，两膝微屈，重心落在脚与脚之间。双手持球于腹前。发球时，双手将球平稳地抛至头的左前上方，高约 1 米。在抛球的同时，右腿稍屈，重心移至右脚上，上体向右倾斜并转动，同时右臂向右后倾摆动，抬头看球。随着右腿用力蹬地，利用挺胸及转体的动作带动手臂向上挥击。

击球时迅速收胸、收腹、转体，身体的重心移至左脚上。击球的手臂要伸直，并要协调、自然地向上作弧形摆动，击球的手掌应放松，用全掌击中球的后下部，并利用手腕的推压动作使球向前旋转。球发出后，顺势迅速进场（图 8-2-3）。

（二）练习方法

（1）徒手练习。按照动作方法要领，让队员做徒手模仿练习，或做击固定球练习。

图 8-2-2

图 8-2-3

（2）抛球练习。右手持球练习向上抛起（掌心向上，平稳抛起，球不旋转）。根据发球的性能，抛球的高度和落点要合适。

（3）两人一组短距离不上网对发。

（4）抛击配合练习。近距离对墙发球，体会发球时抛球与击球的配合。

（5）上网发球。两人一组隔网对发，距离由近到远，直至发球区内。体会击球用力和动作连续性。

（6）分两组端线后发球比赛，看哪一组积分多。

（三）易犯错误及纠正方法

（1）抛球不稳，击球点太后或太低。原因是抛球动作不正确。因此，应进一步强调抛球的重要性，明确动作要领，反复多做抛球的专门练习。

（2）挥臂动作不正确。各种发球技术有不同的挥臂动作，应掌握动作要领，反复多次用固定目标做挥臂击球练习。

（3）击球部位不正确。根本原因是抛球不稳。应在抛球的基础上用正确的击球手法反复多做对墙练习。

三、垫球

垫球是排球的基本技术之一，是接对方进攻性击球的主要技术动作，是组织进攻和反攻战术的基础。因此，提高垫球技术的熟练程度和运用能力，是争取胜利的重要条件。

（一）基本技术

1. 正面双手垫球

适合接速度快、弧度平、力量大、落点低的各种来球，在接发球和后排防守时广泛采用，是各项垫球技术的基础。

（1）准备姿势：做好准备姿势，迅速判断，及时移动，正面对准来球方向。

（2）击球手形：两手掌根紧靠，两手手指重叠合掌互握，两拇指平行。两臂自然伸直，手腕下压，小臂外展靠拢，手腕关节以上的前臂形成一个垫击的平面（图 8-2-4）。

（3）击球动作：击球时，蹬腿提腰，含胸提肩，压腕抬臂等动作密切配合，手臂迅速插入球下，将球准确地垫在手腕以上 10 厘米的小臂上。击球时，两臂保持平衡固定，身体和两臂自然地随球伴送，以便控制球的落点和方向（图 8-2-5）。

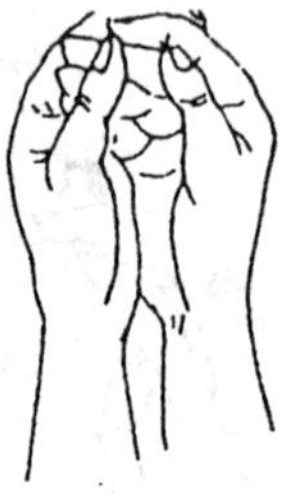

图 8-2-4

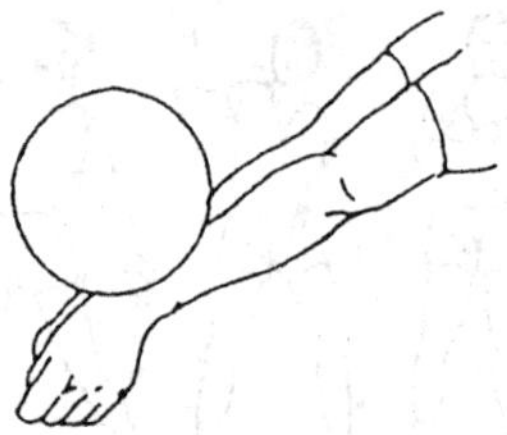

图 8-2-5

（4）手臂角度：手臂角度对控制球的方向、弧度和落点有很大影响，应根据垫球距离和入射角等于反射角的原理加以调整（图 8-2-6）。

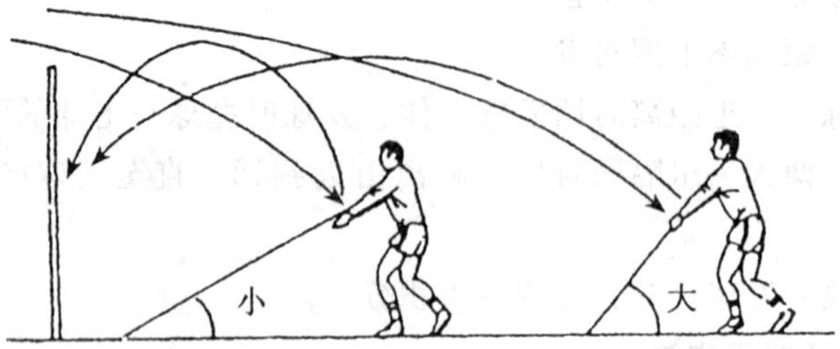

图 8-2-6

正面双手垫球应掌握插、夹、提三个动作要领。插：两臂伸直，插到球下。夹：两臂夹紧，含胸收肩，用两前臂的平面击球。提：提肩送臂，身体重心随出球方向前移。垫击过程中要做好移、蹬、跟三个环节。移：快速移动，对准来球。蹬：支撑平稳，两腿蹬起。跟：随用力方向，腰紧跟（图 8-2-7）。

图 8-2-7

2. 体侧垫球

来球飞向体侧而来不及移动对正来球时，要采用侧垫。侧垫时切忌随球伸臂，这样会造成球蹭手而向侧方飞出，应先用两臂到侧方截击来球。还应注意两臂不要弯曲，以保持击球平面，否则会因手臂不直或两臂间距离太大而垫不好球。

3. 背垫

背垫就是背向出球方向击球。背垫时，要清楚出球的方向、距离。用力时，要抬头后仰，两臂伸直向后扬臂。

（二）练习方法

（1）徒手模仿。先做原地垫击模仿动作，然后做徒手移动后垫击模仿动作。

（2）垫固定球。一人双手持球于胸前，另一人原地或移动后用垫球动作击球，体会手臂击球部位和全身协调用力。

（3）两人一组，一抛一垫。两人距离由近到远，先是一人抛，一人原地垫，然后是一人抛，一人移动垫。

（4）对墙连续自垫。对墙垫时，要求手臂角度固定，用力适当，控制球的高度，用蹬腿动作发力，注意身体协调用力。

（5）转换方向垫。三人一组成三角形，一人抛球，一人变方向垫球，另一人接球或传球给抛球者，循环往复。

（6）二人相距 7 ~ 8 米，一发一垫。

（7）二人相距 5 ~ 6 米，第一次把球垂直垫起，第二次把球垫给对方，连续进行。

（8）三人一组相隔 10 米以上，一发一垫一调，做若干次轮转。

（三）易犯错误与纠正方法

（1）击球时屈肘，两臂并不拢。纠正方法是反复做徒手模仿练习或自垫练习。

（2）击球点不正确。主要原因是手臂没有向下插入。纠正方法是对墙自垫或向上自垫，掌握好正确的击球点，控制好球。

四、传球

传球是用手指和手腕的弹力进行上手击球的技术动作，是排球的最基本最原始的击球方法。在比赛中主要用于衔接防守和进攻。可广泛用于接发球、二传等。

（一）基本技术

传球的方式很多，有正面传球，背传，侧传，跳传。其技术环节可分为：准备姿势、迎球、手形、击球用力几个部分。

1. 双手正面传球

准备姿势：正面对准来球，两脚开立，比肩宽，一脚在前，两脚尖适当内收，脚跟稍提起，两膝稍屈。两肩放松，眼睛注视来球，两手自然弯置于胸腹前。

手形：两手手指自然张开，掌心相对，手指微屈成半球状，手腕稍后仰，以拇指、食指、中指托住球的后下部，无名指和小指在两侧辅助控制传球的方向。拇指相对成一字形或八字形置于额前（图 8-2-8）。

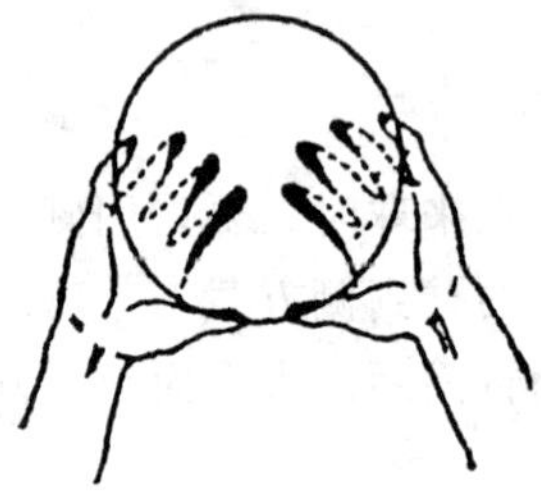

图 8-2-8

击球时的用力：传球时，利用蹬地、伸膝、展体和伸臂的动作，以拇指、食指、中指发力，无名指和小指控制住球的方向。触球的瞬间，手指和手腕应保持一定的紧张程度，用手指和手腕的弹力以及身体和手臂的协调力量将球传出，用力一定要协调一致。传球距离较近时，手指、手腕的弹力较多；传球距离较远时，必须加强蹬地展体的力量（图 8-2-9）。

图 8-2-9

2. 背传

背传是传球的基本方法之一。在比赛过程中，使用背传技术能达到出其不意、迷惑对方的目的，使战术多样化。

准备姿势：上体比正面传球时稍直立，身体重心稳定在两脚之间，双手自然抬起，放松置于脸前。

迎球：双手上举，挺胸，掌心稍向上，手腕稍后仰。

击球点：保持在额上方。

手形：与正面传球相同，拇指托球的后下部。

用力：利用蹬地、上体后仰、挺胸、展腹、抬臂及手腕和手指的弹力将球向身体后上方送出（图 8-2-10）。

图 8-2-10

3. 侧传

身体不转动，主要靠双臂向侧方伸展的传球动作叫侧传。侧传有一定隐蔽性。

侧传的准备姿势、迎球动作与正面传球相同，击球点保持在脸前或稍偏于出球方向一侧。传球手势与正面传球相同，但倾向出球一侧的手臂要低一些，另一侧则要高一些。用力时，蹬地后上体要向出球方向倾斜，双臂向传出一侧用力伸展，异侧手臂动作幅度较大，伸展较快（图 8-2-11）。

图 8-2-11

4. 跳传

跳起在空中做传球动作叫跳传。跳传有原地跳、助跑跳、双足跳、单足跳等动作。

起跳最好是向上垂直起跳，不宜向前或向侧冲跳。起跳的关键是掌握好起跳时机，起跳过早或过晚都会影响传球的质量。

起跳后双臂上摆至脸前，身体在空中保持平衡。当身体上升到最高点时，靠伸臂动作和手腕、手指的弹力将球传出。

（二）练习方法

（1）徒手模仿传球动作。做好准备姿势，蹬地、伸臂，模仿传球推击动作，领悟动作过程。

（2）体会击球点与手姿。每人一球按照传球的击球点与手形，摆在额前，然后另一人将球拿掉，看手姿是否正确，击球点位置是否合适。

（3）传球的协调用力。两人一组，持球人拿球在合适的击球点做好传球的手形，另一人用单手压着球，持球者用传球动作向上推送球，体会全身协调用力。

（4）贴墙传球。每人一球，贴墙站立，用传球手姿拿好球，肘关节贴墙，用传球动作向墙传球，体会传球手形、击球点和手指、手腕的传球用力。

（5）对墙传球。距离由近至远，体会传球用力。

（6）向上自传。个人进行，先原地传，后移动传；先传低球，后一高一低传。

（7）两人一组，一人抛球，另一人传球。先抛准球，让传球人原地传；后两侧抛球，让传球人移动传。

（8）两人对传。可以一固定，一移动，或自传一次，再传给对方等。

（9）跑动传球。三人或三人以上成纵队跑动传球。

（10）转换方向传球。三人一组成三角形，一人抛球，一人变方向传球，另一人接球或传球给抛球者，循环往复。

（三）易犯错误与纠正方法

（1）手姿不正确：触球部位离身体太远，大拇指朝前。原因是对正确手姿缺乏明确的概念。纠正方法是徒手模仿练习，对墙近距离传球，自抛自传练习。

（2）手指、手腕缺乏弹击力，传球时不是用弹击动作，而是推球或拍打球。原因是手指、手腕力量不足，或手指和手腕过分紧张。纠正方法是首先加强手指、手腕力量，两人近距离传实心球、篮球，或两人做远距离平传球，也可做自抛远距离平传球练习。

五、扣球

扣球是进攻的最有效方法，是得分的重要手段。

（一）基本技术

扣球按其技术结构来讲，包括准备姿势、判断、助跑、起跳、空中击球和落地几个相互衔接的部分，整个动作必须协调一致，且有节奏。

（1）准备姿势

两脚开立，两膝微屈，眼睛观察来球，注意力高度集中，随时可向各种方向起动助跑。

（2）判断

判断是扣好球的基础。首先是对一传的判断，然后根据二传传球的方向、弧度、速度、落点选择起跳的地点和决定起跳的时间。判断贯穿在整个助跑与起跳、击球全过程中。

（3）助跑

助跑的目的不仅是为了增加弹跳高度，而且是为了选择起跳点和时间，助跑的方向、速度和步数是根据来球的方向、弧度和速度决定的。助跑的步法一般有两步、三步和多步助跑。助跑的起动时间非常重要，它对于能否发挥最好的弹跳，选择准确的起跳点和扣球路线的变化都有重要的作用。由于每个人助跑的速度不同，制动踏跳的能力不同，弹跳高度不同，因此，起动时间也略有区别。

（4）起跳

起跳的目的在于跳起后达到一定的高度，保持在正确的击球点击球。起跳时，上体前倾，两脚迅速而有力地蹬地踏跳；两臂由体后下方继续向体前上方挥摆，同时快速展腹，带动全身腾空而起。

（5）空中击球

击球是扣球技术的关键环节。起跳后，上体稍向后侧扭转，胸腹自然展出，右臂屈肘举起，肘关节指向侧方，并高于肩部，手置于头的右侧方，手指自然分开。击球时利用迅速转体收腹动作来带动手臂猛烈地挥击。前臂挥动的速度要快，有如挥鞭子的抽击动作。击球时手臂要伸直，用全手掌击球的后中部，手腕快速推压，使球向前下方旋转飞行。

（6）落地

落地时，应由前脚掌过渡到全脚掌，同时顺势屈膝、收腹，以缓冲下落的力量，同时立即准备下一个动作（图 8-2-12）。

图 8-2-12

（二）练习方法

（1）学习助跑起跳。包括原地双足起跳练习，一步助跑起跳练习，两步助跑起跳练习和上网助跑起跳练习。

（2）学习挥臂击球。包括徒手模仿练习，扣固定球练习，一抛一扣练习和自抛自扣练习。

（3）学习完整扣球。包括助跑起跳上网扣教师低喂抛球练习，上网扣抛球练习，上网扣传球练习。

（三）易犯错误及纠正方法

（1）起跳位置不准，人与球的关系保持不好，击球点太前或太后。原因是助跑起跳不熟练，判断不准确。纠正方法是练习空中击固定球或固定目标。

（2）起跑过早或过晚。原因是上步起跳时间未掌握好。纠正方法是自抛自扣，多做练习。

(3) 击球时，手臂未充分伸直。原因是没用上收腹提肩的力量带动手臂挥击。纠正方法是手提小杠铃片练习挥臂扣球动作，或对墙扣平远球。

六、拦网

拦网是防守的第一道防线，也是得分的重要手段之一。有效的拦网可以遏止对方的进攻，减轻本方防守的压力，为防守反击创造有利条件。特别是每球得分制实施以来，攻击性的拦网越来越得到人们的重视。

（一）基本技术

拦网技术动作由准备姿势、移动、起跳、空中动作和落地几个部分组成。拦网时除应掌握上述技术外，还应有准确的判断能力，以便准确选择起跳地点、拦网时间和空间。

拦网分为单人拦网和集体拦网。其个人技术是相同的，只是集体拦网需要注意相互间的协作与配合。

(1) 准备姿势

面对球网，密切注视着对方动向，两脚平行开立，约同肩宽，两膝稍屈，两手自然弯曲置于胸前。身材高大队员双手可上举过头，随时准备起跳或移动。

(2) 移动

根据不同情况可灵活运用并步、跨步、滑步、交叉步、跑步等各种移动步法，将身体重心移动到拦网位置，准备起跳。

(3) 起跳

移动后立即制动，使身体正对球网后起跳，或在起跳过程中在空中使身体转向球网。如果是原地起跳则从拦网准备姿势开始，两脚用力蹬地，两臂在体侧划小弧线用力上摆，带动身体向上垂直起跳（图 8-2-13）。

图 8-2-13

(4) 空中动作

起跳后稍收腹，控制平衡。同时，两手从额前贴近网向上沿伸出，两臂伸直，两肩尽量上提。拦击时，两手尽量伸向对方上空，接近球、两手自然张开，屈指、屈腕成勺形。当手触球时，两手突然抖腕，用力捂盖球前上方。拦击时根据对方扣球线路变化，两手在空中向球变线方向伸出，外侧手掌心在拦击球时内转包球。

（5）落地

拦网后自然落回地面，落地时屈膝缓冲。落地后准备做下一个动作。

（二）练习方法

（1）徒手动作练习。包括网前原地起跳拦网，两人相对网前原地起跳空中拍击手掌，根据教师手势做各种步法移动后起跳拦网，两人相对网前移动，在 2、3、4 号位分别起跳对击拦网，一人主动、一人被动在网前移动起跳拦网。

（2）学习拦网手法。包括原地或对墙做徒手伸臂动作（要求手形正确，手指自然张开），矮网一扣一拦（要求扣球准确，拦网不起跳），教师站在高台上双手持球，学员轮流起跳拦网（掌握正确手形包住球的动作），队员站在高 40～50 厘米的凳子上，做拦球动作，体会伸手和捂盖动作。

（3）教师在高台扣固定路线球，队员移动起跳拦网。

（4）对方扣一般球，单人轮流拦网。

（5）对方扣一般球，双人原地起跳配合拦网。

（6）对方扣一般球，双人移动后起跳配合拦网。

（三）易犯错误与纠正方法

（1）起跳过早。纠正方法是加强判断，在练习中体会拦网的正确起跳时间。

（2）双手扑球，造成触网犯规。原因是伸臂压腕时有压肩动作。纠正方法是反复练习起跳后伸臂压腕动作。

七、技术教学的综合练习方法和手段

（1）四人一组跑动中对垫对传（图 8-2-14）。

图 8-2-14

（2）三人三角任意传垫。

（3）两人一组打、防、调。

（4）两人或三人限制线前比赛。

（5）四至五人围成圆圈，自由传、垫、扣。

（6）教师抛球给站在 4 号位的学生，学生将球垫给网前做二传的学生，后撤上步扣二传传来的球，然后拦网（图 8-2-15）。

（7）接发球比赛：每队派一人发 10 个球，其他五人接发球，并计分。到位 2 分，垫起 1 分（图 8-2-16）

（8）组织进攻和防守：教师向一方抛球组织进攻，另一方进行防守，赢队再接教师抛球进攻，另一方防守。组织进攻者赢得一分，防守者赢得组织进攻权，不得分。谁先到 15 分算赢一局。

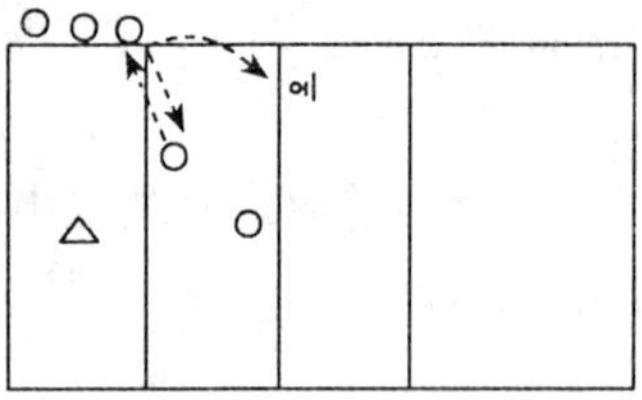

图 8-2-15

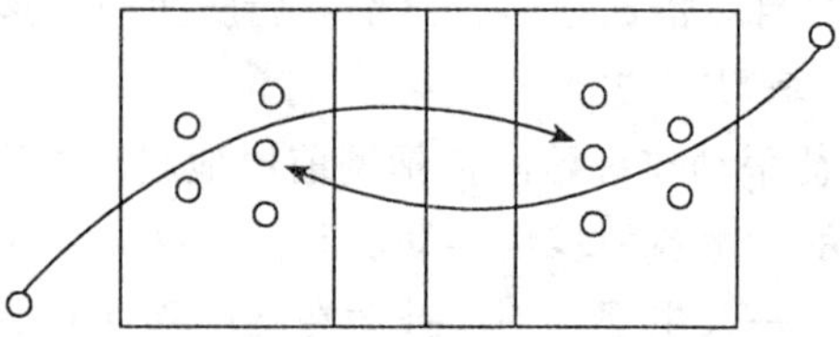

图 8-2-16

第三节 排球基本战术

战术是指比赛双方运用进攻与防守的对抗，并结合临场变化，合理地运用技术，有组织、有针对性的配合行动。一个队的战术水平往往反映着该队的技术水平，因为只有全面、准确、熟练地掌握了基本技术才可能形成战术。排球基本战术分为个人战术和集体战术。

一、阵容配备

阵容配备是合理地搭配本队队员的一种组织手段。阵容配备有三种形式。

“三三”配备：由三名进攻队员和三名二传队员组成，此种形式的战术形式简单，攻击力弱，适合初学者。

“四二”配备：由两名主攻队员，两名副攻队员和两名二传队员组成。队员分别对角站立。这种阵容配备便于采用“中一二”和“边一二”进攻战术。前排始终保持两名进攻队员和一名二传队员，这样能够组织多种战术配合，充分发挥本队的进攻力量(图 8-3-1)。

“五一”配备：由一名二传队员和五名进攻队员组成。这种配备形式攻击力强，能组织多种战术体系。二传队员在前排时，能组织“中一二”、“边一二”进攻战术。二传队员在后排时，可采用插上战术，保持前排三点进攻。具有一定水平的队多采用此种阵容配备（图 8-3-2）。

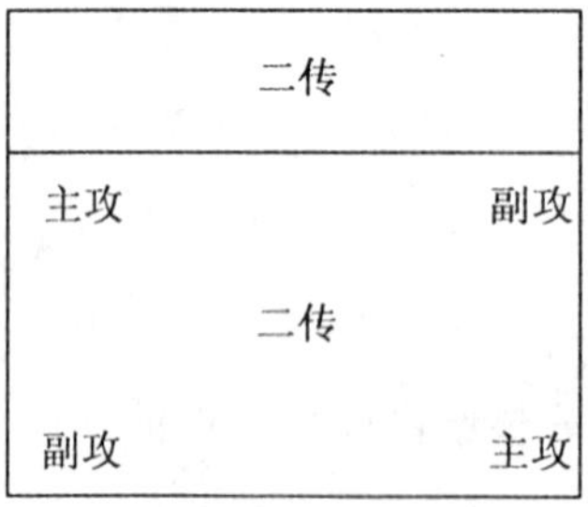

图 8-3-1

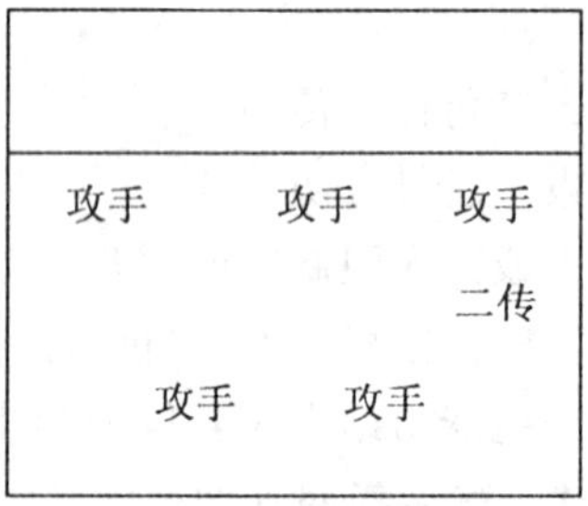

图 8-3-2

二、交换位置

为了解决某些轮次进攻和防守力量的搭配及阵容配备上的某些缺陷，以便有效地组织攻防战术，规则允许在发球击球后，双方队员可以在本场区内任意交换位置。

交换位置的主要目的是为了充分发挥每个队员的专长，以取得扬长避短的效果。前排队员之间的换位，主要是为了便于进攻战术的实施和拦网实力的调整。前后排队员之间的换位，主要是为了保持前排三点进攻。后排队员之间换位，是为了加强后排重点部位的防守。

三、信号联系

排球运动是一个集体项目，在实现快速多变的进攻战术时，必须通过信号联系才能统一行动。一个队的战术信息力求简单、清晰、本队队员明了。

语言联系：使用语言直接进行联系。

手势信号：通过事先约定的各种手势，进行规定的战术配合。

落点信号：根据起球后的落点，作为发动某种进攻的信号。

综合信号：以手势信号为主，辅以落点信号、语言信号以及教练员的暗示等。

四、“自由人”运用

合理地选择并运用“自由人”是战术运用的一个方面。“自由人”专司接发球和后排防守，其上下场之间只需经过一次发球比赛过程，换人不计为正规换人次数，且次数不限。因此，选择接发球和后排防守技术高超的队员作为“自由人”，能大大提高全队的防守水平。

“自由人”又可在当前排进攻、拦网队员体力下降需要休息，并轮到后排时替换上去，所以，合理地运用“自由人”能大大提高全队的进攻水平。

五、接发球阵形

在选择接发球阵形时，不仅要有利于接球，还要考虑本方所采用的进攻及对方发球的特点。

按接发球人数来分，有 5 人接发球、4 人接发球、3 人接发球等。接发球的基本要求是：正确判断、合理取位、明确职责、分工配合。即：“远飘、轻飘点分散、平快、大力一条线。”这里介绍几种 5 人接发球阵形及变化。

（一）“W”站位阵形

初学者进行比赛多采用“中、边二传”进攻阵形，一般都站成“W”形，也称“一三二”型站位。这种阵形队员分布均衡、职责分明，但队员之间的“结合部”较多（图 8-3-3）。

（二）“M”站位阵形

“M”站位，也称“一二一二”站位，队员站位分散而均匀，分工明确，适合接落点分散、弧度高、速度慢的下沉飘球。不利于接大力球和平飘球。

（三）“一”字站位阵形

采用“一”字形站位是对付跳发球、大力发球、平冲飘球的有效站位。接发球时，5 名队员成“一”字形排开，左右距离较近，每人守一条线，互不干扰。（图 8-3-4）

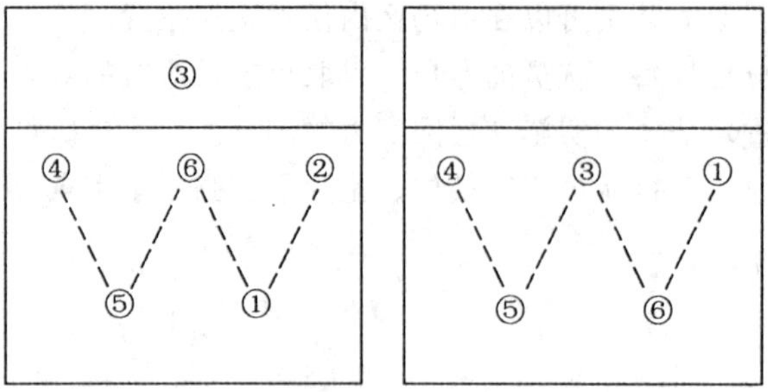

图 8-3-3

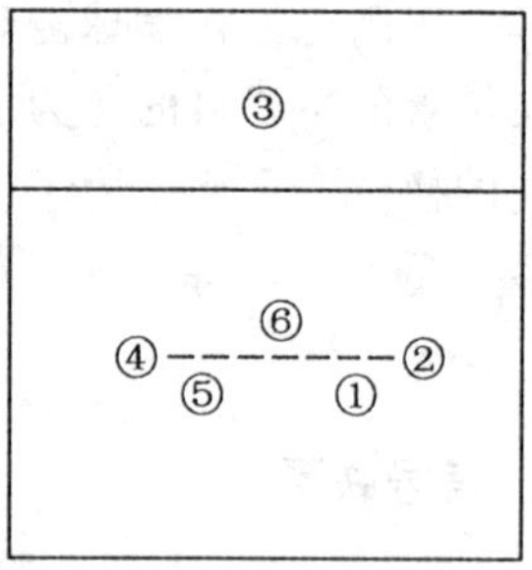

图 8-3-4

六、“中一二”进攻战术

“中一二”进攻战术是最基本、最简单的战术形式。由3号位队员二传，2、4号位队员进攻。其特点是比较容易组织，初学者易掌握，但只能两点进攻，变化少，进攻意图易被对方识破（图 8-3-5）。

七、“边一二”进攻战术

“边一二”进攻战术由2号位队员担任二传，3、4号位队员进攻，如由4号位队员担任二传，由3、2号位队员进攻，则称为“反边一二”进攻战术。它比“中一二”战术变化多、难度大，战术配合也较复杂。由于两名进攻队员的位置相邻，便于进行互相掩护配合，可以组织更多的战术配合，它的突然性和攻击性程度比“中一二”进攻战术高（图 8-3-6）。

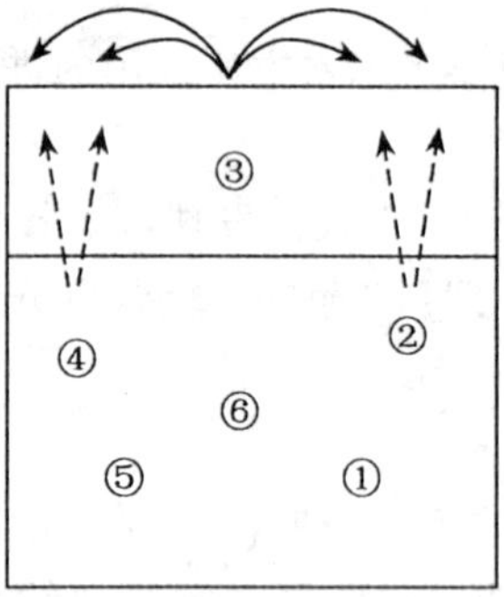

图 8-3-5

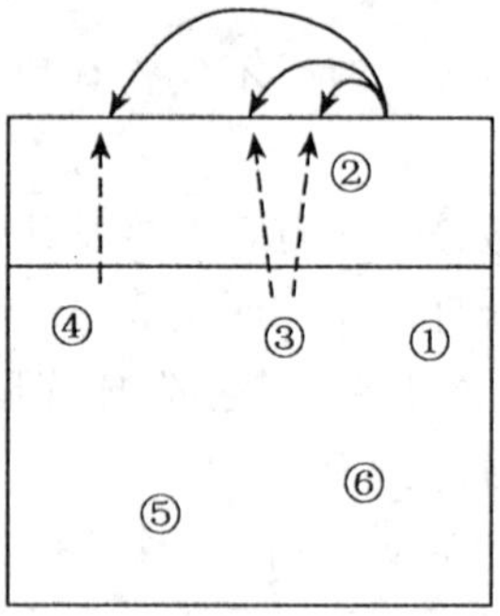

图 8-3-6

八、“后排插上”进攻战术

“后排插上”进攻战术是现代排球先进战术的主要形式，是在“中、边一二”进攻战术的基础上发展起来的。因此，“中、边一二”进攻战术中各种战术的配合，均可在“后排插上”战术中加以运用和发挥。由于此种战术有三名队员参加进攻，可充分地利用网的全长组织进攻，而使进攻点增多，战术配合更加复杂多变，因此，更具有突然性大、进攻点多的特点（图 8-3-7）。

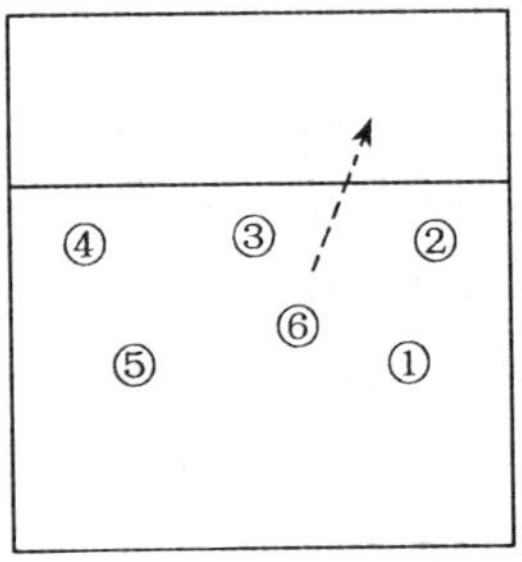

图 8-3-7

九、“边跟进”防守战术

拦网与后排防守的配合是防守成功的关键。比赛中常采用单人、双人和三人拦网，其中双人拦网是经常采用的。在双人拦网的情况下，此种防守方法是：前排三名队员要形成面对进攻点的弧形防守区域，并明确各自的防守区域和范围。前排两名队员组成拦网，后排 1 号位或 5 号位的队员跟进到进攻线附近保护。在对方攻势较强、吊球较少情况下采用该阵形。

十、“心跟进”防守战术

“心跟进”防守是比赛中常采用的一种防守形式，是由 6 号位队员跟进保护、防吊球的防守形式，适用于对方进攻力量不太强，善于打、吊结合时采用。此种防守方法是：前排不参加拦网的队员要及时后撤到限制线以后，准备防守，后排 1、5 号位队员应随着对方进攻点的不同，正确取位。

此种形式的特点是：网前有专人负责保护拦网，便于防吊球和接应拦网的反弹球，中心场地比较充实，有利于接应和组织反击。其不足是后排防守力量相对有所减弱，后场两侧空隙较大。一般在对方吊球较多的情况下采用该阵形。

第四节 排球运动基本竞赛规则

一、场地、器械、设备

比赛场区长 18 米，宽 9 米。中间为中线将球场分成两个半场，两半场离中线 3 米处各有一条限制线。场上所有的线宽 5 厘米，线的宽度均包括在场区内。发球区短线 15 厘米，与端线垂直并距端线 20 厘米，两条短线画在两条边线的延长线上。

球网为黑色，长 9. 50 米，宽 1 米，网眼直径 10 厘米。标志杆长 1. 80 米，分别设置在标志带的外沿，并高出球网 80 厘米。标志带宽 5 厘米，分别设置在球网两端并垂直于边线。

球网高度男子为 2. 43 米，女子为 2. 24 米。球网两端的高度必须相等，并不得超过规定。

二、胜一分、胜一局、胜一场

胜一分：比赛采用每球得分制，胜一球即得一分。如果是发球队获胜，则得一分并继续发球；如果是接球队获胜，则得一分同时获得发球权。如果双方队员同时犯规，则判"双方犯规"，不得分，由原发球队重新发球。

胜一局：比赛的前四局以先得 25 分、并同时超出对方 2 分为胜一局。当比分为 24：24时，比赛继续进行至某队领先 2 分为胜一局（例如 26：24，27：25）。决胜局以先得 15 分、并同时超出对方 2 分的队获胜。当比分为 14：14 时，比赛继续进行至某队领先 2 分为止（如 16：14，17：15）。

胜一场：正式比赛采用 5 局 3 胜制，最多比赛 5 局，先胜 3 局的队为胜一场。

三、界内、外球

球触及比赛场区地面包括界线为界内球。

球体完全触及界线以外地面，触及场外物体、天花板或非比赛成员，触及标志杆网绳、网柱或球网标志杆以外部分，球的整体或部分从非过网区完全越过球网的垂直面等为界外球。

四、发球犯规

发球犯规：未按照位置表所登记的发球次序发球；裁判员鸣哨后 5 秒之内未将球击出；球未抛起或没清楚离手时击球；击球时，脚踏及端线或踏过发球区短线。

重新发球：裁判员鸣哨前的发球；因特殊情况，裁判员认为有必要停止比赛；球被抛起或持球撤离后，未触及发球队员而落地，被认为发球失误，允许再次发球，发球队员必须在再次鸣哨后的 3 秒之内将球发出。

发球击球后犯规：球触网后落入本方场内或场外；球触及发球队队员；没有通过球网的垂直平面；发球队的队员利用掩护阻挡对方观察发球队员和球的飞行路线；球落在界外。

五、位置错误

当发球队员击球的瞬间，双方任何一名队员不在其规则规定的位置上，则构成位置错误犯规。上述规定，均以队员脚的着地部位来确定。当发球队员击球犯规与对方位置错误同时发生时，则认为发球犯规在先而判。如果是发球队员击球后的犯规，则位置错误在先，判位置错误犯规。

六、击球时的犯规

一个队连续触球四次（拦网除外）；队员在场内借助同伴或任何物体的支持进行击球；击球时必须清晰，如一名队员击球时，接触时间长，使球停滞，为"持球"犯规；在第一次击球时（拦网、腰部以上触球除外），允许身体不同部位在同一击球动作连续触球。其他情况下一名队员两次触球有先后，则判"连击"。判断后排队员进攻性击球犯规必须同时具备三个条件：后排队员在前场区，或踏及限制线及延长线，击球时整个球体高于球网上沿。

七、在球网附近的犯规

只有击球活动在进攻区时，队员触网为犯规。队员无意识、轻微、不影响比赛的触网和由于球被击入球网而造成球网触及队员则不判犯规；拦网时，允许越过球网触球，但在对方进行进攻性击球前或击球时，在对方空间触及球则判过网击球；队员的一只脚或双脚越过中线触及对方场区的同时，脚的一部分还接触中线或置于中线上空是允许的。除脚以外，队员身体的任何部分都不允许接触对方场区；队员在不妨碍对方比赛的情况下，允许在网下穿越进入对方空间，但妨碍对方比赛则判犯规。

八、拦网犯规

队员在对方进攻性击球前或击球时，在对方空间拦网触球为过网拦网犯规；后排队员靠近球网处参加集体拦网，并将手伸向高于球网处阻挡对方来球，即使本人未触球，只要集体拦网成员的任何队员触球，则判后排队员拦网犯规。拦对方发过来的球为拦发球犯规。

九、暂停与换人

第1~4局，每局有两次技术暂停，各为1分钟，每当领先队达到8分或16分时自行执行。每队每局还有一次机会请求30秒的普通暂停。决胜局无技术暂停，每队在该局可请求两次30秒普通暂停。每局每队最多可替换6人次，可以同时替换1人或多人。每局开始上场阵容的队员在同一局中可以退出比赛和再上场各一次，而且只能回到原阵容的位置上。替补队员每局只能上场一次，替补开局上场阵容的队员，而且他只能由被他替换下场的队员来替换。每换一人计为一人次。如果某一队员受伤不能继续比赛时，须进行合法替换；如果不可能进行合法替换时，可采取特殊替换；如果合法替换和特殊替换均不能进行时，则给予受伤队员3分钟恢复时间。如果仍不能进行比赛时，该队被宣布为阵容不完整，比赛结束，保留该队所得分数和局数，判该队输掉该局或该场，并给对方胜该局或该场比赛所应得的分数和局数。

十、后排队员进攻性击球犯规

后排队员在前场区或踏及进攻线，击整体高于球网上沿水平面的球，并使球的整体由过网区通过球网垂直面或触及对方拦网队员，则为后排队员进攻性击球犯规。

第九章　足　　球

第一节　足球运动概述

足球起源于中国。早在公元前 475 ~ 221 年的战国时代，我国就有了足球运动——“蹴鞠”。汉朝时，蹴鞠已开展得较为普遍了。唐朝是蹴鞠最为盛行的时期，当时已经使用了充气球，并使用“球门”。

现代足球 15 世纪末起源于英国。1835 年，在英国谢菲尔德成立了世界上第一个足球俱乐部。1863 年 10 月 26 日，英国人在伦敦皇后大街弗里马森旅馆成立了世界第一个足球协会——英格兰足球协会。1864 年，英国剑桥大学为了适应本国各学校的足球比赛而综合制定了一个简单的规则，当时称之为剑桥大学规则。这也是世界足球史上第一部较为统一的足球规则。

英格兰足球协会的诞生，标志着足球运动的发展进入了一个崭新的阶段。因而，人们公认 1863 年 10 月 26 日，即英格兰足球协会成立之日为现代足球的诞生日。到了 1885 年，英格兰首创了职业足球俱乐部，此后，职业足球俱乐部在奥地利、西班牙、意大利、匈牙利等国家纷纷成立并合法化。

1904 年 5 月 21 日，国际足球协会联合会（简称国际足联，英文缩写为 FIFA）在法国巴黎正式成立。同年 5 月 23 日，国际足联召开了第一届全体代表大会，法国的罗伯特·盖林被推选为第一任主席。

1928 年，国际足球联合会在荷兰首都阿姆斯特丹举行会议，决定每 4 年举行一届世界足球锦标赛（世界杯），并规定每届比赛与奥运会相间举行，决定 1930 年举行第一届世界足球锦标赛。两年后第一届世界足球锦标赛如期在乌拉圭首都蒙特维地亚举行。到 2006 年，共举行了 18 届，其间因第二次世界大战，世界足球锦标赛中断了 12 年，直到 1950 年才恢复举行第四届比赛。

目前，按地理位置划分参加世界足球锦标赛的有欧洲、中北美洲、南美洲、非洲、亚洲和大洋洲的国际足球联合会成员国的球队。

我国的现代足球运动是 19 世纪末和 20 世纪初发展起来的。中华人民共和国成立以后，足球运动得到不断发展。1951 年首次举办了全国足球比赛。1955 年中国足球协会成立。从 1956 年起，我国足球运动实行甲、乙级联赛制度，同时，还实行运动员、裁判员等级制度。直到 1993 年，我国的足球竞赛体制才开始改革，实行职业联赛，原有足球队进行了职业俱乐部的重组。2002 年，中国足球第一次进入了世界杯的决赛圈，实现了足球冲出亚洲，走向世界的美好愿望。

第二节　足球基本技术与练习方法

一、无球技术

无球技术是指比赛中运动员在不控球的情况下所采用的合理动作的总称。

无球技术的主要内容包括：起动、跑动、急停、转身、跳跃、移位和假动作。

二、有球技术

有球技术是指运动员在比赛中，为达到进攻和防守目的所采用的各种支配球的技术。

有球技术包括：踢球技术、颠球技术、接球技术、运球技术、头顶球技术、抢截球技术、掷界外球技术和守门员技术。

（一）颠球

颠球可分为拉挑球、脚背正面颠球、脚内侧颠球、脚外侧颠球、大腿颠球、头颠球、肩颠球和胸部颠球。

1. 技术要领

拉挑球：支撑脚站在球的后方约30厘米处，膝关节微屈，身体重心在支撑脚上，拉挑球的脚前掌踩在球的上方并向后轻拉，在球开始向后滚动的同时，脚掌着地，脚尖插向球的底部，脚尖微翘向上挑起。

脚背正面颠球：支撑脚微屈，当球落至低于膝关节时，颠球脚向前甩动小腿，脚尖微翘，用脚背击球的底部，将球向上颠起。

大腿颠球：当球落至接近髋关节高度时，颠球的大腿屈膝上摆，当大腿摆到水平状态时，击球的底部，将球向上颠起。

2. 练习方法

（1）原地颠手抛的下落球。

（2）原地拉挑球练习。

（3）原地拉挑球接颠球。

（4）原地拉挑球接左右交替颠球。

（5）多部位交替颠球。

（6）二人对颠。

3. 易犯错误与纠正方法

（1）直腿颠球，动作僵硬。纠正方法：提示学生膝关节放松，甩小腿。

（2）脚尖翘起时间过长，形成“勾”脚背，使球离身体太近。纠正方法：强调踝关节在自然状态下固定。

（二）踢球

踢球的方式有脚内侧、脚背正面、脚背内侧、脚背外侧、脚跟、脚尖。该技术由助跑、支撑脚站位、踢球腿的摆动、脚触球、踢球后的随前动作组成。

1. 动作要领

脚内侧踢球：脚内侧可以踢定位球，直接踢由各个方向来的地滚球、反弹球、空中球。用脚的内侧踢地滚球时应直线助跑，支撑脚踏在球的侧方 15 厘米左右，膝关节微屈，在支撑脚着地的同时踢球腿以膝关节为轴由后向前摆，在前摆过程中屈膝外展，踢球脚的脚内侧正对出球方向，小腿急速前摆，脚尖翘起，脚底与地面平行，击球的后中部，踢球脚随球前摆落地。

脚背正面踢球：脚背正面可以踢定位球、空中球、反弹球、倒勾球等。脚背正面踢地滚球时直线助跑，最后一步稍大并要积极着地，支撑脚站在球的侧方约 10 厘米左右，脚尖正对出球方向，膝关节微屈：摆动腿要在准备做支撑的脚前跨和助跑的最后一步蹬离地面时，顺势向后摆起，小腿屈曲。在支撑脚着地的同时，以髋关节为轴，大腿带动小腿由后向前摆，当膝关节摆至接近球的正上方的一刹那，小腿做爆发式前摆，以髋关节为轴，大腿带动小腿由后向前摆，脚背绷直，脚趾扣紧，以脚背正面击球的后中部，踢球腿提膝随球继续前摆。

脚背内侧踢球：脚背内侧可以踢定位球、地滚球、过顶球、弧线球和转身踢球。脚背内侧踢地滚球时，斜线助跑（助跑方向与出球方向约成 45°角），支撑脚是以脚掌外沿积极着地，踏在球的侧后方 20 ~ 25 厘米处，膝关节微屈，脚尖指向出球方向，身体稍向支撑脚倾斜。在支撑脚着地的同时踢球腿以髋关节为轴，大腿带动小腿由后向前摆。当身体转向出球方向，膝盖摆至接近球的内侧上方时，小腿做爆发式前摆，脚尖稍外转，脚背绷直，脚趾扣紧，脚尖指向斜下方，以脚背内侧踢球的后中部（踢过顶球时，踢球的后下部）（图 9-2-1）。

图 9-2-1

脚背外侧踢球：可以踢直线球、弧线球、弹拨球和蹭踢球。脚背外侧踢直线球时，助跑、支撑脚的站位和踢球腿的摆动，基本上与脚背正面踢球相同，但是踢球腿的膝盖摆至接近球的正上方的一刹那，小腿做爆发式前摆，膝盖、脚尖内转，脚趾扣紧，以脚背外侧踢球的后中部，踢球腿提膝随球继续前摆（图 9-2-2）。

2. 练习方法（以脚背内侧踢球为例）

（1）摆腿模仿练习。重点强调小腿的加速摆动和摆腿时的转体动作。

（2）两人一组，一人踩球，一人原地做踢固定球练习。重点强调踢球脚的脚尖斜下指，用脚背内侧踢球的后下部，把球往上“铲”起。

（3）两人一组，相距 25 ~ 30 米，踢定位球。要求动作协调、思想放松，按模仿练习的感觉进行练习，防止动作“走形”。

（4）学生熟练掌握脚背内侧踢固定球后，可练习踢活动球。结合停球后向两侧拨球，

图 9-2-2

然后用脚背内侧将球踢出。提醒学生注意支撑脚的提前量。

（5）踢准练习。可采取踢画有标志的足球墙，按规定的距离击中目标的计算成绩。

（6）两人一组，相距 20～25 米，并向前跑动，进行长传球练习。

3. 易犯错误与纠正方法

（1）直腿摆动，动作僵硬。纠正方法：进行反复摆腿模仿练习。

（2）脚触球部位不正确。纠正方法：踢球前注视一下球，踢球时不要勾脚尖，支撑脚距球不要太远，踢球脚的前脚掌轻蹭一下地面。

（3）踢球腿摆动时，没有相应地转动身体，影响正确的部位触球。纠正方法：身体重心移至支撑脚，踢球的一刹那，以支撑脚的前脚掌支撑地面，身体向出球方向转动。

（三）停球

停球方式有脚内侧、脚底、脚背正面、脚背外侧、胸部和大腿停球等。

1. 动作要领

脚内侧停球：脚内侧停地滚球时，根据来球路线选择停球位置并及时移动到位。支撑脚正对来球，膝关节微屈。停球腿屈膝外展并前迎，脚尖翘起，当脚与球接触前的刹那开始后撤，在后撤过程中用脚内侧触球，把球控制在衔接下一个动作需要的位置上。

脚内侧停反弹球时，支撑脚踏在球的落点的侧前方，膝关节微屈，上体稍前倾并向停球方向微转，同时停球脚提起，踝关节放松，脚内侧对准球的反弹路线，当球落地反弹时，用脚内侧挡压球的后中部。

脚底停球：该部位可停地滚球和反弹球。

停地滚球时面向来球，支撑脚踏在球的侧后方，膝关节微屈，脚尖正对来球，同时停球脚提起，膝关节自然弯曲，脚尖翘起高于脚跟（脚跟离地稍低于球）。踝关节放松，用脚前掌挡压球的中上部。

脚底停反弹球时，支撑脚站在球的落点的侧后方。停球腿屈膝抬起，当球落地的一刹那，脚尖上翘，小腿稍前倾，用脚掌覆盖在球的反弹路线上，触压球的后上部。

胸部停球分为挺胸和收胸两种方法：挺胸法准备停球时，稍收下颏。当球运行到与胸部接触前的刹那，两脚蹬地上挺的同时屈膝，上体后仰，用胸大肌触球。采用收胸法准备停球时，两脚前后开立，身体重心前移，挺胸迎球。当球运行到与胸部接触前的一刹那，重心迅速后移的同时收胸、收腹挡压或拍击球。

大腿停球：大腿停高球时，停球腿屈膝抬起，以大腿中部对准落下的球，肌肉适当放松。当大腿与球接触的一刹那，快速后撤，将球挡落在体前衔接下一个动作需要的位置上。大腿停低平球时，停球腿以大腿中部对准来球，屈膝前迎，肌肉适当放松。当大腿与球接触的一刹那，快速后撤，将球挡落在衔接下一个动作需要的位置上。

脚背正面停球：停球脚提起迎球，以脚背正面对准下落的球。在脚背与球接触前的一刹那开始下撤，在下撤过程中用脚背正面触球的底部，使球落在体前适当的位置上。

2. 练习方法（以脚内侧停反弹球为例）

（1）两人一组，一人手抛或轻踢地滚球，一人做脚内侧停地滚球，主要体会停球部位。

（2）逐渐增加踢球力量，主要掌握好停球脚回撤或下切的时机。

（3）两人一组，迎面向前跑动，然后用脚内侧向内、向外或向后转身接球。

3. 易犯错误与纠正方法

（1）动作僵硬。纠正方法：强调膝、踝关节放松。身体重心放在支撑脚上。

（2）回撤或切挡的时机掌握不好。纠正方法：多做模仿动作，提高触球缓冲的灵敏反应能力。

（3）与下一动作衔接不连贯。纠正方法：养成先观察周围情况再接球的习惯。回撤停球要提起支撑脚，与转身结合起来，将球引向合理的位置。切挡停球与下一步踢球动作密切衔接，用力不可过大，停球后立即移动重心接近球。

（四）头顶球

头顶球分为前额正面顶球和前额侧面顶球，这两个部位都可以做原地、跳起和鱼跃顶球。

1. 动作要领

原地前额正面头顶球：身体正对来球，两脚前后或左右开立，膝关节微屈，上体稍后仰，重心放在后脚上，两臂微屈自然张开，眼睛注视来球。当球运行至身体垂直面前的刹那，后脚用力蹬地，身体重心由后脚移向前脚的同时，迅速向前摆体收下颌，颈部紧张，快速甩头，用前额正面顶球的后中部。

原地跳起前额正面头顶球：准备起跳时，两腿屈膝，重心下降，然后两脚同时蹬地，两臂屈肘上摆向上跳起。在跳起上升过程中挺胸展腹，两臂自然张开，眼睛注视来球。在跳起到达最高点准备顶球时，身体成背弓。当球运行到身体的垂直面前的刹那，快速收胸折体前屈并甩头，用前额正面将球顶出。顶球后两腿同时屈膝、缓冲落地。

2. 练习方法（以原地前额正面头顶球）

（1）复习头顶颠球，体会头触球部位。

（2）原地模仿头顶球动作，体会腰部的摆动，同时两臂自然张开，协助身体向前摆动。

（3）一人持球至适当高度，另一人用前额正面击球，体会顶球部位及摆体动作。

（4）两人一组，相距5米左右，互抛高球，练习头顶球。

（5）两人顶球熟练后，可连续头顶球。要求顶准，尽量不让球落地。

3. 易犯错误与纠正方法

（1）头顶球的部位不正确。纠正方法：克服惧怕心理，强调两眼注视来球，主动用前额迎击来球。

（2）不能正确运用摆体动作顶球。纠正方法：多做摆体模仿动作，强调蹬后腿，腰部发力，两臂同时协助用力，上体积极前摆。

（五）运球

运球是运动员在跑动中用脚连续推拨球，使球处于自己控制范围内的触球动作。利用运球可以变换进攻的速度，调节比赛的节奏。在对手紧逼和密集防守的情况下，利用运球和过人可以摆脱对方的阻截和围抢，扰乱对方防守阵形，造成以多打少的主动局势，为传球或射门创造有利时机。

1. 技术要领

脚背内侧运球：跑动时，身体自然放松，步幅要小，上体前倾要稍向运球方向转动；运球脚提起时，膝关节稍弯曲，脚跟提起，踝关节外展，脚尖斜下指，用脚背内侧部位推拨球前进。在比赛中，大多用在改变方向或者为了护球的情况下使用。

脚背外侧运球：跑动时，身体自然放松，上体稍前倾，两臂自然摆动，步幅不要过大；运球脚提起时，膝关节弯曲，脚跟提起，踝关节内旋，脚尖向内斜下指，用脚背外侧部位推拨球前进。在比赛中，大多在快速推进或为超越对手、前方纵深距离较大或者改变方向时使用。

脚内侧运球：运球时，支撑腿向前跨出一步，落在球的侧前方，膝关节微屈，重心落在支撑脚上，上体向带球方向前倾，用运球脚内侧推拨球后中部前进。在比赛中，主要适用于以身体掩护球时。

正脚背运球：运球时，上体前倾，步幅放大，运球脚提起时，膝关节弯屈，脚尖向下，以脚背正面推拨球前进。在比赛中，主要适用于突破对手后做较长距离的快速运球时。

运球过人：运球时要逼近防守者，距对方 2 米左右，身体要保护球并用远离防守者的脚控制球。过人时重心要低并落于两脚之间，有利于假动作使对方失去重心，运用拨、拉、扣、挑等技术动作，突然快速地摆脱越过对手。

（1）拨球：是运用脚背抖拨的动作，从对手的一侧越过。

（2）拉球：一般是指用脚底将球从前向后拖或用脚内侧将球由身体左侧拖至右侧。

（3）扣球：是运用转身和脚腕急转压扣的动作，以脚内侧或外侧触球，将球迅速停住或转变方向。用脚内侧扣球的动作称“里扣”，用脚外侧扣球的动作称“外扣”。

（4）挑球：是用脚尖上翘或脚背上撩的动作，使球向上改变方向，从对手身侧或头上越过。

2. 练习方法

（1）各种脚法的往返直线运球。每人一球，每组 6 ~ 8 人，在相距 30 ~ 40 米的两根标志物之间进行，练习依次进行，前后两人相距 5 米左右。

（2）直线穿梭运球练习。5 ~ 6 人一组一球，在相距 15 ~ 20 米之间进行练习。

（3）蛇形推进运球练习。每人一球，每组 6 ~ 8 人，在相距 30 ~ 40 米的两根标志物之间进行。

（4）侧身左右脚交替往返变向运球练习。每人一球，每组 6 ~ 8 人，在相距 30 ~ 40 米的两根标志物之间进行。

（5）30 米曲线运球绕杆（10 根杆）。每隔 3 米插一根标志物，起点与终点以标志物代替或画一直线。练习者一人一球，依次进行。

（6）两人一组，在积极或消极的防守下，做一对一的运球过人练习。

3. 易犯错误与纠正方法

（1）低头运球过人。纠正方法：教师应时刻提醒学生抬头观察周围情况，或在学生做各种运球过人练习中，做各种手势，让学生对手势作出反应。

（2）身体僵硬。纠正方法：僵硬的主要原因是技术生疏、思想紧张。教师要不断提醒学生放松。

（3）技术动作不到位。纠正方法：提醒支撑脚要靠近球并多做髋关节灵活性练习。

（4）支撑脚距球过近或过远。纠正方法：运动中支撑脚的落地要注意提前量。

（六）抢截球

抢截球是防守中的主动行动，是转守为攻的积极手段。抢截球包括抢球和截球两个内容。

1. 动作要领

正面跨步抢球：抢球者面对对手两脚前后开立，两膝微屈，在对手运球脚触球后即将着地或刚着地时，支撑脚立即用力后蹬，抢球脚以脚内侧对着球跨出，膝关节弯曲，上体前倾，身体重心移至抢球脚上，另一脚立即前跨；如果双方脚同时触球，抢球者则要顺势向上提拉，使球从对方脚背滚过，同时身体重心要迅速跟上，把球控制好。如离球稍远可用脚尖。

侧面冲撞抢截：当与对方平行跑动争球时，身体重心要降低，两臂紧贴身体，当对方近侧脚着地时，可用肩和上臂做合理冲撞动作，使对方失去平衡，从而截获球。侧面冲撞抢截用于抢截者和运球者平行跑动时。

侧后铲球：防守人追到距运球人侧后1米左右，可用脚掌或脚背外侧进行铲球。当运球人将球拨动时，防守者先蹬腿，随后抢球腿跨出，以脚掌或脚掌外侧在地面滑行而将球踢出。小腿、大腿、臀部上方依次着地。侧后铲球适用于对手运球刚越过防守者时。

2. 练习方法

（1）两人并肩走步中练习冲撞，慢跑和快跑中进行冲撞，体会合理冲撞的方法。

（2）一人在慢跑中运球，另一人练习侧面用肩冲撞抢球。

（3）一对一抢截，正面抢截后相互交换，以抢到球为准。

（4）一对一抢截，正面、侧面抢截，以触到球为准，相互交换练习。

（5）原地练习铲球，一人站在固定球的后面伴做停球，一人从侧后方跑上来练习铲球倒地动作。

（6）助跑练习铲球，一人带球前进，一人在带球人身后，待球推出后铲球。

3. 易犯错误与纠正方法

（1）冲撞时，用手或肘推对手，造成犯规。纠正方法：讲解规则。

（2）侧面抢球时，合理冲撞的时机掌握不好。纠正方法：讲解规则，指出在对手同侧脚离地的一刹那，合理冲撞对手，才能使对手失去平衡，向外侧倒，以便使自己抢到球。

（3）铲球时，出脚的时机掌握不准。纠正方法：讲明应该在对手拨出球的一刹那铲球，这样才能既铲到球又避免犯规。

（4）铲球动作不连贯，容易造成自己摔伤。纠正方法：多做模仿练习，掌握自我保护的动作。

（七）假动作

1. 技术要领

（1）无球假动作。

变速假动作：先慢速诱使对手跑慢，然后突然加速，或慢、快变速跑，摆脱对手。要求步幅小、频率快，变速突然性强。

变向假动作：变向、折转等方法，要结合跑动速度的变化，加上突然、快速的变向，摆脱对手。

假抢：可先向左（右）侧，佯做抢球动作，诱使对手改变方向从右（左）侧运球，再突然向右（左）抢球。

（2）有球假动作。

踢球假动作：佯装摆腿踢球，诱使对手封堵传球路线或转身挡球，迅速突破。

停球假动作：迎面来球，对手从后方企图抢截球，可先佯做左（右）停球动作，诱使对手堵抢左（右）侧时，突然向右（左）停球并摆脱对手。

运球假动作：通过身体向左（右）晃动或佯做使球向左（右）变向，诱使对手向左（右）侧堵截时，突然向右（左）变向，摆脱对手。

2. 练习方法

（1）在慢速中做变速、变向假动作模仿练习。

（2）两人一组，一人防守，一人做无球假动作练习。假动作要逼真，动作变化要突然、快速。

（3）曲线运球练习。

（4）模仿练习。自己运球，做各种假动作。注意重心移动。

（5）两人一球，一人消极防守，一人做各种假动作，速度由慢到快。要求假动作逼真，动作连贯，突然变速。

（6）两人一球，一人积极防守，一人做各种假动作以摆脱对手。可结合射门练习。防守者抢到球后，立即变成进攻者。

3. 易犯错误与纠正方法

（1）动作不逼真，缺乏连贯性。纠正方法：根据动作多做上体的晃动练习。

（2）假动作变化突然性不强。纠正方法：提高腰、腹部力量，多练变向跨步跑和变速跑。

（3）假动作运用时机不好。纠正方法：提高分析判断能力，学会根据双方场上情况掌握控球时机和距离。

（八）守门员技术

守门员技术的高低、反应的敏捷程度和竞争意识直接影响全队的士气与最后一道门户的牢固。守门员技术可分为接球、扑接球、拳击球、托球、掷球和抛踢球。

1. 技术要领

（1）接球。

接地滚球：接地滚球分直立和单膝跪立接球两种。直立接球时，两脚要自然并拢不留空隙，脚尖对准来球，上体前屈，两臂自然下垂近地，手指自然张开，手心向前，两手接球底部，接球后两臂同时弯曲，并互相靠拢，将球提至胸前紧抱；单膝跪立接球时，两腿向侧前方开立，前腿弯曲，后腿跪立，膝关节接触地面，并靠近前脚跟，不留中空，上体前倾，两臂下垂，掌心对准来球方向，两手接球底部，接球后将球抱至胸前。

接高球：两手自然张开，拇指相对，食指与拇指成桃形，当手触球时，手腕和手指适当用力将球接住，同时屈肘、回缩并下引，顺势翻掌将球抱于胸前。要求判断球路与落点要准，跑动、起跳要准。

接平球：接球前两臂屈肘置于胸前两侧，在球接触胸前的一瞬间，两臂夹紧，收缩两手抱住球的侧上部，迅速置于胸前。

（2）扑接球。

侧地扑接低球时，先向来球跨一步，接着身体以一侧小腿、大腿、臀部、上体和小臂依次着地，同时两臂向前伸出，同侧手掌对准来球，另一侧手掌在球的上方对准来球，触球后手指、手腕用力，屈肘把球收回胸前，然后起立。

（3）拳击球。

可分为单拳击球和双拳击球。单拳击球时，屈肘、握拳于胸前，跳起快速冲拳，以拳面将球击出；双拳击球时，双臂屈肘握拳于胸前，两拳靠拢，当跳起到最高点时，双拳同时快速冲击，以拳面将球击出。

（4）托球。

起跳后身体成背弓，单臂快速上伸，手掌前部和手指用力将球向后上托出。

（5）掷球和抛踢球。

掷球有单手低手掷球和肩上掷球，抛踢球有自抛踢下落球和踢反弹球。

2. 练习方法

（1）准备姿势与移动模仿练习。

（2）手形模仿动作和手形变换练习。

（3）接手抛或脚踢的球。距离由远到近，力量由小到大，角度由小到大。

（4）倒地接球模仿练习。

（5）坐地、跪地、半蹲扑接手抛的球。

（6）在沙坑里或在垫子上扑接手抛或脚踢的球。

（7）在球门中央进行扑接球练习。

（8）结合实战的扑接球练习。

3. 易犯错误与纠正方法

（1）选位与移动不合理。纠正方法：学会寻找选位的参照物，如以点球点、球门柱、罚球区弧线等作为选位的参照物；提高判断各种来球的高度、距离、方向等能力，选准移动距离、时间和接球点；强化移动的反应能力。

（2）接球不稳。纠正方法：多练缓冲接球的模仿动作；巩固接各种来球的正确手形；强调先移动到位，在有准备的情况下接球。

（3）衔接动作不好。纠正方法：多练综合性的技术，提高衔接能力，提高制动后的起动速度；有意制造某种困难条件，去完成下一个技术动作。

（九）掷界外球

1. 技术要领

掷球时，后腿用力，上体带动两臂急速前摆。当球摆至头上时，用力甩腕。

2. 练习方法

（1）持球做原地和助跑掷界外球的模仿动作。

（2）原地或助跑掷球练习。距离由近及远，并在准确性上提出一定要求。

3. 易犯错误及纠正方法

（1）掷球违例。纠正方法：讲清掷界外球规则，分析违例原因，多练原地持球或助跑掷界外球的模仿动作。

（2）掷球不远。纠正方法：发展肩的柔韧性和腰腹肌力量，提高腿、腰、臂的协调配合能力。

第三节　足球基本战术

足球比赛攻守过程中采取的个人行动和集体配合，称为基本战术。

足球战术可分为进攻战术和防守战术两大类。在进攻战术和防守战术中都包含着个人和集体的战术。

一、比赛阵形

比赛阵形是指比赛场上队员的基本位置排列，是本队攻守力量搭配和分工的形式。选择阵形要以本队队员的特长、体能、技术水平与对手的特点为依据。

根据队员的职责和排列的层次，阵形分为后卫线、前卫线和前锋线。阵形的人数排列原则是从后卫数向前锋的，守门员不计算在内。

目前，世界上普遍采用的阵形有“4-3-3”、“4-4-2”、“4-1-2-3”、“3-5-2”等。在以上阵形中，除“4-4-2”阵形以防守为主、反击为辅外，其他阵形均以进攻为主，尤以“3-5-2”阵形更为突出。

二、进攻基础战术

（一）个人进攻战术

个人进攻战术包括摆脱、跑位、运球过人等。这是在对方紧逼防守的情况下采取有效措施，摆脱自己的对手，跑到有利的位置，接应控制球的同伴巧妙地传球配合以达到进攻的目的。

（二）局部进攻战术

局部进攻战术指两人以上的战术配合行动。此战术可以丰富和完善全队的进攻战术，是实施全队战术的基础。一般常用的有斜传直插二过一、直传斜插二过一、踢墙式二过一和三过二进攻配合等。两人的局部配合是集体配合的基础。

（三）集体进攻战术

（1）边路进攻：它主要通过边锋或交叉到边上的中锋，直接插上的前卫、边后卫，运用个人带球突破或传球配合突破对方防线传中（外围传中、下底传中、切底迂回传中），由中锋在另一侧包抄射门。

（2）中路进攻：中路进攻能直接威胁球门，但中间防守队员密集，不易突破，因此通过中锋、内切的边锋或插上的前卫间的配合或个人运球过人等方法突破对方防线。

（3）转移进攻：当一侧进攻受阻，另一侧进攻有利时要及时、快速地转移进攻方向。此方法多是采用有效而准确的中长距离传球来实现的，以拉开对方的一边防守，达到声东击西的进攻目的。

（4）快速反击：在防御中积极拼抢，一旦得球，乘对方立足未稳时，快速传球，以多打少，达到射门得分取胜的目的。

三、防守基础战术

（一）选位与盯人

选位与盯人既是防守战术，也是重要的个人技术。选位时，防守队员一般应处于球门中心与对手之间的直线上。盯人时应采用“有球紧、无球松”和“远松近紧”的方法，即对有球的、接近球和逼近球门的对手采用紧逼的战术；对无球的、远离球和远离球门的对手采用松动盯人的战术。

（二）保护与补位

保护是补位的前提，没有保护就不可能有效地补位，队员之间适当的斜线站位是保护的选位要求和后卫防守站位的基本原则。补位是防守队员之间协同配合、相互帮助的一种方法。

补位有两种：一种是队员去补空当，如边后卫插上助攻时，就由另一队员暂时补他的位置，以防插上进攻失误后对方利用此空当进行反击；二是队员间的相互补位，即交换防守。相互补位一般应是临近的两个同伴之间的换位，这样出现漏洞的可能性就小。

（三）个人防守战术

个人防守战术是局部和集体防守的基础，包括堵（迎面堵、贴身堵）、抢（迎面抢、侧面抢、侧后铲）、断等技术在防守中的运用。

（四）集体防守战术

集体防守战术有全攻全守的全场防守、半场防守、紧逼防守、区域防守，也有盯人结合区域防守、密集防守等多种防守战术。不论采用哪种战术都要考虑到本队的特长，更要针对对方的进攻战术，采用有效的防守战术，阻止对方的进攻。

（五）造越位战术

造越位战术是防守队员主动制造对手越位的配合，以破坏对方的进攻节奏和攻势，是由守转攻的一种手段。

四、定位球战术

（一）角球进攻战术

角球进攻战术有两种：一种是直接将球踢至球门前，由头球能力强的同伴争抢头球射门；另一种是短传配合，它是在己方头球能力较差或碰到较大逆风时运用。

（二）球门球

发球门球的原则是及时、快速、准确、有效地发起进攻。发球门球时守门员与后卫做一次配合，也可踢远球给进攻的一线队员。

（三）任意球

分直接任意球和间接任意球两种。罚直接任意球可采用穿墙和弧线球直接踢入，或者采用过顶吊人传切配合；罚间接任意球时，传球次数要少，运用假动作声东击西，传球要及时，以免越位。

（四）点球

要求主罚队员沉着、机智，有高度信心及熟练的假动作技术和过硬的脚法。

第四节 足球运动基本竞赛规则

一、比赛场地

（1）足球比赛场地必须是长方形的平整场地，其长 90～120 米，宽 45～90 米。国际比赛场地长 100～110 米，宽 64～75 米。设在 400 米跑道的田径场内的足球场，一般以长 105 米，宽 68 米为宜。基层比赛可因地制宜，但在任何情况下，场地的长度必须大于宽度。

（2）场上各线应用熟石灰粉或白浆标画清晰，线宽不得超过 12 厘米，并与球门柱的宽度相等，各线不得做成“V”形凹槽。

（3）角旗：场地四角必须各竖一平顶的旗杆，杆高至少 1.50 米，上挂一面小旗，称角旗。

（4）中线旗：在中线两端的边线外至少 1 米处各竖一面与角旗相同的小旗，称中线旗。

（5）球门：球门以一横木架在垂直竖立于横线上的两根立柱的顶端制成。两柱的内沿相距 7.32 米，横木的下沿距离地面 2.44 米，立柱与横木的宽度和厚度均不得超过 12 厘米。球门后面装一球门网，球门网必须适当撑起，使守门员有充分活动的空间。

二、球门区、罚球区、罚球弧和中圈的作用

（一）球门区的作用

（1）球门区是执行踢球门球的区域，踢球门球时，应把球放在球门区的任何地点执行。

（2）在该区内，守门员应受到保护，当他手中无球或在空中持球时，对方队员不得向他进行冲撞。

（3）在该区内，守方被罚间接任意球或裁判员在该区内触球时，应在距犯规地点或球所在的位置最近的与球门线平行的球门区线上执行。

（二）罚球区的作用

（1）在该区内，守方的守门员允许用手触球。

（2）守方队员在本方罚球区故意违犯规则第十二章第一条中的任何一款者，均被罚点球。

（3）在执行罚点球时，除守方守门员及主罚队员外，其他队员必须在罚球区和罚球弧外的场内。

(4) 在踢球门球或守方罚任意球时，必须将球直接踢出罚球区，比赛方为开始，否则重踢。

(5) 在踢球门球和罚任意球时，对方队员必须退出罚球区，并距球至少 9.15 米远。

(三) 罚球弧的作用

在执行罚点球时，除守方守门员和主罚队员外，其他队员必须站在罚球弧外。

(四) 中圈的作用

当在中圈开球时，守方队员必须站在中圈以外，在比赛开始前不得进入中圈。

三、队员、替补队员

(1) 每一场比赛由两队参加，每队上场的队员不得多于 11 人。其中必须有 1 名为守门员，在比赛开始或比赛进行中，某队队员人数不足 7 人时，该场比赛应认为无效。

(2) 被替补出场的队员不得再上场比赛。在比赛中，队员被裁判员罚出场后，不得由其他队员替补。

(3) 场上队员可以和守门员互换位置，但须事先通知裁判员，并应在比赛成死球时进行。

四、球出界和球入门

(1) 球的整体在地面或空中越出边线或端线，才算球出界。

(2) 球的整体从两门柱及横木下越过球门线外沿的垂直面时，判为对方胜一球。

五、越位

(一) 越位的概念

当队员踢球（顶球、触球）时，同队队员在对方半场内所处的位置在球的前面，并在他与对方端线之间，对方队员不足 2 人时，该队员即为越位。

根据上述概念，越位是由下面两个因素构成：

时间因素——当同队队员向他传球时。

位置因素——当队员处于越位位置时，即该队员在对方半场内，在球的前面，并且对方队员不足 2 人时。

(二) 如何判罚越位

(1) 当处于越位位置的队员与同队正在踢球的队员构成传接关系时，即应判罚该队员为越位。

(2) 当裁判员认为处于越位位置的队员，在其同队队员踢球的一刹那，该队员从越位位置取得利益时，应判罚该队员越位。

(3) 如果队员仅仅处在越位位置时，可直接接得球门球、角球、界外球、裁判员坠球时，不判该队员越位。

六、直接任意球和点球

(1) 在比赛进行中，队员故意违犯判罚直接任意球的九款（规则第十二章第一条）规定中的任何一款者，应由对方队员在犯规地点罚直接任意球。

（2）如果守方队员在本方罚球区内故意违犯九款中的任何一项者，不论当时球在任何位置，均应被判罚点球。

七、合理冲撞

双方队员的目的是为了争得球，而球又在该队员控制范围之内，并以肩以下、肘关节以上的部位去冲撞对方的相应部位，冲撞的力量适当，冲撞时臂不得张开。

八、间接任意球

（1）队员违犯判罚间接任意球的五款（详见规则第十二章第二条）规定中的任何一项者，由对方队员在犯规地点罚间接任意球。如果队员在对方球门区内犯规，则由对方队员在犯规所发生的半边球门区内的任何地点执行。

（2）如果攻方队员在对方球门内踢间接任意球，应在距犯规地点最近的、与球门线平行的球门区线上执行。

九、手球判罚

如果守方队员在本方罚球区故意用手触及球，均应被判罚点球。

十、警告与罚令出场

（1）在比赛中，根据队员犯规的事实所给予的警告和罚令出场的处罚，是对队员进行教育的一种手段，也是为了保证比赛能够顺利进行的有力措施。因此，在队员违犯了警告和罚出场的条款（规则第十二章第三、四条）中的规定时，裁判员应及时给予处罚。

（2）在准备执行处罚时，裁判员应停止比赛，并向被罚队员出示黄牌或红牌，表示警告和罚出场。使场内外的队员、教练员、工作人员和观众等都清楚该队员所受到的处罚，同时达到教育队员的目的。

十一、守门员违例

这是指守门员在本方罚球区内违反“四步规定”、“第二次用手触球”及故意延误时间的犯规。

（1）允许守门员行走的“四步”可连续使用或分开使用，但应累计计算。有时守门员快速跑动中跳起接球，落地后为了保持身体平衡而向后或向前走了几步，不应计算在四步之内。

（2）当守门员用手控制球后，一旦将球置于地上或传出，即为进入比赛状态，这种情况不论出现在行走四步之前、之中或之后。当处于罚球区外的同队另一名队员触球后，守门员如接同队队员回传球，应判罚间接任意球。

第十章 网　　球

第一节 网球运动概述

网球运动的起源及演变可以用四句话来概括：网球孕育在法国，诞生在英国，开始普及和形成高潮在美国，现盛行全世界，被称为世界第二大球类运动。

网球运动起源于法国。早在12～13世纪，法国传教士常常在教堂的回廊里，用手掌击打一种类似小球的物体，以此来调剂刻板的教堂生活。渐渐地这种活动传入法国宫廷，并很快成为王室贵族的一种娱乐游戏。当时，他们把这种游戏叫"jeu de paume"（法语，用手掌击球的意思），即"掌球戏"。开始，他们是在室内进行这种游戏，后来移向室外，在一块开阔的空地上，将一根绳子拉在中间，两边各站一人，双方用手来回击打一种裹着头发的布球。14世纪中叶，法国王储将这种游戏使用的球赠给英王亨利五世，于是这种游戏便传入英国。英国人将这种球叫"Tennis"（英文，网球），并流传下来，直到现在。

1873年，英国的温菲尔德少校改进了早期网球的打法，并将场地移向草坪地，同年出版了《草地网球》一书，提出了一套接近于现代网球的打法。1874年，又规定了球网的大小和高低，在英国创办了简易的草地网球比赛规则后，1875年英国板球俱乐部修订了网球比赛规则后，于1877年7月举办了第一届温布尔登草地网球锦标赛。后来这个组织又把网球场地定为23.77米×8.23米的长方形，球网中央的高度为99厘米，并确定了每局15、30、40平分的计分方法。1884年，英国伦敦玛丽靳本板球俱乐部把网中央高度定为91.4厘米，至此，现代网球正式形成。在欧美也迅速发展成为一项深受欢迎的球类运动。

第二节 网球基本技术与练习方法

一、握拍法

网球的握拍方法基本上分为东方式、大陆式、西方式3种。几种不同握拍方式的区分主要是看持拍手的"V"形虎口所对拍柄各棱面的位置。

网球拍柄是八边形，球拍在垂直地面时，拍柄的八个边（棱面）分别为：上平面、下平面、左平面、右平面、左上斜面、右上斜面、左下斜面和右下斜面（图10-2-1）。

（一）东方式握拍法

东方式握拍法类似于与人握手，故称为"握手式"握拍法，包括正手握拍法和反手握拍法。其优点是可达到最大的用力效果并适于打任何高度的球，尤其适合反弹球；缺点是反手击球时控拍稳定性相对较差，正、反手击球需要变换握拍方向。

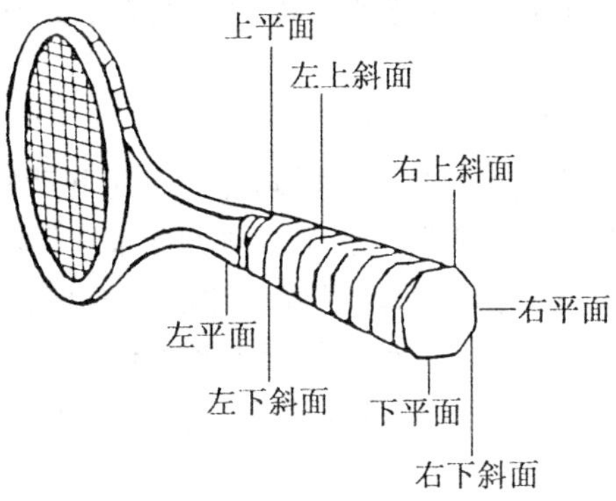

图 10-2-1

1. 正手握拍法

球拍与地面垂直，“V”形虎口对准拍柄右上斜面，食指根部关节紧贴垂直面。手掌边缘与拍柄底部齐平，掌心和手指与拍柄最大面积贴合在一起，食指与拇指略微分开。

2. 反手握拍法

将正手握拍改为反手握拍，只需将“V”形虎口向左移动，对准拍柄左上斜面的上缘，食指根部关节紧贴在右上斜面即可。

（二）大陆式握拍法

大陆式握拍法正、反手击球无需交换拍面，“V”形虎口位置介于东方式正、反手握拍法之间，大拇指与食指不分开，类似于握锤状，故称“握锤式”握拍法。其优点是无论正、反手都能以不变的握法击球，如发球、正反手击球、截击球和高压球等，尤其适合截击球；缺点是击反弹球时扭着手腕，要有相当的腕力，击球时的稳定性易受影响，同时回较高部位的球也比较困难。

（三）西方式握拍法

西方式正手握拍法，“V”形虎口对准右上斜面下缘，反手击球时无需变换握法，只需将球拍转到另一拍面击球。其优点是击高球时威力比较大；缺点是这一握拍法比较难掌握，尤其是打较低部位的球。通常为善于击强烈上旋球的球员所采用。

（四）易犯错误及纠正方法

（1）虎口离球拍柄端太远。讲解并示范正确握拍方法，用改进的握法练习击球。

（2）握拍太紧像握锤子，手指并在一起。握拍手指不要并拢太紧，手指之间应略有空隙。

（3）握拍无力，太松。适当加大握拍力量，强调在球拍触球瞬间更握紧球拍。

二、准备姿势

（一）动作要点

面对球网，双脚开立，略比肩宽，膝部放松微屈，上体稍前倾，身体重心置于两脚前脚掌之间，脚跟稍抬起。右手轻握球拍，左手扶住拍颈，球拍置于胸腹前，拍头指向前方略偏左，微上翘，高于握拍手腕，两肘轻触腰侧部，目光注视着球。重要的是身体要放松，要根据来球迅速地移动，做出正手击球还是反手击球的判断。

完整击球动作的挥拍过程是由准备姿势、后摆、前挥、击球、随挥和回到准备姿势这6个阶段组成。

（二）易犯错误与纠正方法

（1）判断差，移动慢。养成注视来球，随球方向迅速移动的习惯。

（2）球拍后摆的动作不及时。球飞行期间，及早判断来球靠转动身体来配合后摆动作。

（3）准备击球前身体没有侧向来球。强调击球前要上步，使身体侧向来球，右手持拍者正手击球，最后一步应左脚在前。反复练习上步模仿击球动作。

（4）后摆动作过大过高。肘关节与身体应保持合适距离，上臂不要抬得太高。多做模仿动作。

三、正手击球

正手击球是网球运动最基本的技术，也是比赛中得分和调动对方使其处于被动地位的重要手段。其特点是速度快、力量大，球被击出后有一定的弧线，常用于底线长抽攻击，在上网前的一击中也多使用。挥拍用力的大小、挥拍路线及利用拍面的倾斜角度是正手击球的三大要素。

（一）动作方法

从准备姿势开始，移动到来球位置，最后一步要保持左脚在前，左肩和胯侧对来球，重心在右腿上。转肩并弧形向后充分挥拍，拍柄底端对着来球方向，拍头略高于手，手臂伸展，肘弯微屈，眼睛注视来球。向前挥拍迎球时支撑脚蹬地转体，带动手臂向前挥动，重心前移左脚。绷紧手腕，握紧球拍，由低向高挥至身体右侧前方70~80cm腰肩之间高度上击球。球拍触球时，拍面垂直或稍前倾，尽量用拍中心点击球中部或中上部。击球后球拍自然地随惯性挥至身体的左侧前上方。击球动作完成后迅速还原成准备姿势（图10-2-2）。

图10-2-2

（二）易犯错误与纠正方法

（1）步法错误妨碍重心移向击球方向。多做击球前正确上步练习，击球动作完成后，重心随之移向击球方向。

（2）击球不及时或离身体太近，造成拍头垂落。可采用对墙练习或多球练习，掌握合适的击球点，特别强调球拍触球时，击球点要在前脚附近，并在体侧70~80cm处。

(3) 腕部力量不足，过分转动手腕。击球动作不只是靠手腕，主要是靠手臂与转体的配合来完成。可通过在底线打深度球纠正错误的动作。

(4) 抽击时膝盖过于挺直，而身体又过于弯曲。可通过对墙练习和打落地球来掌握正确的击球点。

四、反手击球

反手击球是球落在身体左侧采用的一种击球方法，是网球的基础技术之一。一般人往往是正手技术掌握好于反手，所以常常是对手攻击的一个薄弱环节。

(一) 单手反手击球

单手反手击球有进攻性和防守性两种。

1. 进攻性反手击球

进攻性反手击球是对球施加上旋，球过网后速度较快，球落地后的前冲力较大，给对方一定威胁的进攻性打法。

动作方法：当来球飞向反手方向时，应立即转换球拍的握法，移动到位的最后一步要保持右脚在前，左转体，使右肩和胯侧对来球，球拍向左后挥摆。持拍手臂的肘部保持适当翘起。在迎球过程中，挥拍手臂与向右转体动作相配合，使球拍由低向高挥动，拍与球碰撞的击球点在身体左前方 30～45cm 处的腰肩之间高度上击球。球拍触球时手腕绷紧，握紧球拍，拍面垂直或稍后仰，尽量用拍中心点击球中部或中上部。击球后球拍随势挥至身体的右侧前上方。击球动作完成后迅速还原成准备姿势（图 10-2-3）。

图 10-2-3

2. 防守性反手击球

防守性反手击球亦称下旋球，即反手削球。削球是一种产生强烈后旋球的打法，在球弹起时有较强的制动作用。削球在空中逗留的时间相对较长，是擅长上网截击的选手常用的理想打法。

动作方法：反手削球的基本动作要领与上旋球基本相同。惟一的区别是球拍从后上方带着较轻松的前冲力朝着球的侧下方挥去，球拍平缓地由上向下挥动。触球之后，球拍仍稍向下运动，然后再平缓地向击球方向运动。在击球的瞬间，拍面与地面成垂直或稍稍后倾（后倾不能超过10°）状态，固定手腕，把球又低又平地切削过网。击球点相对打上旋球的击球点稍后些，击球动作结束时，球拍与腰平或稍高于腰的位置。

（二）双手反手击球

双手反手击球是许多运动员在端线附近抽击反手球时常用的方法。双手挥拍多靠转体配合，拍面的稳定性强，击球力量也比单手反手要大，易拉出强烈的上旋球，只是其击球点比单手反手抽球更近身一些，并且要多跑动一步才能选好合适的击球位置。

动作方法：当来球飞向反手方向时，移动到位的最后一步保持右脚在前，身体右侧朝向来球方向，双手握拍向左挥摆至腰侧，右臂伸展较大，左臂弯曲，重心在左脚上，眼睛从右肩上注视来球。在迎球过程中，挥臂与转体动作配合，使球拍由低向高挥动，拍与球碰撞的击球点较单手反手击球点略靠侧后稍近一点的位置。双手握紧球拍，拍面垂直或稍后仰，用拍的中心击球的中部位置。击球后双手随势挥至右侧头部高度或屈肘挥至右肩后上方。

（三）反手击球易犯错误与纠正方法

（1）后摆引拍、前挥击球时转肩转体跟不上。纠正时要强调早转肩，早后摆，挥拍与转体要协调配合，转体（腰部转动）带动挥拍击球。多打落地球，体会正确动作。

（2）反手击球时肘部弯曲较大。可通过打自抛的落地球或打下降球予以纠正。

（3）结束动作时球拍在身体右侧挥动的幅度不够大。可多做反手抽击模仿练习，要求结束动作时上体右转，配合向右前上方挥拍，以增大随球前送的力量。

（4）打削球时，击球点过低造成捞球的姿势，回球弧度高没有威胁。强调由上而下挥击球，球过网时要低而平。

（5）其他常见错误多同于正手击球。

（四）正、反手击球的练习方法

（1）熟悉球性练习。如用拍子拍球、掂球和抛接球，两人反弹传接球，单人对墙反弹传接球等。

（2）挥拍练习。网球是一项肌肉记忆性项目，挥拍有助于形成正确的动力定型。

（3）做好后摆引拍动作。自己或同伴抛定点球，练习正、反手击球。

（4）对墙练习。练习者站于距墙4.5～6m的地方练习击球，在墙上1m左右高度标记，每次争取将球击到标记的上沿附近。

（5）按击球前的准备姿势站好，把球抛至击球点的地面垂直弹起，做击球练习，反复进行练习。

（6）在对方半场内设置一个区域，一人喂球，一人练习将球击到设置的区域内。

（7）多球练习。练习者可固定击球位置，反复练习正、反手击球，熟练后可练习直线面球、斜线击球等不同方向的击球练习。

（8）两人场上对打。初学者可采用小场地（即发球线和球网之间）进行对打练习。先不发力，强调手上对球的控制，熟练后可加大击球力量，退至底线进行对打练习。对打时还可以根据水平的不同规定不同的击球路线，如直线或对角线练习，一点打两点或两点打一点的练习等。

五、发球和接发球

（一）发球

在现代网球运动中，发球是最重要的技术之一，是惟一能由自己掌握而不受对方影响与干扰的技术。发球不仅是比赛开始的第一个动作，更是进攻的开始。好的发球应具有攻击性，使发出的球在速度、力量、旋转和落点方面有所变化。

发球基本有三种：平击发球、上旋发球和切削发球。

平击发球几乎没有旋转，球速快，力量大，落点深，往往给对方造成很大威胁，但命中率较低，一般用于第一发球；上旋发球发出的球带有上旋，球落地反弹较高，给对手接球造成困难，但技术难度大，不易掌握。一般被高水平选手用于第二发球；切削发球带有侧旋，安全率较高，可用于第一发球或第二发球，是一般选手常用的一种发球技术，较适合初学者学习和使用。

发球时，侧身站在端线后中点和边线的假定延长线之间的区域内，发球时运动员将球抛起，在球触地前用球拍将球击向对角的发球区。

1. 发球动作方法

发球时，在端线外侧面向球网站立，双脚开立与肩宽，左脚在前对着右网柱或与端线约成45°，右脚在后与底线基本平行，身体重心置于后脚，两脚尖连线应对着目标方向。抛球时，球拍开始靠近膝关节向后下方挥动，双膝微屈，身体成“反弓形”，右肘弯曲，使球拍在背后下垂，左臂和左肩上举，掌心向上将抛起后，身体向前移动，球拍在身后做环绕动作，肘关节抬起，腿部肌肉用力，身体由屈到伸，重心移至前脚，手臂和球拍尽量向上伸展，拍头朝前，在身体右前方最高点击自上而下的球。触球瞬间，手腕向前扣击提高拍头的加速度。发球动作结束时，球拍向左下挥过身体，后脚摆过端线（图 10-2-4）。

图 10-2-4

2. 发球的练习方法

（1）抛球练习。左手持球，反复做向上抛球的动作。

（2）模仿挥拍练习。

（3）抛球和击球动作配合练习。

（4）命中目标练习。当抛球和挥拍击球的动作正确、协调地完成后，就可以进行发球练习了。为提高发球命中率，可在对面场地发球区的内角或外角设置目标，采用多球练习，提高发球的准确性和熟练性。

3. 发球易犯的错误与纠正方法

(1) 抛球不稳，勉强发球。纠正方法是反复练习向上抛球动作。强调利用手臂惯性垂直上抬，在手掌走势最高点（手指撒开）将球抛出。若未能抛在最佳位置上，不要勉强击球。

(2) 后摆没有下垂球拍，拍头向上直接拍球。纠正方法是先从手体会向后下方挥引球拍、拍头下垂的练习，再采用多球练习，连续发球。

(3) 发球时击球点把握不准，纠正时，强调不同发球方法击球点的适宜高度，高度略低于个人手臂加拍长。可多做徒手模仿发球动作或用多球练习，重点放在选择合适的击球点上。

(4) 发球时手腕过于僵硬。没有扣腕动作，球压不下来。纠正方法是发球时挥拍至最高点后手腕向前扣击，带动手臂向前下方挥动。

（二）接发球

接发球的站位，一般位于端线附近，力求在接发球时向前侧移动击球，接发球时应注意力集中，消除紧张心理，两脚左右开立，略宽于肩，屈膝重心下降，上体稍前倾，脚跟略提起，重心可在两脚间左右移动。抬头注视对手的发球动作，盯住对手抛球的位置。预先判断发球的方向和旋转。对方第一次发球时多采用大力发球。站位应偏后一些。如果对方是第二次发球，站位可略向前移，以便于采取攻击性的还击。

眼睛始终盯住球，球动人动，在对方击球的瞬间就应作好判断并开始移动。接发球与一般的击落地球的最大区别就是尽量早些向后拉拍并减少后摆幅度。击球时绷紧手腕以控制好拍面角度，握紧球拍以免拍面被震转动，同时用充分的随挥动作加长击球时间，击完球后迅速回到场地中央准备下一次击球。

接发球前观察对方行动，考虑自己的回球路线和落点，对控制对手发球后抢攻有着重要意义。

六、截击球

截击球是指在对方来球未落地之时，将球回击到对方场区，由于截击球一般都站在网前，回球距离短，速度快，使对手无法或难以应付，因而它是一种攻击性击球方法。

（一）动作方法

网前截击球正反手皆采用大陆式握拍法。截击时，身体姿势和双脚的站立与正、反手击球时基本相同，一般站在发球线与球网间的中央或稍后的位置上。截击的准备应更加积极，眼睛注视来球，身体屈膝前倾，持拍于体前，拍头要高于持拍手臂及球网。辅助手托住球拍颈部。来球时，迅速转肩，带动球拍向后，左脚向前跨出一步迎前击球。后摆球拍的幅度要小，速度要快。击球点在身体侧前方，注意击球时要保持球拍高于手腕，手腕固定，球拍握紧，球拍不能转动，重心放在前脚上，随挥动作要短，稍向前送出即可。

上网截击要十分警惕对方的破网和挑高球，因此站位的选择很重要，一般站位于对方破网的直线和斜线所形成的夹角的平分线上，并且多注意保护直线空当。

截击球除要打深落点和打斜角度外，也可以用截击打法回击短球。

（二）正反手截击的区别

正反手截击的区别在于反手截击比正手截击的击球点要靠前一些。因此，要及早跨出右脚，重心也置于右脚上，击球后右臂伸展，向前下方压送。

（三）易犯错误与纠正方法

（1）后摆过大。以转体附加后摆的动作，可防止后摆过大现象。可采用一人在网前截击，两人在底线连续抽球的方法练习，也可采用多球练习。

（2）腕力不足，难以有力地截击来球。强调在球拍与球碰撞的瞬间，手腕增大握力，同时伴以转体压球动作。在网前可通过 1 对 2 方法练习，或采用多球练习。

（3）截击球没有靠身体帮助压球，而是只靠手腕。强调截击球时多靠身体转动带动球拍压球，触球瞬间要紧握球拍。可通过个人对墙连续击空中球的练习，或多球练习纠正动作。

（四）截击球的练习方法

（1）挥拍练习：练习时可背对墙壁或挡网，以避免后摆引拍过度。

（2）多球练习：一人送（喂）球，练习者站于网前连续截击正反手球，随着击球动作熟练性和程度的提高，练习截击不同高度、不同力量的来球，有意交替应用正反手截击技术。

（3）对墙练习：离球 3 米，反复练习正反手截击球技术。

（4）两人对练：可两人同时在网前进行截击练习，也可一人在网前、一人在底线进行练习。

七、挑高球和高压球

（一）挑高球

挑高球就是指将还击的球越过网前对手的头顶落入对方场区。挑高球可以是防守性的，也可以是进攻性的。挑高球分平击挑高球、上旋挑高球和下旋挑高球等多种，一般要求落点深，动作隐蔽。

挑高球的方法是把球拍送到球下面去挑托球，要将手腕绷紧，拍面开放，击球的后下方，球拍与球的接触时间要长，随挥动作要充分。如果是进攻性上旋高球，则要求拍头低于来球，击球时抖动手腕，产生强烈摩擦，使球剧烈向前旋转，落地前冲。

（二）高压球

高压球是专门用以对付对方挑高球的。高压球多用于网前的击球动作，当自己上网时，对方挑高球，根据对方来球高度判断采用原地、跳起或后退高压球。在头顶上空用扣杀动作还击来球。对底线附近弹起很高的球有时也会采用高压球。高压球多用正拍，反拍（手）高压球的击球点要稍稍靠前。

打高压球要移动快、早侧身、高举拍和找准击球点。高压球一般以平击高压为主，也可以用切削高压打角度和落点。若对方将球挑得既高又深时，可以打落地高压球，但要快速侧身后退，眼睛不离球，步子退足后再向前做高压击球动作。

高压球和发球动作相似，主要区别在于向后引拍的动作比发球简短。打高压球时，必须迅速地移向球的下方，左肩向前。上体右转，抬头仰视球，同时使球拍垂向背后，重心在后脚，做好高压球的准备动作。当球下落到合适的高度时，重心前移，左脚蹬地起跳，在头部上方向前下方扣击，完成高压动作。

（三）易犯错误与纠正方法

（1）动作不够隐蔽，过早把球拍朝天，使对方有心理准备。要求击球前准备动作和抽击一样，拍面与地面垂直，击球时拍面突然朝天。

（2）球挑得不够高，不够深。要求将球挑到底线附近，且尽量往高处挑。

（3）未移动到来球下落处击球。要求眼睛跟住球，判断移动快。可多做连续还击高压球的多球练习，注意移动到球的下落处再打高压球。

（4）高压时上体前倾或后仰过大，完全依赖手腕用力。可用多球练习，选好击球点。强调身体的协调配合用力，上体前倾或后仰不能过度，保持好平衡。

八、放短球

（一）动作方法

放短球一般是处在网前的击球员突然回击近网短球，使活动于底线的对手来不及还击。此外，也可用来迫使不善于网前击球的对手因上网而受困。放短球时要求多用手腕动作，带有削击性质，放短球的方法是要求拍面接触球的瞬间手腕放松，拍面轻松地削击球的侧下面，使球产生侧下旋。

放短球是一种安全率较低的击球方法，通常是在对方打过来一个浅球，自己既可以选择打较深的球，又可以放短球的情况下，使用短球战术，动作要尽可能隐蔽，出其不意，且只能偶尔作为突然袭击的武器使用。

（二）易犯错误与纠正方法

（1）放短球的位置不合适。放短球强调面对端线内较浅的来球，且自己处于主动位置时使用，因短球飞行慢。若在端线外位置使用，很容易被对方赶上回击，处于被动。

（2）动作不隐蔽，球放得过高、过长，失去了突然性。强调击球前的假动作，在击球时拍面稍开放，向前下方抚摸切削球的后部和底部，使球强烈下旋，以减小球落入对方场地后的前冲和反弹高度。

九、反弹球

（一）动作方法

当对手将球打向自己脚边时，球落地后弹起瞬间用球拍借力将球推挡过网的击球方法叫击反弹球。这是一种不得已而采用的被动击球方法，通常是在发球线和端线之间的无人区内，当发球员发球后向网前跑去时，对方的回球已到脚边，既来不及后退抽击，又来不及上网截击，只好停下来打反弹球。由于来球的上升力较大，一般是利用前臂带动手腕动作把球借力推送过网，挥拍动作要求短小而快速，越接近球网，动作就越快、拍面越向上。其难点是用反弹球还击时，球拍挡球的落点判断和角度估计。击反弹球时，控制球飞行方向的主要方法是使球拍向前倾斜，两腿弯曲要大些，侧对来球，注意上体不要过于前倾、弯腰打球。要保持“球拍不低于手腕”的原则，将球向上带过网。反弹球可分为轻击反弹球、推击反弹球和抽击反弹球等。

（二）易犯错误与纠正方法

（1）找不准击球点。强调膝部弯曲作用，下降重心击球。

(2) 拍面前倾角度不合适，落网较多。要培养良好的灵敏性和精确的判断能力。反弹球是具有高度技巧的组合动作，要耐心学习，反复实践。

(3) 向上舀球，回球过高。强调击球时的挤压、挡送动作，随挥动作不要过大、上扬。

第三节 网球基本战术

就战略战术而言，对不同水平的网球选手有不同的要求。运用战术，要从实际出发，根据双方的打法和场上的具体情况而定。另外，场地条件（如沙土地、硬地和草地）、环境条件（如风、阳光和室内室外）以及心理因素等都决定了对不同战术的要求。

一、单打的基本战术

(一) 全面了解对手，争取战术主动

比赛前，要经过调查研究，对对手及自己进行全面分析，然后制定几套作战方案。如了解对手技术状况（如握拍方法、正反手击球的特点、路线、力量、站位习惯和发球威力等）、竞技状况（年龄、体力、个性和素质等）、心理素质及性格特征等；从思想上和心理上做好准备。

(二) 稳定性与冒险性击球的合理选用

在网球比赛中，运动员击球的目的是打死对方或迫使对方失误。因此，在早期的网球练习中应强调稳定性为主，努力提高击球成功率，避免无故失误。当运动员的信心和技术有所提高后，应加强对击球落点的控制，鼓励他们冒险打一些角度大、速度快非常有威胁的球。

(三) 积极调动对手，寻找进攻机会

在比赛中，利用打底线两角大角度调动对手，迫使对手在跑动中击球，消耗其体力，同时利用刁钻的落点（如短球、小角球等）打乱对手的步伐节奏，寻找进攻机会。

(四) 攻其弱点，掌握主动

绝大部分球员的反手相对较弱，可通过反复球连续攻击对方反手，造成其心理压力，迫使对方逐步离开场区的有利位置，再突然回击直线球攻其正手，或打反复球（回头球）使其转身不及，判断失误失分。

(五) 发球上网

发球是创造上网截击的最佳途径，是获取胜利的有效手段。但也绝非一发球就能上网。要根据发球的效果，创造机会迅速上网。

(六) 随球上网

在底线往返抽球过程中，对方一出现短（浅）球，应立即抓住时机将球打到对方底线反手深处，随球上网，准备打截击球。

(七) 接发球上网截击

当对方发球后不上网且球的力量不大、角度不刁时，接发球者应打其反手深处或后场，随即上网截击。若因第二发球的落点浅、反弹高，则可用切削放短球（小球）的方法迫使对手被动回球，随即上网截击。

（八）阻止对方发球上网

当对方发球上网时，最有效的方法是把球击向对手脚部。如对手已占据网前有利位置，则应采用角度较大的两边破网战术和挑得既高又深的挑高球战术应对。

总之，在单打战术的运用上，要力争牵着对手打，使对方跟着自己的节奏变化而变化，决不能跟着对方走。要善于抓住对方弱点，用好自身长处。要根据场上情况，灵活多变，不断进行战术调整，才能使技术发挥充分，争取胜利。

二、双打的基本战术

双打是两人配合的比赛项目，队员间要能够预料和理解同伴的意图，在站位和技术上互补，才能打出好的战术配合。相对于单打战术而言，双打战术更为复杂，对技术的要求更全面，其战术体系与单打战术体系不一样。双打战术与单打战术主要有以下几点区别：

（一）第一发球的方式及命中率要求不同

一般单打第一发球的力量较大，多用平击的大力发球，因此命中率比较低。而双打要求发球上网（特别是男子双打必须发球上网），要求第一发球的命中率在90%以上，所以多采用命中率较高的切削发球或上旋发球，落点发在对手的弱点上，以利于上网。

（二）在击球的路线和落点上不同

以单打的底线战术为例，在慢速场地和女子比赛中广为流行的战术是以正、反拍抽击直线深区为基本路线和落点来组织进攻的。而双打由于两人并肩站位，有效的击球线路和落点多为中路和小斜线，球过网的高度要尽量低，以防对手截击。高水平的双打有时会拉开对方，攻中间空当，巧妙地把球打到对方的脚下，迫使对方从下向上击球，从而抓住时机上网截击。有时落点比力量更重要。

（三）战术的特点与分类不同

如果说单打战术可以简单地分为底线型、网前型和综合型，那么在高水平的双打比赛中，发球局几乎是清一色的网前型，不论在什么性能的场地上，也不论是男双、女双还是混双，两人不利用发球抢攻夺下发球局，想在接发球时反攻就比较困难了。即使这样，接发球时也要全力反扑，伺机上网，比赛中经常出现双方运动员都在网前激烈对攻、短兵相接的局面，且双打中可采用“二打一”战术，多攻较弱队员。这在单打比赛中是很少出现的。

（四）击球方式不同

双打较单打需要更加全面的技术，高水平的双打比赛几乎是发球、接发球、截击球、破网、高压球和挑高球的比赛，凌空击球的次数明显增加，随之出现了许多高难技术，如接发球破网、接发球挑高球、反弹球、截击挑高球和放轻球、追小球破网等，这都是双打战术的需要。因此，双打运动员比单打运动员要求具有更好的截击和高压球技术。

（五）双打比赛的发球局得胜率比单打比赛高

由于双打比赛发球局有一人可以抢先占据网前的进攻位置，再加上发球者的有力发球进攻，使得发球方得胜的概率明显增多。一旦一方丢失发球局，则很难挽回该盘比赛的劣势。如果在势均力敌的较量中，局数战至6平，打小分时的发球，则不可轻易丢失，不然就很难胜出。

第四节　网球运动基本竞赛规则

一、发球

1. 发球前的规定

发球者在发球前应站在端线后、中点和边线的假定延长线之间的区域里，用手将球抛向空中任何方向，在球接触地面以前，用球拍击球（仅能用一只手的运动员，可用球拍将球抛起）。球拍与球接触时，就完成球的发送。

2. 发球时的规定

发球员在整个发球动作中，不得通过行走或跑动来改变原站的位置。两脚只准站在规定位置，不得触及其他区域。

3. 发球者的位置

（1）每局开始，先从右区端线后发球，得或失一分后，应换到左区发球。

（2）发出的球应从网上越过，若到对角的对方发球区内，或过周围的线上。

4. 发球失误

未击中球；发出的球，在落地前触及固定物（球网、中心带和网边白布除外）；违反发球站位的规定。发球者第一次发球失误后，应在原发球位置进行第二次发球。

5. 发球无效

发球触网后仍然落到对方发球区内或接球者未做好接球准备均应重发球。

6. 交换发球

第一局比赛终了，接球者成为发球者，发球者成为接球者。以后每局终了，均互相交换，直至比赛结束。

二、通则

1. 交换场地

双方应在每盘的第 1、3、5 等单局结束后，以及每盘结束双方局数之和为单数时，交换场地。

2. 失分

发生下列任何一种情况，均判失分。

（1）在球第二次着地前，未能还击过网。

（2）还击的球触及对方场区界线以外的地面、固定物或其他物件。

（3）还击空中球失败。

（4）故意用球拍触球超过一次。

（5）运动员的身体、球拍，在发球期间触及球网。

（6）过网击球。

（7）抛拍击球。

3. 压线球

落在线上的球都算界内球。

三、双打

1. 双打发球次序

每盘第 1 局开始时，由发球方决定由何人首先发球，对方则同样地在第 2 局开始时，决定由何人首先发球。第 3 局由第 1 局发球方的另一球员发球。第 4 局由第 2 局发球方的另一球员发球。以下各局均按此次序发球。

2. 双打接球次序

先接球的一方，应在第 1 局开始，决定何人先接发球，并在这盘单数局，继续先发球。对方同样应在第 2 局开始时，决定何人先接发球，并在这盘双数局继续先接发球。他们的同伴应在每局中轮流接发球。

3. 双打还击

接发球后，双方应轮流由其中任何一名队员还击。如运动员在其同队队员击球后，再以球拍触球，则判对方得分。

四、计分方法

1. 胜 1 局

（1）每胜 1 球得 1 分，先胜 4 分者胜 1 局。

（2）双方各得 3 分时为“平分”，平分后，净胜两分为胜一局。

2. 胜一盘

（1）一方先胜 6 局为胜 1 盘。

（2）双方各胜 5 局，一方净胜两局为胜 1 盘。

3. 决胜局计分制

为了控制比赛时间，近十几年普遍采用平局决胜制，即当局数为 6∶6 时，只再打一局来决胜负。在这一局中，谁先赢得 7 分者为胜这一盘，如果在此局打成 5∶5 平分，一方仍须连得 2 分才算胜此局，即胜此盘。

（1）首先发球员只发第 1 分球，对方发第 2、3 分球，然后轮流发两分球，直至比赛结束。

（2）第 1 分球在右区发，第 2 分球在左区发，第 3 分球在右区发。

（3）每 6 分球和决胜局结束都要交换场地。

第十一章　乒　乓　球

第一节　乒乓球运动概述

乒乓球运动起源于19世纪末的英格兰，它是双方以球拍在中间隔网的球台上轮流击球的一项球类运动。其特点是球小、速度快、变化多，富于对抗性、技巧性和趣味性，且设备简单，不受年龄、性别、体质和体育基础的限制。经常参加乒乓球运动，可提高人的灵敏性和协调性，改善心血管系统的机能，达到增强体质的目的。

乒乓球运动于19世纪末作为娱乐游戏活动出现，经过若干年的发展，到20世纪初逐渐成为一项竞赛性、有规则规定的体育运动。从1926年第一届世界乒乓球锦标赛至今，乒乓球运动的发展可大致概括为以下几个阶段。

一、欧洲的全盛时期

乒乓球运动是从欧洲兴起并向世界传播的。在20世纪50年代以前，欧洲人主宰了世界乒坛，特别是1902年英国人发明了胶皮球拍，使乒乓球技术发生了变化。由于胶皮球拍较之木制球拍，弹性和摩擦力都要大，可以制造出一些旋转的变化，因而也就创造了一些新的打法，同时也促进了削球技术的发展。在这一时期举办的数届世界乒乓球锦标赛中，欧洲人夺得了大部分的冠军。

二、日本的突破

20世纪50年代初，日本人发明了海绵球拍，这种球拍弹力大，打出的球速度快，更利于进攻型打法。1952年，日本运动员首次在世界乒乓球锦标赛上使用这种球拍，采取远台长抽结合快速移动的打法，一举夺得了第19届世界乒乓球锦标赛的4项冠军，打破了数十年来欧洲人垄断世界乒坛的局面。后来，日本队又在第20～25届的世乒赛上蝉联男团冠军，进入全盛阶段，同时也标志着乒乓球运动的优势开始转入亚洲。

三、中国的崛起

大约在1904年，乒乓球运动由日本传入我国。20世纪50年代，我国在全国范围内开展了群众性乒乓球运动，使技术水平得到了很大提高。当时，我国乒乓球队认识到速度的重要性，因而对球拍进行了改革，使用以快速为主的正贴海绵拍，站位近台，充分发挥了速度的优势。1953年，我国首次参加了第20届世乒赛。1959年，我国优秀运动员容国团第一次夺得了世乒赛男子单打冠军，标志着我国乒乓球运动在世界的崛起。1961年在我国主办的第26届世乒赛上，中国队以快制转，并辅以以转破转的打法，一举夺取了男团、男单和女单3项冠军。从此我国乒乓球队节节胜利，走到了世界前列，并长盛不衰，成为世界公认的乒乓强国。

四、欧亚对抗的格局

进入20世纪70年代以后，欧洲人经过多年探索，吸取了中国快攻打法和日本弧旋打法的优点，把旋转和速度融为一体，创造了以快攻为主结合弧圈球和以弧圈球为主结合快攻这两种先进的打法，其特点是积极主动，两面都能拉弧圈球，拉扣结合，站位中近台，以凶狠为主，回球威胁性大。同时，我国的近台快攻也有了新的提高和发展。欧亚之间的相互交流、相互促进使乒乓球运动的技、战术达到了新的水平，世界乒坛也呈现出“群雄争霸”的局面。

第二节　乒乓球基本技术与练习方法

一、握拍法

乒乓球的握拍法主要有两种：一是直握拍；二是横握拍。

（一）直拍握法

动作要点：拍前，以食指第二指关节和拇指第一指关节扣拍；拍后，三指弯曲贴于拍的1/3上端。这种握拍法，简称中钳式（图11-2-1）。

图11-2-1

（二）横拍握法

动作要点：虎口贴拍，食指在拍前，拇指在拍后，其他三指自然握住拍柄。这种握法又称为八字式（图11-2-2）。正手攻球时，食指稍向上移动；反手攻球时，拇指稍向上移动。

图11-2-2

（三）握拍应注意的问题

（1）握拍方法要稳定，不要轻易改变握拍方式，以便保持相对稳定的击球动作。

（2）握拍不能过紧、过松或太深、太浅，以免影响手腕动作的灵活性和击球的力量与命中率。

（3）不论直握或横握，在准备击球时或把球击出后，手指都不要过分用力握拍，以便使拍形恢复到准备击球的状态，也可使手的各部分肌肉及时放松，避免手腕、前臂的僵硬。

二、基本站位与准备姿势

（一）基本站位

基本站位应当根据个人的不同类型打法来确定。基本站位与个人打法特点相适应，则有助于发挥其技术之所长。可以说，基本站位的适当与否，对技术特长发挥的好坏是有很大影响的。

动作要点：由于乒乓球的打法不同，击球员基本站位也会略有区别。

（1）左推右攻打法：基本站位在近台中间偏左。

（2）两面攻打法：基本站位在近台中间。

（3）弧圈球打法：基本站位在中台偏左。

（4）横拍攻削结合打法：基本站位在中台附近。

（二）准备姿势

击球员在还击每一个来球之前，应当使身体保持正确的准备姿势以便迅速起动。

动作要点：两脚平行站立，膝微屈并稍内扣，上体略向前倾，重心置于两脚之间。含胸收腹，两眼注视来球。球拍置于腹前。

三、基本步法

步法是乒乓球运动的生命。它是影响技术水平发挥的直接因素之一，没有灵活的步法，就不可能有效地回击来球，无法使用有效的手法。

（一）单步

在来球距离身体一步以内的较小范围且角度不大的情况下、台内球在还击追身球时采用此种步法。

动作要点：以一脚前脚掌内侧为轴稍转动、蹬地用力，另一脚向来球方向做前后左右移动一步。

（二）跨步（亦称滑步或换步）

两面攻打法的人从基本站位向左右移动时多采用此步法。

动作要点：一只脚向来球方向移动，另一只脚随即跟着移动一步。

（三）侧身步

从反手推挡站位到侧身正手攻球的技术打法中多采用此种步法。

动作要点：以左脚为轴，右脚向左后方移动一步。

（四）交叉步

在来球较远的情况下多采用此步法。

动作要点：以来球反方向左脚向来球方向交叉，并超过另一脚，然后另一脚随即向来球方向移动。

步法练习应注意事项：

（1）站位时步幅的宽度要合适，一般应略宽于肩。如过窄则重心不稳定，过宽虽重心稳定但不利于迅速起动。

（2）重心过高或过低都会影响起动速度。要求上体稍前倾，使重心靠前，两腿微屈，膝关节保持一定的弹性。为了能够做到随时可以起动，脚跟应稍提起，两膝稍内收，两脚掌内侧着地。

（3）为保持击球动作的稳定性，移动前后，身体重心不宜有高低的起伏。

（4）迅速而有力的蹬地动作是加快起动速度的条件。侧向移动时，要侧蹬和侧跨。

四、发球技术

发球在比赛中对于扬己之长、攻彼之短均有着技术和战术上的意义。它是连接整个乒乓球技术、战术的重要环节。发球、接发球、发球抢攻称为前三板技术，是我国乒乓球的强项技术。

（一）发球的基本方法

发球主要由抛球和挥拍击球两个动作组成。抛球是前提，击球部位和挥拍方向是决定发球性质的关键，用力大小和第一落点的远近是发球变化的条件。

1. 平击发球

动作要点：左脚稍前，抛球的同时转体手臂向身体右后方引拍，当球下降稍高于球网时，手臂向左前方发力，挥拍击球中上部，顺势还原。

2. 正手发下（上）旋球

动作要点：正手发下旋球时，手臂自右上方向左下方挥摆，球拍从球的中下部摩擦。发上旋球动作相似，但摩擦球的部位不同，应摩擦球中上部。

3. 反手发右侧上（下）旋球

动作要点：反手发右侧上旋球时，球拍触球瞬间，手腕向右上方转动，使球拍击球的中部，并向右上方摩擦球，击球后顺势向右上方挥拍。同时，应注意配合转体动作，使腰、臂协调用力，有利于增大发球的速度和力量，增强球的旋转。

发右侧下旋球时，动作相似，但摩擦球的部位不同，应摩擦球中下部。

4. 高抛球

动作要点：高抛发球站位一般在左半台，侧身正手高抛发球。击球的要点和低抛基本相同，发球时应注意有旋转变化，还应有长、短落点和斜、直线变化。

5. 发短球

动作要点：发球时，击球瞬间主要以手腕发力为主。摩擦球的部位与发力方向，与发力左（右）侧下旋球及下旋长球相同。球的第一着台点应在本方球台靠近球网的中区附近。

（二）练习方法

（1）徒手做发球前的准备姿势，模仿抛球及发球的动作。

（2）在台前用多球进行发球练习。

（3）先练习发斜线球，后练习发直线球；先练习发不定点球，后练习发定点球。

（4）练习发各种旋转性能的球。

（5）练习用同一手法发不同旋转和落点的球。

（三）注意事项

（1）发球的关键是掌握好击球点，而击球点与抛球的准确性、稳定性、执拍手臂力、控制拍形、触球时间与部位相关联。

（2）发球要善变，应把旋转、力量和落点变化运用。发球手法应尽量相似，使对方不易判断出球的旋转性能。

（3）发球要有针对性，并结合抢攻。

（四）易犯错误与纠正方法

（1）没有将球向上抛起，造成发球犯规。可多练习几次抛球的动作。

（2）击球点过高或过低，造成球出界或下网。可做连续发球练习，体会动作要领，按适合的击球点击球，提高发球成功率。

（3）拍面击球时的前倾和后仰角度不适当，击球时向前力量过小或过大，落点离网过远或过近，造成球不过网或出界。可纠正击球时的拍形或在台面上划出第一落点的范围。

五、接发球技术

乒乓球比赛首先从发球和接发球开始。良好的接发球技术，不仅可以直接得分，也可以破坏和限制对方的抢攻，为自己的进攻创造有利条件；反之，在比赛中就会造成被动，导致心理上的紧张和畏惧，引起失误。

（一）接发球的基本方法

接发球的手段很多，既可用搓、推、摆短等方法对付，也可用点、拨、拉等方法抢攻。

1. 接正手、反手急球

因来球速度快、弧线低、落点远、冲力大、带上旋，左方大角度急球往往来不及侧身回击，故一般宜用反手推挡或反手快攻回击；右方急球可用正手快带、快攻回击。

2. 接短球

因这种球多在台内，回击时，球拍往往受台面阻碍，动作不能大，所以要充分运用前臂和手腕的力量，根据来球的旋转方向和强度，调整好拍面角度和用力方向，采用搓、推或攻、拉。

3. 接正手发左侧上（下）旋球

接正手发左侧上旋球，一般采用推、攻回击，回接时，拍面要稍前倾，并适当向左偏斜，同时，增加向前下方的用力，以防止来球触拍时向右上方反弹。

接正手发左侧下旋球，一般采用搓、削回击，回接时，拍面要稍后仰，并适当向左偏斜，适当增加向前的用力，以防止来球触拍后向左下方反弹。如用推或攻回接，应使拍面稍后仰，并向左偏斜，适当增加向上摩擦球的力量。

4. 接反手发右侧上（下）旋球

与接正手发左侧上（下）旋球的方法基本相同，只是击球时，球拍要适当向右倾斜，以抵消来球向左侧反弹的力量。

（二）练习方法

（1）开始练习接发球时，最好是固定用一种技术（如推挡、搓球等）去接对方的单一发球（可用多球练习）。

（2）练习接侧上（下）旋球的技术，以适应不同的旋转变化，提高判断旋转的能力。注意控制回球落点，以免在接球后给对方进攻机会。

（3）当接发球防御有了一定基础后，可以练习拉球和抢攻的接发球技术。

（4）通过记分比赛来提高接发球能力。

（三）注意事项

（1）选择好合适的站位。应根据发球方的站位、自己的打法特点和准备采用的接球方法来采取远近适中的站位。

（2）正确判断来球。根据对方发球时的挥拍方向、拍面角度及球拍触球瞬间的部位、摆速、力量等来判断球的旋转、方向、速度、高度和落点，以采取正确的回击方法。一般球速快、冲力大，属上旋球；球速慢、冲力小，则为下旋球。摆臂振幅大的发球，其落点会比较长，比较远；发球时，手腕抖动越厉害，其旋转越强。

（3）提高接发球能力。首先要提高基本技术水平，其次要通过比赛提高观察力、判断能力和技术运用能力。

（四）易犯错误与纠正方法

（1）判断来球性能不准确，造成接球失误。可通过技术分析，提高对来球性能的判断能力，以选择正确的回击方法。

（2）移动不到位，影响接球质量。可多练习两人一组，一人发球，一人接发球的技术。

（3）接球时紧张，心理压力大，运用技术不合理。可提高基本技术水平，增强回击球的能力。

六、推挡球技术

推挡球是推球和挡球的总称，是左推右攻型打法的主要技术之一。其特点是站位近、动作小、速度快、落点变化多。推挡球可分为平挡、快推、加力推、减力挡、推下旋、推侧旋等。

（一）推挡球的技术动作

1. 挡球（也称平挡）

动作方法：站位在球台中间或偏左，离台 40 厘米左右。两脚开立比肩稍宽，左脚略前。执拍手的上臂和肘靠近身体，前臂外旋，后撤引拍成半横状，拍形接近垂直。当球从台面弹起后，上臂带动前臂向前推，在球的上升期推击球的中部。击球的瞬间，前臂和手腕轻轻用力，主要借助来球的反弹力将球挡回。（图 11-2-3）

特点：力量小，球速慢，落点适中，动作简单且容易掌握，是初学者的入门技术。

2. 快推

动作方法：站位在球台中间或偏左，身体离台约 40 厘米。两脚平站或右脚略前，两膝微屈，收腹含胸，身体向前或略向左转。右上臂和肘关节靠近身体右侧。手臂自然弯曲，引拍至身前或偏左，同时，前臂外旋，使拍面稍前倾。当球从台面弹起后，前臂和手

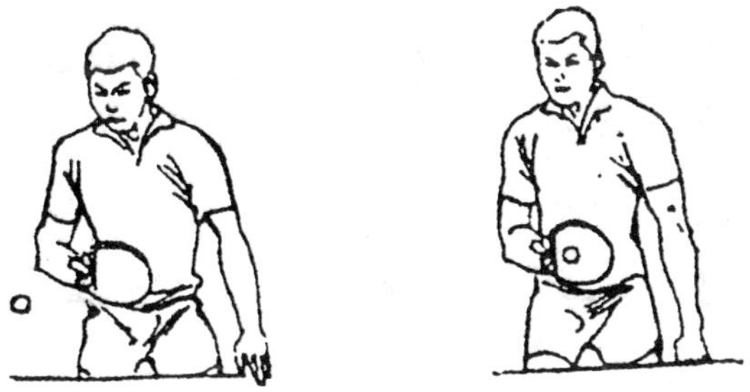

图 11-2-3

腕向前或向前兼略向上挥拍迎球，在球的上升期，以稍前倾的拍形推击球的中上部。球拍击球的瞬间，前臂和手腕自然向前或向前兼略向上发力，并主要借用来球的反弹力（即“借力”）将球快速击回。击球后，手和手臂顺势向前挥动，并迅速还原成准备姿势。动作过程中，重心放在双脚上。（图 11-2-4）

图 11-2-4

特点：动作小，球速快，落点活，稍带上旋或不转，既可积极防守，又可辅助进攻，是使用最多的一种反手推挡技术。

3. 加力推

动作方法：站位在球台中间或偏左，身体离台约 50 厘米。两脚平站或右脚略前，两膝微屈，收腹含胸，身体向前或略向左转。右上臂和肘关节靠近身体右侧。前臂外旋并向上提起，引拍至身前或偏左，与球网同高或略高，拍面稍前倾。当球飞越球网时，上臂、前臂和手腕向前，挥拍迎球，同时，腰、髋向左转动，在球的上升期或高点期，以前倾拍形推击球的中上部。击球的瞬间，上臂、前臂和手腕向前下方发力推压，腰、髋亦协助用力。击球后，手和手臂顺势向前下方挥动，并迅速还原成准备姿势。动作过程中，重心从左脚移到右脚。（图 11-2-5）

特点：球速快，力量重，落点活，稍带上旋或不转，能遏制对方进攻，迫使对方后退，以创造进攻机会，是威力最大的一种推挡技术。

（二）练习方法

（1）持拍徒手模仿推挡动作。

（2）对教学练习板墙自击练习。拍形稍后仰对墙击球，控制落点高度在 2 ~ 3 只网高

图 11-2-5

处，待球反弹落台后，按推挡动作要求进行连续自击练习。

（3）两人在台上对练挡球。不限落点，只要求动作正确，并能击球过网。

（4）两人在台上先练挡中线，再练挡斜线或直线，要求逐渐加力，并体会前臂和手腕的推挡动作。

（5）反手斜线对推。

（6）反手中路直线对推。

（7）左半台不同落点对推（如一点推两点到推不同落点）。

（三）注意事项

（1）准备挡球时，不要挺胸、挺腹，两脚不要并拢，两膝不要伸直。

（2）推挡球时，肘关节应贴近身体，以便于前臂向前发力和减小左方的照顾范围。

（3）推挡球时，应食指用力，拇指放松。手臂的前推或后引动作幅度不宜太大，以免影响回收速度。

（四）易犯错误与纠正方法

（1）正手挡球时，手腕下垂，使球拍与小臂垂直，造成击球时动作僵硬、不协调。可使手腕稍向外展，使球拍拍柄稍向左。

（2）判断来球落点不准确或掌握不好节奏，造成漏接球或用力不当。应反复练习对板墙的自击练习，提高判断和反应能力，建立快节奏概念。

（3）击球时间过晚，拍形后仰，造成回球过高。应改进握拍方法，使大拇指放松，食指用力，中指顶拍背，前臂外旋，转动手腕，向前下方用力，在来球上升期，触球的中上部或中部。

（4）球落点离身体过远，造成动作不协调。应加强步法的练习，提高移动速度，使站位稍近台，并反复体验推击动作。

（5）推挡时，拍形前倾过大，击球时间过早，造成球不过网。应使迎球时间稍晚一些，球拍与球接触时离落点稍远一些。

（6）快推时，肘关节离开身体，动作不协调。应在击球前，使上臂和肘关节靠近身体。

（7）加力推时，手臂没有向前伸展出去，使推挡力量不大。应注意击球后，上臂和肘关节要前送，并配合上体向左转动。

七、攻球

攻球是左推右攻型和两面攻型打法的主要技术之一，也是其他类型打法不可缺少的技术。攻球力量大、速度快、落点变化多，是各种技术型运动员的主要得分手段。攻球技术种类繁多，按击球位置和站位可划分为正手攻球、反手攻球和侧身攻球；按站位的远近可划分为近台攻球、中台攻球和远台攻球；按来球性质和落点的不同可分为拉攻、攻打弧圈球、台内攻球和杀高球；按击球力量的不同可分为发力攻球和借力攻球等。

（一）攻球的技术动作

1. 正手快攻

动作方法：站位在球台中间或偏左，身体离台约 50 厘米。左脚稍前，重心放在右脚上，两膝微屈，收腹含胸，身体稍向右转。右臂自然弯曲，前臂后引，将拍引至身体右侧，略偏后，同时，前臂内旋，使拍面稍前倾。当来球从台面弹起后，在上臂的带动下，以前臂和手腕为主向左前方（来球上旋强度较大时）或左前上方（来球不转或上旋强度较小时）挥拍迎球，同时，腰、髋带动上体向左转动，在球的上升期，以前倾拍形迎击球的中上部。球拍击球的瞬间，以前臂和手腕为主向左前方或左前上方发力击球，腰部亦协助用力。击球后，手和臂顺势向左前方或左前上方挥动，并迅速还原成准备姿势。动作过程中，重心从右脚移到左脚。(图 11-2-6)

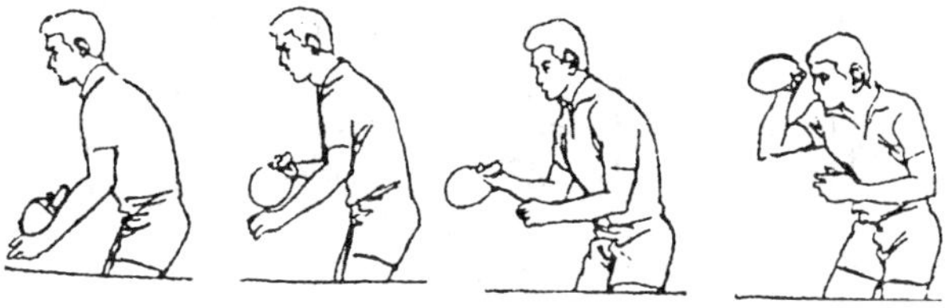

图 11-2-6

特点：站位近，动作小，速度快，线路活，带有上旋，能借用来球的反弹力提高球速，创造扣杀机会。在比赛中能以攻带守对付对方进攻，是近台快攻打法使用最多的一种攻球技术。

2. 正手中远台攻球

动作方法：身体离台 1 米左右，左脚稍前，重心放在右脚上，两膝微屈，收腹含胸，身体稍向右转。右臂自然弯曲，将拍引至身体右后方，同时，前臂内旋，使拍面接近垂直。当来球从台面弹起到高点期时，上臂带动前臂向左前方挥拍迎球，同时，腰、髋带动上体向左转动，在球的下降前期，以垂直拍形迎击球的中部，并向前上方摩擦球。球拍击球的瞬间，以上臂和前臂为主向左前上方发力击球，腰、髋亦协助用力。击球后，手臂顺势向左前上方挥动，并迅速还原成准备姿势。动作过程中，重心从右脚移到左脚。（图 11-2-7）

特点：站位稍远，动作大，力量重，线路长，带有上旋，照顾范围大，能利用力量和落点的变化得分。在被动时，能以攻带守进行反击，为扣杀创造机会。

3. 正手拉攻

动作方法：站位在球台中间或偏左，身体离台约 50 ~ 60 厘米。左脚稍前，重心放在右脚上，两膝微屈，收腹含胸，身体稍向右转。右臂自然弯曲，前臂后引并下沉，将拍引至身体右后下方，同时，前臂外旋，使拍面稍后仰。当来球从台面弹起到高点期时，在上

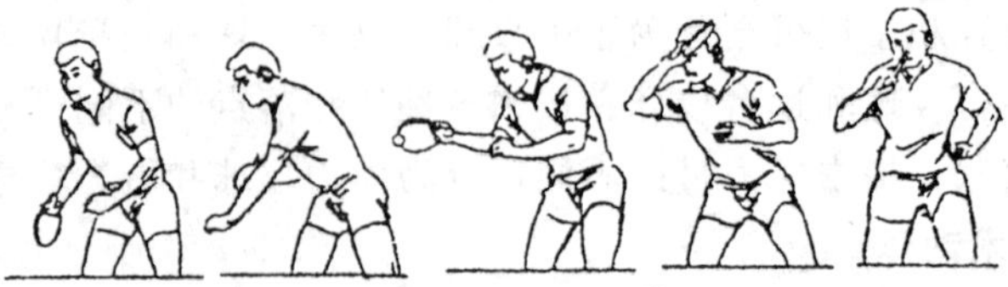

图 11-2-7

臂带动下，以前臂为主向左前上方挥拍迎球，同时，腰、髋带动上体向左转，在球的下降期，以后仰拍形迎击球的中下部，若来球下旋强度小，可击球的中部。球拍击球的瞬间，以前臂为主向左前上方发力摩擦击球，使球上旋。击球后，手和臂顺势向左前上方挥动，并迅速还原成准备姿势。动作过程中，重心从右脚移到左脚。（图 11-2-8）

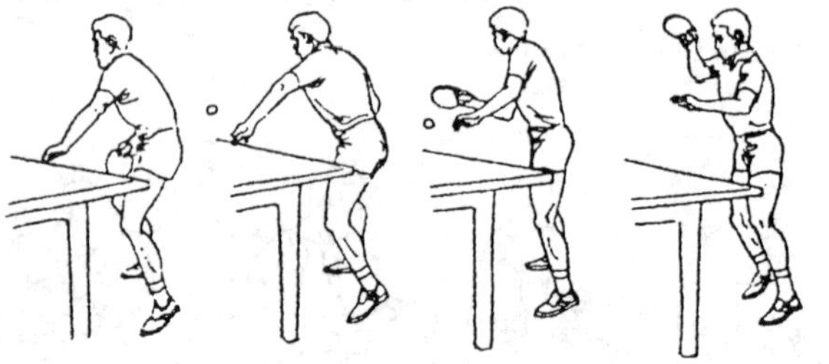

图 11-2-8

特点：站位稍远，动作小，速度快，线路活，带有上旋，主动发力击球，能创造扣杀机会，是对付下旋球，特别是对付削球最常用的进攻性技术，也是近台快攻运动员的必备技术。

4. 侧身正手攻球

动作方法：首先要迅速移动脚步到侧身位置，身体侧向球台，左脚在前，上体略向前倾并收腹。根据来球情况，在侧身位置用正手攻球的各种技术（如正手快攻、正手拉攻、正手扣杀等）击球。（图 11-2-9）

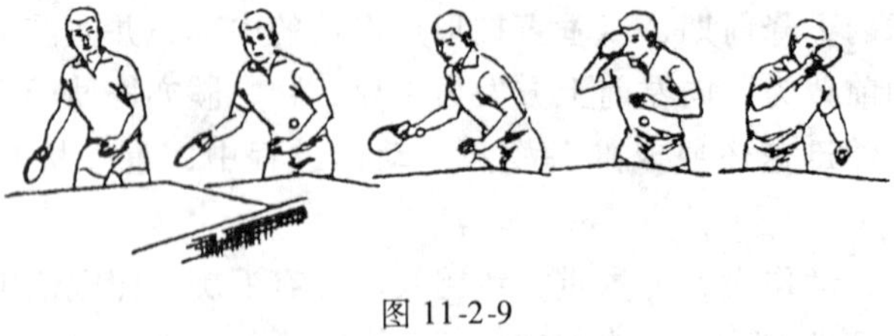

图 11-2-9

特点：遇到左半台的来球时，不用反手技术回击，而是快速移步至球台左角外，用正手攻球技术还击，从而达到在左半台位置发挥正手攻球威力的作用。它是左推右攻打法的常用技术，也是其他技术型运动员应掌握的技术。

（二）练习方法

（1）根据攻球的动作要领做徒手模仿练习，体会挥臂手法、腰部扭转和重心交换等要领。

（2）单个动作练习。一人发球，一人练习攻球，打一板球后，再重新发球。

（3）推攻练习。

①一人挡球，一人练习攻球。要求先轻打，再用中等力量打。待稍熟悉后，再练发力攻或快打。

②一人推挡，一人练习攻球。练习形式有攻斜线、攻中路、攻直线。要求推挡球的落点在规定范围内能有所变化。

③两点攻一点。要求对方把球推到攻球者两点（左、中，中、右或左、右），而攻球者在左右移动中将球击到对方一点。练习时，可先有规律地练习，角度变化小一点，再逐渐增加难度，角度变化大一点，直到无规律地练习。

④一点攻两点。攻球者从一点将球攻至对方两点。练习时，先有规律地攻两点，再逐渐变为无规律地攻两点。

（4）对攻练习。

①正手斜线、中路对攻。

②侧身正手斜线对攻。

③把以上三条对攻线路连贯起来，两人在左右连续移动中对攻。

（三）注意事项

（1）练习时，应先学正手攻球，再学反手攻球；先慢打，再快打；先轻再重；先稳再凶，由浅入深地逐步掌握。

（2）初学攻球时，推挡的一方应尽可能把球推向对方球拍所在的方位，开始时，推的力量应轻一些，等对方初步掌握攻球技术后，再逐步加大推球力量。

（3）初学者一般先练习正手斜线对攻，然后再练习正手攻直线。

（四）易犯错误与纠正方法

（1）正手抽球时，手腕下垂，使球拍与小臂垂直，造成击球时动作僵硬、不协调。可使球拍柄稍向左，并多做徒手模仿练习。

（2）正手抽球时，手腕太挺直，使球拍与小臂成一直线，造成击球时动作僵硬、不协调。应使手腕在握拍时放松些，并多做徒手模仿练习。

（3）正手抽球时，上臂和肘关节抬得过高，造成击球时动作僵硬、不协调。应使手臂放松，肘关节下垂，做近台快抽练习。

（4）判断球的落点不准确，引拍动作不到位，造成击球落空。可先做平击发球练习，再做连续推挡球练习。

八、搓球

搓球是近台和台内回击下旋球的一种比较稳健的技术，各种类型打法都不可缺少。搓球力量小、速度慢、旋转和落点变化多、线路短，球弹起后多在台内，缺乏前进力，对方不易发力进攻，故可作为过渡技术，以等待、寻找或创造进攻机会。搓球技术种类繁多，按击球位置的不同可划分为正手搓球和反手搓球；按击球时间的早晚可划分为快搓和慢搓；按球旋转强度的不同可划分为搓转和不转；按旋转方向的不同可划分为搓下旋和搓侧旋等。

（一）搓球的技术动作

1. 反手快搓

动作要领：站位稍偏左，离台约40厘米。右脚在前，两膝微屈，收腹含胸，身体向前或略向左转。手臂自然弯曲，前臂略内旋并向左上方提起，引拍至身体左前方，使拍面稍后仰，当球从台面弹起后，前臂和手腕向右前下方挥拍迎球，在来球的上升期击球的中下部。球拍击球的瞬间，前臂和手腕适当用力，使球拍向右前下方摩擦球，要注意利用来球的反弹力。击球后，手和臂顺势向右前下方挥动，并迅速还原成准备姿势。动作过程中，重心从左脚移到右脚。（图11-2-10）

图11-2-10

特点：动作小，击球节奏和球速较快，弧线低，带下旋，能缩短对方击球的准备时间，与慢搓相结合，可改变击球节奏，为进攻创造条件。

2. 正手搓侧旋

动作要领：站位稍偏左，离台约50厘米。左脚稍前，两膝微屈，收腹含胸，身体稍向右转。手臂自然弯曲，前臂提起并外旋，引拍至身体右侧前方，使拍面稍后仰。当球从台面弹起后，前臂和手腕向左前下方挥拍迎球，在来球的高点期或下降前期，以后仰拍形击球的中下部。球拍击球的瞬间，以前臂和手腕发力为主向左前方摩擦球。击球后，手和臂顺势向左前方挥动，并迅速还原成准备姿势。动作过程中，重心从右脚移到左脚。（图11-2-11）

图11-2-11

特点：球速慢，弧线低，带左侧旋，对方回击易从左侧出界或回球较高，从而给本方造成抢攻机会。

（二）练习方法

（1）徒手模仿搓球的动作。

（2）自己向球台抛球，弹起后将球搓过网。

（3）搓对搓练习。

①反手斜线对搓。

②正手斜线对搓。

③不同落点的正手或反手对搓。

（三）注意事项

（1）搓球动作不宜太大，要充分利用前臂和手腕转动的力量。

（2）对搓练习要有耐心，注意提高命中率和压低弧线。

（3）搓转球与不转球时，关键在于球拍与球接触时的动作手法。搓转球时，要使球拍从上往下摩擦球；搓不转球时，要使球拍从上往前下托球。

（四）易犯错误与纠正方法

（1）球拍没有上引，击球时，前臂由上向下动作不明显，造成球的下旋力不强。可持拍练习前臂和手腕向上后再下切的动作。

（2）击球时，拍形后仰不够，造成球出界或下网。可练习用慢搓接对方发来的下旋球，体会拍形后仰并前送的动作。

（3）击球时，球拍与球接触的部位不准，没击到球的中下部，造成球不过网。可做对搓练习，体会拍形后仰在下降期击球中下部的动作。

（4）击球后，前臂前送力量不够，造成球不过网。可二人做慢搓练习，体会击球后前臂前送的动作。

第三节 乒乓球基本战术

在乒乓球比赛中，为扬长避短以争取胜利而有目的地使用各种技术的方法叫做战术。因此，乒乓球比赛的胜负，特别是技术实力相当的对手的胜负，往往取决于战术运用是否先进或适当。

乒乓球的战术一般由两种或两种以上的单项技术结合运用而构成，故乒乓球的技术是战术的基础。只有练好各项基本技术，才能在比赛中得心应手地运用各种所需要的战术。不同的打法有不同的战术。为使战术能够更好地发挥技术特长，各种不同打法类型的运动员应采用不同的技术以组合成适合自己打法的战术。

比赛中战术的运用应坚持以自我为主，充分发挥自己的长处去攻击对方的弱点，并且要设法限制对方优点的发挥，以减少自己的被动。另外在实战中，还应随机应变，避免采取单一的打法。只有灵活地运用战术，才易于掌握比赛的主动权。乒乓球的主要战术有：

一、推攻战术

1. 特点

推攻战术主要运用正手攻球和反手推挡的速度和力量，并结合落点和节奏变化来压制和调动对方，以争取主动或得分。推攻战术是左推右攻打法对付攻击型打法时运用的主要战术。

2. 方法

（1）左推右攻。

（2）推挡侧身攻。

（3）左推结合反手攻。

（4）左推、反手攻后，侧身攻。

3. 注意事项

（1）推、攻都要有线路、落点和节奏变化，这是推攻战术争取主动和创造扣杀机会的主要方法。

（2）推挡一般以压对方反手为主，然后突然变正手，以创造进攻机会。

（3）在推挡中可突然加力推对方中路，使对方难以用力回击，然后用正手或侧身扣杀。

（4）推攻战术要坚持近台，但不能死守近台，要学会转换近台和中台的位置，掌握对攻节奏。

二、两面攻战术

1. 特点

两面攻战术主要利用正反手攻球的速度和力量压制对方，争取主动和创造扣杀机会。两面攻战术是两面攻打法对付攻击型打法的主要战术。

2. 方法

（1）攻左扣右（进攻对方左角，寻找机会，猛扣对方正手空当）。

（2）攻打两角，猛扣中路。

3. 注意事项

（1）正反手攻球都要有线路和落点变化，以便创造扣杀机会。

（2）要以压对方反手为主，然后攻击对方正手或中路，以创造扣杀机会。

（3）遇到机会球时，要大胆扣杀。

（4）两面攻战术在主动进攻的情况下要坚持近台，被动情况下可适当后退，在中近台或中台进行反攻。

三、搓攻战术

1. 特点

搓攻战术主要运用“转、低、快、变”的搓球控制对方，以寻找战机，然后采用低突、快点或快拉等技术展开攻势，并进入连续攻。在搓球中遇到机会球时进行扣杀，常常带有突然性，可以直接得分。搓攻战术是乒乓球运动各种打法都不可缺少的辅助战术。

2. 方法

（1）正反手搓球，进行正反手快拉、快点、突击或扣杀。

（2）搓削结合落点变化进行反击。

3. 注意事项

（1）搓攻战术要尽可能早起板（在比赛中由搓转攻叫做起板），以便争取主动，但不能有急躁情绪，否则，起板容易失误。

（2）在搓球中，遇到机会球时要大胆扣杀，这是搓攻战术的主要得分手段。

（3）在搓球中短摆，可使对方不易抢先（或发力）进攻，故有利于给本方创造进攻机会，以便伺机用正反手或侧身进攻。

四、发球抢攻战术

1. 特点

发球抢攻战术是以旋转、线路、落点以及速度不同的发球来增加对方回击的难度，使其出现机会球，或降低回球质量，是乒乓球运动所有打法，特别是进攻型打法的重要战术和得分手段。发球抢攻的效果取决于发球质量和进攻能力。

2. 方法

（1）急球与轻球结合落点变化进行抢攻。

（2）上旋或下旋结合落点变化进行抢攻。

（3）侧上或下旋结合落点变化进行抢攻。

（4）转与不转结合落点变化进行抢攻。

3. 注意事项

（1）发球要有线路和落点变化，以使对方在前后、左右走动中接发球。

（2）自己发什么球？对方可能以什么战术回击？要做到发球前心中有数，以做好抢攻的准备。

（3）抢攻要尽可能凶，但不能过凶，要根据来球的高度和性质决定，否则会影响命中率。

五、接发球抢攻战术

1. 特点

接发球抢攻战术由某一单项攻球技术所形成，进攻性强，可变接发球的不利地位为主动地位，也可直接得分，是乒乓球运动各种打法，特别是进攻型打法的重要战术。

2. 方法

（1）用拉球、快攻或推挡回击，争取形成对攻的相持局面。

（2）用快搓摆短回接，使对方难以发力抢攻。

（3）用削球或搓球的旋转、落点变化来控制对方，以造成对方击球失误或形成相持局面。

（4）用快点、快攻或中等力量突击，进行接发球抢攻。

3. 注意事项

（1）由于接发球抢攻是在对方主动发球，而自己处于被动的接发球地位时所采取的进攻性打法，所以难度较大。接发球抢攻一般不可过凶，要看准来球的旋转方向、强度和高度，进而采用适当的方法进攻，例如，对方发加转下旋球，则接发球抢攻时要采用提拉手法，以免下网。同时，攻球的力量不可过大，如对方发侧上旋球，抢攻时应采用推压手法，以免攻球下网。只有来球稍高时，才可大力抢攻。

(2) 接发球抢攻动作结束后，要立即做好对攻或连续攻的准备，以便继续处于主动地位。

(3) 接发球抢攻的力量越小，越应注意球的线路和落点，一般应多打在对方反手；若对方反手强而正手弱，则可多打在对方正手。

第四节 乒乓球运动基本竞赛规则

在国内外正式的乒乓球比赛中，均采用国际乒联制定的统一竞赛规则。

一、合法发球

发球时，运动员必须将球放置在不执拍手上，手掌张开伸平，将球垂直向上抛起，并不得使球旋转，球离手的高度不应少于16cm，当球从最高点下落时发球员方可击球。

击球时，球和球拍应在台面的水平面上，以便让对方进行判断和让裁判员看到是否合乎发球规定。

裁判员如怀疑发球人有犯规行为时，可向其提出警告并不予判分；在同一场比赛中发球人再次受到怀疑则被判失1分；如发球人明显不按规定发球时，则无需警告而直接判其失分。

二、合法还击

合法还击是指对方发球或击球后，本方球员必须击球，使球直接越过或绕过、或触球网装置后，再触及对方台区的有效部位。

三、比赛次序

在单打比赛中，首先由发球一方合法发球，再由接发球一方合法还击，然后往复进行；在双打比赛中，同样由发球一方首先合法发球，接着由接发球员合法还击，然后由发球员的同伴接球，再由接发球员的同伴接球，每人轮换接球一次，往复进行。

四、计胜方法

比赛中，运动员未能合法发球、发球失误，未能合法击球、击球失误，均应被判失1分。

在比赛中，先得11分者为胜一局。但如果打到10平以后，则先多得2分者为胜一局。

如果用五局三胜制，则先胜三局者为胜一场；采用七局四胜制，则先胜四局者为胜一场。

五、双打的发球和接发球

在双打比赛中，可用抽签决定发球、接发球和方位的选择权，抽签获胜者可选其在双打的每一局比赛中，先发球一方确定第一发球权；在第一局的比赛中，由接发球方确定第一接发球员。

一局中首先发球的一方，在该场下一局应首先接发球。在决胜局的比赛中，当一方先得5分时，双方应交换方位。

六、术语定义

（1）回合。球处于比赛状态的一段时间，叫做一个回合。

（2）重发球。不予判分的回合叫做重发球。

（3）得分。判分的回合叫做得分。

（4）执拍手与不执拍手。握拍手叫做“执拍手”，反之叫做“不执拍手”。

（5）击球。比赛中以球拍或执拍手手腕以下的部位触球叫做击球。

（6）发球员与接发球员。在一个回合中，首先击球的球员叫做发球员，第二次击球的球员叫做接发球员。

七、裁判员职责

根据规则规定，每场比赛均应有1名裁判员和一名副裁判员参加执法工作。

裁判员职责：检查比赛场地、器材和比赛条件；决定比赛用球；控制方位和发球、接发球的次序；决定每一个回合为得分或重发球；按规定和程序报分等。

副裁判员职责：协助裁判员掌握赛前的练习时间；判定球员的发球是否符合规定；发出的球是否擦网（网球）等。

裁判员和副裁判员均可进行判决，且其他工作人员不得否决。

第十二章　羽　毛　球

第一节　羽毛球运动概述

羽毛球最早出现于14~15世纪的日本。羽毛球运动大约于1918年传入我国，最早出现在上海的法国总会，随后在广州、天津、北京等城市教会办的青年会和学校开始出现。

中华人民共和国成立后的1953年，在天津举办了首次全国规模的羽毛球比赛。1954年，王文教、陈福寿等四位华侨青年回国，第一次组成了国家羽毛球队，并推广了当时世界男子团体冠军马来西亚队的先进经验。第一届全运会后，我国羽毛球技术水平出现了一个划时代的飞跃，摆脱了国际羽毛球坛慢、稳、守打法的羁绊，向快与攻的方向发展。但从1966年下半年以后，由于十年“文革”，我国羽毛球技术水平下降，出现了青黄不接的现象。20世纪90年代以来，由于老队员纷纷退役，国家羽毛球队一度落入低谷。但这种情况只持续了短短几年，在1995年世界羽毛球苏迪曼杯赛（男女混合团体赛）及单项比赛中中国又多次夺得冠军，使中国队重新走出了低谷，再一次在世界羽坛上称雄。

羽毛球是一项为广大群众喜爱的体育运动项目,它具有球小、速度快、变化多等特点。羽毛球运动器材设备比较简单,在室内外都可以进行运动,运动量可大可小,不同年龄、性别和身体条件的人都可以参加。因此,这项运动易于开展和普及。经常参加羽毛球运动不仅可以发展人的灵敏性和协调性,提高动作的速度和上下肢活动的能力,改善心血管系统的机能,而且有助于培养人的勇敢顽强、机智果断等品质,亦有利于更好地学习和工作。

第二节　羽毛球基本技术与练习方法

羽毛球运动是在一块长方形的平地上，画上单打和双打合用的场地线，线宽0.04米，长13.4米，单打场地宽5.18米，双打场地宽6.1米，中间悬挂球网，网两边在支柱顶端处高1.55米，中间高1.524米（图12-2-1），参加活动的双方共用一只羽毛球，各备一把羽毛球拍进行的运动。双方运用发球、拉球、杀球、吊球和跨步、垫步等各种击球技术和步法，以及重复球、追身球、吊杀上网、压底线、四方球、发球、抢攻等战术，将球在网上往返对击，以把球击落在对方场区内或使对方击球失误为胜。羽毛球的基本技术包括握拍法、发球技术、击球技术和步法四大部分。

一、握拍法（本章的全部技术动作均以右手握拍为例）

握拍法可分为正手握拍法和反手握拍法。

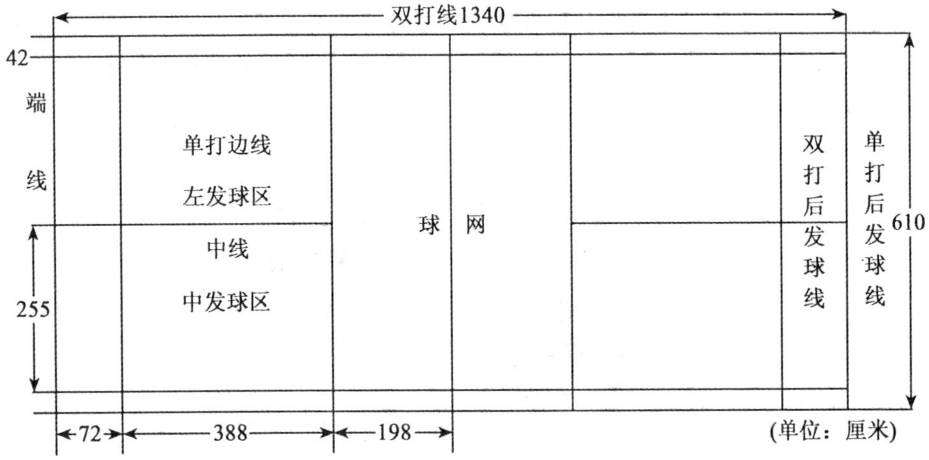

图 12-2-1

（一）正手握拍法

方法：握拍时，先用左手拿住拍颈，使拍面与地面垂直，再张开右手，使右手的小鱼际肌靠在拍柄底托处，虎口对准拍柄的内侧小棱边，然后小指、无名指和中指并拢握住拍柄，小指和无名指在拍柄的末端应稍紧，使球拍不脱手，食指与中指稍微分开，用食指和拇指轻松地环扣住拍柄。（图 12-2-2）

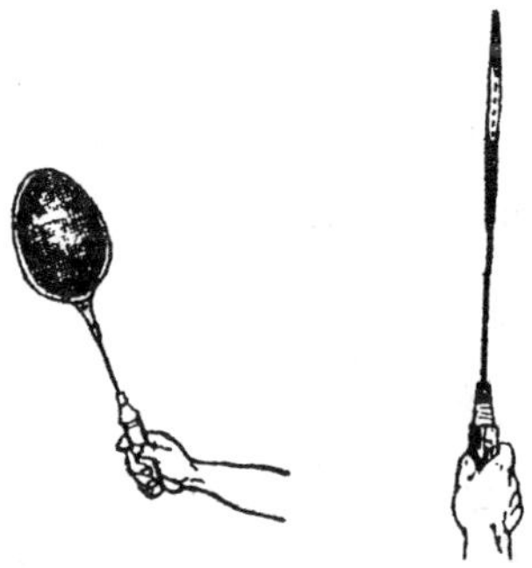

图 12-2-2

（二）反手握拍法

方法：在正手握拍法的基础上，拍柄稍向外转，食指收回，拇指第二指节顶贴在拍柄内侧的宽面上，其余四指并拢握住拍柄，手心与拍柄之间应有一个明显的空洞。

不论正手握拍法或反手握拍法，除上述的区别以外，它们共同的技术关键是：一要放松，二要灵活。

二、发球技术

（一）发球的准备姿势

发球的准备姿势可分为正手发球和反手发球两种。

1. 正手发球的准备姿势

左脚在前（脚尖对网），右脚在后（脚尖斜向侧方），两脚距离与肩同宽，上身自然伸直，重心放在右脚上，成左肩斜对球网之势。右手握拍自右后侧举起，肘部稍屈，左手用拇指、食指、中指夹持羽毛球的中间部位，举在身前，两眼注视对方准备接球的动作。(图 12-2-3)

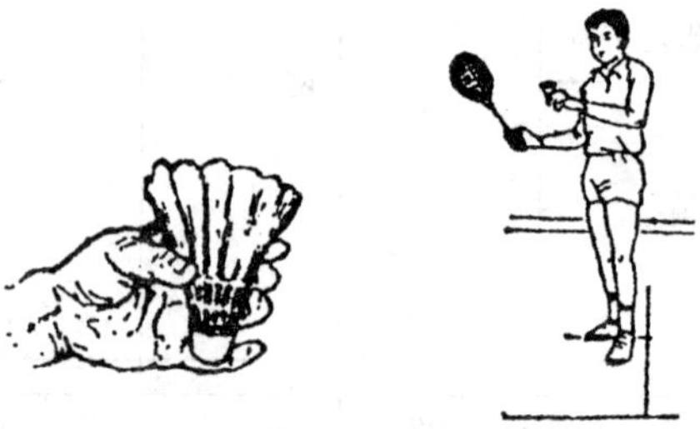

图 12-2-3

2. 反手发球的准备姿势

右脚在前，左脚在后，上身自然伸直，重心放在右脚上，面对球网，左手以拇指、食指和中指捏住羽毛球置于腹前腰下，右手反手握拍，肘部略抬起，使拍垂于左腰侧，两眼注视对方准备接球的动作。

反手发球的发力主要靠挥动前臂和伸腕闪动，动作小，力量小，但速度较快，动作一致性好。

（二）发球的基本方法

按发出的球在空中飞行的弧线不同，发球可分为发高远球、发平高球、发平快球和发网前球。(图 12-2-4)。本节主要介绍正手发高远球和反手发网前球。

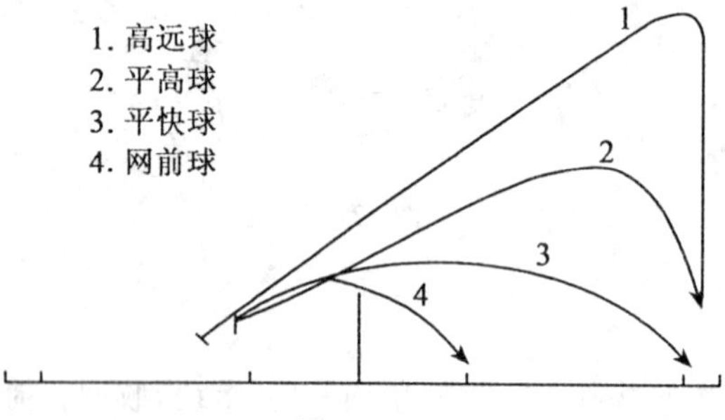

图 12-2-4

1. 正手发高远球

把球发得既高又远，使球近乎垂直地落在对方后发球线附近的发球区内，称为发高远球。该发球方式使接发球员难以实施威胁性大的杀球，在单打比赛中使用率较高。

方法：正手发球的准备姿势参见前述。发球时，左手撒手放球，紧接着转体，上臂挥动带动前臂，形成臂在前、球拍随后的姿势。当球拍与球快要接触前，前臂挥动速度加快，并带动手腕向前上方闪动，由原来的伸腕经前臂内旋至屈腕，造成击球瞬间的爆发力。在拍面后仰的情况下，将球向前上方击出，击球点应在右侧前下方。在球击出后，球拍随着惯性经左侧前上方挥摆。随着挥拍，重心由右脚移到左脚，脚跟稍提起，以保持身体的平衡。（图 12-2-5）

图 12-2-5

正手发高远球的关键是球拍击球的瞬间要控制好拍面的角度，由原来的伸腕经前臂内旋至屈腕时击球应有强劲的、向前上方的爆发力。

2. 反手发网前球

发出的球贴网而过，落在对方前发球线附近的发球区内，称为发网前球。该发球方式具有动作小、出球快、对方不易判断的特点，在双打中被较多地采用。

方法：反手发球的准备姿势参见前述。发球时，前臂牵动手腕使球拍从左下方向右前上方做弧形挥动，在拍将要击到球之前，左手自然地撒手放球，用球拍对球做横切推送，使球贴网而过，落在对方前发球线附近的发球区内。（图 12-2-6）

图 12-2-6

（三）发球的练习方法

（1）按不同的发球方法，反复做挥拍练习。

（2）准确性发球：在端线内的 40 厘米处画一条横线，要求发高远球落在这 40 厘米的区域内。在前发球线后约 30 厘米处画一横线，要求发网前球落在这 30 厘米的区域内。在发球区四个角上画好小方框，要求发球落在小方框内。

（3）发球动作一致性练习：用同一个准备姿势，交替发不同飞行弧线和不同落点的球。

发球、接发球对拉练习。

（四）注意事项

（1）严格控制击球力量，掌握好用力方向。

（2）击球时，球拍面略反仰，在不“过腰”、不“过手”的限度内尽可能提高击球点，使球过网时的弧线尽可能低一些。

（五）发球易犯的错误

（1）挥拍路线不正确或击球后球拍不往左上方挥动，致使发球用力不充分。

（2）挥拍手臂僵硬，用力动作不协调。

（3）放松与挥拍配合不好，造成击球不到位。

（六）发球的纠正方法

（1）多做正确挥拍路线的慢动作练习，逐渐过渡到正常速度的挥拍练习。

（2）在右侧对墙约50厘米处做高远球的挥拍动作练习，以纠正横扫球拍错误，保证挥拍路线正确。

（3）多做放松协调的发球练习，开始时不强调击球的爆发力。

（4）反复练习放准球，即落点固定在身前，保持球托朝下落。

（5）发球时，眼睛看球。

三、击球技术

（一）后场击球技术

1. 正手击直线高球和对角高球

在右后场区击球的位置上，左脚在前，右脚在后，稍屈膝，侧身对网，重心在右脚前掌上面，左手自然上举，头抬起注视来球，右手持拍于身体右侧。击球前，右臂后引、胸舒展。当球落至额前上方击球点时，上臂往右上方抬起，肘部领先，前臂自然后摆，手腕尽量后伸，前臂急速内旋往前上方挥动，手腕向前鞭打发力（握紧球拍）击球的后部，球即朝直线方向飞去；若手腕控制拍面击球托的右侧的后部，球则向对角方向飞行。击球后，手臂随惯性向左自然回收至胸前。

2. 头顶击直线高球和对角高球

基本准备姿势和动作要领与正手击高球相似，但击球前要求上体稍弓身后仰，以便更好地发力。

动作要点：由于来球是飞往左后场区，击球点应选择在头顶部位。

3. 反手击高远球

看准对方的来球落向左后场区的时候，迅速把身体转向左后方，移动到合适的击球位置，背对球网，并用反手握拍法握拍：最后一步右脚跨向左后方，球拍由身前举到左肩附近，以大臂带动前臂转动，击球时前臂由左肩上方往下绕半弧形，最后一刹那时手指紧握球拍，击球点应在右肩上方为好，以手腕往右上方或者根据还击的需要掌握好球拍的角度鞭打进行击球，把球击向后上方。击球后，转身，手臂回收至胸前。

4. 击平高球

击平高球与高远球一样，平高球也可以分别用正手、头顶或者是反手技术去击打。不论是用正手、头顶或者是反手技术击平高球，其击球前的准备动作与用正手、头顶或者是反手技术击打高远球的准备动作相似，只是在击球的一刹那，手腕是向前使劲而不是向前上方使劲。

5. 吊球

把对方击来的高球，从后场轻击或轻切、轻劈到对方的近网附近，叫做吊球。吊球从其动作方法，球的飞行弧线的不同可分为轻吊、拦吊、劈吊（其中每一项都包括正手、头顶、反手等方法）。

（1）劈吊。劈吊击球前动作和打高球、杀球相似。击球时用力较轻。带有劈切动作（落点一般离网较远），当球落到右手臂向上自然伸直的高度时，手腕快速做切削动作，使拍面与球托的右侧左侧接触而把球击出去就完成了劈吊动作。

（2）拦吊（也称拦截吊）。拦吊通常是把对方击来的平高球拦截回去（落点一般离网较近），击球时拍面正对来球，当拍面和球接触时，只要轻轻拦切或点击，球即以较平的弧线，较慢的速度越过球网垂直下落。

（3）轻吊。轻吊击球前动作和打高球相似（落点离网较近）。击球时，拍面正对来球，在接触球的一刹那，突然减速轻点或轻切来球，使球刚一过网就下落。

吊球根据出手的位置和球落向的位置又可分为：正手吊直线球、正手吊对角线球、头顶吊直线球、头顶吊对角线球、反手吊直线球、反手吊对角线球。

（4）正手吊直线球。击球前动作同正手击高球。击球的一刹那，前臂突然减速，用手腕的闪动向前下轻轻切击球托的右侧后下部。关键是用力方向向前下，使球越网后即下落。击球后，手臂随惯性自然回收到胸前。

（5）反手吊直线球。击球前的动作同反手击高球。不同点是前臂上摆，拇指内侧顶住拍柄，手腕向后“甩腕闪动”（由屈到后伸外展）轻击球托的后下部位，使球的受力向前下方，球沿直线方向落到对方网前。

（6）反手吊对角线球。击球前的动作同反手击对角线高球。击球的一刹那，前臂内旋、手腕外展后伸带动球拍由左肩稍前向右后上方切击球托，把球切至对角线网前。

6. 扣杀球

扣杀球是把高球用力向前下方重击、重切或重“点”击球。这种球速度快、力量大。比赛中，杀球可以直接得分，也可以使对方处于被动防守的地位。这一技术是羽毛球进攻中的主要技术之一。

扣杀球从击球点距身体的位置可分为：正手扣杀、头顶扣杀和反手扣杀。

（1）正手扣杀直线球。准备姿势与正手击高球相似。身体后仰成反弓后收腹用力，靠腰腹带动大臂、大臂带动前臂、前臂带动手腕，形成向下鞭打的用力，球拍正面击球托的后部，无切击，使球沿直线向前下方快速飞行。击球后立即成还原准备姿势。

（2）头顶扣杀直线球。准备姿势同头顶击高球，不同之处是挥拍击球时，靠腰腹带动大臂、前臂、手腕的鞭打动作，全力往直线下方击球，拍面和击球用力方向与水平面的夹角小于90°。

（3）反手扣杀球。动作方法与反手击高球相同。不同之处是击球前的挥拍用力要大，身体反弓加上手臂、手腕的鞭打用力，击球瞬间球拍与扣杀方向的水平夹角小于90°。

（二）前场击球技术

1. 正手放网前球

正手握拍，做好放网前球准备，球拍随着前臂向右前上方斜举，击球时，前臂稍外旋，手腕由后伸至稍内收，轻击球托把球轻送过网。

2. 正手网前搓球

准备姿势同前，击球前，前臂稍外旋，手腕由后伸至稍内收闪动，击球时在正手放网前球动作的基础上，加快挥拍速度，搓切来球的右下底部，使球旋转翻滚过网。

3. 反手网前搓球

准备姿势同前。击球前主要靠前臂的前伸外旋和手腕由内收至外展的合力，撮击球的右侧后底部，使球侧旋动过网。另外还可以以前臂稍伸直，手腕由外展到内收，带动球拍向前切送，击球托的后底部，使球下旋滚动过网。

4. 正手网前勾对角线球

准备姿势同前，前臂前伸的同时稍外旋，手腕稍后伸，这时的握拍法稍有变化——将拍把稍向外捻动，使拇指贴在拍柄的宽面上，而食指的第二指关节贴在拍柄的背面宽面上，拍柄不触掌心。球拍随着向右侧前挥动，拍面朝向对方右网前。击球时，靠前臂稍有内旋往左拉收，手腕由内稍后伸至内收闪腕挥拍拨击球托的右下部，使球沿网的对角线飞行。拨击球时，手腕要控制拍面角度。击球后，还原到击球前的准备姿势。

5. 反手网前勾对角线球

准备姿势同前，采用反手握拍法，随着前臂前伸球拍平举。动作要点：手腕由微屈至后伸闪腕，拇指内侧和中指把拍柄往右一拉，其他手指突然握紧拍柄，拨击球托的左后部，使球沿对角线过网。

6. 正手网前跳高球

准备动作同正手放网前球。

动作要点：击球前前臂充分外旋，手腕尽量后伸。击球时，从右下向右前方至左上方挥拍击球。

7. 反手网前挑高球

准备动作同反手放网前球动作。击球前右臂往左后拉抬肘引拍。动作要点：击球时手臂充分内旋，手腕由屈至后伸闪动挥拍击球。

（三）中场击球技术

1. 正手挡直线网前球

该技术多用于接对方杀球。接球前用接杀球的步法移至右场边线，身体右倾，手臂右伸，前臂外旋，手腕外展。击球时前臂内旋稍翻腕带动球拍由右下向前上方推送击球，把球挡向直线网前；也可以在击球时前臂由外旋到内收，带动球拍由右向前切送挡直线网前。击球后身体左转成正面对网然后右脚上前一步，球拍随身体向左转收至体前。

2. 正手挡对角网前球

准备姿势同前。挥拍击球时，在肘关节屈收的同时前臂稍旋内，手腕由后伸到内收闪动击球托的右侧。击球点在右侧前，手腕、手指控制拍面角度，使球向对角线网前坠落。

3. 反手挡直线网前球

同正手，也是多用于接杀球。首先用接杀球的步法移至左边场区边线，身体左转前倾，右肩对网，右肘弯曲，手腕外展，引拍至左肩前上方。击球时，借对方来球的冲力，以前臂带动球拍由左上方向左前方用拇指的顶力挥拍轻击球托，把球挡回直线网前。击球后，身体右转成正面对网，球拍随身体的移动收至体前。

4. 反手挡勾对角网前球

用反手勾对角接杀球握拍法。击球时，手腕由外展到后伸闪动挥击球托的左侧下部，使球向对角网前坠落。

5. 正手击杀挑球直线后场高球

当对方杀右边线球时，右脚向右侧跨一大步到位。随步法移动往右侧引拍，右臂稍向右后摆的同时稍带有外旋，手腕后伸到最大限度，使球拍迅速后摆，紧跟着右前臂急速向前挥动时略有外旋，手腕从后伸到伸直闪腕，这时，肘起着“支点”作用，拍面对准来球，击球托的中下部，使球向直线高远方向飞行。击球后，前臂内旋，球拍往体前上方挥动，球拍回收至体前。

6. 反手接杀挑后场高球

击球前，前臂内旋，手腕外展，引拍至左侧前。击球时，上臂支撑，前臂急速往右前方挥摆，手腕由外展至后伸闪动，握紧球拍，加上拇指的顶力，全速挥拍击球，使球向直线方向飞行。若向对角线方向挥拍，则球向对角线方向飞行。

7. 正手平抽球

两脚平行站立稍宽于肩，右脚稍向右侧迈出一小步，同时上体稍网右侧倾，右臂向右侧上摆，球拍随着上举，肘关节保持一定角度，击球前肘关节前摆，前臂稍往后带外旋，手腕稍外展至后伸，引拍至体后。击球时前臂内旋，手腕伸直闪动，手指抓紧拍柄，球拍由右后往右前方高速扫来球。

8. 反手平抽球

右脚前交叉在左侧前，重心在左脚上，右手反手握拍在左侧前。击球前肘部稍上抬，前臂内旋，手腕外展，引拍至左侧。击球时，在髋的右转带动下，前臂外旋，手腕由外展到伸直闪动，挥拍击球托的底部。击球后，球拍随身体的回动收回到右侧前。

（四）击球的练习方法

1. 高远球的练习方法

（1）定点徒手模仿，做高远击球技术的挥拍动作。

（2）用细绳把球悬挂在适当的高度上做击球练习。

（3）陪练者站在高台上将球抛下，练习者挥拍击球。

（4）陪练者以高远球发向练习者右侧，练习者回击高远球。

（5）练习者站在端线前约 2 米处，陪练者发高远球至练习者的左方或右方，练习者做并步后退回击。

（6）一对一直线定点往返击高远球。

（7）已有一定移动击球的基础后，可做起动、回动的多球练习。

（8）同上，要求击回直线和斜线的球落点要到位。

2. 扣杀球的练习方法

（1）手持羽毛球站在半场区，模仿扣杀球的方法向对方场区下压掷球。

（2）练习者站在半场区，陪练者发半场高球，练习者做扣杀练习。

（3）一攻一防：一人防守，一人扣杀。

（4）一攻二防：练习者应交替向两个陪练者杀球，以练习控制杀球路线的能力。

（5）两点杀一点：陪练者交替将球击向右后场区和左后场区，练习者应积极移动，将球杀向陪练者方位。

3. 吊球的练习方法

（1）定位劈吊对角。

（2）一点吊两点：练习者交替将球吊对角线和直线，两个陪练者将球挑高击回固定点。

（3）两点吊一点：陪练者往对方后场底线挑高球，练习者应积极移动，将球吊回对方网前固定点。

（4）待吊球练熟后，可做高、吊、杀的综合练习，以培养灵活运用这些技术的能力。

4. 网前击球技术的练习方法

（1）原地或跨一步做模仿练习。

（2）原地或跨一步做多球练习。

（3）从场区的中心位置，开始做上网步法结合击球练习。

（4）从场区的中心位置，开始做定点、定动作的上网击球的多球练习，再做不定点、不定动作的多球练习。

（5）吊上网、杀上网练习。

（6）半场、全场单打比赛。

四、步法

羽毛球比赛时，运动员在场上为了跑到适当的位置击球而采用的快速、合理、准确的移动方法，称为步法。它包括起动、移动、到位配合击球和回动 4 个环节。

起动：对来球一有反应判断，即从中心位置上的准备姿势转为向击球位置出发。

移动：从中心位置起动后到击球位置。移动的方法有垫步、交叉步、小碎步、并步、蹬转步、蹬跨步、腾跳步等。

（1）垫步：当右（左）脚向前（后）迈出一步后，紧接着以同一脚向同一方向再迈一步。垫步一般用做调整步距。

（2）交叉步：左右脚交替向前、向侧或向后移动。经另一脚前面超越的为前交叉步，经另一脚后面超越的为后交叉步。

（3）小碎步：即小的交叉步。由于步幅小，步频快，一般在起动或回动起始时用。

（4）并步：右脚向前（或向后）移动一步时，左脚即刻向右脚跟并一步，紧接着右脚再向前（向后）移一步。

（5）蹬转步：以一脚为轴，另一脚做向后或向前蹬转迈步。

（6）蹬跨步：在移动的最后一步，左脚用力向后蹬的同时，右脚向来球方向跨出一大步。

（7）腾跳步：起跳腾空击球的步法。

到位配合击球：根据不同的击球方式，运动员应站到最适合这种击球的有利位置上，从而更好地为击球做好准备。

回动：击球后，应尽力保持或尽快恢复身体平衡，并立即向中心位置移动，以便在中心位置上做好迎击下一个来球的准备。所谓中心位置，一般是指场区的中心略靠后的位置，因为这个位置有利于向场区各个方向迎击来球。

（一）基本步法

步法主要有后退步法、两侧移动步法、上网步法。

后退步法：从中心位置移动到后场各个击球点的位置上击球。

两侧移动步法：从中心位置向左右侧移动到击球点的位置上击球。

上网步法：从中心位置移动到网前击球，由交叉步（或并步、垫步等）和蹬跨步（或蹬跳步）构成。

（二）步法的练习方法

（1）准备姿势，看手势信号做起动练习。

（2）看手势信号做蹬转步练习。

（3）逐个进行不同步法的练习。

（4）按手势指令做步法的综合练习。

（5）多球练习。

（6）进行一对一的教学比赛。

（三）步法易犯的错误

（1）反向移动，球的落点在后场，却往前场移动；球的落点在网前，却往后移动。

（2）反应慢，移动慢。

（3）步法与击球动作配合不好，不协调。

（4）哪里打完球就在哪里停着，缺乏回中心位置的意识。

（四）步法易犯错误的纠正方法

（1）多进行教学比赛，提高对假动作及出球路线的识别判断能力。

（2）通过多球训练，做反应起动练习。

（3）通过各种下肢力量练习，增强脚弓、踝关节和下肢的力量。

（4）要强调做到最后一步正确。

（5）依手势指令，在羽毛球场地上反复做起动、到位挥拍“击球”、回动的练习。

（6）进行耐力与速度耐力的训练，以加强移动能力。

第三节　羽毛球基本战术

一、打法类型

（一）单打的打法类型

（1）压后场底线：以高球压对方后场底线，迫使对方后退，然后寻找机会用大力扣杀或吊网前空当以争取得分的打法。这种打法主要是以力量和后场的高吊、杀球进行较量。

（2）打四方球：以高球或吊球准确地将球击到对方场区的四个场角，调动对方前后、左右跑动，打乱其阵脚，在对方来不及回中心位置或回球质量较差时，向其空当部位发动攻击。这种打法要求运动员步伐灵活，防守好，有准确控制落点的能力。

（3）快拉快吊：以平高球快压对方后场两底角，配合快吊网前两角，吸引对方上网。以网前搓球、钩对角球结合推后场底线，迫使对方疲于奔命、被动回球，从而为本方创造中后场大力扣杀或网前扑杀的机会。这是一种积极主动、快速进攻的打法。

（4）后场下压：通过后场扣杀、吊球等技术，先发制人，然后快速上网，利用搓、推、钩、扑等技术，高点控制网前的一种打法。这是一种全攻型的打法，具有先发制人、快速凶狠等特点。

（5）守中反攻：利用拉、吊四方球及防守中的球路变化调动对方，伺机反攻。这种打法适合本身进攻能力不强，但防守技术较好、反应较快、身体灵活且身形较矮的选手。

（二）双打的打法类型

（1）快攻压网：从发球、接球抢攻开始，以左、右分边站位，平抽平打快速杀球为主，压在前场进攻。这种打法要求运动员有网前意识和抽打技术。

（2）前场打点：通过网前搓、钩对角及推半场或找空隙进攻，打乱对方站位，创造后场进攻机会。这种打法要求运动员有细腻的网前技术。

（3）后攻前封：基本保持前后站位，后场逢高球就积极下压，当对方还球到前场或网前时，即予以致命的扑杀。这种打法要求后场运动员有连续扣杀的能力，前场运动员有较强的封网意识和网前技术。

（4）抽打底线：以快速的平高球和长抽球压住对方底线两角，在对方扣杀球时，能以平抽反击或挑高球到两角，调动对方，伺机进攻。这种打法要求运动员有较强的防守能力和较好的底线平抽球技术。

二、战术

战术根据双方的打法和场上情况而定，是指运动员在比赛中根据双方的情况合理运用技术、有针对性地组织自己的球路以争取胜利的策略。羽毛球比赛中有单打战术和双打战术两种。

（一）单打战术

（1）发球战术：从发球的第一拍起，争取控制对方，以攻杀得分。这种战术，一般为发网前低球结合平快球、平高球，争取第三拍的主动进攻。

（2）攻后场战术：通过击高球，重复压对方的底线两角，造成对方的被动，然后寻找机会进攻。

（3）攻前场战术：对付网前技术较差的对手，可运用此战术先将其吸引到网前，然后再攻击其后场。

（4）打四方球战术：若对手步子较慢，体力较差，技术不全面，可以快速、准确的落点攻击对方场区的四个角落，寻找机会向空当进攻。

（5）杀、吊上网战术：当对方击来后场球时，即以杀球或吊球下压，当判断对方挡回网前球时，即刻快速上网，高点控制网前。

（6）打对角线战术：对付身体灵活性差、转体较慢的对手，不论是进攻还是防守，均应以打对角线为主。

（二）双打战术

双打比赛的站位有一前一后站位和两人分边站位两种。

一前一后站位：站在后场的人分管后半场的球，站在前场的人负责前半场的球。这种站位有利于进攻，但不利于防守。

分边站位：各人分管半边场地。这种站位多在防守时采用。

站位形式在比赛中随着进攻与防守之间的不断转换而变化。双打的轮转站位多在配对选手相差不大时采用。如果水平相差悬殊，则技术水平好者固定站在后场，他除了主要负责后半场的来球之外，同时还要兼顾中场附近或前场的球；而技术水平差者则固定站在网前，主要负责网前来球。

双打除了有站位以外，还要有战术，这样才能在比赛场上发挥出更好的水平。

（1）攻人战术：集中攻击对方中有明显弱点的人，并伺机攻击另一人因疏忽露出的空当，或对此人偷袭。

（2）攻中路战术：当对方分边站位防守时，将球攻击到对方两人的中间；当对方前后站位时，可将球下压或平推两边半场。这样可使对方防守时因互相争抢或避让而出现失误。

（3）攻后场战术：对方后场扣杀能力差时，本方可采用平高球、推平球、接杀挑底线战术，把对方一人紧逼在底线两角移动。当对方被动还击时，则抓住机会大力扣杀。如另一对手后退支援时，即可攻网前空当。

（4）后攻前封战术：当本方处于主动进攻前后站位时，站在后场的队员见高远球就杀或吊网前，迫使对方接球挡网前，这为本方前场队员创造了封网扑杀机会。前场队员要积极封锁前场，迫使对方被动挑高球。一旦对手挑高球达不到后场，就为本方创造了再进攻的机会。

羽毛球比赛中，只有在技术水平相当的情况下，战术才能起到决定性的作用。在正确应用战术时，要注意三点：（1）要知己知彼地制定战术。（2）比赛时，坚持赛前制定的战术。（3）要随机应变，根据赛场上的实际情况适时改变战术。

第四节　羽毛球运动基本竞赛规则

羽毛球竞赛规则是羽毛球比赛的法律性文件，运动员和裁判员在场上分别依据它来进行比赛和工作。掌握规则，裁判员可提高临场裁判水准，让运动员充分发挥技战术水平，使比赛顺利进行，从而搞好羽毛球竞赛活动。下面简单介绍一下羽毛球竞赛规则。

（1）羽毛球：正式比赛时，应使用羽毛插在软木上制成的羽毛球，球重应为 4.74～5.5 克。一名运动员站在端线外，用低手充分向前上方击球，球的飞行方向与边线平行，球能落在另一端线内 30～76 厘米之间，则应认为速度正常。

（2）计分：羽毛球比赛采用三局两胜制。2002 年国际羽联年会重新修订了计分方法，新的计分方法为：女子单打、女子双打、混合双打均 11 分为一局。当比赛出现 10 平时，先获 10 分的一方有权选择加赛 3 分或按原规定打完 11 分结束比赛。男子单打、男子双打则以 15 分为一局。当比赛双方打成 14 平时，先获 14 分的一方有权选择加赛 3 分或打完 15 分结束比赛。

（3）发球和接发球站位：单打比赛中，发球方的得分为零或双数时，必须在右发球区发球；得分为单数时，应在左发球区发球，接发球的一方必须相应地在斜对角的发球区内接球。双打比赛中，双方队员必须确定第一发球员和第二发球员。在本方得分为零或双数时，发球方第一发球员必须站在右发球区发球，第二发球员站在左发球区发球。在积分为单数时，第一发球员必须站在左发球区发球，第二发球员站在右发球区发球。换发球时，都由站在右发球区的一方发球，发球方每得一分后，同队两队员互换发球区，由原发球员继续发球，但对方不得互换位置。开局时，先发球的一方只有一次发球权，以后每队有两次发球权，发球员的同伴和接发球员的同伴站位不限，但不得阻挡对方视线。

（4）得分和换发球：发球后，发球方胜，则得一分，由原发球员换发球区继续发球。发球方输，则失去发球权，但对方不得分，如为单打比赛，则换由接发球方发球；如为双打比赛，则由第二发球员发球或换由对方发球。

（5）交换场地：每一局结束后，交换场区继续比赛。进行第三局比赛时，如一方先得8分（女单为6分），也需要交换场地。

（6）间歇：第一局结束后，运动员可以休息90秒。此时，教练员可以进行指导，但运动员不能离开场地。比赛时，若打成一比一平局，可休息5分钟，然后进行第三局决胜局比赛。此时，运动员可以离开场地并接受指导，但比赛前一分钟必须回到场地。

（7）发球违例：①过腰：发球时（在球和拍接触的瞬间），球的任何部分高过发球员的腰部。②过手：发球时（在球和拍接触的瞬间），球拍顶端未向下，整个拍框没有明显低于握拍手的整个手部。③踩线：发球时，脚踩在发球区四周的线上或线外的地面。④移动：发球时（从球拍第一次向前挥动开始，如抛球在先，挥拍在后，则从抛球开始到球从拍面弹出瞬间为止），发球员的两脚或任何一脚离开地面或移动。⑤假动作：在发球员和接球员均做好准备姿势后，发球员在发球过程中有任何破坏发球连续性的动作。⑥违例：发球时，在击球瞬间不是首先击中羽毛球的球托。⑦不过网：球未发过网或从网下穿过。⑧错区：发过去的球落在非规定的一个发球区内。⑨短球：发过去的球落在网前发球线之间的区域内。⑩长球：双打比赛时，发过去的球落在双打发球线后与端线前的区域内。⑪界外：发过去的球落在边线或端线以外的地区。

（8）接发球违例：①移动：接发球时（从发球员拍第一次向前挥动开始——如抛球在先，挥拍在后，即从抛球开始到球从拍面弹出瞬间为止），接发球员的两脚或任何一脚离开地面或移动。②踩线：接发球时，接发球员在或踏出发球区四周的任何线上或线外。

（9）击球违例：①连击：两次挥拍，连续击球两次，或同队两名运动员各击一次。②持球：击球时，球停滞在球拍上，紧接着又有拖带动作。③界外：球的整体落在对方边线或端线以外（球的任何部分压线为界内球）。④触网：比赛进行中，球拍或运动员的身体、衣服触及球网或球网的支撑物。⑤过网：击球时，球拍或球的接触点在对方场区上空（如果击球点在本方上空，球拍可随球过网）。⑥碰障碍：击出的球碰到障碍物。⑦违例：队员的身体被球击中。⑧妨碍：比赛进行中，运动员有妨碍对方的行为，如当对方在靠近网前上空有机会向下击球时，运动员将球拍在网前举起，企图拦截，使球反弹回去，或运动员侵入对方场区，或球拍扔进对方场区等。⑨不过网：击出的球落在本方场区外或从网下击入对方场区。

第十三章 健 美 操

第一节 健美操运动概述

健美操是一项新兴的体育运动项目，最早是美国太空总署为太空人所设计的体能训练内容。医学博士库伯尔（Coper）设计了一些动作并逐渐加上音乐伴奏和服装，形成了具有独特体系的运动，并很快风靡世界。当时涌现出一批健美操的代表人物，如杰希·索伦森（Jcsy Sorense）和著名的好莱坞影星简·方达（Jane Fanda）等。

健美操作为一项独立的体育运动项目兴起的时间是20世纪70年代末，其明显的标志就是“简·方达健美操”的出现。作为现代健美操运动的发起人之一，简·方达根据自己的体会和实践编写了《简·方达健美操》一书及录像带，自1981年首次在美国出版以来，一直畅销不衰，并被译成20多种文字，在全世界30多个国家出售，对健美操运动在世界内的流行与发展起了巨大的推动作用。

在20世纪80年代初，健身健美操运动风靡世界，同时也传入到中国，北京、上海、广州等地相继举办各种健身健美操活动，结合我国的实际情况创编了各种各样的徒手健美操和持轻器械健美操，推动了我国健美操运动的发展。

一、健美操运动的分类

根据健美操练习的目的和任务，健美操运动分为健身健美操和竞技健美操两大类（表13-1-1）。

表13-1-1 健美操运动的分类

健身健美操			竞技健美操
徒手健美操	轻器械健美操	特殊场地健美操	男子单人
一般健美操	哑铃操	水中健美操	女子单人
搏击操	踏板操	固定器械等	混合双人
瑜伽健身术	橡皮筋操	功率自行车	三人
拉丁健美操	健身球操		混合六人
街舞			

二、健身健美操运动的特点

健身健美操是在音乐伴奏下，以身体练习为基本手段，以有氧运动为基础，达到增进健康、塑造形体和娱乐目的的一项体育运动。它通常具有以下特点：

（一）高度的艺术性

健身健美操是一项追求人体健与美的运动项目，因此健身健美操属健美体育的范畴，具有高度的艺术性。

健身健美操的艺术性主要体现在其“健、力、美”的项目特征上。健康、力量、美丽是人类所追求的身体状况的最高境界，而健身健美操运动无不处处表现出“健、力、美”的特征，它包含着高度的艺术性因素，这也正是人们热爱健身健美操运动的原因之一。

健身健美操动作协调、流畅、有弹性，使练习者不仅锻炼了身体，增强了体质，而且从中得到了“美”的享受，提高了审美意识和艺术修养。健身健美操运动员在比赛中所表现出来的健美的体魄、高超的技术、流畅的编排和充沛的体力等，也无不给观众留下深刻的印象，充分体现出健身健美操运动“健、力、美”的特征和高度的艺术性。

（二）强烈的节奏性

健身健美操动作具有强烈的节奏性特点，并通过音乐充分地表现出来，因此音乐是健身健美操运动不可缺少的组成部分。健身健美操音乐的特点是节奏强劲有力、旋律优美，具有烘托气氛、激发人们热情的效应。

（三）广泛的适应性

健身健美操练习形式多样，运动量可大可小，容易控制，对场地器材的要求也不高，因此对各个年龄层次、不同性别、不同身体素质、不同技术水平的人都适宜，各种人群都能从健身健美操练习中找到适合自己的方式，都能从健身健美操练习中得到乐趣。如中老年人可选择低强度的有氧练习，达到锻炼身体、娱乐身心、保持健康的目的；而对具有较好身体素质并有意进一步提高的年轻人来说，可选择难度较高、运动量较大的竞技健身健美操作为练习的手段，通过竞技健身健美操练习，不仅可锻炼身体，而且可提高技术水平。因此，健身健美操运动具有广泛适应性的特点。

（四）健身的安全性

健身健美操所设计的运动负荷及运动节奏，都充分考虑了运动所产生的一系列刺激结果的可行性，使之适合一般人的体质，甚至弱体质的人都能承受其有氧范围。人们在平坦的地面上，在欢快的音乐声中，跟随快慢有序的节奏进行运动，十分安全，而且有效。

第二节　健美操的基本动作

一、健美操基本动作的特点和作用

基本动作是健美的核心，各种动作都是在此基础上产生和发展的。健美操基本动作的内容丰富，运作相对比较简单，练习者易于练习和掌握。

通过基本动作练习，可以掌握正确的动作规范，使练习者建立正确的动作技术概念；同时，基本动作练习是培养良好基本姿态的有效方法，基本动作练习也是进行动作韵律

“开法”较好的手段。在开始练习此内容时，一般更多以单个动作反复练习，教会练习者如何用力，体会动作的内在感觉，掌握动作韵律。健美操的韵律在健美操教学和训练过程中是最重要的方面，同时也是最难练的方面。

二、健美操基本动作的主要内容

（一）健美操基本步伐

健美操基本步伐是体现健美操练习者下肢动作基本姿态的主要练习手段，根据动作的特点及动作强度的差异，健美操的基本步伐分为12大类：

基本步伐的基础动作为弹动。其种类有膝弹动、分腿弹动、膝踝弹动（踝弹动）；形式有并腿的弹动、分腿的弹动；方向有向前的弹动，向左、向右前45°方向的弹动，左、右绕的弹动。其技术要点：两膝与踝关节自然屈伸。

1. 踏步类

踏步类动作运动强度较低，在运动过程中至少有一只脚与地面保持接触。常见的步伐如下：

（1）踏步

种类：脚尖不离地的踏步、脚离地的踏步、高抬腿的大幅度踏步。

形式：原位踏步、移动踏步及转体踏步。

方向：向前、向后、向左、向右走的踏步。

技术要点：落地时，由脚尖过渡到脚跟着地；屈膝时，胯微收，两臂自然前后摆动。

（2）走步

种类：一种。

形式：一种。

方向：前走、后走、斜向走、弧形走。

技术要点：基本上同踏步。

（3）“V”字步

种类：正“V”字步、倒“V”字步。

形式：平移的、转体的和小幅度跳的正“V”字步和倒“V”字步。

技术要点：一脚迈出，另一脚随之迈出成一条直线，两脚距离略比肩宽，两膝自然弯曲，然后依次收回。

（4）恰恰步（水兵步）

种类：一种。

形式：平移的和转体的恰恰步。

方向：向前、向后、向侧的恰恰步。

技术要点：在2拍节奏中，快速踏步3次。

2. 并步类

（1）点地

种类：脚尖点地、脚跟点地。

形式：原位点地、移动点地及转体点地。

方向：脚尖向前、向侧、向后、向斜方向的点地，脚跟向前、向侧、向斜方向的点地。

技术要点：点地时，弹性点地，腿自然伸直。

(2) 移重心

种类：双腿、单腿的移重心。

形式：原位的移重心、移动的移重心、转体的移重心、跳的移重心。

方向：向前、向后、向左、向右的移重心。

技术要点：身体重心从一端移向另一端时，必须经两腿之间。

(3) 并步

种类：两腿同时屈的并步、一直一屈的并步。

形式：原位的并步、移动的并步（“之”字步）、转体的并步。

方向：向前、向后、向左、向右的并步。

技术要点：一脚并于另一脚，重心要随之移动，两膝自然屈伸。

(4) 交叉步

种类：一种。

形式：平移的交叉步、转方向的交叉步、小幅度跳的交叉步。

方向：向前、向后、向侧的交叉步。

技术要点：一脚迈出，另一脚在前或在后交叉，重心随之移动。

3. 弓步类

种类：静力性的弓步、动力性的弓步。

形式：左、右弓步移重心的弓步，移动的弓步，转体的弓步，跳的弓步。

技术要点：一腿屈膝，脚尖与膝垂直，另一腿伸直，重心落于两腿之间。由于弓步的形式很多，因此在做法上有所不同。

4. 半蹲类

种类：小分腿半蹲、大分腿半蹲。

形式：向侧一次、向侧两次及转体的半蹲。

方向：向侧（左或右）的半蹲。

技术要点：半蹲时，立腰。

5. 吸腿类

种类：一种。

形式：原位的吸腿及跳、移动的吸腿及跳、转体的吸腿及跳。

方向：向侧、向前的吸腿及跳。

技术要点：大腿用力上提，小腿自然下垂。

6. 弹踢类

种类：一种。

形式：原位的弹踢腿及跳、移动的弹踢腿及跳、转体的弹踢腿及跳。

方向：向前的弹踢腿及跳、向侧的弹踢腿及跳、向后的弹踢腿及跳。

技术要点：大腿抬起至一定角度后，小腿自然伸直。

7. 开合跳

种类：双起双落的开合跳（两次开开合合、连续开合）、单起双落的开合跳。

形式：原位的开合跳、移动的开合跳、转体的开合跳。

方向：向前的开合跳。

技术要点：分腿时，两腿自然分开，膝关节沿脚尖方向弯曲。跳起落地时，注意屈膝缓冲。

8. 踢腿类

种类：弹动踢腿及跳、移动的踢（弹）腿及跳、转体的踢（弹）腿及跳。

方向：向前的、向侧的、向斜前的踢（弹）腿及跳。

技术要点：腿上踢时，应加速用力，立腰，上体尽量保持不动。

9. 后踢腿跳

种类：一种。

方向：向后的后踢腿跳。

技术要点：髋和膝在一条线上，小腿尽量叠于大腿上。

10. 点跳

种类：一种。

形式：原位的点跳、移动的点跳、转体的点跳。

方向：向侧、向前、向后的点跳。

技术要点：点地时身体重心在一条腿上。

11. 摆腿跳

种类：一种。

形式：原位的摆腿跳、移动的摆腿跳、转体的摆腿跳。

方向：向侧、向前、向后的摆腿跳。

技术要点：摆腿时上体顺势前倾、后倒或侧倾。

12. 并跳

种类：一种。

形式：移动的并跳、转体的并跳。

技术要点：一腿迈出蹬地，另一腿并上，身体重心随着跟上。

说明：种类是根据动作的特点划分的。形式是根据做动作时身体位置发生变化来划分的。方向是根据身体轴面来划分的。

（二）健美操基本徒手动作

健美操基本徒手动作是根据人体结构的活动特点而确定的。常见的基本动作如下：

1. 头颈动作

形式：头颈的屈、头颈的转、头颈的平移、头颈的绕与绕环。

方向：向前的、向后的、向左的、向右的屈和平移，向左的、向右的转和绕、绕环。

要求：做各种形式的头颈动作时，节奏一定要慢，上体保持正直。

2. 肩部动作

形式：单肩的、双肩的提肩和沉肩、收肩和展肩，单肩的、双肩的绕和绕环，振肩。

要求：提肩、沉肩时两肩在同一额状面尽量上下运动；收肩、展肩幅度要大，肩部要平；振肩动作要有速度、力度和弹度。

3. 上肢动作

（1）手形：健美操中有多种手形，它是从爵士舞、西班牙舞、迪斯科、武术中吸收和发展来的。手形恰到好处地运用，可以使手臂动作更加生动活泼。常见的手形有：五指并拢式（五指伸直并拢），五指分开式（五指用力伸直张开），西班牙舞手式（五指用力，小指、无名指、中指自掌指关节处依次屈，拇指在外），屈指掌式（手掌用力上翘，五指用力弯曲），一指式（握拳，食指伸直或拇指伸直），响指（拇指与中指摩擦与食指找响，无名指、小指屈）。(2) 臂动作：在形式上，有臂的举（直臂、屈臂、单臂和双臂），臂的屈伸（同时、依次），臂的摆动（同时、依次、交叉），臂的绕及绕环（同时、单臂和双臂、小绕、中绕、大绕），臂的振动等。在方向上，有向前、向后、向左、向右、向上、向下等。其要求是做臂的屈伸时，肩下沉；做臂的摆动、绕及绕环时，肩拉开用力。

4. 胸部动作

形式：含胸、展胸、振胸。

要求：练习时，收腹、立腰。

5. 腰部动作

形式：腰的屈、腰的转、腰的绕和绕环。

方向：向前、向后、向左、向右。

要求：腰前屈、转时，上体立直；腰绕和绕环时，速度放慢。

6. 髋部动作

形式：顶髋、提髋、摆髋、绕和环绕髋、行进间正髋和反下运髋走。

方向：向前、向后、向左、向右。

要求：髋部练习时，上体放松。

7. 躯干波浪动作

方向：向前、向后、向左、向右。

要求：波浪时，动作协调、连贯。

8. 地上基本姿态

形式：坐（直角坐、分腿坐、跪坐、盘腿坐）、卧（仰卧、俯卧、侧卧）、撑（仰撑、俯撑、跪撑）等。

要求：做各种坐姿时，收腹，立腰，挺胸；撑时，腰背紧张。

第三节　全国健美操大众锻炼标准介绍

《全国健美操大众锻炼标准》是以健身娱乐为目的，以个体条件为基础，注重参与意识和锻炼的自我检测，淡化竞争意识。因此，标准的测定成绩只设定为“达标”与“未达标”，同时又制定了较严格的标准供参加者自我提高。

一、《全国健美操大众锻炼标准》的特点

（一）有氧原则

注意在运动过程中运动负荷始终保持在有氧的范围内。通过多种组合练习，以提高心肺功能、影响人的整体为基础，达到锻炼身体、增强体质、健美形体的目的。

（二）无损伤原则

在选择动作时，注意避免使用高难度动作和超负荷动作，以及运动范围过大的动作，以确保无损伤，并有益于健康。

（三）简单易学原则

《全国健美操大众锻炼标准》的实施对象是一般群众，其目的是使更多的人参与到健美操运动中来。因此，在动作的选择上注重简单易学和实效性，使之便于开展普及。

（四）循序渐进原则

各等级之间保持有机的联系，在保证合理的运动负荷的基础上，运动量和难度逐渐加大。动作由简至繁，幅度由小至大，速度由慢至快，练习步骤由分解至完整。

（五）提高人体基本素质原则

根据不同等级的任务和技术要求，通过基本动作、组合动作和力量素质的教学，提高人体的力量、柔韧、协调、灵敏等基本素质和基本能力。

二、《全国健美操大众锻炼标准》的级别、层次与对象

健美操的大众锻炼标准共分为六个等级、四个层次。

等级水平由低到高分别为一级、二级、三级、四级、五级、六级。

层次：一级为入门，二级、三级为初级，四级、五级为中级，六级为高级。

对象：一级面向大众，二级、三级面向有意参加健美操锻炼者，四级、五级面向健美操爱好者，六级面向有意于健美操深造及准备进入竞技健美操训练者。

三、对各级别的要求

1. 一级

（1）学习以步伐为主的最基本动作，步伐以单一、原地动作为主；（2）进行低强度的有氧训练；（3）素质以辅助支撑的俯卧撑、低强度的仰卧起坐和低负重的力量练习为主；（4）学习和了解健美操的常识。

2. 二级、三级

（1）掌握基本动作；（2）学习健美操典型动作；（3）以下肢动作配合上肢简单动作为主；（4）保持中低强度有氧训练。

3. 四级、五级

（1）掌握健美操典型动作；（2）学习健美操复合动作、简单的步伐变换技术及跳跃技术；（3）提高身体的协调性；（4）提高运动负荷，保持中等强度的有氧训练；（5）素质训练以塑造形体为主，增加柔韧的练习方法。

4. 六级

（1）掌握复合动作的变化规律，巩固已掌握的步伐变换技术及跳跃技术；（2）提高动作的表现力；（3）加大运动负荷，以中等强度有氧训练为主，达到减脂的目的；（4）提高肌肉力量，并进一步塑造其形体，加大动作的空间位移，展现良好的协调性。

四、评定因素

（1）动作的正确性。身体姿态要舒展；动作技术要正确；动作范围要适当。（2）身体的协调性。全身协调运动；动作轻松、有弹性；动作清晰，无多余动作；动作避免过分松弛或过分紧张。（3）连接动作的流畅性。动作之间的连接要自然、流畅；动作的转换及方向的变化要干净利落，无多余动作。（4）节奏感。动作要充分表现音乐情绪；动作和音

乐节奏要配合协调；一连串动作节奏要准确。(5) 表现力。动作要展示内心的激情，体现一种健康、向上的情绪；提倡个人风格的表现力。

第四节　全国健美操大众锻炼标准（四、五、六级）

一、四级测试动作

四级是大众健美操的中级课程，专为热衷于健美操的爱好者而设计。在初级基础上，增加了健美操的典型动作和复合动作，其内容更丰富，动作变化较多，节奏加快，运动量逐渐增大，对心肺功能及各项身体素质的要求提高。

1. 前奏 4×8

1～8 拍，站立。2～8 拍，踏步。

2. A 段 8×8

①1～4 拍，左脚开始依次成开立、还原。5～8 拍，踏步。还原成并立时稍屈膝，稍含胸。

②1～4 拍，左脚开始前前、后后，两臂依次在胸前前屈，3～4 拍时两臂同时向下振动两次。5～8 拍，左右侧并步，两臂经肩侧屈上举。注意膝关节的弹性，并腿时稍屈膝。

③1～4 拍，向左两次侧并步。5～8 拍，向右两次侧并步。

④1～4 拍，左脚开始“V”字步。5～8 拍，再作一次“V”字步，同时左右击掌。“V”字步每次要还原到原位。

⑤～⑧同①～④。

3. B 段 8×8

①1～4 拍，走四步，两臂经侧向上、向前做体前大绕环一周半，头上击掌经侧举还原。前后移动应体现步伐的流动性。5～8 拍，左脚开始脚跟点地，两臂经胸前小臂上屈、胸前平屈、侧平举，还原至体侧。注意主力腿的弹性。

②1～4 拍，后退四步。5～8 拍，左腿开始吸腿跳，两臂动作同上。

③～⑧同①～②，重复三遍。

4. C 段 8×8

①1～2 拍，右转 90°，左脚上步成分腿半蹲，两臂由右经上举绕至侧举和胸前平屈。分腿半蹲时，重心应在两脚之间。3～4 拍，左转 90°，左脚落于右脚后，重心后移，右脚原地垫一步，臂后摆。5～8 拍，不加转体，动作同 1～4 拍。

②1～4 拍，向左侧交叉步两臂前后摆动。5～8 拍，右脚原地小跳四次，同时左腿摆至左侧下举、右前下举、左侧下举、还原。

③～④同①～②，方向相反。

⑤～⑧同①～④。

5. D 段 12×8

①经左腿小跳、右腿侧摆，右、左腿依次向左跨三步，右手撑地，左转 90°成体前屈，两手触脚。向侧跨步时，重心逐渐下降，手臂水平摆动。

②1～4 拍，上体后倒成仰卧，两臂胸前平屈依次上下摆动。5～8 拍，分腿、屈膝，

两臂经体侧至头后屈。

③~⑤四次仰卧起坐。上体抬起和下落要匀速，四拍上四拍下，除腹肌外其他部位均不参与运动。

⑥1~4拍，上体后移成跪。5~8拍，左脚向右前方上步，右脚并于左脚站起。手臂在头两侧垂直上下交换。

⑦仰卧向右翻转180°成跪俯撑。收腹，臀部稍翘，头颈自然前伸，起落要匀速。

⑧~⑩，四次跪俯卧撑。

6. E段4×8

①1~4拍，左脚开始侧弓步，臂经屈肘至侧上举，拳心向下。弓步时脚跟应有弹性地着地、还原。5~8拍，左脚开始向后弓步，两臂屈肘上摆。

②同①。

③1~4拍，左脚开始向前走四步，两小臂依次向前绕环。5~8拍，开合跳两次，左、右臂在体侧依次向上屈伸。

④同③，但1~4拍向后退。两臂向后绕环。

7. F段4×8

①左脚开始向前跑四步，经半蹲小分腿跳，落地缓冲。小分腿跳时要求收腹挺背，四肢在同一垂直面内。

②1~2拍，左脚向右前方上步，右脚在后原地垫一步。3~4拍，左脚向侧并步跳。5~8拍，右脚向后弧形跑。

③~④同①~②，方向相反。

8. G段8×8

①1~4拍，左脚开始踏步。5~8拍，左脚开始侧点地，两臂经前交叉摆至侧下举。点地时注意膝关节的弹动。最后一拍动作为下一拍的准备动作。

②左脚开始向侧弹踢两次。

③左脚开始向左前方、右前方做上步并步，两臂随之前摆击掌。要求上步并步动作应经弓步向前并步。

④左脚开始向左后方、右后方做侧滑步，两臂自然向侧、向内摆动。

⑤~⑧与①~④相反。

9. H段12×8

①1~2拍，左转90°，右脚上步，左脚提膝。3~8拍，重心后倒成直角坐，再左转90°成侧卧。重心后倒时左脚先着地，再双手撑地。

②1~4拍，右腿侧摆一次。侧摆腿不超过45°。5~8拍，右腿后摆一次，右臂前举。后摆腿时禁止脊柱和头后屈。

③同②。

④右腿屈膝、侧摆、屈膝、还原。

⑤同④，但最后两拍右转180°成右侧卧。

⑥~⑨同②~⑤，换左腿做。

⑦1~4拍，左脚开始做侧步后屈半蹲。5~6拍，双手在左侧击掌三次。7~8拍，两腿伸直，上体稍右转，左臂前举，右臂在头后屈。

⑧1~2 拍，左腿侧步，右腿后屈，同时转体 180°。在做侧步屈膝时大腿屈伸要有力，富有弹性。3~4 拍，右腿侧步，左腿后屈。5~8 拍，同 1~4 拍。

⑨左转 180°，右脚上步站起。

四级测试动作见图 13-4-1。

二、五级测试动作

五级是大众健美操的中级课程，与四级相比，组合更加突出健美操的特点，变化更多，节奏更快，并出现了俯卧撑、大踢腿、分腿跳转 180°等低难度的动作。从编排上注意增加了方向的变化，要求身体的灵活性、协调性更高了。全套共 54×8 个八拍，每段操的动作均为 4×8 拍，并且左右对称。

1. 前奏 2×8

1~12 拍，站立。13~16 拍，身体右转 45°，左脚前点地，右臂上举，掌心向内，左臂侧平举，掌心向上。

2. A 段 4×8

①1~2 拍，左前 45°并跳。3~4 拍，右前 45°并跳。5~8 拍，两次开合跳。

②1~4 拍，侧交叉步，第 3 拍左转 90°，右臂上举，第 4 拍面向 7 点，双腿屈膝半蹲，右脚点地。

③~④同①~②，方向相反。

3. B 段 4×8

①1 拍，左腿向左侧跨一步。2 拍，吸右腿，双臂肩侧屈，双手握拳。3 拍，身体右转 90°，双臂前伸。4 拍，左腿屈膝前举，双手交叉拍肩。5 拍，分腿半蹲，双臂肩侧屈，双手握拳。

B段

C段

D段

E段

F段

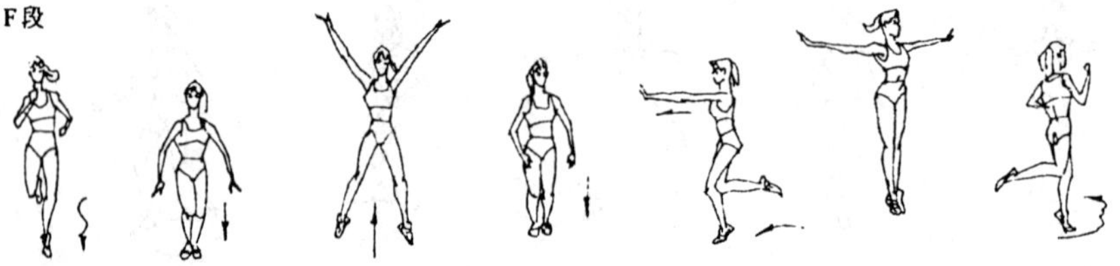

G段

H段

图 13-4-1 四级测试动作

②1～4 拍，左侧交叉步。5～6 拍，左脚上步，右腿抬膝。7～8 拍，后退一步，并腿还原。

③～④同①～②，方向相反。

4. C 段 4×8

①1～2 拍，左腿单足小跳 2 次，右腿侧下举，双臂平举，振小臂 2 次。3～4 拍，左右侧摆跳。5～8 拍，Membo 步（前点步、后点步）跳起。

②1～4 拍，Membo 步转身，第 2 拍左右转 180°。5～8 拍，弹踢腿。

③～④同①～②，方向相反。

5. D 段 12×8

①1～4 拍，左后转身 180°，跑四步。5～6 拍，双脚并拢半蹲。7～8 拍，小分腿跳转 180°。要求双腿起跳，两腿伸直，开度为 90°，同时转体 180°。

②1～2 拍，左脚向左侧跨一步。3～4 拍，重心右移，左膝内扣。5～8 拍，左后转身呈分腿俯撑。俯撑要求双手同肩宽，两脚分开同肩宽，头颈为背的延长线。

③～⑤俯卧撑四次。

⑥7～8拍，收腿呈跪撑。

⑦～⑧四个后踢腿。要求后踢腿与身体保持水平，腰背直，头颈为背的延长线。

⑨1～2拍，身体重心后移，臀部坐在腿上。3～4拍，双手拍腿。5～6拍，左臂上举，右臂前举，头左转。7～8拍，右转270°，成左半劈腿坐。

⑩1～4拍，双脚不离地，臀部离地。5～6拍，落下。7～8拍，屈膝并腿。

⑪1～2拍，右半劈腿坐。3～6拍，支撑。7～8拍，还原。

⑫1～2拍，左手撑地，右臂体前绕一周。5～8拍，左转270°，成站立姿势。

6. E段4×8

①1～8拍，正、反“V”字步。

②1～4拍，左侧并步，左臂上举，右臂上举。5～8拍，同1～4拍，方向相反。

③～④同①～②，方向相反，第8拍右转90°。

7. F段4×8

①1～8拍，左、右腿依次吸腿、踢腿。

②1～4拍，向右后45°方向并步跳，双臂体前绕环。7～8拍，右转135°。

③1～8拍，连续四次大踢腿，双臂前冲拳。踢腿高度90°。

④1～8拍，右转90°，左、右腿依次侧吸腿、侧踢腿。

8. G段4×8

①1拍，左腿左跨一步。2拍，左腿为轴，左转180°，右腿后踢。4拍，右腿为轴，左转180°，左腿后踢。7拍，右腿前弓步跳，双臂前平举。

②1拍，吸左腿跳转90°。3～4拍，开合跳。5～8拍，同1～4拍，方向相反。

③～④同①～②，方向相反。

9. H段7×8

①1～4拍，左移小交叉步。5～6拍，左、右腿依次向左跨步，双臂体前直臂交叉向外绕环至双臂上举。7～8拍，成左弓步，双臂经体前至双手撑地。

②1～4拍，右腿扫腿半周，左转90°，成坐姿。5～8拍，屈膝仰卧，双臂侧上举。

③～⑥四次仰卧起坐。

⑦1～4拍，右、左腿交换踢摆。5～8拍，起身右转90°，成站立。

10. I段4×8

①1～2拍，左前方并步跳。3～4拍，右、左腿依次踏两步。5～8拍，右、左腿依次侧点地。

②1～2拍，右腿前跨步，左脚并步点地。3拍，左脚后退一步。4拍，吸右腿。5～8拍，后弹踢跳两次，双臂前推。

③～④同①～②，方向相反。

11. J段5×8

①1～4拍，向前走四步。5～8拍，左右侧并步。

②1拍，右转90°，左腿向正前方弹踢。2拍，右转180°。3拍，面向7点，右腿向1点方向弹踢。5～8拍，侧弹踢两次。

③～④同①～②，方向相反。

⑤1～4拍，向左侧交叉步，第3拍，左转180°。5～6拍，右转180°。7～8拍，左脚

侧点地成右弓步，左臂前伸，右臂扶头后。

五级测试动作见图 13-4-2。

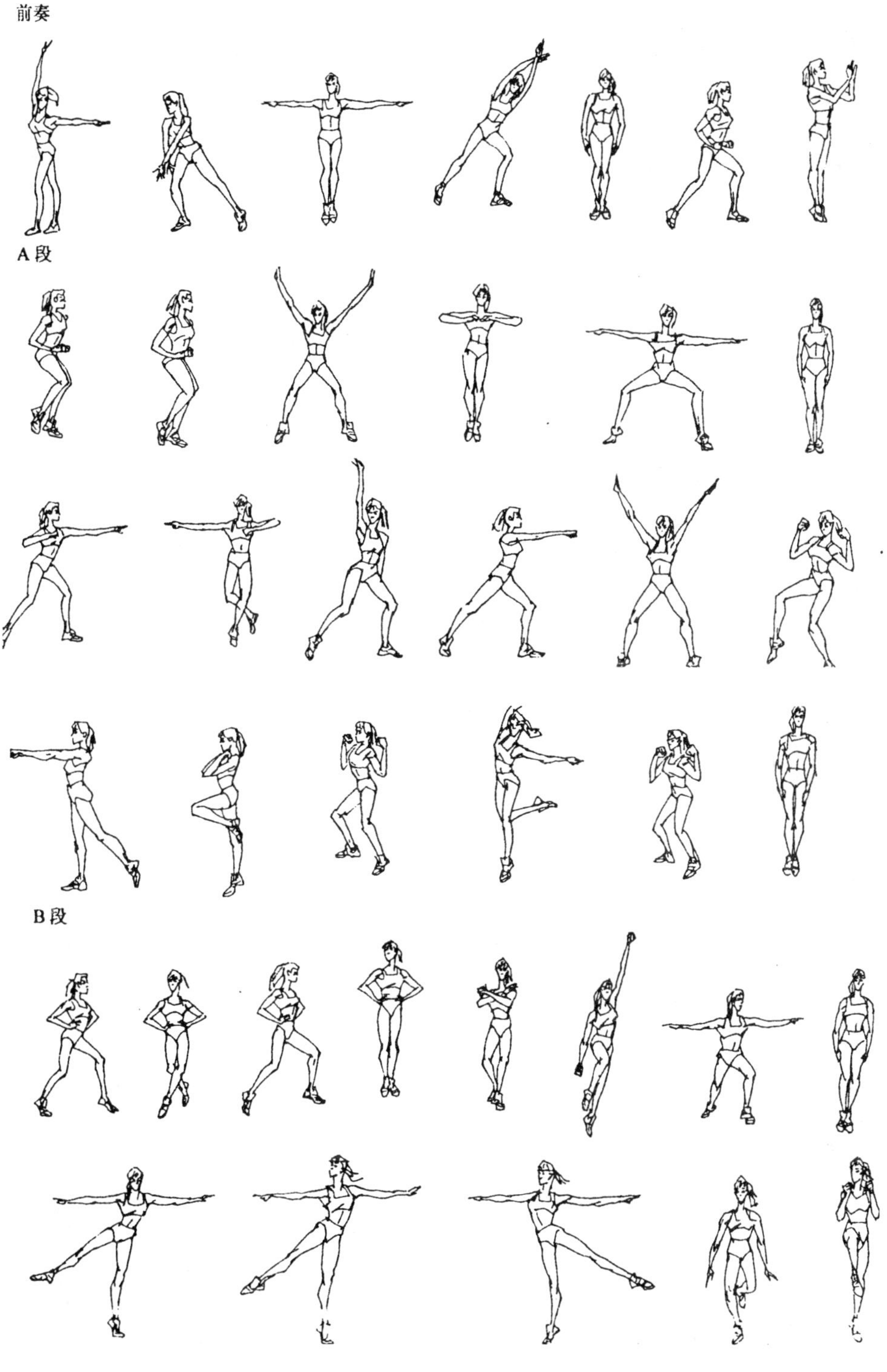

C段

D段

E段

F段

G段

H段

I段

J段

图 13-4-2 五级测试动作

三、六级测试动作

六级是大众健美操的高级课程。此成套的特点为：充满活力；在动作的连接方面有一定创新，过渡流畅；音乐欢快，节奏清晰；路线变化丰富。在 42×8 拍中，不对称动作组合约占 46%，下肢对称、上肢有变化的动作组合约占 7%，同时穿插了一些空中地面相互转换的动作；难度动作的选择以上肢为主，兼顾腰腹与下肢；其路线也更为复杂，包含了向前、后、侧、对角、弧线等方向的移动。

1. A 段 10×8

①1～3 拍，背向，正立，两手握拳叉腰。4 拍，屈膝半蹲，两臂自然摆动，准备跳转。5～8 拍，跳转 180°，落成分腿半蹲，两手扶膝，右、左脚依次向左侧迈步成分腿半蹲。

②1～8 拍，右脚开始向前做后踢腿跑。

③1～2 拍，右脚向右做侧并步跳。3～4 拍，左脚向右前迈步，随之右脚并左脚成直立，两臂自上向后绕至腰间。5 拍，左脚向左后撤一步。6 拍，以右脚为轴向右转体 135°，提左膝，两手腰间握拳。7 拍，左脚向前迈步，两臂上举。8 拍，右脚并左脚成直立。

④同③。

⑤左、右脚依次吸腿、侧踢腿跳。

⑥1～4 拍，左、右脚，依次向前弹踢腿跳，同时两臂自下向内绕环一周前上举后还原。5～8 拍，依次向侧弹踢腿跳，同时两臂自上向内绕环一周至侧举后还原。

⑦1～4 拍，右脚开始向右侧交叉步。5～8 拍，同⑥1～4 拍。

⑧1～4 拍，同⑥5～8 拍。5～8 拍，左脚开始向左侧交叉步。

⑨1～2 拍，左脚向右前迈步随之抬起，两臂自然摆动。3～4 拍，左脚向左做侧并步跳。5～6 拍，右脚向左前迈步，随之抬起，两臂经胸前屈至侧上举。7～8 拍，右脚向右

做侧并步跳，同时两臂于胸前上下交错振动两次。

⑩1～4拍，左脚开始向前成“V”字步。5～6拍，左脚开始向后成“V”字步。7～8拍，左脚向前并步。

2. B段10×8

①1～4拍，右脚开始向右移动成小交叉步。5～6拍，右脚向右侧撤步成左前弓步，右臂经胸前屈至侧上举，随之还原成直立。7～8拍，左脚向后撤步成右前弓步，随之还原成直立。

②1～3拍，提膝跳两次。4～5拍，后踢腿跳向右转体360°。6拍，跳成右后弓步。7～8拍，重心前移，成向左前方提踵立，两臂向内振动两次。

③1～2拍，保持前一拍姿势。3～5拍，右脚开始向后沿弧线后踢跑一圈，击掌3次。6拍，屈膝半蹲，两臂后摆。7～8拍，小分腿跳一次。

④1～2拍，左脚开始向左前方并步跳，右臂经前绕至侧上举。3～4拍，右脚向前一步接左腿提膝跳。5～8拍，左、右脚依次向前弓步跳。

⑤1～2拍，右脚开始向右后方并步跳。3～4拍，左脚向后一步接右腿提膝跳。5～8拍，右、左脚依次向侧弓步跳。

⑥1～8拍，开合跳四次，但1～2拍、5～6拍两手前后交错3次。

⑦～⑧同④～⑤，但方向相反。

⑨1～2拍，左腿提膝跳落右前方。3～6拍，右、左腿依次向后弹踢。7～8拍，剪式跳。

⑩向后滑叉接坐转360°成俯撑。

3. C段9×8

①～④四次俯卧撑。要求身体自然平直，匀速运动，屈肘时与肩同高。

⑤1～2拍，向前提臀收腿成跪蹲。3～4拍，右脚上步成跪立。5～6拍，站起同时向左转体360°。7～8拍，向右一步成直立。

⑥～⑧吸踢腿组合。

⑨1～2拍，向右移。3～8拍，右腿后撤一大步，随之两手撑地向右转体360°，成半劈腿坐。

4. D段7×8

①半劈腿支撑。要求双手支撑，屈髋，两腿开度大于90°，且与地面平行。

②1～4拍，半劈腿支撑。5～8拍，成仰卧起坐预备姿势，两臂上举。

③1～4拍，仰卧起坐，两臂由上举至胸前屈，前臂向上。起坐时，两腿固定，腹肌收缩，腰部着地；仰卧时，双肩胛骨触地。5～6拍，两前臂于胸前交错两次。7～8拍，两臂还原至上举。

④～⑥同③。

⑦1拍，提左膝，两臂胸前交叠。2拍，左腿向下伸，右腿上踢，两臂侧举。3～4拍，右腿下压带动上体成跪蹲。5～8拍，站起同时向左转体270°。

5. E段6×8

①1～4拍，右、左脚依次提膝跳。5～6拍，右腿向侧摆动跳接向左前摆动跳。7拍，向左跳转180°，同时右腿向侧摆动，左臂经下、右臂经上成侧举。8拍，左腿屈膝跳，两

臂胸前屈。

②1～3 拍，向左侧左腿弹踢跳两次。4 拍，向左跳转 135°成直立。5～8 拍，同①1～4 拍。

③1～4 拍，左、右脚依次向左前、右前做并步跳。5～8 拍，左、右脚依次向左后、右后做并步跳。

④1～2 拍，向左侧并步。3～4 拍，向右侧并步。5～6 拍，左臂领先，两臂依次经右绕至臂垂，同时向左转体 90°。7 拍，鹿跳。要求前腿大腿抬平，两腿夹角大于 135°，上体直立。8 拍，向右转体 90°，落成直立。

⑤同④，但方向相反。

⑥1 拍，左膝屈伸，右脚点地，同时两臂屈肘向内振动一次。2 拍，同 1 拍。3～4 拍，同 1～2 拍，但方向相反。5～6 拍，屈膝半蹲向右转体 180°，成右后弓步，同时两臂经胸前依次水平摆至左手背后。7～8 拍，右手扶左肩，左腿开始两膝依次屈伸三次，成左前弓步，同时两臂自然摆动，成左臂肩侧屈，右臂自然下垂。

第五节 健身健美操基本竞赛规则

一、总则介绍

（1）运动员年龄：青年组 18～35 岁。

（2）竞赛内容：符合规则及规程要求的自编成套动作。

（3）成套动作的时间：成套动作的时间为 2 分 30 秒～3 分（计时由动作开始到动作结束）。

（4）比赛音乐：音乐速度为 10 秒钟 22～26 拍；成套动作允许有 2×8 拍的音乐前奏；在成套动作结束时音乐应同时停止；参赛队需自备比赛音乐，并将音乐录在高质量空白磁带的 A 面起始部分。

（5）参赛人数与更换运动员：每队 4～6 人，性别不限。如有特殊情况需更换运动员时，应持有效证明，经组委会批准方可。

（6）比赛场地：比赛场地为 10×10 米的地板或地毯，标记带为 5 厘米的红色带或黑色带，标记带是场地的一部分。

（7）服装：运动员须穿适合运动的健美操服和运动鞋，着装整洁、美观、大方，不允许使用悬挂饰物，如皮带、飘带和花边等；女运动员的头发须梳系于头后，头发不得遮住脸部；允许化淡妆，禁止佩戴首饰。

（8）比赛程序与计分方法：比赛分为预赛和决赛，凡参赛队均须参加预赛，预赛前八名者进入决赛，不足八名时，递减一名录取；比赛中得分高者名次列前，如遇得分相等，则艺术分高者名次列前，再相等，则名次并列，无下一名次。

（9）裁判组的组成：裁判组由裁判长 1 人、艺术裁判 3～5 人、完成裁判 3～5 人、视线裁判 2 人、辅助裁判若干人组成。

（10）评分方法：比赛采取公开示分方法，裁判员评分精确到 0.1 分，运动员得分精确到 0.01 分；成套动作的评分因素包括艺术分 10 分和完成分 10 分，总分为 20 分。各组裁判员评分去掉最高分与最低分，所剩分数或所剩分数的平均分数为运动员的艺术分及完成分，两个分数相加为总分，从总分中减去裁判长的减分为最后得分。

（11）奖励：比赛录取前八名，不足时递减一名录取或根据规程评出一、二、三等奖。可授予奖杯、奖旗、奖状、证书等。

二、成套动作的评分

成套动作的评分包括：艺术分、完成分、裁判长减分。

（一）艺术裁判的评分

艺术裁判的评分从 10 分起评，对每个错误给予减分。艺术裁判的评分因素为：动作设计、音乐、队形与空间、表演。动作设计 5 分，其中基本步伐、手臂动作及动作组合 2 分，过渡与连接 2 分，强度 1 分。

健身健美操的动作设计应符合四个原则：健身、娱乐原则，安全无损伤原则，全面发展身体原则，符合年龄特点原则。

（1）手臂动作要体现多样性及动作的不对称性。

（2）动作组合要使身体和各部位（头、手、上臂、前臂、躯干、腿和脚）协调配合，共同参与的部位越多，评分越高。

（3）同一动作组合允许出现一次对称动作。

（4）成套动作的设计以操化动作为主，在融合现代舞蹈和武术等传统项目的动作时，必须符合健美操运动的特点。成套动作中不允许出现任何清楚地显示其他项目特征的造型或禁止动作（如芭蕾、健美、搏击等）。

（5）成套动作中不鼓励出现难度动作，如出现类似动作，不予加分，对出现的错误仍予以减分。开始和结束允许出现托举动作，但不允许出现违例动作。

（6）成套动作中至少应出现两次运动员之间有接触的交流配合动作。

（7）成套动作中托举的数量不得多于三次。

在成套动作中应合理、流畅地连接健美操基本步伐、动作组合，在空中、地面灵活和流畅地相互转换。

运动员可以依次或分批做动作，但任何一名运动员不允许停顿 1×8 拍。

强度的评价取决于下列因素：动作的频率，动作的速度及幅度，完成动作的耐力，移动。

（1）音乐 1 分，音乐的选择应完整并与成套动作的风格协调；音响效果应是高质量的，并有足够的音量，必须与运动员成套动作相配合。

（2）队形与空间 2 分，成套动作的队形变化应自然、迅速、流畅、清晰、美观，全套动作的队形变化不少于五次；成套动作必须充分、合理、均衡地使用场地；运动员在比赛场地中必须移动使用至少四个方向（向前、向后、向侧及对角）；成套动作中至少出现两次空间的变化（地上和腾空均可）。

（3）表演 2 分，运动员在完成动作时要充分显示出热情、活力，有魅力，并传达给观众；运动员的动作必须与音乐的节拍相符，并配合乐句 。

（二）完成裁判的评分

从 10 分起评，对每个动作的错误给予减分。完成裁判的评分因素为：技术技巧和一致性。

（1）技术技巧：在成套动作中准确完成动作，完美展示身体各部位的正确位置、身体的正确姿态；动作技术规范，部位准确，方向清楚，控制完美；动作熟练、轻松、流畅；动作具有爆发力、力度及耐久力。

（2）一致性：整体完成动作的能力，运动范围的一致性；所有运动员应体现出一致与均衡的运动强度；所有运动员应具有一致的表演技巧。

第十四章　健　　美

第一节　健美运动概述

健美运动，国际上叫做健身运动（body building），它是通过各种力量练习达到发展肌肉的目的，使体形均称发展的运动项目。

健美运动的作用，在于人们通过各种力量练习，以发展全身各部位的肌肉，使瘦弱者得以强壮、肥胖者的皮下脂肪层练薄，使肌肉线条明显，从而达到健美的目的。健美运动的比赛始于20世纪30年代，但广泛地开展是在第二次世界大战以后，即20世纪40年代末至50年代初。最早的健美比赛参加者只限于男性，那时一般认为女子的皮下脂肪不可能练薄，后来在训练的实践过程中，发现女子通过力量练习，同样可以消耗皮下脂肪，练出肌肉线条。当今的女子健美比赛，不仅要求身体匀称，而且要求在用力时肌肉线条明显，只是在粗壮的程度上不同于男运动员。

健美运动在中国是一项比较热门的运动项目，实践证明，健美运动是采用行之有效的锻炼方法，促进人体体形健美的一门体育科学。由于它所使用的器械可以自由增减，因此适合不同性别、年龄、体质、锻炼水平和锻炼目的的人。对不同的锻炼安排，只要符合科学要求，都能达到预期的锻炼效果。

随着人们健康意识的不断增强，追求健康的生活方式和掌握科学的健身方法已成为时代的要求。当今健美运动风靡全球，正是人们追求自身完美的表现。人们有目的地进行健美训练，自我塑造，以求发达肌肉，强健体魄，改善身体形态，使体形和身体姿态更臻完美、协调，风度高雅。

经常性、科学性的健美锻炼可使肌肉的形态、结构和功能发生良好变化。具体作用如下：

第一，使肌肉体积增大。

健美锻炼能促进肌肉体积增大，肌肉比重增加。肌肉体积增大表明肌肉内肌纤维增粗。肌肉体积与肌肉力量成正相关，肌肉体积越大，其生理横断面也越大，肌肉的生理横断面越大，肌肉力量也越大，且不受性别与年龄制约。

第二，使肌肉内能量供应充沛。

健美训练的肌肉力量性锻炼，能促使肌肉的肌纤维中线粒体增大、增多。线粒体是肌细胞（肌纤维）的“供能站”，能形成ATP（三磷酸腺苷），ATP是肌肉收缩时能量的惟一直接来源。所以肌细胞内线粒体数量增多，形态增大，能增强ATP在酶的作用下进行分解，释放出能量（每分子ATP的分解，可释放出5.024×10^4J热能），供肌细胞（肌纤维）功能活动的需要。

持之以恒的肌肉力量性锻炼，能使肌肉中肌糖元、肌球蛋白、肌红蛋白和水分等含量增加。上述这些物质的增加，能提高肌肉的收缩能力，提高酶的活性，促进 ATP 的分解，释放出能量。肌肉内肌糖元含量增加，表明肌肉内贮氧能力增加，为肌肉收缩用力提供充分的氧气。

第三，使肌肉内脂肪减少。

骨骼肌表面和肌纤维之间有脂肪存在，脂肪在肌肉收缩时会产生摩擦阻力，也就降低了肌肉的收缩效率。健美锻炼需要消耗大量热能，而肌肉收缩能量来源的最终物质是脂肪和糖（1g 脂肪氧化时可释放 3.9×10^4J 热能，1g 糖氧化时可释放 1.717×10^4J 热能）。在大运动量健美锻炼的后阶段，随着糖供能的逐步减少，可更多地利用脂肪供能。经常进行较大强度的健美锻炼，会使肌肉内脂肪和皮下脂肪减少（脂肪常积集于皮下和腹腔，肌肉内的脂肪积集仅占体重的 1%），从而提高肌肉的收缩效率。

第四，使肌肉中和肌肉之间结缔组织增厚。

力量性锻炼易使结缔组织增厚，这是因肌肉收缩形成的反复牵拉，使肌内膜（包裹肌纤维的膜）、肌束膜（包裹大、小肌束的膜）和肌外膜（包裹肌肉块的膜）的结缔组织增厚；力量性锻炼亦使肌腱、韧带中的胶原纤维增殖而变得结实粗大。肌肉结缔组织增厚，肌腱、韧带增强，极大地提高了肌肉的收缩效率，提高了肌肉、肌腱、韧带的牢固性和抗张强度，为肌肉的爆发式收缩奠定了坚实基础。

第五，使肌肉中毛细血管数量增多。

骨骼肌中血管分布极为丰富，物质代谢旺盛。在肌纤维之间的肌内膜上，分布有大量的毛细血管网。研究发现，人的骨骼肌在每平方毫米内约有 3 000 条毛细血管，安静时仅有 100 条左右毛细血管开放（即充满血液）。随着肌肉活动的加强，毛细血管开放增多，剧烈运动时可全部开放，血管管径增粗，血流量增大，以适应肌肉工作时能量消耗的需要。健美运动的力量性训练，能促进骨骼肌中毛细血管增生，毛细血管网变密。毛细血管数量增多，能改善骨骼肌中的氧供应，有利于肌肉收缩的能量供应，有助于增强肌肉力量。

第二节　健美运动的理论

一、健美训练原则

健美训练原则是在总结概括实践经验的基础上，归纳升华的科学理论，是进行健美练习必须遵循的法则。健美训练原则主要有以下几个：

（1）渐增负荷训练原则。为了增加肌肉体积，必须逐渐增加运动负荷，包括重量、组数、次数、间歇时间。不仅要采用越来越重的重量，还要增加训练组数和每星期的训练次数以及缩短间歇时间。

（2）多组数训练原则。每一个动作都只有在练习 3 ~ 4 组时，才能使肌肉群得到应有的锻炼。

（3）主动肌用力原则。锻炼发展某一部位的肌肉，就要最大限度集中主动肌用力，而尽可能避免其他协同肌用力，使主动肌在整个动作过程中承受最大的运动负荷。

（4）变换训练计划原则。如果长时间使用一成不变的训练课程，肌肉就会产生厌倦的感觉，影响继续增长。因此应该适时修订或改变自己的训练课程（一般3个月左右）。

（5）持续紧张训练原则。完成动作时，如果动作做得很快或依靠摇摆的惯性把重量举起来，就会减少肌肉收缩的效果。所以在整个动作过程中，要使肌肉始终保持紧张的状态。

（6）优先训练原则。训练时，在你精力最充沛的时候练你最想发展的部位。

（7）锥形训练原则。为了取得良好的效果，避免受伤。开始训练时，用最大重量的60%举15次，然后再增加重量，把试举次数减少到8～10次。最后，把重量加到80%，最多举5～6次。

（8）强迫训练原则。每组最后一两次试举，单凭主动肌已不能完成动作，此时要借助同伴的帮助完成技术动作。

（9）三组合训练原则。对同一部位采用3个不同的动作连续做，动作之间没有休息，即三组合训练。

二、健美训练三要素

科学的训练、合理的营养、最佳的恢复休息手段，是健美训练取得成效的三大要素。

（一）科学的训练

任何水平的健美运动员都必须根据自己的身体实际情况和训练水平，选择制定一个切合实际的训练计划，逐步调整和循序渐进地加大运动负荷，这包括根据不同的训练目的、训练周期选择不同的训练动作，并要求准确无误地完成动作规范。初学者易犯的错误是急于求成，无节制地增加训练动作和训练组数，延长训练时间，盲目加大训练强度，致使训练过度，阻碍了体形的发展。

（二）合理的营养

对健美运动员来说，合理地摄取营养和严格的饮食制度，是增长肌肉体积、保持健美体形不可忽视的条件。人体需要的主要营养素是蛋白质、碳水化合物、脂肪、维生素和矿物质。对于健美练习者而言，问题在于如何补充这些营养素。对于健美运动员来说，一般蛋白质的需要量约占总摄入量的1/3，碳水化合物约占2/3，脂肪的需要量很少。

健美训练时还需要摄取大量碳水化合物，以提供热能。除正常饮食外，还应根据需要适当补充一些营养品。训练中水的摄入也很重要。水不仅可以加快体内废物的排出，而且对维持正常生理功能十分重要。

（三）最佳的恢复休息手段

恢复是健美训练三要素中容易被忽视的一个。经过大强度、大运动量锻炼后，提高恢复质量至关重要。只有充分地恢复，才能消除疲劳，获得超量恢复，使肌肉不断增长。可以说，没有合理的恢复休息手段作保证，就不可能有好的训练效果。恢复过程的长短取决于训练水平、运动负荷以及身体机能状态等因素。一般来讲，一次训练之后要有48个小时的休息，要使肌肉完全恢复，则需要72～100h。

恢复主要有两种形式，即消极性恢复和积极性恢复。消极性恢复：指一般的静止休息、睡眠等；积极性恢复：指用转换活动内容的方法进行恢复，如运动后的整理活动、物理和机械的放松与按摩、适当补充维生素、心理放松等。

三、健美训练计划的制定

任何体育运动项目要想取得成功，首先要制定一个切合实际的计划。当你准备开始健美训练时，就应该依据训练原则，制定一个科学、系统、合理的计划。

一个完整的健美计划应包括以下几点：(1) 每周安排几次训练。(2) 每次课内要锻炼哪几个部位的肌肉。(3) 每个部位做几个动作。(4) 每个动作练多少组。(5) 每组练多少次，组间间歇时间多少秒。(6) 每次课的各部位肌肉练习的总组数。(7) 每堂课的综合总组数。

例如，初级阶段计划制定（开始～6个月）：(1) 每周3次。(2) 每次课应包括全身各部位的肌群练习，尤其是大肌肉群。(3) 每个部位肌肉群选择1个动作。(4) 每个动作做1～2组。(5) 每组练8～12次，组间间歇90～120s。(6) 每部位肌肉总组数，2～4组。每堂课的综合总组数，20～30组。

四、健美训练的动作速率

在我们日常进行的力量练习中，决定训练质量的另一个关键在于完成练习动作的速度。在大多数的体育运动中，为了达到目的，要求我们尽可能地动员全身肌肉，在最短的时间内试举起最大的重量，这也就是我们所说的“爆发力”。

在现在健身锻炼中，为了达到减缩皮下脂肪、增加肌肉弹性的目的，经常采用高次数、轻重量的方法，并且肌肉收缩与伸展的速度几乎相等，这种发力方法称为“等速发力”。

健美训练，特别是以增大肌肉体积为目的时，应采取“变速发力”，即“快收缩、慢伸展”的发力方法。具体要求收缩2～3s，伸展3～4s，顶峰收缩（也称最佳收缩）停留1～2s。在顶峰收缩时停留1～2s，这样充分利用了动力和静力相结合的肌肉工作原理。慢伸展使主动肌在伸展过程中退让做功，从而保证在整个运动过程中，主动肌始终保持持续紧张的状态。

健美训练在准备活动、热身活动或减缩局部皮下脂肪（如腹部）练习时，多采用等速发力——收缩与伸展速度相等。而在练习小肌肉群时，虽然每组次数达15～20次，但发力方法仍然是变速发力。

五、健美训练的运动负荷

在运动训练中，决定训练效果的最重要因素是适宜的运动负荷。负荷量太大，会产生过度疲劳；而负荷量太小，训练效果则不明显。运动负荷包括两个方面，即运动量与运动强度。

（一）运动量

在健美训练中，运动量是指练习的组数，即每个部位肌群练习的组数与一次训练课的总组数。

训练组数的多少，还要取决于不同的体质、体力和训练水平，必须根据实际情况，不能无限制地增加组数，否则就会导致训练过度。下面介绍不同训练阶段，练习每个部位（按大、小肌肉群）所采用的总组数。

依训练水平（原则上以系统训练时间为依据）分为：(1) 初级阶段（开始～6个月)。(2) 中级阶段 (6个月～1年)。(3) 高级阶段 (1年以上)。

在训练中，我们通常将全身各部位分为大肌肉群和小肌肉群，两者之间的训练组数是不同的。胸、背、大腿和肩为大肌肉群，肱二头、肱三头、前臂、小腿为小肌肉群，腹部为特殊肌群。原则上小肌肉群的练习组数是大肌肉群的2/3（表14-2-1)。

表14-2-1

阶段	大肌肉群	小肌肉群	总组数
初级阶段	2～4组	1～2组	20～25组
中级阶段	8～10组	5～6组	不超过40组
高级阶段	12～14组	8～10组	依具体情况而定

(二) 运动强度

1. 练习次数

决定运动强度大小的依据，首先是每组训练的次数（即每组竭尽全力完成次数，也称为“次”)，在健美训练中常见到的有以下几种：(1) 低次数（1～4次)：大强度，主要目的是增长力量和体积。(2) 中次数（6～12次)：中等强度，主要目的是增长肌肉块。初、中级阶段一般为8～12次，高级阶段为6～8次。(3) 高次数（15～20次)：中小强度，主要是发展小肌群和增加肌肉的线条、弹性。(4) 超次数（30次以上)：小强度，主要有助于减缩局部皮下脂肪和增强肌肉弹性。

随着水平的提高，大多数练习者为了加深对肌肉的刺激，往往采用4～6次/组的大重量训练方法。但需要指出的是，加大重量以后，应该时刻告诫自己要更加注意动作的规范性，避免受伤，否则会“得不偿失”。

2. 间歇

决定运动强度大小的另一个因素是组间间歇。在两组练习之间，应有一个最合适的休息时间。如初级阶段，间歇90～120s；中级阶段，间歇60～70s；高级阶段，间歇45～60s。

赛前训练周期的目的是保持肌肉体积，增进肌肉线条，减缩皮下脂肪，一般间歇短至30～45s，但不能少于10～15s。

六、健美训练中的有氧练习

健美运动实践中把力量训练与有氧训练有机地结合起来，可以有效地提高心肺功能，减缩皮下脂肪，保持肌肉体积，增加肌肉线条。

有氧运动的形式很多，如快走、慢跑、健身操、游泳、骑自行车和各种跑步机、功率自行车、台阶机练习等。采用有氧运动健身，可因地制宜，量力而行。强度则因人而异，简单有效的强度计算方法是监测运动时心率，即在运动结束后测得10s的脉搏数后乘6再乘以110%，以此来推算出运动时心率。20～30岁的人运动时心率应维持在每分钟140次左右，40～50岁的人心率每分钟为120～135次，60岁以上的人心率每分钟为100～

120 次。

在平时的训练周期中，有氧练习可安排在每次训练后期，进行 30 ~45min 的有氧练习。有氧运动虽然是一种有效的脂肪消耗办法，但长时间的有氧运动锻炼消耗的不仅是脂肪，而且还包括肌肉。职业健美运动员乔·卡特勒认为："当我在一天当中有氧运动超过 1h 时，我的力量就会下降，肌肉萎缩，即使摄入许多热量和蛋白质也无济于事。我感觉 40 ~45min 就是我的警戒线，超出这个时间，我的肌肉便会流失。"在赛前训练周期（一般为比赛前 4 ~8 周），为了使肌肉线条和清晰度更明显，需要把皮下脂肪从平时的16% ~18%降为 8% ~10%，此时如果自我感觉皮下脂肪过多，可每天上午、下午各安排一次有氧练习，时间可适当延长。

七、健身房中的减肥减脂训练

减肥减脂惟一积极有效的手段就是进行有氧练习，即利用运动消耗掉摄入的多余热量和体内的脂肪。健身房中的减肥减脂训练方法一般运用循环训练法，即首先选择 6 ~8 个动作，原则上是以全身各大肌肉群为主，并且尽量选择一些既可锻炼局部肌肉，又能提高全身器官机能水平的动作（如卧推、深蹲、硬拉等动作），将这些动作结合在一起，每个动作做一组，每组 12 ~15 次，两个动作之间间歇 5s，做完一个循环后，休息 2min。在此期间应穿插一些跑跳、健美操、跳绳等练习。练习者应根据自身体力和训练水平循序渐进，最后达到每周训练 4 次，每次 4 ~5 个循环的适宜运动量。

如果目的是以局部减脂为主，可在正常训练后，安排 3 ~4 组局部循环训练，例如针对腰腹部减脂，可挑选 6 个左右锻炼腰腹部的动作，依照循环练习方法进行训练。

第三节 发展身体各部位主要肌肉群的锻炼方法

人体主要肌肉有肱二头肌、肱三头肌、三角肌、胸大肌、背阔肌、腹肌、股四头肌、小腿肌等（图 14-3-1）。

一、基本技术

（一）肱二头肌练习

1. 双臂杠铃屈举

两脚自然开立与肩同宽，身体正直、收腹、挺胸，两臂垂于体侧，拳心向前握杠，两臂发力同时吸气屈肘上举，肘关节尽量保持原位，杠铃举至胸前位置，停 2 ~3s，慢慢还原，重复进行（图 14-3-2）。

要点：(1) 身体保持正直、稳定。(2) 动作时肘关节尽量保持原位置不变。

2. 哑铃屈举

基本动作同双臂杠铃屈举（图 14-3-3）；但可变化以下几种练习方法和身体姿势：

(1) 单臂进行以上练习（图 14-3-4）。

(2) 坐姿哑铃屈举：分腿坐在练习凳上，上体正直、挺胸、立腰稍前倾，练习臂伸直垂于大腿内侧，拳心向前握哑铃；吸气后练习臂用力屈肘上举哑铃，尽量举之靠近肩部，停 1 ~2s，呼气还原，重复进行（图 14-3-5）。

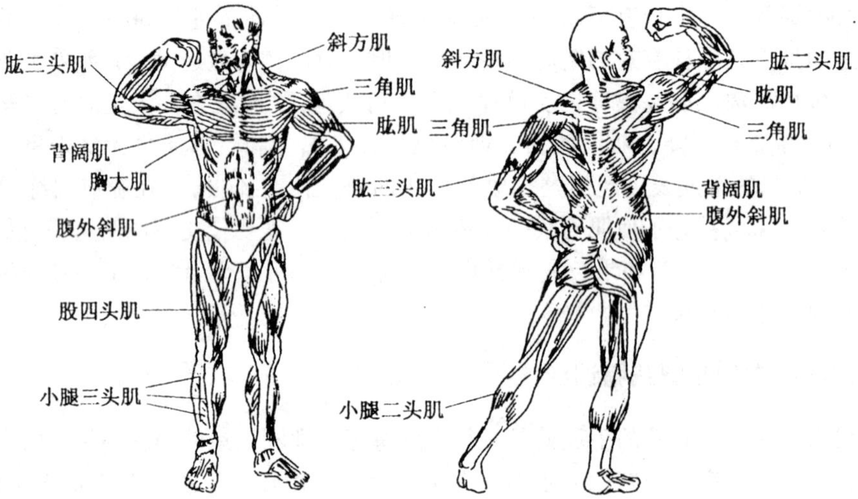

图 14-3-1　人体主要肌肉图

图 14-3-2　双臂杠铃屈举

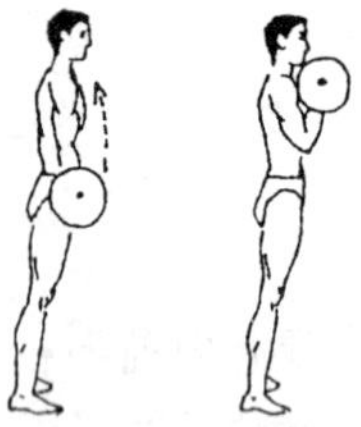

图14-3-3　基本动作

图14-3-4　单臂练习

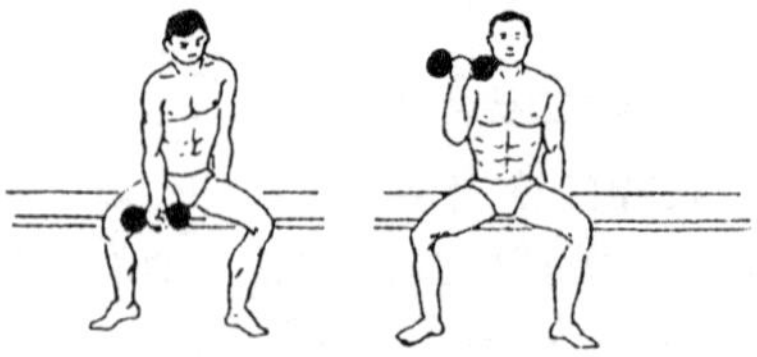

图14-3-5　坐姿屈举

要点：（1）上体保持预备姿势。（2）上臂要固定，肘关节位置要保持不变。

3. 双杠反握引体向上

高单杠跳上，双手反握约与肩同宽，自然悬垂，吸气同时两臂发力屈肘，身体上引至下额高于杠面，也可稍停 1～2s 后放下，重复进行（图 14-3-6）。

要点：双手后握，效果较好。

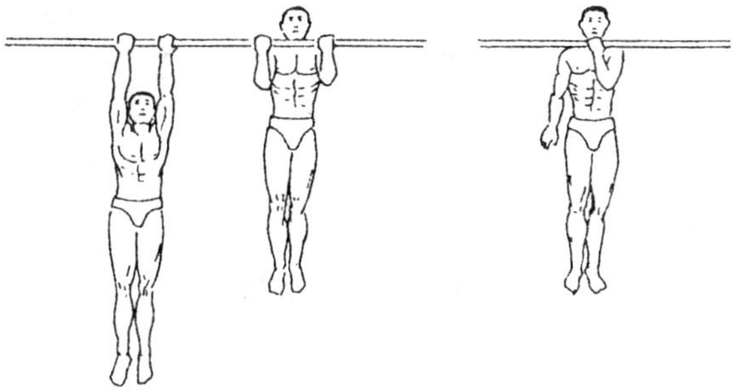

图 14-3-6 双杠反握引体向上

（二）肱三头肌练习

1. 双臂杠铃颈后屈伸举

身体正直，两脚自然开立同肩宽，双手正握杠铃于颈后，握距稍小于肩宽，上臂靠近耳部，肘关节始终朝上，保持此部位不变，吸气同时双手用力将杠铃举起至手臂伸直，然后复原，重复进行（图 14-3-7）。

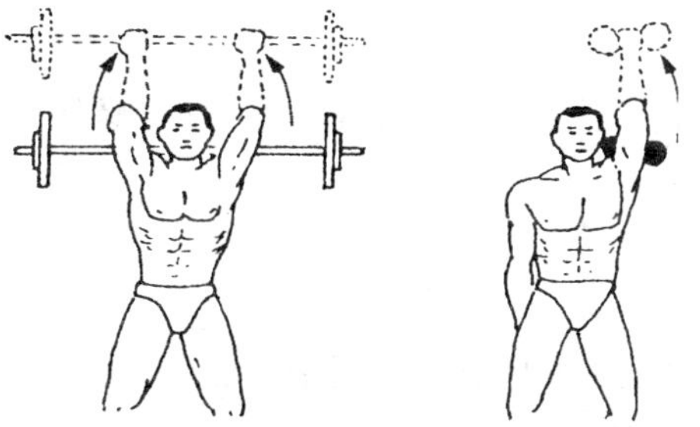

图 14-3-7 双臂杠铃颈后屈伸举

此练习可用哑铃、杠铃等单、双手进行。

要点：（1）身体正直，挺胸，立腰。（2）手臂上举时，肘关节位置保持不变。

2. 单臂哑铃屈伸

两脚前后开立成上半蹲弓步，上体前倾，背部似与地面平行，前腿异侧练习臂拳心向上屈肘持哑铃于腹侧，吸气同时用力将练习臂向后上方伸直，肘关节保持位置不变，并尽量使哑铃高于背部，稍停 1 ~ 2s 吸气还原，重复进行（图 14-3-8）。

此练习也可用小杠铃按上述方法进行练习。

要点：（1）上体前倾，保持不动。（2）练习臂靠近体侧，肘关节位置不动，并以肘关节为轴做屈伸。

3. 双杠双臂屈伸

双臂支撑于同肩宽的杠面上，手臂慢慢弯曲，身体自然下落，手臂肘关节尽量弯曲，胸部接近杠面处，直到不能再下垂时稍停，呼气同时用力伸直手臂至完全伸直，重复进行（图 14-3-9）。

图 14-3-8　单臂哑铃屈伸

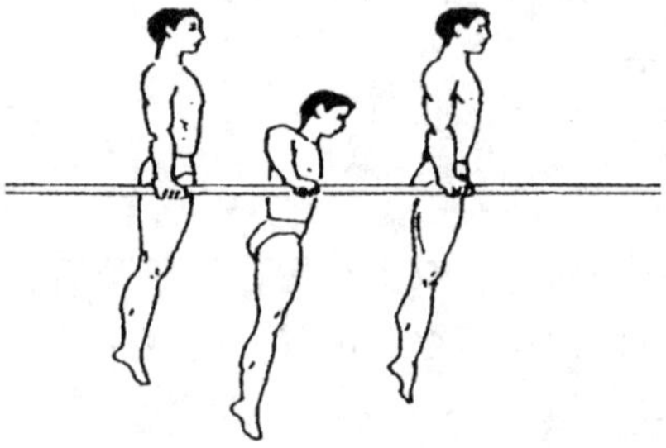

图 14-3-9　双杠双臂屈伸

要点：(1) 身体下落时，除手撑外都要悬空。(2) 身体要尽量下落，屈肘肘关节弯曲要大。

(三) 三角肌练习

1. 坐姿杠铃上推

坐于练习凳上，将杠铃放于颈后肩上，两手拳心向前，握杠于肩上，用伸臂之力将杠铃上举，两臂伸直（图 14-3-10）。

图 14-3-10　坐姿杠铃上推

此练习也可用哑铃两臂肩上轮流做上推练习。

要点：(1) 上举时不耸肩。(2) 还原要缓慢，以防突然性还原而受伤。

2. 哑铃前举，侧举练习

哑铃前举、侧举（图 14-3-11）。

要点：(1) 身体要保持正立、收腹、紧腰、挺胸。(2) 作用力点应在肩部。

图 14-3-11　前举、侧举

（四）胸大肌练习

1. 宽握卧推

仰卧于练习凳上（一般都采用卧推组合器材），两手正握杠铃，宽于肩 10～20cm，由手臂伸直开始，屈肘，杠铃应慢慢下落至胸前，稍停 2～3s，吸气同时用力上推，稍停，重复进行（图 14-3-12）。

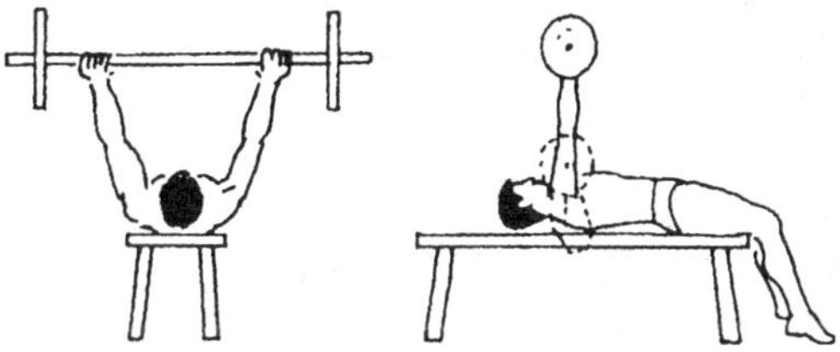

图 14-3-12　宽握卧推

要点：（1）下落动作要放慢些。（2）上推时要垂直上推，先胸部发力。

练习提示：此练习一定要加强安全，注意器械及人员的保护。

2. 仰姿哑铃飞鸟

屈膝分腿仰卧于练习凳上，握铃时拳心相对，两臂伸直，向上垂直于身体；呼气向后外侧下分开平举，然后吸气时胸大肌用力收缩，两臂向上内收至胸上伸直，稍停 1～2s，重复进行（图 14-3-13）。

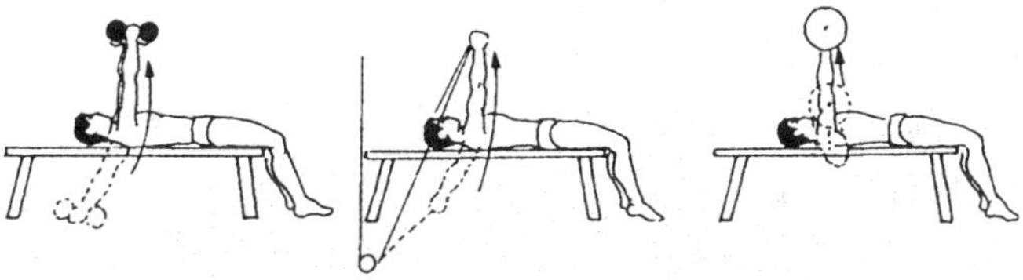

图 14-3-13　仰姿哑铃飞鸟

要点：（1）两臂分开下落时，肘关节伸直。两臂尽量张开，下落时肘部要低于体侧。（2）飞鸟两臂收缩时，要以胸部发力为主，两臂伸直。

3. 双杠支撑摆动双臂屈伸

两手分别伸直撑于杠面上握紧，先收腹，腿前摆，以肩为轴，两脚自然下落，过垂直面后再用力向后摆动，在接近于肩水平面时屈肘，重心随之下降，脚由后向下，摆过垂直面向上摆动时，两臂用力伸直，如此重复进行（图 14-3-14）。也可前、后下落肘进行臂屈伸，但难度较大，尤其是协调性要求更高。如果摆动且在宽双杠上做双臂屈伸，效果也很好。

图 14-3-14　双杠支撑摆动双臂屈伸

要点：(1) 前后摆动时，幅度不宜太大，并尽量减小臂部移动。(2) 重心下落时的幅度视各人情况而定，但尽量低一点，对胸大肌锻炼更有效。(3) 不是光手臂用力，要拉长胸大肌，并使之先发力。

4. 俯卧撑

俯卧撑练习有很多种，图 14-3-15 列举了部分练习方法。

图 14-3-15　部分俯卧撑练习示例

要点：(1) 下落时，尽量能拉长胸大肌。(2) 用力时注意胸大肌发力。

(五) 背阔肌练习

1. 高单杠宽握颈后引体向上

高杠双手宽握，悬垂手宽大于肩宽 20～30cm，量力而行，吸气时两臂用力引体向上，使头部至杠前，颈后接近杠面稍停，然后慢慢下落，重复进行（图 14-3-16）。

要点：(1) 引体向上时身体保持稳定。(2) 还原时动作要缓慢。

2. 俯身飞鸟

两脚自然开立约同肩宽，上体前屈与地面平行，抬头，两臂伸直或稍屈，拳心相对握哑铃，吸气后两臂同时用力向两侧举起直到与肩齐平，稍停 1～2s，慢慢下落还原，重复进行。见图 14-3-17（a）。也可俯卧于练习凳上侧平举，见图 14-3-17（b）。

要点：(1) 上体俯身前屈要抬头。(2) 两臂上举时伸直或稍有弯曲，作用于三角肌

图 14-3-16 高单杠宽握颈后引体向上

(a) (b)

图 14-3-17 俯身飞鸟

的部位不同。

（六）腹肌练习

1. 仰卧起坐

仰卧起坐练习（图 14-3-18）。

要点：（1）腿部两脚保持相对固定。（2）起坐的方式及辅助器材因人或需要而定。

图 14-3-18 仰卧起坐

2. 仰卧举腿

仰卧举腿练习（图 14-3-19）。

要点：（1）两手、上体保持不动。（2）举腿时增加负重，以小重量为好。

（七）股四头肌练习

1. 负重下蹲

以负杠铃为例。将杠铃放在颈后肩上做下蹲起立动作叫后蹲，见图 14-3-20（a）；将

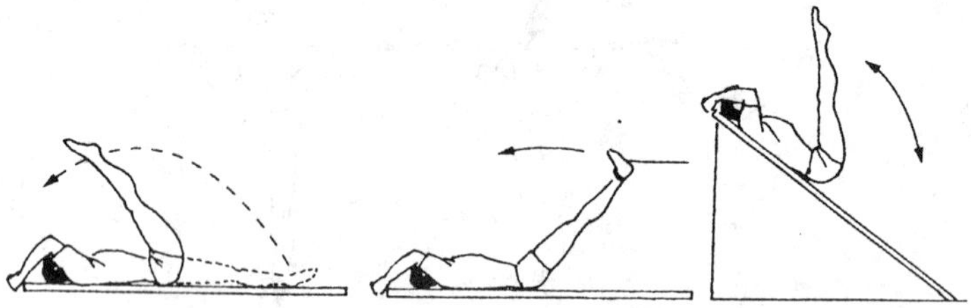

图 14-3-19　仰卧举腿

杠铃放在胸前做下蹲起立动作叫前蹲，见图 14-3-20（b）；屈膝下蹲大小腿夹角小于 90°叫深蹲，大于 90°叫半蹲，见图 14-3-20（c）；保持某一角度叫静蹲。站姿为两手屈肘正握，身体正直、收腹，立腰下蹲，均能完成前蹲、后蹲、半蹲和深蹲，用力时吸气，下蹲时呼气。也可扛人下蹲进行上下蹲练习，见图 14-3-20（d）。

图 14-3-20　负重下蹲

要点：（1）两脚要站稳，抬头挺胸，腰收紧。（2）思想集中，下蹲要慢，起来要快。

2. 肩负杠铃跳弓步

两手屈时正握杠铃于颈后肩上，两脚前后开立成弓步；吸气后，两腿用力向上跳起的同时，两腿前后交换，可稍停 1 ~ 2s，也可连续做 4 ~ 5 个，换蹲弓步，重复进行（图 14-3-21）。

图 14-3-21　肩负杠铃跳弓步

要点：（1）上体正直，紧腰，两眼前视。（2）保持杠铃平稳，双手要握紧。

3. 坐姿腿屈伸

坐于练习凳上，两手扶凳固定上体，两腿膝关节在凳端外，脚上可持一定的重物（如沙袋、杠铃片等）做腿的屈伸动作，为使股四头肌充分收缩，随着膝关节伸直、小腿的伸屈，上体可稍向后倾，待腿伸直后坚持停 3 ~ 5s 后慢慢还原，重复进行（图 14-3-22）。

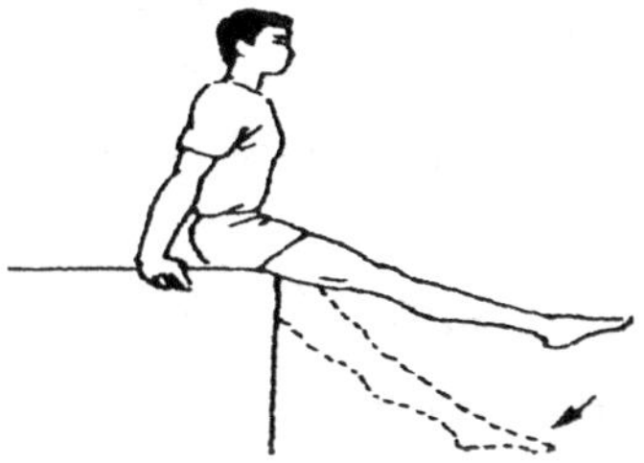

图 14-3-22　坐姿腿屈伸

要点：（1）脚持重物从小重量开始，要量力而行。（2）练习动作时，脚面要伸直。

（八）小腿肌练习

1. 负重提踵

身体正直，两手正握杠铃于颈后肩上，两腿伸直，足趾正中垫 2 ~ 3cm 厚的木板，然后做直腿提踵动作，可连续进行（图 14-3-23）。也可在肋木旁等做骑人提踵练习。

要点：（1）保持身体平衡，要以足部屈伸动作为主，提踵要充分。（2）可连续做 4 ~ 5次，也可屈足到最高点时稍停 5 ~ 6s，效果更好。

图 14-3-23　负重提踵

2. 站姿直腿跳

身体直立，挺胸塌腰，可徒手，也可手持重物、哑铃等，膝关节伸直，小腿发力，用脚掌蹬地向上纵跳（图 14-3-24）。还可持铃做直跳和蹲跳，对大、小腿肌群的锻炼效果也很好。

要点：（1）不要屈膝。（2）跳起要做到三伸，髋、膝、踝充分伸展，重点是踝关节一定要用力蹬伸。

3. 坐姿提踵

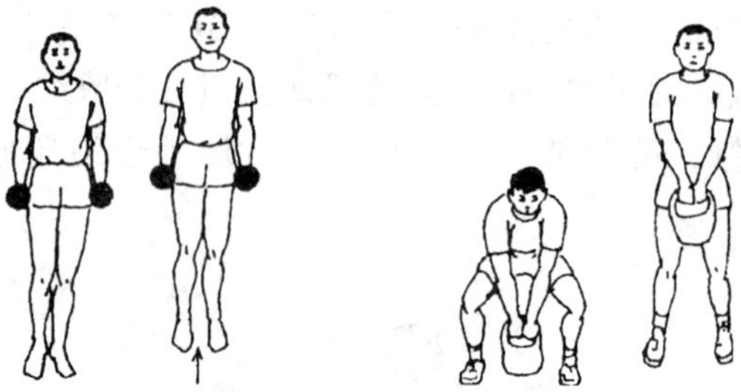

图 14-3-24　站姿直腿跳

练习者坐于练习凳上，屈膝一般 90°为好，两腿稍分开，两手将杠铃片或沙袋固定在膝关节上；可两腿同时做提踵动作，也可单腿做提踵动作，提起要充分，稍停 1～2s 后还原，重复进行（图 14-3-25）。

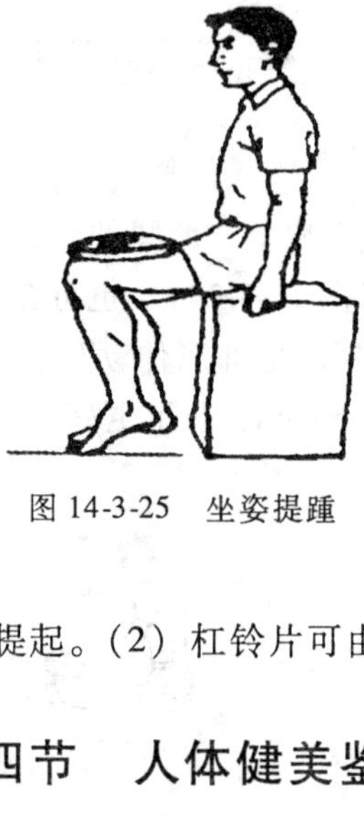

图 14-3-25　坐姿提踵

要点：（1）提踵时脚跟尽量提起。（2）杠铃片可由轻到重，并注意安全。

第四节　人体健美鉴赏

一、男性健美的标准

1. 肌肉发达，体魄健壮

肌肉是人体力量的源泉，同时也是力的象征，因此，健美的体形、健壮的体魄和发达的肌肉是密切相关的。在艺术家、人类学家和体育家的眼里，发达的肌肉和健壮的体魄是人体美的重要因素。

男子的健美，首先要有一个丰厚的胸背和宽阔的肩膀，这能给人以体格强壮有力的感觉。具有发达胸部的男子，胸部的胸大肌、胸小肌和前锯肌均十分发达。胸大肌成为两块结实有力的隆起，使人看不到锁骨和锁骨内的凹陷部，胸部明显高于腹部，胸部的肌肉和上肢的肌肉（如三角肌和肱二头肌）在收缩时界限明显。强健的臀部和腿部的肌肉，是一个人力量的象征。发达的肱二头肌、肱三头肌及前臂肌群，可使手臂线条鲜明，粗壮有力。手臂与躯干连接处的肩部覆盖着三角肌，发达的三角肌可使肩部增宽，加上发达的背阔肌、胸大肌，就会使躯干呈现出“V”字形。腿部肌肉包括圆满的臀部肌肉，有力的股四头肌和股二头肌，缝匠肌和小腿腓肠肌，这些肌肉能固定下肢，支持全身总量，给人一种坚定有力的感觉。

腰部是人体连接上、下两部分的枢纽，也是人做前屈、后屈、体侧屈等各方向运动的一架万能轴承。从整体看，腰部的骶棘肌能固定脊柱，使人体挺拔；腹肌能增加腹压，保护内脏，有利于缩小腰围，形成健美的体形。

总之，发达而富有弹性的肌肉是力量的源泉，也是健美的体现。

2. 体形匀称，线条清晰

体形匀称主要是指以骨骼为支架所构成的人体各部分的比例匀称、合度。站立时，头颈、躯干和脚的纵轴在一垂线上；上、下身比例符合黄金分割定律，即以肚脐为界，上、下身比为5∶8。

人体由六百多块肌肉组成，它包裹在人体的外部，是构成人体外形的重要因素。

总之，男性应该有发达的肌肉，健壮的体魄，匀称的体形，魁梧的身材，端正的姿态，潇洒的风度，以及发自内心深处的勇敢无畏、刚毅果断、坚忍顽强的精神气质，具有阳刚之美。

二、女性健美的标准

由于女子身体结构和生理机能等均与男子有着明显的区别，因而表现出了自身的特点，因此，女性也有独特的健美标准。

1. 适度的肌肉，健美的体魄

发达的肌肉是男子健美的首要因素，然而对于女子来说，就不应该要求练出像男子一样发达的肌肉，因为两者的生理特点不同。女子全身肌肉占体重的32%～35%，脂肪占28%，而男子全身肌肉占体重的40%～45%，脂肪占18%。

2. 匀称丰满，具有女性曲线美的体形

女性的体形应该丰满而不肥胖，这样的体形有一种健康之美；或者是苗条而不瘦弱，这种体形则另有一种精干之美。但是，不管是丰满还是苗条，都应该具有女性特有的曲线美，这才能真正显现出女子的形体美。

丰满而挺拔的胸部是构成女性曲线美的主标志之一。乳房应丰满而富有弹性，并应由适度发达的胸肌作为依托，从而构成胸部优美的曲线。过分肥大、松弛或过分小的乳房都将影响女性的健美。

坚实平坦的腹部和稍微纤细的腰部，是女性健美的又一标志。因为这样才能显现出腰部的优美曲线。腰腹周围过多地堆积着皮下脂肪，不仅臃肿难看，而且还会限制身体各方面的运动。

丰满而适中的臀部能构成女子体形的优美曲线。臀部过于肥大会显得臃肿，有损于形体健美；反之过于瘦小，则表现不出女子体形的优美曲线。

修长而有力的四肢也是女子健美不可或缺的一部分。腿部应略长于躯干，这样才显得苗条而修长。腿部既不能粗壮，也不能瘦长，而应有结实的肌肉，这样才能显得出腿部优美的曲线。另外还要有红润光洁的皮肤、端庄而优美的姿态。

第十五章　游　　泳

第一节　游泳运动概述

游泳是凭借自我支撑力和推进力在水中游动的水上运动，它包括竞技游泳和实用游泳。现在正式列入奥运会的比赛项目包括男、女 100 米和 200 米蛙泳、仰泳、蝶泳，男、女 50 米、100 米、200 米、400 米和女子 800 米、男子 1500 米自由泳，男、女 200 米和 400 米个人混合泳，男、女 4 × 100 米自由泳接力和混合泳接力及男、女 4 × 200 米自由泳接力共 34 项；其项目和金牌数仅次于田径运动。

一、游泳对增强体质的作用

游泳对匀称地发展肌肉，增强耐寒能力，锻炼内脏特别是心肺的功能（增强气管纤毛的功能，促进机体的氧化还原过程），促进新陈代谢（使红血球和血红蛋白增加）以及培养勇敢顽强的意志等方面都有积极的作用。由于它的运动量和运动强度便于控制，所以对于身体瘦弱、慢性病和运动损伤是一种有效的医疗手段。

二、游泳在生活中的价值

从小学会游泳，不仅可为竞技游泳奠定良好的基础，而且能有效促进骨骼的生长，掌握生活、劳动中的一项技能。在江河湖海泅渡、抗洪抢险、水上作业、水下勘探、架船航行以及渔猎生产中，都需要良好的水性和熟练的游泳技术。同时在军事上也是必备的重要技能。

三、竞技游泳的意义

游泳是奥运夺金的重要发展项目，它拥有 34 个比赛项目，仅次于田径大项；同时，也是进行国际文化交流，增进与各国人民相互了解和友谊的有效手段。加速提高运动技术水平，对促进我国走向体育强国具有重要的意义。

第二节　游泳基本技术与练习方法

一、熟悉水性的教学

熟悉水性是初学游泳的一个重要环节，是初学者必须经过的阶段。其目的是让初学者体会、了解水的特性，逐步适应水的环境，消除怕水的心理；同时，掌握游泳的一些最基本的动作，如憋气、换气、浮体、滑行和站立等动作，能为学习和掌握各种游泳姿势打下基础。

在熟悉水性教学时，宜在浅水区域内进行。

（一）水中行走和跳动练习

目的是体会水的阻力、压力和浮力，初步掌握身体在水中维持平衡的能力。

练习方法与步骤：

（1）扶池边向前、向后、向两边行走。

（2）集体手拉手，向前、向后、向两侧行走。

（3）用两手保持平衡，做变换方向的行走。

（4）各种方向的走、跑、转身、跃起、下沉等。

（5）手拉手成圆圈，然后做简单的走和跳舞动作（图 15-2-1）。

教法提示：

在水中做图案变化、接力、游戏等，更有利于提高学生兴趣、消除怕水心理。

（二）水中睁眼和呼吸练习

目的是初步掌握游泳的呼吸方法、呼吸过程、呼吸节奏，适应头浸入水的刺激，消除怕水心理。

练习方法与步骤：

（1）在岸上做有力的深呼吸和长时间的憋气，逐步过渡到低头吐气、抬头吸气的练习。

（2）扶池槽或在同伴帮助下，用口吸气后闭气，慢慢下蹲将头浸入水中，然后慢慢睁开眼睛，停留片刻后起立，口鼻出水后，先呼气后吸气（图 15-2-2）。

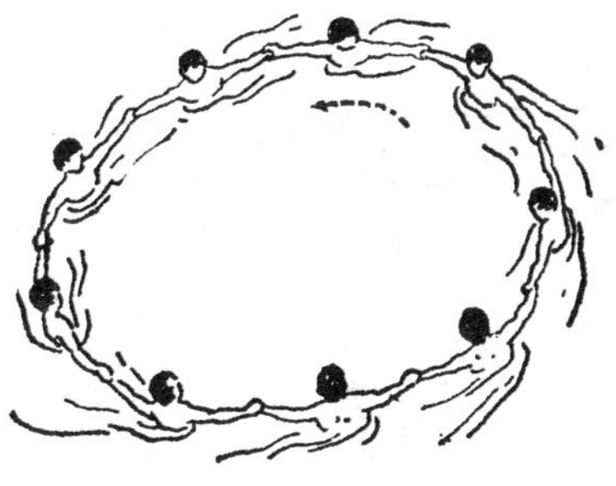

图 15-2-1

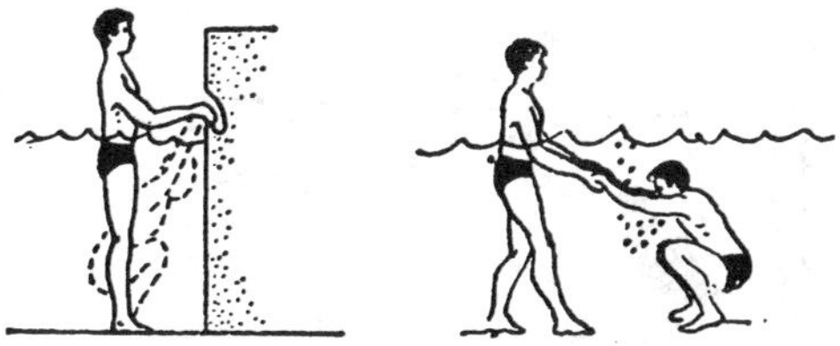

图 15-2-2

（3）同上练习，要求头浸入水中停留片刻后，用鼻慢慢将气呼完，然后起立在水面上用口吸气。

（4）同上练习，头浸入水中稍闭气后，用口鼻开始呼气，随着缓慢地起立而逐渐加大呼气量，口接近水面时加速将气呼完，并有明显的吹水动作。紧接着用口在水面上快而深地吸气。多次重复练习。

（5）两脚左右开立，上体前俯将脸浸入水中，做同上练习。但不同的是随头逐渐向前上抬（或向侧转）时开始加大呼气量。

(6) 配合叫喊声在水中吐气，出水面吸气。

(7) 一人把手放在水中，另一人蹲在水中，看同伴伸几个指头。

教法提示：

(1) 呼吸是游泳教学的难点，呼吸练习应贯穿教学的始终。

(2) 头浸入水和较长时间的闭气是浮体练习和滑行练习的基础。要善于引导初学者将头浸入水中。如果池水清亮，可用水中看物、寻物和两人用手指对数等游戏方法加以引导。并要求学生头出水时，不要养成手抹脸的习惯，头出水、入水应从容不迫。

(3) 初学者不习惯用口吸气，可采用捏鼻或带鼻夹，强制用口吸气。要强调学生掌握呼气方法，懂得呼不出则吸不进，呼尽才能吸足。例如，可采用水面吹乒乓球，再过渡到水中吹气泡的方法解决。在呼与吸之间要强调紧密衔接，不可停顿，否则吸不进气。可采用站立深吸气后闭气片刻，微张口地让胸部放松自然排气，并顺势加速呼吸，当尚有一点余气时，即快而深地用口吸气解决。

(4) 要做到连续换 15 次气。避免“假换气、实憋气”的现象。

(三) 浮体与站立练习

目的是体会水的浮力，控制身体平衡和水中站稳的感觉，能做到水上直体漂浮，为后面的学习打下基础。

练习方法与步骤：

(1) 抱膝浮体练习：原地站立，深吸气后闭气，下蹲低头抱膝团身，用前脚掌轻轻蹬离池底，背部露出水面自然漂浮于水中。需站立时，松开抱膝的手，两臂前伸下压按水抬头，同时两腿下伸，脚触池底站立，然后两臂侧分拨水维持平衡（图 15-2-3）。

(2) 展体浮体练习：在抱膝浮体的基础上，闭气、松手，两臂、两腿自然伸直并拢，成较好的流线型。站立时，收腹、屈膝、收腿，两手臂向下压，抬头，两腿向下伸，脚触池底站立（图 15-2-4）。

图 15-2-3

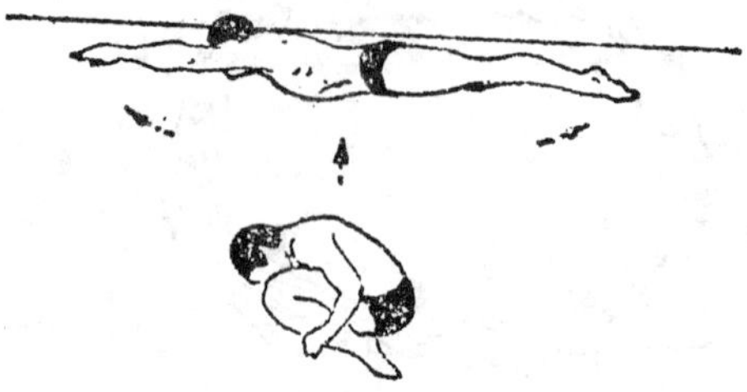

图 15-2-4

教法提示：

(1) 做浮体练习前，必须先学会水中站立练习，以确保安全（图 15-2-5）。

(2) 保护者站在练习者的侧后方，双手轻轻搭在练习者的腋下，帮助站立。

(3) 做浮体练习时，多采用两人一组的练习，做浮体练习时，身体要展平，肌肉要放松，切忌塌腰。通过肢体的分与合，调节重心与浮心的位置，了解平衡的条件，也可做仰卧浮体（图 15-2-6）。

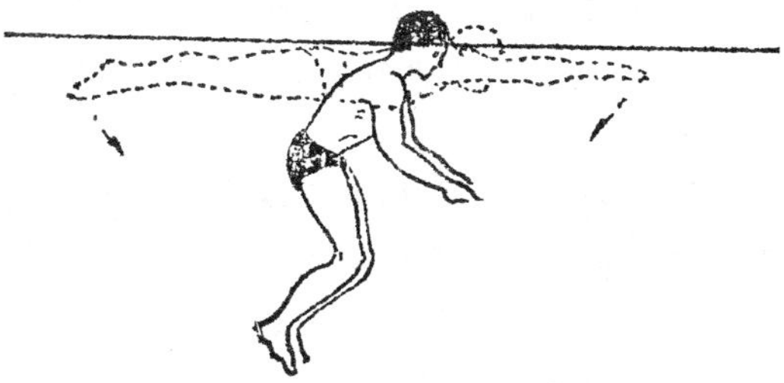

图 15-2-5

图 15-2-6

（四）滑行与简单动作练习

目的是进一步体会水的浮力，掌握身体在水中的平衡和滑行姿势。

练习方法：

（1）拖拉滑行练习：练习者两臂并拢前伸，搭在帮助者伸开的手臂上，深吸气后，低头入水，同时两腿蹬离池并拢伸直，利用帮助者的拖拉体会滑行。

（2）蹬池底滑行练习：两脚前后开立，两臂前伸，两手并拢。深吸气后屈膝，重心前移，当头和肩浸入水中时，前脚掌轻轻蹬池底，随后两腿并拢伸直，使身体成流线型向前滑行（图 15-2-7）。

（3）蹬池壁滑行练习：背对池壁，一手拉池槽或扶池边，一臂前伸，同时一脚站立，一脚紧贴池壁，深吸气后低头，上体在水中前倾成俯卧姿势，然后上收支撑腿，两脚贴住池壁，臀部靠向池壁，随即两臂前伸并拢，头夹于两臂之间，两脚用力蹬壁，使身体成流线型向前滑行（图 15-2-8）。

图 15-2-7

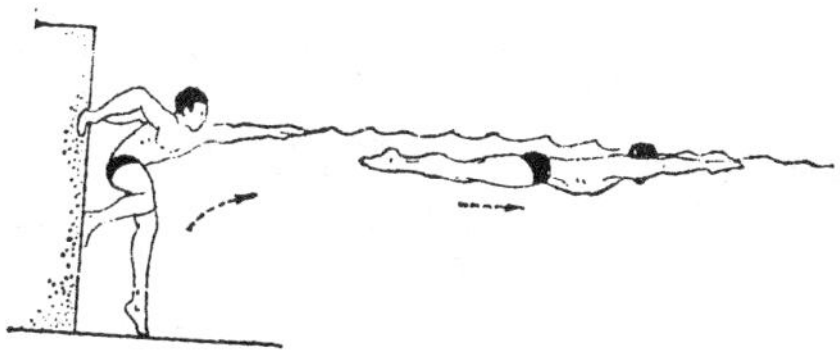

图 15-2-8

教法提示：

（1）滑行练习是熟悉水性的重点练习。为了更好地掌握滑行技术，可广泛采用推拉滑行练习，增长滑行距离；组织蹬边滑行和滑行比远练习等比赛。

（2）做滑行练习时，不能低头塌腰，蹬池壁时不能“上窜”，以免失去平衡。

（3）滑行时身体保持适度紧张，适当延长闭气时间。

（4）滑行已经不向前及停止后，不要乱蹬腿，避免养成不好的习惯和动作。

二、蛙泳

蛙泳是模仿青蛙游泳动作的一种姿势，蛙泳一词在英文里是胸泳或俯泳的意思。日本称之为平泳。

蛙泳比其他竞技游泳姿势易学且实用，速度相对较慢，但动作平稳，呼吸便利，能持久，适于长距离游泳，又便于观察目标和方向。蛙泳广泛应用于渔猎、水上搬运、泅渡、救护等方面。

游泳的竞赛规则规定：蛙泳比赛时，身体必须呈俯卧姿势，两肩需与水面平行，两腿要同时在同一水平面上弯曲，向外翻脚及做蹬腿动作。两手应在水面下收回，并需从胸前伸出。整个游程中，不得做潜泳动作。

现代蛙泳的技术特点是：快速内划，肩部高拉高起（高肘划水），低头前冲，蹬腿时借助冲力上身成“冲潜式”，全身伸直滑行（猫扑）。

（一）蛙泳技术动作

1. 身体姿势

蛙泳在游进中身体必须保持较好的流线型姿势，充分发挥手臂和腿的推进作用。当完成臂和腿的有效动作后，身体几乎是水平地俯卧在水面上滑行。此时两臂向前伸直，稍低头，脸的下部浸入水中，两腿向后伸直，腹部稍紧张，两眼俯视前下方，身体纵轴与水平成5°～10°角（图15-2-9）。

吸气时，下颏露出水面，肩部升起，这时身体与水平面的角度较大。吸气后，头随着手的前伸和肩胸下降而没入水中，这样既可以减少头露出在水面上受到波浪的阻力，又可以使身体随着波浪起伏的惯性，起着躯干压浪前滑的作用。

2. 腿部动作

蛙泳腿部动作是推动身体前进的主要动力，其技术有宽蹬和窄蹬两种。腿部动作由滑行、收腿、翻脚和蹬腿四个阶段组成。

（1）滑行：当身体借助惯性向前滑行时，两腿并拢向后伸直，身体成水平姿势，下肢放松，只靠腿部肌肉的适当收缩，把脚跟稍稍提出水面，为收腿作好准备（图15-2-10）。

（2）收腿：收腿时，两腿稍微内旋，使脚跟分开，脚跟向臀部靠拢，两膝逐渐自然分开，力量要小。两脚和小腿回收时要收在大腿的投影截面内，以减小回收时的阻力。收腿结束后，大腿和躯干成130°～140°角，两膝内侧与髋关节同宽（图15-2-11）。

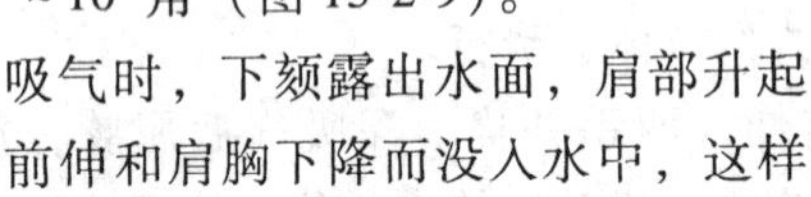

图15-2-9

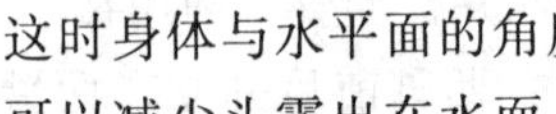
图15-2-10

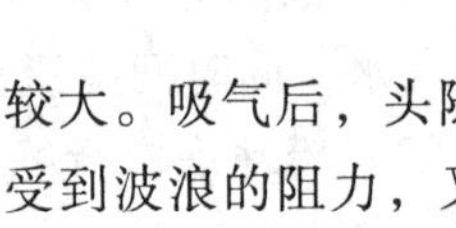

图15-2-11

（3）翻脚：收腿动作即将结束时，两脚继续向臀部靠紧，这时膝关节稍向里扣，两脚向外侧翻开，接着脚尖也向两侧外翻，使脚掌和小腿内侧对着蹬水方向，加大了对水面积，并为大腿发挥更大力量做好积极准备（图15-2-12）。

（4）蹬腿：蹬水方向向后，由髋部发力，带动膝关节和踝关节相继伸直。利用小腿内侧和脚掌内侧的合理对水，造成向前的推进作用力（图15-2-13）。另外，蹬水翻脚时大腿内旋造成膝内压，能带动小腿和脚向后蹬水而形成一个有力的鞭状打水动作（图15-2-14）。

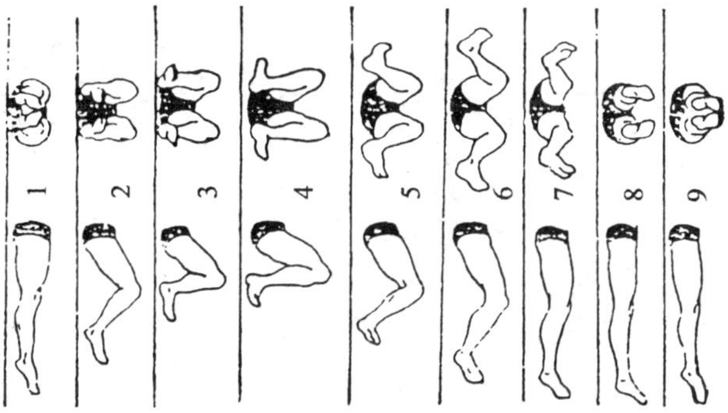

图 15-2-12

3. 臂部动作

臂划水的过程中能以较大的对水面取得较好的效果，并且手臂的还原动作阻力小。因此，掌握合理的臂划水技术，是提高运动成绩的重要条件。臂部动作由滑行、抓水、划水、收手和伸臂五个连续动作组成。

（1）滑行：两臂自然向前伸直，掌心向下，手指自然并拢，两手尽量接近水面，使身体在较高的位置上保持稳定，身体成流线型。

（2）抓水：从开始姿势起，手臂先前伸，并使重心向前，两臂和上臂立即内旋，掌心向外斜下方并稍勾手腕，两手分开向侧斜方压水，当手掌和前臂感到有压力时，开始划水。抓水一方面能给划水创造有利条件，另一方面还能造成身体上浮和前进的作用（图 15-2-15）。

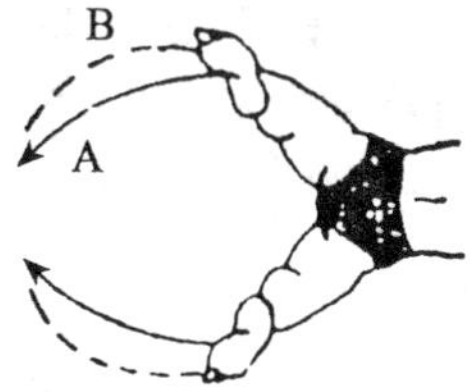

图 15-2-13

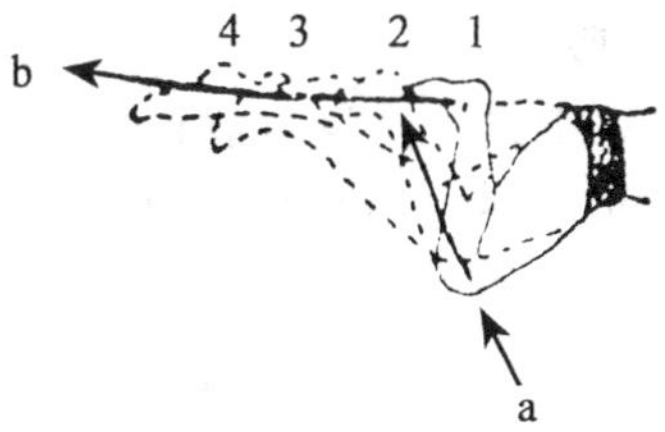

图 15-2-14

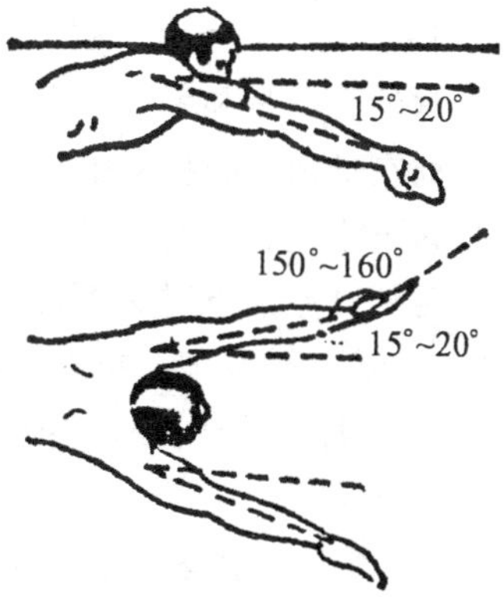

图 15-2-15

（3）划水：划水路线是向后偏外下方，划至与前进方向约成 80°（图 15-2-16-A）。划水时，肩部向前伸展，保持高抬肘的姿势。整个动作过程是肘高于手并前于肩，手带动前臂和上臂向后划水的过程，肘关节的角度为 120°～130°（图 15-2-16-B）。划水是用手掌加速内拨的动作，带动前臂收至超过垂直部位并开始降肘，掌心从外后转向内后急促拨水而结束划水（图 15-2-16-C）。

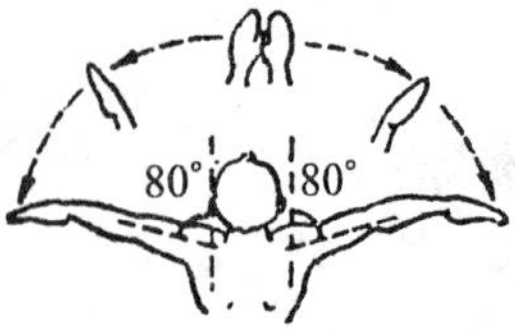

图 15-2-16-A

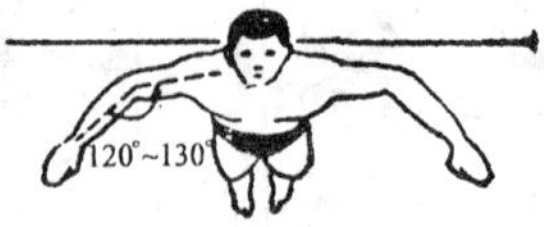

图 15-2-16-B

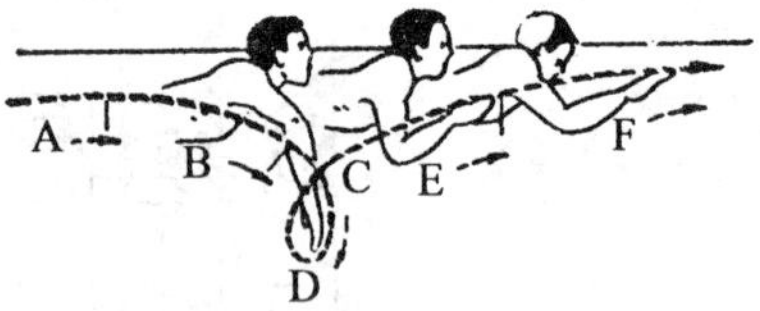

图 15-2-16-C

(4) 收手：收手是划水阶段的继续，收手过程也能产生较大的推进力和上升力。动作是手掌由内向上收缩到头的前下方，继而成两手掌相对，最后掌心向下并拢前伸，收手动作应当有利于做快速前伸手动作。在整个收手动作过程中，手的动作应积极地、快速地、圆滑地完成，收手结束时，肘关节低于手，大小臂成锐角（图 15-2-17）。

(5) 伸臂：伸臂动作是由伸直肘关节、肩关节来完成，掌心由朝上逐渐向下方。同时，向前伸出（图 15-2-18）。

图 15-2-17

图 15-2-18

现代蛙泳臂的技术特点是：快速伸臂动作紧密配合腿的动作。因此，在伸臂的同时，肩要向前伸，不能有停顿现象。

4. 呼吸动作和呼吸、腿、臂动作的完整配合

蛙泳的呼吸是和手臂划水动作紧密配合的呼吸方法，它是用口吸气，用口或鼻和口呼气，当前在蛙泳呼吸技术中，有早吸气和晚吸气两种类型。早吸气是在两臂划水开始时，头和口露出水面，这时运动员将气最后吐完，并迅速做深吸气动作，继而随伸臂低头闭气，当两臂开始滑下时逐渐呼气；晚吸气是随着臂的有力划水动作，头和肩上升时吸气（图 15-2-19）。臂腿配合技术是：臂划水时，腿保持放松或自然伸直姿势（图 15-2-20 之 3～4）。臂内划时同时收腿（图 15-2-20 之 5），臂将伸直时开始蹬夹腿（图 15-2-20 之 7、8）。

（二）蛙泳的教学

蛙泳的教学顺序是先学腿，后学臂（和呼吸），再学臂、腿配合和完整配合。

1. 腿部动作教学

目的是建立蛙泳腿的“收”、“翻”、“蹬”的概念，学习腿部的完整技术。其练习方法与步骤如下：

第一步：陆上模仿练习。

①坐在岸上或池边，上体稍后仰，两手后撑，按口令做蛙泳的腿部动作练习，开始分四拍做，体会收、翻、蹬夹、停的动作，再过渡到两拍，最后是一拍的完整练习。注意翻

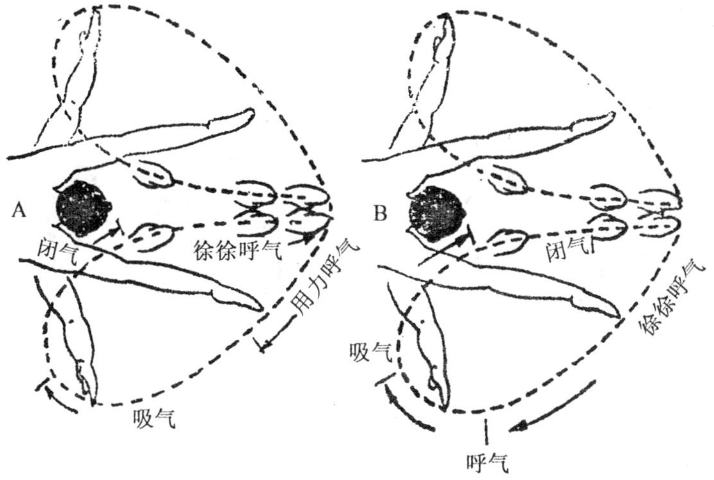

图 15-2-19

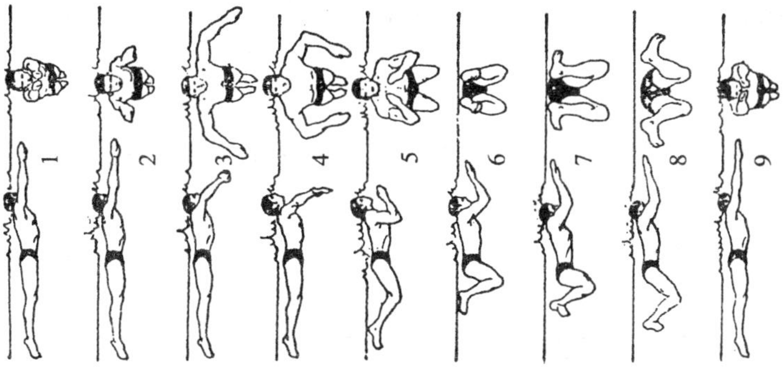

图 15-2-20

脚动作（图 15-2-21）。

②俯卧凳上或出发台上，做蛙泳腿的模仿练习，先由同伴帮而自己被动做；再自己主动做，同伴控制动作；最后由自己独立做。先做分解动作练习，逐渐过渡到做完整动作练习（图 15-2-22）。注意收腿角度、动作路线和节奏。

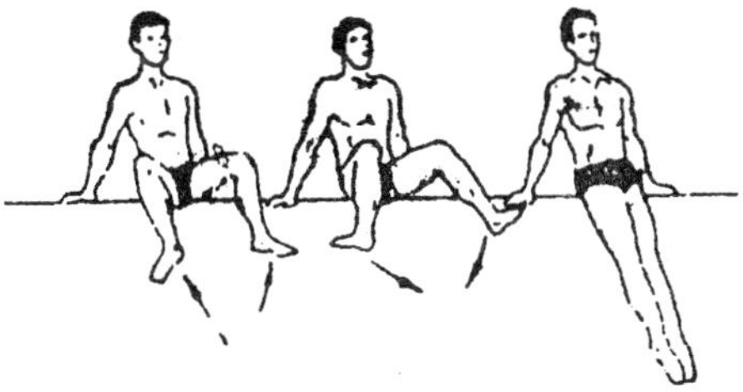

图 15-2-21

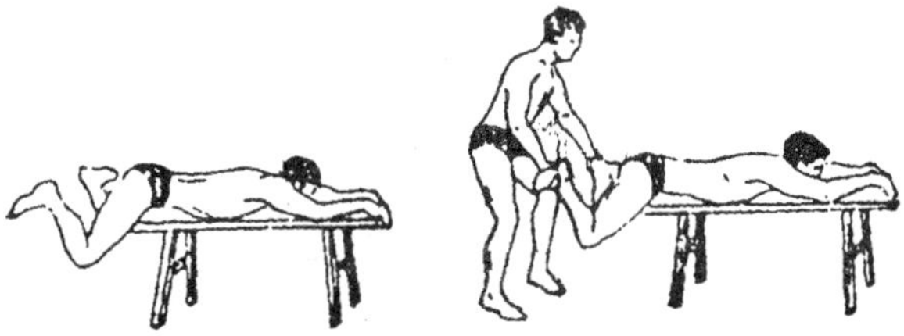

图 15-2-22

第二步：水中练习（图 15-2-23、图 15-2-24）。

图 15-2-23

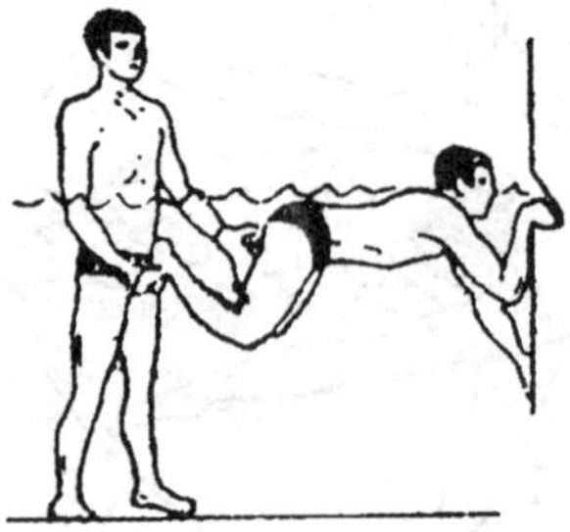
图 15-2-24

①一手抓池槽，一手反撑池壁成俯卧姿势，由同伴帮助做同上练习。重点体会翻脚和弧形蹬夹水动作。

②两手扶浮板中后部，两臂前伸直。由同伴帮助做同上练习。注意边收边分，翻脚及时，蹬夹连贯，用力恰当。

③扶板蹬腿练习，逐渐加长游距，改进和提高腿的动作。注意动作节奏和放松（特别是踝关节放松）。

教法提示：

（1）为了提高教学质量，确保教学安全，解决教师少而学生多的问题，可采用蛙泳浮具教学，或先教水中自我保护方法。

（2）蛙泳腿教学的重点是收、翻、蹬夹动作中的连接、节奏和时机，蹬腿的方向和路线。

（3）教学难点是及时而又充分的翻脚。做到翻脚时脚掌移出臂外侧，用力勾脚掌，并保持到蹬夹结束前。

（4）大腿发力，蹬、夹同时结束。最后转踝、绷脚、两腿伸直并拢。

2. 手臂动作和手臂与呼吸配合动作教学

目的是学习臂和呼吸的动作技术，提高划水效果。其练习方法与步骤如下：

第一步：陆上模仿练习。

①两脚开立，上体前倾，两臂向前伸直相并，掌心朝下。先按划、收、伸分三拍做蛙泳臂动作，再按划、伸分两拍练习，最后只用一拍做完整练习（图 15-2-25）。

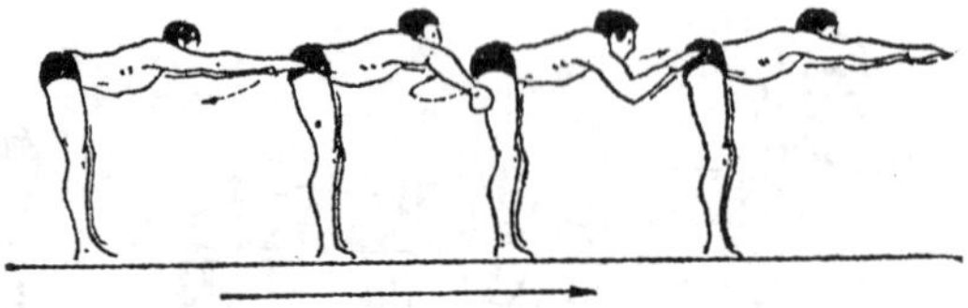
图 15-2-25

②同上练习加呼吸配合。强调滑下时开始抬头，划水时吸气，收手时低头闭气，伸臂

时呼气。整个呼气由小到大，开始时呼气要小，然后逐渐加大呼气量，口将出水时进一步加速将气呼出。呼与吸之间无停顿，口一出水面应顺势快而深地吸气。也可以直立练习（图 15-2-26）。

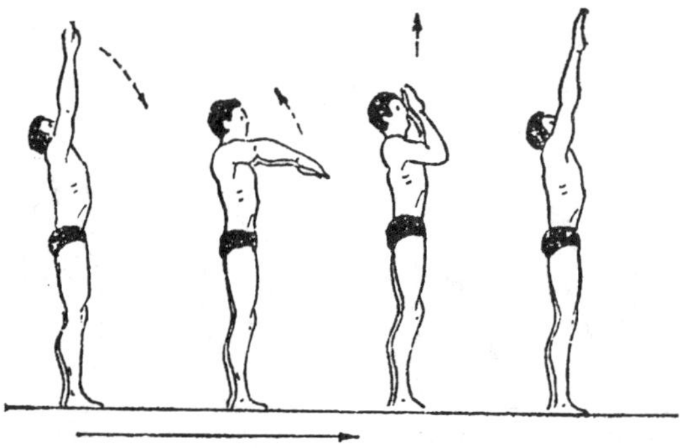

图 15-2-26

第二步：水中练习。

①站立齐腰深的水中，做同陆上练习①的连贯动作。划水不要用力，着重体会划水时的方向路线，收臂时动作不停，臂伸直稍停（图 15-2-27）。

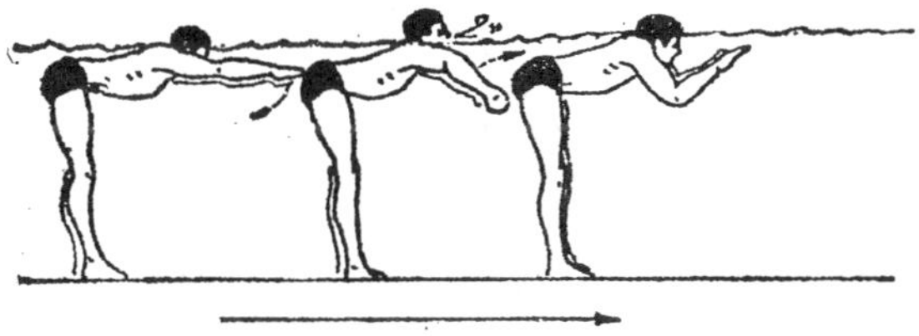

图 15-2-27

②同陆上练习②内容。

③走动中做同上练习内容。

④由同伴抱住腿或大腿夹浮板做臂与呼吸的配合练习。

⑤头向池内，俯卧在池边，上半身浸入水中，做手臂或手臂与呼吸的配合练习。

教法提示：

（1）如采用浮具教学，可做腿夹浮板和腰带浮漂（靠近上体一些）的臂与呼吸的配合。开始时多次划臂一次呼吸，然后逐渐过渡到一次划臂和一次呼吸配合。强调臂领先，划臂不宜过大、过后。

（2）蛙泳臂与呼吸的教学：重点是划水的方向路线和臂与呼吸的配合时间。教学难点是呼吸动作与节奏。要从陆上到水上，重点在水上反复体会上述动作，教学中开始学习时以早吸气相要求（如出现晚吸气者可不强行改为早吸气），学会蛙泳后再改为晚吸气。

（3）教蛙泳臂的动作不宜分解过多，分解练习不可做得过久，注意收手时不要停顿。

3. 完整配合动作教学

目的是学习正确的臂与呼吸及腿的配合技术，手、腿依次用力的相互关系。其练习方法与步骤如下：

第一步：陆上模仿练习。

①站立，两臂向上伸直并拢。一腿支撑，一腿做模仿练习。两臂向两侧划水。收手同时收腿，收腿即将结束开始翻脚。臂将伸直时蹬腿。臂、腿伸直稍停，然后逐渐连贯做（图 15-2-28）。

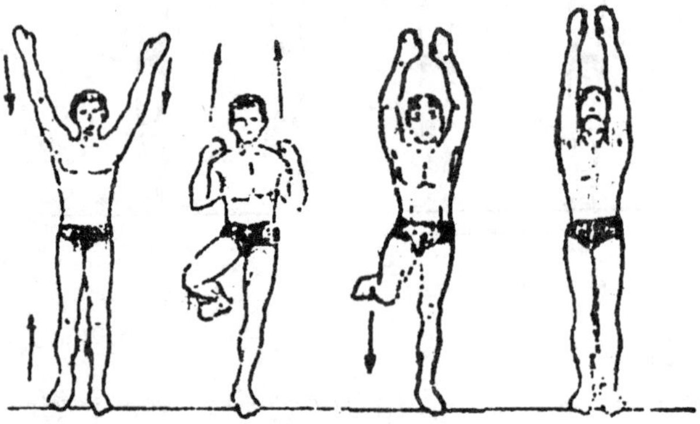

图 15-2-28

②同上练习加呼吸。

第二步：水中练习。

①滑行后闭气做臂、腿配合的分解练习，即划一次臂后蹬一次腿，臂、腿依次交替做。

②闭气滑行，做划臂腿伸直、收手又收腿、臂先伸再蹬腿、臂腿伸直后滑行的配合练习。

③同上练习加呼吸配合。由多次蹬腿一次划臂逐渐过渡到一次臂、一次腿、一次呼吸的完整配合。

④逐渐增加游距，改进技术。

教法提示：

（1）利用浮具教学，可腰带浮漂物在浅水中成半蹲姿势，两臂并拢前伸于水中，微屈臂，掌心向下。然后蹬地向前上方跳起，同时伸臂，接着抓水、划水（小划臂）到还原姿势，这样反复跳、划，并逐渐前倾上体，过渡到完整配合游。直至掌握完整技术，并能游一定距离后，再取消浮具。

（2）教完整配合游时，宜在一段时间内强调慢频率、低游速、小划臂，有明显的滑行与滑下动作，以保证学生集中注意力体会臂领先、腿和呼吸跟臂配合的技术，同时也便于学生呼得出气和吸得进气。

（3）能配合游 20 米左右后，应强调学生加长距离游。当划水、蹬水能产生一定效果后，则应学习晚吸气配合技术，并加大臂的划水幅度。

4. 蛙泳教学中常见错误动作与纠正方法（表 15-2-1）

表 15-2-1 **蛙泳教学与练习中常见错误动作与纠正方法**

部位	常见错误	原 因	纠正方法
腿部	蹬脚时不翻脚	1. 动作概念不清。 2. 不会翻脚。 3. 蹬脚时绷脚尖。	1. 明确概念及动作要领。 2. 陆上反复做翻脚练习，注意翻脚时的肌肉感觉。 3. 勾脚蹬水或由同伴帮助体会正确蹬水动作。
	不收腿，蹬得过宽，蹬夹脱节或只蹬不夹	1. 动作概念不清。 2. 收腿时两膝向外张。 3. 旧的动作定型。	1. 明确概念，陆上多做模仿练习。 2. 用矫枉过正法，要求收腿时两膝有意内扣，或同伴用两手限制其外张。
	收、蹬腿时脚的部位太低	1. 头和上体抬得过高。 2. 收腿时两大腿收得过多，小腿未和水面垂直。 3. 腰部肌肉过于放松。	1. 低头、提臀，腰腹肌肉适当紧张，使身体平浮于水面。 2. 大腿向里少收与躯干角应大于 90°，积极收小腿，脚有意识地向臀部移。 3. 腰、腹肌肉适当紧张，蹬腿时先伸髋。
	收、蹬时臀部上下起伏	1. 收腿时头肩过低，收腹提臀。 2. 蹬腿时挺腹。	1. 头、肩稍抬起，腰腹肌适当紧张，使身体展平，收腿时大腿带小腿慢收。 2. 蹬腿时躯干不动，用大腿推动小腿向后走。
	收腿过快	1. 动作概念不清。 2. 收腿时过分用力，而且过快。 3. 动作节奏未掌握好。	1. 明确概念和动作要领，多做陆上或水中模仿练习。 2. 强调慢收腿，放松。 3. 强调慢收腿，蹬腿时适当快些。
臂部	划水时手掌平摸，划不到水	1. 动作概念和要领不清。 2. 划水时沉肘，前臂与水平面平行。 3. 手臂力量差，划水无力。	1. 明确动作概念和要领。 2. 划水时掌心向侧外，高肘屈臂小幅度划水。 3. 加强手臂力量的练习。
	划水路线太宽，超过了肩的延长线	1. 动作概念和要领不清。 2. 急于通过划水推动身体前进，收手太慢。	1. 明确动作概念和要领。 2. 采用小划臂或在腋下放一限制杆的办法。

续表

部位	常见错误	原　　因	纠正方法
完整配合	划臂的同时蹬腿	1. 动作概念和要领不清。 2. 配合节奏紊乱。 3. 急于划臂。	1. 明确动作概念和要领。 2. 多做模仿练习。先划臂后蹬腿，一次一次地做，不要急于求成。 3. 划手时腿伸直，蹬腿时手臂伸直，逐渐过渡到正确配合。一次一次按伸、蹬、漂的节奏去练习。
	伸臂、蹬腿同时	1. 动作配合概念不清。 2. 收腿太早、太急。 3. 收手时在胸前有停顿现象。	1. 心中默念先伸臂，后蹬腿。 2. 心中默念先伸臂，再蹬夹腿，水中漂一会儿。 3. 小划臂，伸臂后停一会儿。
	吸不到气	1. 吸气前未吐气。 2. 抬头太早，吸气时间短。	1. 必须在水中吐出气。 2. 在盛水的脸盆或水中原地做水中吐气、抬头吸气练习。 3. 先抬头再划臂或划臂同时抬头深吸气。

三、爬泳

爬泳，俗称“自由泳”，由于两臂划水动作像爬行故称爬泳。它是四种竞技游泳中速度最快的一种姿势，按规则要求，自由泳比赛中，可采用任何一种姿势游进。但由于游爬泳时，身体俯卧在水中，身体几乎与水面平行，有较好的流线型，两腿不停地做上下打水，两臂依次轮流向后划水，因此推进力均匀，动作结构简单，划水效果好；动作配合协调，既省力又能发挥最大的速度，所以在自由泳比赛中，人们都采用爬泳技术。

在游泳竞赛中，自由泳比赛项目最多，故而衡量一个国家的游泳水平，往往以该国自由泳水平高低为标准。

在游泳教学和训练中，爬泳是基础项目，是四种竞技游泳的技术基础，学会了爬泳对掌握仰泳、蛙泳、蝶泳都是有利的，因此普及和提高爬泳技术有很重要的意义。

现代爬泳技术的特点是：运动员身体姿势高平，采用高肘、屈臂、曲线、加速划水和晚呼吸配合技术。

（一）爬泳技术动作

1. 身体姿势

游爬泳时，身体应伸直成流线型，几乎水平地俯卧在水面。稍收腹，水面接近发际，髋部略低于肩，身体纵轴与水面成3°～5°角，头与身体的纵轴成20°～30°角，眼睛视线应朝向斜前方（图15-2-29）。

游进时的身体转动是由于划臂、转头吸气形成的自然动作，其优点是：便于手臂出水和空中向前移臂；缩短移臂的转动半径；有利于臂的抱水、划水和维持身体平衡；有利于转头吸气。身体转动的大小取决于运动员的技术、个人特点和游泳速度，转动幅度两肩横轴与水平面构成35°～45°角（图15-2-30）。

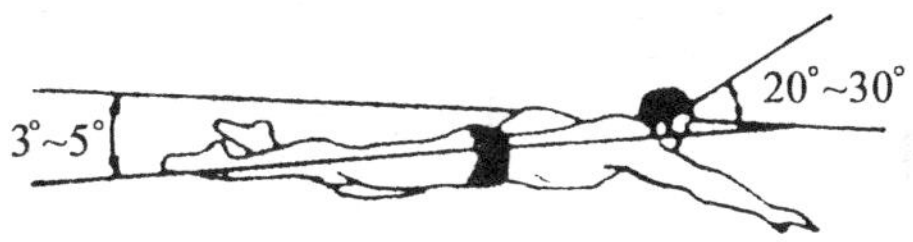

图 15-2-29

图 15-2-30

2. 腿部动作

爬泳腿的动作主要起维持身体平衡的作用，使下肢抬高，保持身体成流线型，以及协调两臂有力的划水动作，并能起一定的推进作用。

爬泳打水的技术要领是：两腿自然伸直，两脚稍向内扣，以增大打水面积，踝关节放松，髋关节先发力，以大腿带动小腿做鞭状上下交替打水，打腿幅度以两脚跟的垂直距离30～40 厘米为宜，脚不要打出水面，但可溅起一点浪花，打水效果取决于鞭状发力和踝关节的灵活性（图 15-2-31）。

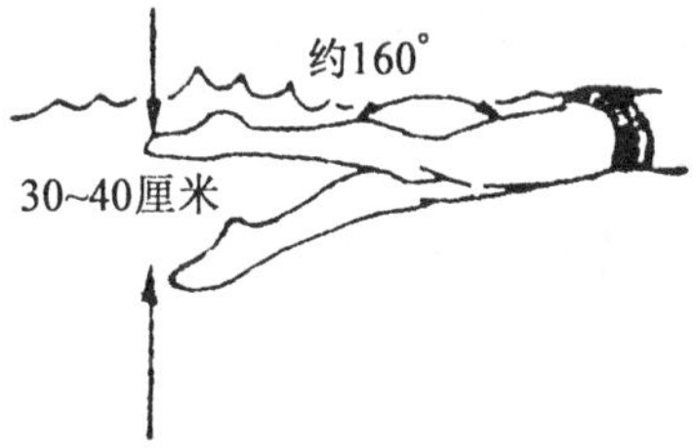

图 15-2-31

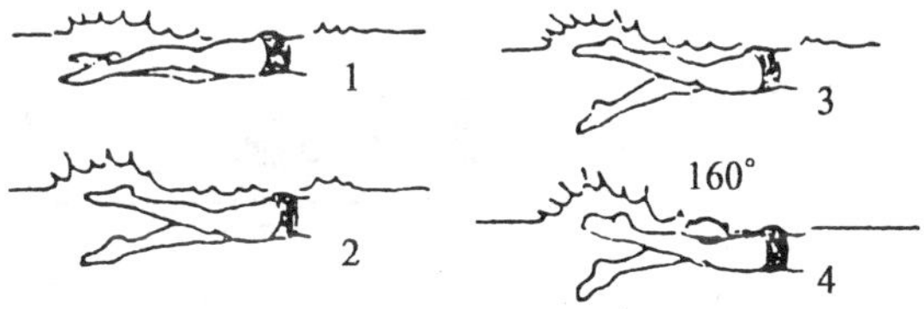

图 15-2-32

向下打水时，大腿发力开始向下，由于惯性作用，此时小腿和脚仍继续向上移动，膝关节弯曲成 160°角（图 15-2-32）。这时大腿还继续带动小腿，使小腿和脚背向后下方打水，这时产生了两个力，一个是水平分力，推动身体向前进，一个是上升力，使身体上浮。当大腿开始向上打水时，小腿继续向下，直到伸直膝关节，这两个力量继续作用。开始做向上打水的动作，这时大腿带动小腿向上移，髋关节逐渐展开，腿自然伸直；脚跟接近水面完成向上打水，由于腿受到水的反作用力，也产生一部分推动身体前进的力（图 15-2-33 之 ob’），但也有一个下沉力（图 15-2-33 之 oc’），所以向上打水时，用较小的力量来完成，而向下打水时要用较大的力量和较快的速度来完成，以便产生较大的推进力和上浮力。

腿从上向下完成打水动作的过程称为“下鞭动作”。从上向下打水时，踝关节的灵活性对前进的作用很大，从图 15-2-34 之 1 中可以看到，向下打水时，除产生上升力（oc）外，还可以产生向前的分力（oa）。但是在图 15-2-34 之 2 中，由于踝关节灵活性差，打水只产生向上的分力（ob），而无向前的推进力。

爬泳的两腿配合随着运动员的个人特点、臂腿配合技术、两臂划水效果和游泳距离的长短而有所不同。

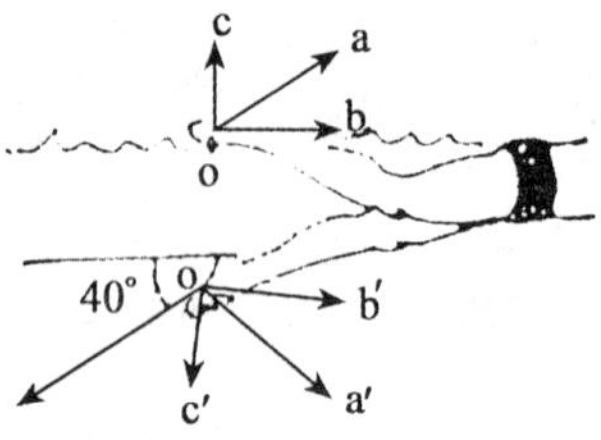

图 15-2-33

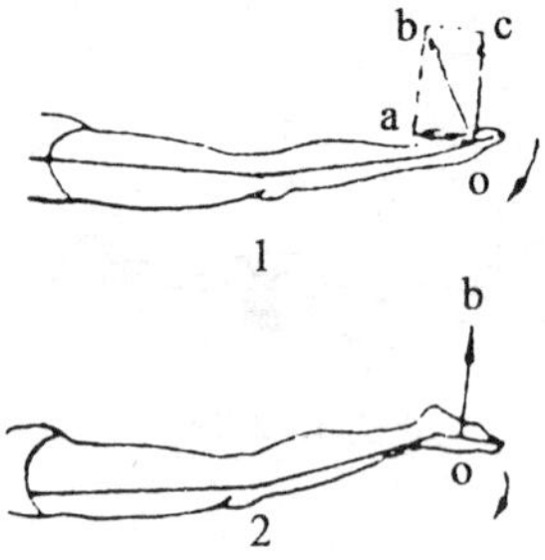

图 15-2-34

3. 臂的动作

游爬泳时，划臂是推动身体前进的主要力量。臂的动作是由入水、抱水、划水、出水、空中移臂五个阶段组成的。

（1）入水：臂入水时，肘关节略曲并高于手，手指自然伸直并拢，手指向斜下方切插入水或掌心稍向外侧切入水中，动作要自然放松。

臂的入水点应在肩的延长线上或在身体中线和肩延长线中间（图 15-2-35）。当身体转动时，正好臂曲到身体下面，使划水更加有力，臂入水的顺序是手——前臂——上臂。

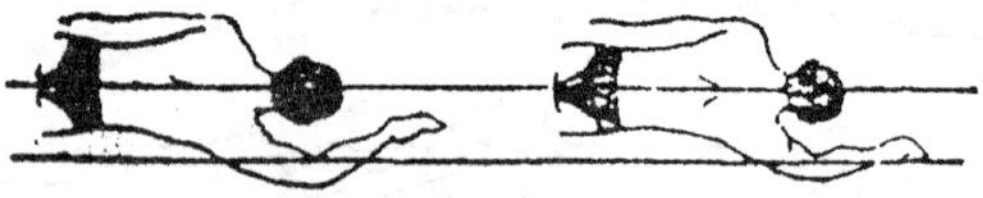

图 15-2-35

（2）抱水：臂入水后，积极插向前下方，并逐渐开始曲腕，曲肘对水，肘关节通过肩关节的内转而稍向外转，保持高肘。到划水开始，手臂与水平面成 40°角时，手和前臂已经接近垂直对水，肘关节曲至 150°角左右，整个手臂像抱一个大圆球一样，使肩带肌群充分拉开，给划水创造有利条件（图 15-2-36）。

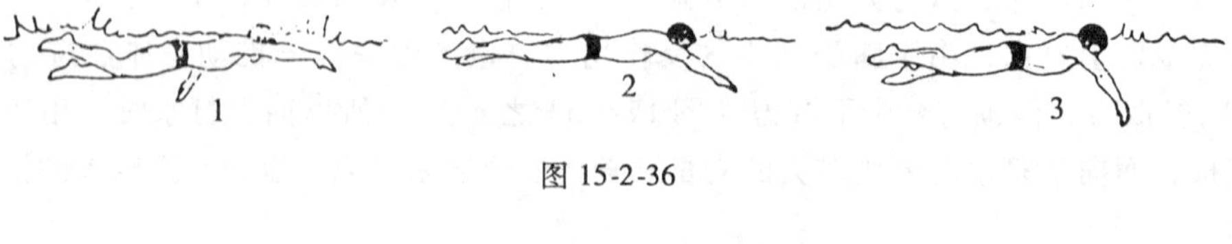

图 15-2-36

（3）划水：划水是指手臂与水平面成 40°角起，向后划至与水面成 15°～20°角止的这一动作过程，是获得推进力的主要阶段，这一阶段又分两部分，从整个臂部划至肩下方与水平面垂直之前称“拉水”，过垂直面后称为“推水”。

拉水是直臂到曲臂的过程，抱水结束时，曲肘为 150°左右，拉水时前臂的速度快于上臂，继续曲肘，当臂划至肩下方时，手在体下靠近身体中线，曲肘约为 90°～120°角（图 15-2-37）。整个拉水应保持高肘姿势，使手和前臂能更好地向后划水。

从拉水到推水，应是连贯地加速完成，中间没有停顿，特别是经过肩下垂直线时，不要失掉手对水的支撑感，要使上臂与前臂同时向后划，同时肩部后移，以加长有效的划水路线。

向后推水是通过曲臂到伸臂来完成的。为了使前臂、手掌能以最大的面积推水，在推水中肘关节要向上，向体侧靠近（图 15-2-38）。

在推水过程中，为了使手掌始终与水平面保持垂直，推时要逐渐放松腕关节，使手伸展开，与前臂构成一个约为 200°～220°角（图 15-2-39）。

图 15-2-37

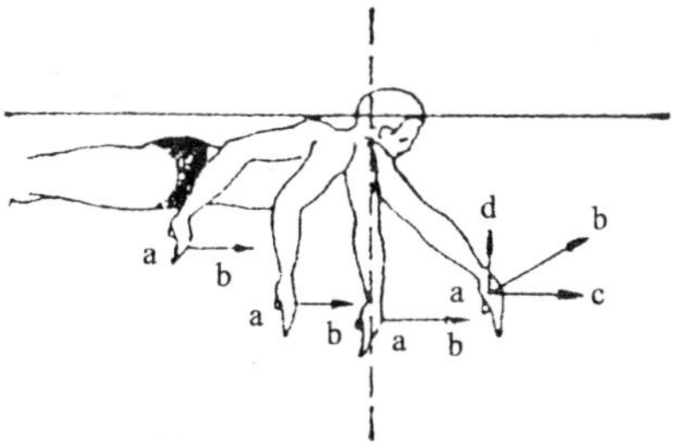

图 15-2-38

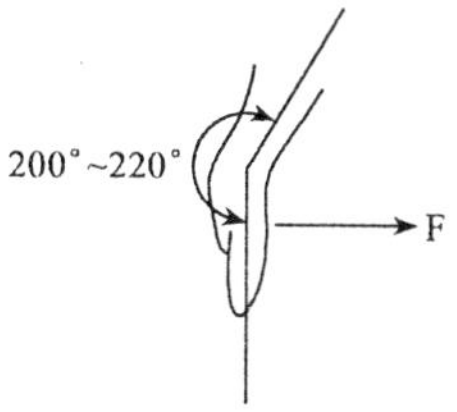

图 15-2-39

整个划水动作，手的轨迹是向下——向后——向上。划水路线呈“S”形。

（4）出水：在划水结束后，臂由于惯性的作用而很快地靠近水面，运动员立即借助三角肌的收缩将臂提出水面（图 15-2-40 之 1）。出水时，肩部和上臂几乎同时出水，但肩部稍微早一些，掌心朝后上方（图 15-2-40 之 2）。

手臂出水。动作必须迅速而不停顿，同时应柔和，前臂和手掌尽量放松。爬泳手臂的连续动作如图 15-2-41。

图 15-2-40

图 15-2-41

（5）空中移臂：臂在空中前移的动作是手臂出水的继续，不能停顿，移臂时动作应放松自如，尽量不破坏身体的流线型，要和另一臂的划水动作协调一致。

手臂提出水面前移的前半部分，前臂和手的动作较慢，落后于前移的肘关节（图 15-2-42之 1），移臂完成一半时，肘部继续弯曲（图 15-2-42 之 2）。

曲肘程度取决于运动员肩关节灵活性和身体绕纵轴转动的程度。

图 15-2-42

臂移至肩部时，手和前臂赶上肘部，并逐渐向前伸出，掌心也从后上方转向前下方。接着做入水准备动作，在整个移臂过程中，肘部应始终保持比肩部高的位置。

在爬泳划臂的整个周期中，动作是不停顿的，划水动作内部循环是有节奏的，随着阶段的不同，各部分所用的力量也不同，动作速度也有所区别（图 15-2-43）。

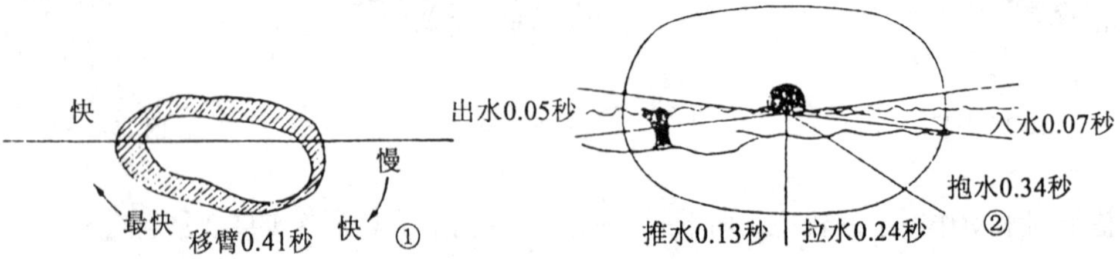

图 15-2-43

4. 两臂的配合技术

爬泳两臂的正确配合是前进速度均匀性的重要条件之一，划水时，依照两臂所处的位置不同，可以分为三种交叉形式，即前交叉、中交叉、后交叉。

（1）前交叉配合：一臂入水时，另一臂处于肩前方。与水平面构成30°左右的角（图 15-2-44）。

（2）中交叉配合：当一臂入水时，另一臂处于肩下垂直部位，与水平面构成90°左右的角（图 15-2-45）。

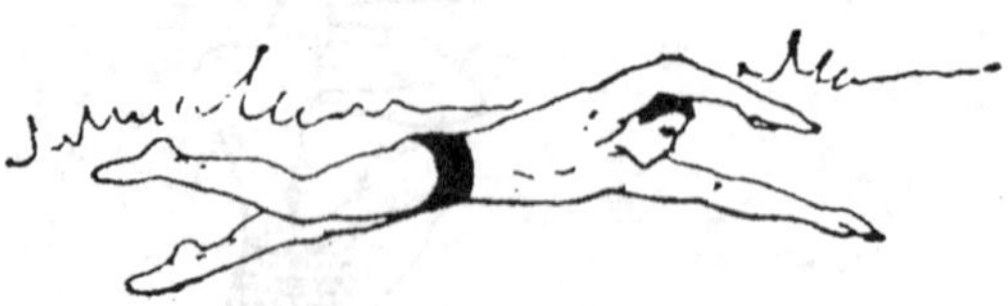

图 15-2-44

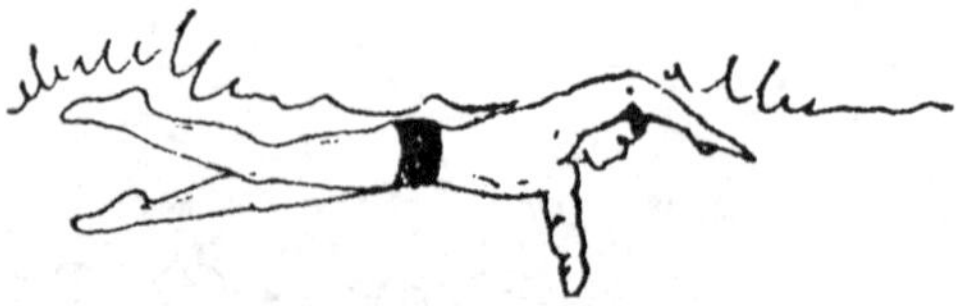

图 15-2-45

（3）后交叉配合：当一臂入水时，另一臂划水至腹部下方，与水平面成150°左右的角（图 15-2-46）。

以上三种配合形式都有其各自的特点，对初学者来说，可以采用第一种形式，以便掌握爬泳动作和呼吸动作。采用第二种和第三种形式，有利于发挥两臂的力量，提高动作频率，加快速度，保持连续的推进力。

5. 呼吸与臂的配合

游爬泳时，呼吸动作应有节奏地进行，一般是在两臂各划一次做一次呼吸。以右臂动作为例，右手入水后，口鼻开始逐渐呼气，在水中呼气的结束部分，呼气速度加快。同时逐渐向右转头，右臂划水结束提肘出水时，嘴出水把剩余的气快速呼出。这样能把嘴唇边的水吹开，以便立即吸气（图 15-2-47）。右臂出水前移至肩前时吸气结束，然后闭气并将头转正，右臂随之前移入水。

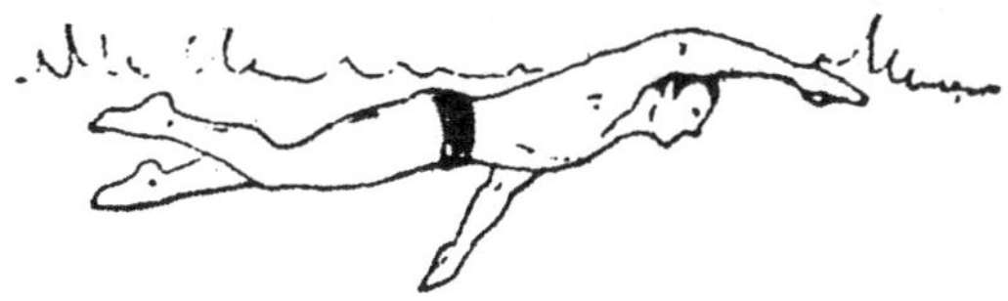

图 15-2-46

图 15-2-47

6. 腿、臂和呼吸完整动作配合

完整的配合技术，是运动员匀速地、不间断地向前游进的保证。目前爬泳的配合动作中有两腿打水 6 次，两臂划水各 1 次，呼吸 1 次，简称 6：2：1 的配合技术；两腿打水 4 次，两臂划水各 1 次，呼吸 1 次，简称 4：2：1 的配合技术；两腿各打水 1 次，两臂各划水 1 次，呼吸 1 次，简称 2：2：1 的配合技术。另外还有采用不规则打水，交叉打水等多种形式的配合技术。爬泳完整动作如图 15-2-48。

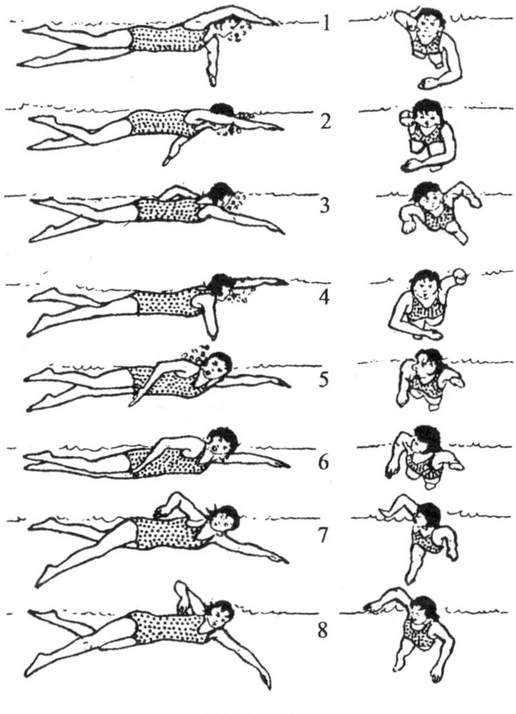

图 15-2-48

爬泳的各种配合方法各有其优缺点，6 次打腿配合技术，能保证配合的稳定性，保持臂、腿协调配合和保持身体的平衡，适用于短距离项目；4 次打腿配合技术可以减少腿的负担量；2 次打腿配合技术有利于发挥两臂的作用，加快臂的动作频率。4 次打腿和 2 次打腿技术在中长距离项目中多见。

（二）爬泳的教学

爬泳动作接近人们在陆上的行走动作，臂、腿动作较简单易学。掌握爬泳后，可为学习仰泳、蝶泳打下基础。所以往往先教爬泳。爬泳的教学一般采用分解教学法，先教腿后教臂和呼吸，再教配合动作。两腿鞭状动作是基础，两臂划水是主要动力，呼吸动作是关键。

1. 腿部动作教学

目的是建立打腿概念，学习、体会动作过程。其练习方法与步骤如下：

（1）陆上模仿练习

①坐池边或岸边，两手后撑（图 15-2-49）。眼看稍内旋的两腿动作，做直腿打水练习。

图 15-2-49

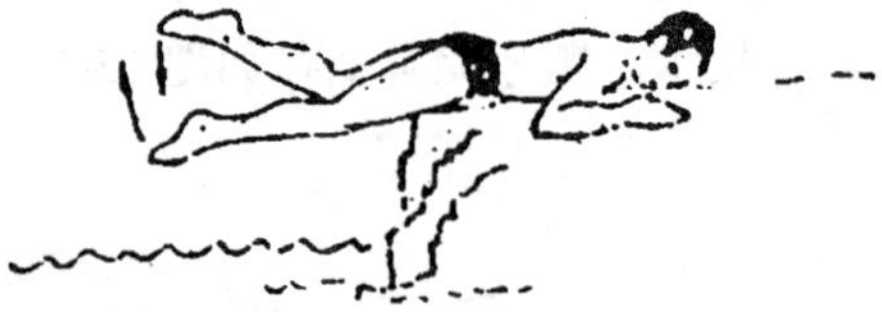

图 15-2-50

②俯卧池边或岸边，做两髋展开、大腿带动小腿的打水动作练习（图 15-2-50）。

（2）水中练习

①手握池槽或撑池底，成俯卧水平姿势，做直腿打水练习（图 15-2-51）。

图 15-2-51

②蹬边滑行，先直腿打水，再逐步过渡到膝、踝关节适度放松弯曲的鞭状打水（图 15-2-52）。

教法提示：

（1）爬泳腿教学的重点是以髋为轴，教学的难点是大腿带动小腿交替协调的鞭状动作。

（2）教直腿打水有助于体会大腿带动小腿的动作，展髋、踝关节放松。不要急于过

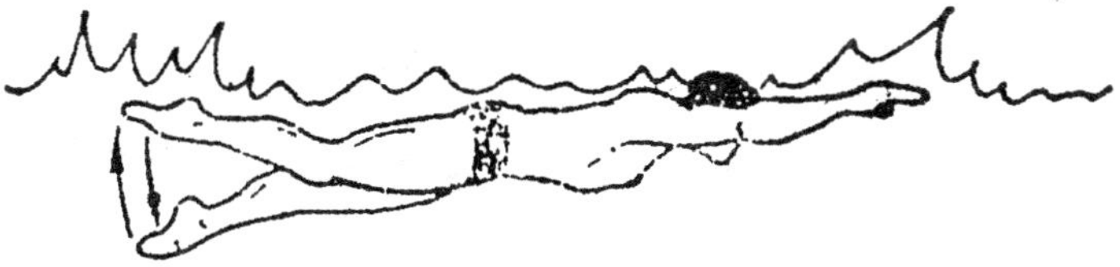

图 15-2-52

渡到屈腿打水。

(3) 爬泳打腿练习枯燥易累，宜多变换方式和方法。如陆上坐、卧交替，扶边打水快、慢交替。滑行打水可单、双臂在前与双臂在后交替练习。随打水距离增长，要与呼吸结合。

2. 手臂动作和手臂与呼吸配合动作的教学

目的是学习体会动作过程，建立划水（抱水、拉水、推水）、移臂的正确概念。其练习方法与步骤如下：

(1) 陆上模仿练习

①原地两脚开立，上体前倾做直臂划水模仿练习。重点体会空中移臂动作和臂入水动作，先单臂练，后两臂交替练习（图 15-2-53）。

图 15-2-53

②同上练习，要求曲臂划水，着重体会划水路线。除划水阶段用力外，其他动作放松。移臂时肘高于手。

③呼吸练习。两脚开立，上体前倾，两手扶膝。做向侧转头吸气练习（图 15-2-54）。

④同练习②，配合呼吸练习，在同侧臂开始划水时呼气，推水时转头吸气（图 15-2-55）。

(2) 水中练习

①站立浅水中，做同陆上练习①的内容。

②站立浅水中，做同陆上练习④的内容。向侧转头吸气。

③同上练习，由原地过渡到走动做。要求划水适当用力，手掌对水，推水时掌心向后。

④蹬边滑行，做两臂配合的划水动作可下肢夹板，帮助身体平衡。先闭气，然后逐步增加呼吸次数。

图 15-2-54

图 15-2-55

教法提示：

（1）手臂动作的教学重点是曲臂高肘划水和臂与呼吸的配合时机。教学的难点是呼吸和呼吸动作。

（2）强调划水时保持高肘，使掌心和小臂内侧对水外，还应注意空中移臂、臂入水和抱水时，肘要保持较高的位置，为曲臂高肘划水创造条件。

（3）臂与呼吸的配合动作应强调臂领先，强调呼吸节奏，呼尽吸足。吸气转头应绕纵轴转头，不要抬头和向后吸气。

（4）爬泳臂的各部动作连贯性与节奏性较强，不宜过多地分解动作，并做较长时间的分解练习。开始可按三拍（入水、划水、移臂）进行，最后必须连贯成一拍进行。

3. 完整配合动作教学

目的是学习、体会完整配合的节奏、时机及要求。其练习方法与步骤如下：

（1）陆上模仿练习

①俯卧凳上做臂、腿配合模仿练习。

②同上练习，加呼吸动作配合。

（2）水中练习

①滑行打腿，一臂前伸，另一臂划水。

②滑行打腿，配合两臂分解划水练习。

③滑行打腿，两臂用前交叉或中交叉配合轮流划水练习。

④同上练习，由划臂数次、呼吸一次，逐步过渡到两臂各划一次、呼吸一次练习（图 15-2-56）。

⑤逐渐加长游距，在练习中改进动作。

图 15-2-56

教法提示：

（1）各种配合练习，要强调不停地打腿。首先抓好臂、腿配合，再加呼吸配合（但不宜过早强调呼吸，以免影响臂、腿配合质量）。

（2）完整配合游时，教学重点是臂、腿配合，教学难点是呼吸动作，不一定非要六次腿配合。只要臂、腿配合协调，划臂和呼吸时腿不停顿地打水即可。

4. 爬泳教学中常见错误动作及纠正方法（表15-2-2）

表15-2-2　**爬泳教学与练习中常见错误动作及纠正方法**

部位	常见错误	原　因	纠正方法
腿部	小腿打水	1. 动作要领不清。 2. 屈膝太大。	1. 明确动作要领。 2. 先用直腿打水，以体会大腿带动小腿打水。
	屈髋打水	躯干没充分展开或收腰。	1. 多做陆上模仿练习，注意大腿上抬或用直腿打水。 2. 水中练习要展髋，打腿时大腿上摆。
	勾脚打水	踝关节灵活性差。	1. 要求绷直脚尖打水。 2. 多做踝关节灵活性练习。
臂部	臂入水后向下压水	1. 直臂入水。 2. 过早用力划水。	1. 入水时手指先入水，此时肘高于手。 2. 入水后臂向前下方伸，抓到水后再划水。
	手在肩外侧划水和划水路线短	1. 手入水点偏外侧，并向外侧划水。 2. 没有推水动作。	1. 强调曲臂，手沿身体中线做“S”形划水或要求在肩前入水，划水时向腹下，抱向同侧大腿处推水。 2. 可用矫枉过正法，要求在身体中线处入水，超过中线向后划水，划水结束时手触同侧大腿。
	划水结束时，身体下沉和手出水困难	划水结束时，掌心向上，没有向后推水。	要求划水后程以掌心向后推水，利用惯性提肘带动臂出水前移。
完整配合	配合不协调	1. 动作过分紧张。 2. 下肢沉或呼吸无节奏。	1. 放松慢游，逐渐增加游程。 2. 多次打水和呼吸。
	抬头吸气	1. 动作概念不清。 2. 怕呛、喝水，不敢抬头。	1. 明确转头吸气。 2. 吸气时，可绕纵轴转动，转头时作“咬肩”动作。
	吸不进气	不会呼吸或不会在水中吐气。	1. 在水中做呼吸的基本动作。 2. 强调水中吐气。 3. 掌握转头吸气的时机，口将出水时猛吐、深吸气。

第十六章　武　　术

第一节　武术运动概述

武术是以技击动作为主要内容，以套路和格斗为运动形式，注重内外皆修的中国传统体育项目。它具有悠久的历史和广泛的群众基础，是中华民族在长期的实践中逐步积累和丰富起来的一项宝贵的文化遗产。

武术的内容丰富多彩，按其运动形式可分为两大类：套路运动和格斗运动。

（一）套路运动

套路运动是武术动作以攻守进退、动静疾徐、刚柔虚实等矛盾运动的规律编成的整套练习形式。主要内容包括拳术、器械、对练、集体表演。

（1）拳术。拳术是徒手练习的套路运动。它的种类很多，主要有长拳、太极拳、南拳、行意拳、八卦掌、通背拳、象形拳等。

（2）器械。器械的种类很多，分为长器械、短器械、双器械、软器械。刀、枪、剑、棍是长短器械的代表。目前在武术竞赛中，刀、枪、剑、棍也是重点竞赛项目。

（3）对练。对练是在单练基础上，两人或两人以上，在预定的条件下进行的攻防的假设性实战练习。其中包括徒手对练、器械对练、徒手与器械的对练。

（4）集体表演。集体表演是六人以上的徒手或器械集体演练，可变换队形与图案，可采用音乐伴奏，要求队形整齐，动作协调一致。

（二）格斗运动

格斗运动是两人在一定条件下按照一定的规则进行斗智较力的对抗练习形式。它包括散手、推手、短兵三项，目前正在开展的有散手、推手两项。

（1）散手。散手是两人按照一定的规则使用踢、打、摔、拿等方法制胜对方的竞技项目。

（2）推手。推手是两人遵照一定的规则，使用挤、按、采、扳、靠等手法，双方粘连黏随，通过肌肉的感觉来判断对方的用劲，然后借力发力将对方推出，以此决定胜负的竞技项目。

（3）短兵。短兵是两人手持一种用藤、皮、棉制作的短棒似的器械，在533cm直径的圆形场地内，按照一定的规则，使用劈、砍、刺、崩、点、斩等方法决胜负的竞技项目。

第二节　初级长拳（第三路）

一、初级长拳的基本特点

长拳是一种姿势舒展大方，动作灵活快速，蹿蹦跳跃、闪展腾挪、起伏转折、勇猛有力、节奏鲜明、动作流畅、一气呵成的武术套路。长拳的种类不同，又各有其不同的技术特点和运动风格，如初级长拳第三路，不仅动作幅度、关节的活动范围较大，内容结构较为复杂，不仅有利于发展和提高肌肉的弹性、收缩力和关节的灵活性、柔韧性；而且有利于促进、发展和提高心、肺系统和中枢神经系统等各器官系统的机能，全面发展身体素质。长拳第三路以踢打基本技击动作为中心，一招一式都含有攻防的意义，如第 1 节中的两次“弓步冲拳”，均有格挡的配合，“大跃步前穿”接“弓步击掌”中有挂、铲、搂、击的配合，第 2 节中的“马步击掌”、“马步盘肘”与搂手的配合等，均有攻有防，攻防结合。第 3、4 节从“弓步劈拳”接“换跳步马步冲拳”，直到“虚步挑拳”、“弓步顶肘”等一系列“拳打、脚踢”的技击方法更为紧凑、鲜明，武术特点尤为突出，有利于培养人们勇敢顽强、坚忍不拔的意志品质和良好的攻防意识。

二、动作名称

（一）预备动作

1. 预备势　2. 虚步亮掌　3. 并步对拳

（二）第一段

1. 弓步冲拳　2. 弹腿冲拳　3. 马步冲拳　4. 弓步冲拳
5. 弹腿冲拳　6. 大跃步前穿　7. 弓步击掌　8. 马步架掌

（三）第二段

1. 虚步栽拳　2. 提膝穿掌　3. 仆步穿掌　4. 虚步挑掌
5. 马步击掌　6. 叉步双摆掌　7. 弓步击掌　8. 转身踢腿马步盘肘

（四）第三段

1. 歇步抡砸拳　2. 仆步亮掌　3. 弓步劈拳　4. 换跳步弓步冲拳
5. 马步冲拳　6. 弓步下冲拳　7. 叉步亮掌侧踹腿　8. 虚步挑拳

（五）第四段

1. 弓步顶肘　2. 转身左拍脚　3. 右拍脚　4. 腾空飞脚
5. 歇步下冲拳　6. 仆步抡劈拳　7. 提膝挑掌　8. 提膝劈掌弓步冲拳

（六）结束动作

1. 虚步亮掌　2. 并步对拳　3. 还原

三、动作说明及图解

（一）预备动作

1. 预备势

两脚并步站立，两臂垂于身体两侧，五指并拢贴靠腿外侧。眼向前平视（图 16-2-1）。

要点：头要端正，颏微收，挺胸，塌腰，收腹。

2. 虚步亮掌

（1）右脚向右后方撤步成左弓步。右掌向右、向上、向前划弧，掌心向上；左臂屈肘，左掌提至腰侧，掌心向上。目视右掌（图 16-2-2）。

（2）右腿微屈，重心后移。左掌经胸前从右臂上向前穿出伸直；右臂屈肘，右掌收至腰侧，掌心向上。目视左掌（图 16-2-3）。

（3）重心继续后移，左脚稍向右移，脚尖点地，成左虚步。左臂内旋向左、向后划弧成勾手，勾尖向上；右手继续向后、向右、向前上划弧，屈肘抖腕，在头前上方成亮掌（即横掌），掌心向前，掌指向左。目视左方（图 16-2-4）。

图 16-2-1

图 16-2-2

图 16-2-3

图 16-2-4

要点：三个动作必须连贯。成虚步时，重心落于右腿上，右大腿与地面平行。左腿微屈，脚尖点地，勾手、亮掌、甩头三者同时完成。

3. 并步对拳

（1）右腿蹬直，左腿提膝，脚尖里扣，上肢姿势不变（图 16-2-5）。

（2）左脚向前落步，重心前移。左臂屈肘，左勾手变掌经左侧前伸；右臂外旋向前下落于左掌右侧，两掌同高，掌心均向上（图 16-2-6）。

（3）右脚向前上一步，两臂下垂后摆（图 16-2-7）。

（4）左脚向右脚并步，两臂向外向上经胸前屈肘下按，两掌变拳，拳心向下，停于小腹前。目视左侧（图 16-2-8）。

要点：并步后挺胸、塌腰。对拳、并步、转头要同时完成。

图 16-2-5

图 16-2-6

图 16-2-7

图 16-2-8

（二）第一段

1. 弓步冲拳

（1）左脚向左上一步，脚尖向斜前方；右腿微屈，成半马步。左臂向上向左格打。拳眼向后，拳与肩同高；右拳收至腰侧，拳心向上。目视左拳（图 16-2-9）。

（2）右腿蹬直成左弓步。左拳收至腰侧。拳心向上；右拳向前冲出。高与肩平，拳眼向上。目视右拳（图 16-2-10）。

要点：成弓步时，右腿充分蹬直，脚跟不要离地。冲拳时，尽量转腰顺肩。

2. 弹腿冲拳

重心前移至左腿，右腿屈膝提起，脚面绷直，猛力向前弹出伸直，高与腰平。右拳收至腰侧；左拳向前冲出。目视前方（图 16-2-11）。

要点：支撑腿可微屈，弹出的腿要有爆发力，力点达于脚尖。

3. 马步冲拳

右脚向前落步。脚尖里扣，上体左转。左拳收至腰侧，两腿下蹲成马步；右拳向前冲出。目视右拳（图 16-2-12）。

图 16-2-9

图 16-2-10

图 16-2-11

图 16-2-12

要点：成马步时，大腿要平拳心向下，两眼平视，脚跟外蹬，挺胸、塌腰。

4. 弓步冲拳

（1）上体右转 90°，右脚尖外展向右前方，成半马步。右臂屈肘向右格打，拳眼斜向后。目视右拳（图 16-2-13）。

（2）左腿蹬直成右弓步。右拳收至腰侧；左拳向前冲出。目视左拳（图 16-2-14）。

要点：与本段的弓步冲拳相同，唯左右相反。

5. 弹腿冲拳

重心前移至右脚，左腿屈膝提起，脚面绷直，猛力向前弹出伸直，高与腰平。左拳收至腰侧，右拳向前冲出。目视前方（图 16-2-15）。

要点：与本段的弹腿冲拳相同。

图 16-2-13

图 16-2-14

图 16-2-15

6. 大跃步前穿

（1）左腿屈膝。右拳变掌内旋，以手背向下挂至左膝外侧，上体前倾。目视右手（图 16-2-16）。

（2）左脚向前落步，两腿微屈。右掌继续向后挂，左拳变掌，向后向下伸直。目视右掌（图 16-2-17）。

（3）右腿屈膝向前提起，左腿立即猛力踏地向前跃出。两掌向前向上划弧摆起。目视左掌（图 16-2-18）

（4）右腿落地全蹲，左腿随即落地向前铲出成仆步。右掌变拳抱于腰侧，左掌由上向右向下划弧成立掌，停于右胸前。目视左脚（图 16-2-19）。

要点：跃步要远，落地要轻，落地后立即接做下一个动作。

图 16-2-16

图 16-2-17

图 16-2-18

图 16-2-19

7. 弓步击掌

右腿猛力蹬直成左弓步。左掌经左脚面向后划弧至身后成勾手，左臂伸直，勾尖向上；右拳由腰侧变掌向前推出，掌指向上，掌外侧向前，目视右掌（图 16-2-20）。

8. 马步架掌

（1）重心移至两腿中间，左脚脚尖里扣成马步，上体右转。右臂向左侧平摆，稍屈肘；同时左勾手变掌由后经左腰侧从右臂内向前上穿出，掌心均朝上。目视左手（图 16-2-21）。

（2）右掌立于左胸前，左臂向左上屈肘抖腕亮掌于头部左上方，掌心向前。目右转视（图 16-2-22）。

要点：马步同前。

图 16-2-20

图 16-2-21

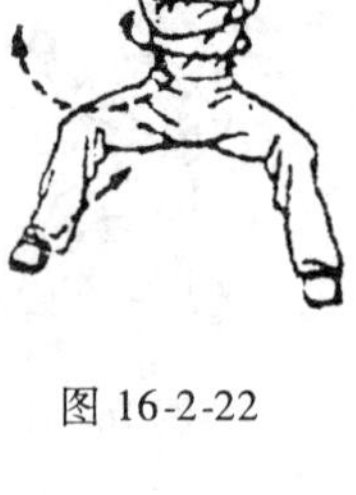

图 16-2-22

（三）第二段

1. 虚步栽拳

（1）右脚蹬地，屈膝提起；左腿伸直，以前脚掌为轴向右后转体 180°。右掌由左胸前向下经右腿外侧向后划弧成勾手；左臂随体转动并外旋，使掌心朝右。目视右手（图 16-2-23）。

（2）右脚向右落地，重心移至右腿上，下蹲成左虚步。左掌变拳下落于左膝上，拳眼向里，拳心向后；右勾手变拳，屈肘向上架于头右上方，拳心向前。目视左方（图 16-2-24）。

2. 提膝穿掌

（1）右腿稍伸直。右拳变掌收至腰侧、掌心向上；左拳变掌由下向左向上划弧盖压于头上方，掌心向前（图 16-2-25）。

（2）右腿蹬直，左腿屈膝提起，脚尖内扣。右掌从腰侧经左臂内向右前上方穿出，掌心向上；左掌收至右胸前成立掌。目视右掌（图 16-2-26）。

要点：支撑腿与右臂充分伸直。

图 16-2-23

图 16-2-24

图 16-2-25

图 16-2-26

3. 仆步穿掌

右腿全蹲，左腿向左后方铲出成左仆步。右臂不动，左掌由右胸前向下经左腿内侧，向左脚面穿出。目随左掌转视（图 16-2-27）。

4. 虚步挑掌

（1）右腿蹬直，重心前移至左腿，成左弓步。右掌稍下降，左掌随重心前移向前挑起（图 16-2-28）。

（2）右脚向左前方上步，左腿半蹲，成右虚步。身体随上步左转 180°。在右脚上步的同时，左掌由前向上向后划弧成立掌，右掌由后向下向前上挑起成立掌，指尖与眼平。目视右掌（图 16-2-29）。

要点：上步要快，虚步要稳，左掌略高于右掌。

图 16-2-27

图 16-2-28

图 16-2-29

5. 马步击掌

（1）右脚落实，脚尖外撇，重心稍升高并右移，左掌变拳收至腰侧；右掌俯掌向外掳手（图 16-2-30）。

（2）左脚向前上一步，以右脚为轴向右后转体 180°，两腿下蹲成马步。左拳从右臂上成立掌向左侧击出；右掌变拳收至腰侧，目视左掌（图 16-2-31）。

要点：右手做掳手时，先使臂稍内旋、腕伸直，手掌向下向外转，接着臂外旋，掌心经下向上翻转，同时抓握成拳。收拳和击掌动作要同时进行。

6. 叉步双摆掌

（1）重心稍右移，同时两掌向下向右摆，掌指均向上。目视右掌（图 16-2-32）。

（2）右脚向左腿后插步，前脚掌着地。两臂继续由右向上向左摆，停于身体左侧，均成立掌，右掌停于肘窝处。目随双掌转视（图 16-2-33）。

要点：两臂要划立圆，幅度要大，摆掌与后插步配合一致。

图 16-2-30

图 16-2-31

图 16-2-32

图 16-2-33

7. 弓步击掌

（1）两腿不动。左掌收至腰侧，掌心向上。右掌向上向右划弧，掌心向下（图 16-2-34）。

（2）左腿后撤一步，成右弓步。右掌向下向后伸直摆动，成勾手，勾尖向上；左掌成立掌向前推出。目视左掌（图 16-2-35）。

8. 转身踢腿马步盘肘

（1）两脚以前脚掌为轴向左后转体 180°。在转体同时，左臂向上向前划半立圆，右臂向下向后划半立圆（图 16-2-36）。

图 16-2-34

图 16-2-35

图 16-2-36

（2）上动不停，两脚不动，右臂由后向上向前划半立圆，左臂由前向下向后划半立圆（图 16-2-37）。

（3）上动不停，右臂向下成反臂勾手，勾尖向上。左臂向上成亮掌，掌心向前上方。右腿伸直，脚尖勾起，向额前踢（图 16-2-38）。

（4）右脚向前落地，脚尖里扣。右手不动，左臂屈肘下落至胸前，左掌心向下。目视左掌（图 16-2-39）。

（5）上体左转 90°，两腿下蹲成马步。同时左掌向前向左平掳变拳收至腰侧，右勾手变拳，右臂伸直，由体后向右向前平摆，至体前时屈肘，肘尖向前，高与肩平，拳心向下。目视肘尖（图 16-2-40）。

要点：两臂抡动时要划立圆，动作连贯。盘肘时要快速有力，右肩前倾。

图 16-2-37

图 16-2-38

图 16-2-39

图 16-2-40

（四）第三段

1. 歇步抡砸拳

（1）重心稍升高，右脚尖外撇。右臂由胸前向上向右抡直；左拳向下向左，使臂抡直。目视右拳（图 16-2-41）。

（2）上动不停，两脚以前脚掌为轴，向右后转体 180°。右臂向下向后抡摆，左臂向上向前随身体转动（图 16-2-42）。

（3）紧接上动，两腿全蹲成歇步。左臂随身体下蹲向下平砸，拳心向上，肘部微曲；右臂伸直向上举起。目视左拳（图 16-2-43）。

要点：抡臂动作要连贯完成，划成立圆。歇步要两腿交叉全蹲。左腿大、小腿靠紧，臀部贴于左小腿外侧，膝关节在右小腿外侧，脚跟提起；右脚尖外撇，全脚着地。

图 16-2-41

图 16-2-42

图 16-2-43

2. 仆步亮拳

（1）左脚由右腿后抽出前上一步，左腿蹬直，右腿半蹲，成右弓步。上体微向右转。左拳收至腰侧，右拳变掌向下经胸前向右横击掌。目视右掌（图 16-2-44）。

（2）右脚蹬地屈膝提起，上体右转。左拳变掌从右掌上向前穿出，掌心向上；右掌平收至左肘下（图 16-2-45）。

（3）右脚向右落步，屈膝全蹲，左腿伸直，成仆步。左掌向下向后划弧成勾手，勾尖向上；右掌向右向上划弧微曲，抖腕成亮掌，掌心向前。头随右手转动，至亮掌时，目视左方（图 16-2-46）。

要点：仆步时，左腿充分伸直，脚尖里扣，右腿全蹲，两脚脚掌全部着地。上体挺胸塌腰，稍左转。

图 16-2-44

图 16-2-45

图 16-2-46

3. 弓步劈拳

（1）右腿蹬地立起；左腿收回并向左前方上步。右掌变拳收至腰侧。左勾手变掌由下向前上经胸前向左做掳手（图 16-2-47）。

（2）右腿经左腿前方向左前上一步，左腿蹬直成右弓步。左手向左平掳后再向前挥摆，虎口朝前（图 16-2-48）。

（3）在左手平掳的同时，右拳向后平摆，然后再向前向上做抡劈拳，拳高与耳平，拳心向上，左掌外旋接扶右前臂。目视右拳（图 16-2-49）。

要点：左右脚上步稍带弧形。

图 16-2-47

图 16-2-48

图 16-2-49

4. 换跳步弓步冲拳

（1）重心后移，右脚稍向后移动。右拳变掌臂内旋以掌背向下划弧挂至右膝内侧；左掌背贴靠右肘外侧，掌指向前。目视右掌（图 16-2-50）。

（2）右腿自然上抬，上体稍向左扭转。右掌挂至体左侧，左掌伸向右腋下。目随右掌转视（图 16-2-51）。

（3）右脚以全脚掌用力向下震跺，与此同时，左脚急速离地抬起。右手由左向上向前掳盖，而后变拳收至腰侧；左掌伸直向下、向上、向前屈肘下按，掌心向下。上体右转，目视左掌（图 16-2-52）。

（4）左脚向前落步，右腿蹬直成左弓步。右拳向前冲出，拳高与肩平；左掌藏于右腋下，掌背贴靠腋窝、目视右拳（图 16-2-53）。

要点：换跳步动作要连贯、协调。震脚时腿要弯曲，全脚掌着地，左脚离地不要高。

图 16-2-50

图 16-2-51

图 16-2-52

图 16-2-53

5. 马步冲拳

上体右转 90°，重心移至两腿中间，成马步。右拳收至腰侧，左掌变拳向左冲出，拳眼向上。目视左拳（图 16-2-54）。

6. 弓步下冲拳

右脚蹬直，左腿弯曲，上体稍向左转，成左弓步。左拳变掌向下经体前向上架于头左上方，掌心向上，右拳自腰侧向左前斜下方冲出。目视右拳（图 16-2-55）。

图 16-2-54

图 16-2-55

7. 叉步亮掌侧踹腿

(1) 上体稍右转。左掌由头上下落于右手腕上，右拳变掌，两手交叉成十字。目视双手（图 16-2-56）。

(2) 右脚踏地并向左腿后插步，以前脚掌着地。左掌由体前向下向后划弧成勾手，勾尖向上；右掌由前向右向上划弧抖腕亮掌，掌心向前。目视左侧（图 16-2-57）。

(3) 重心移至右腿，左腿屈膝提起，向左上方猛力蹬出。上肢姿势不变，目视左侧（图 16-2-58）。

要点：插步时上体稍向右倾斜，腿、臂的动作要一致。侧踹高度不能低于腰，大腿内旋，着力点在脚跟。

图 16-2-56

图 16-2-57

图 16-2-58

8. 虚步挑拳

(1) 左脚在左侧落地。右掌变拳稍后移，左勾手变拳由体后向左上挑，拳背向上（图 16-2-59）。

(2) 上体左转 180°。微合胸前俯。左拳继续向前向上划弧上挑。右拳向下向前划弧挂至右膝外侧，同时右膝提起。目视右拳（图 16-2-60）。

(3) 右脚向左前方上步，脚尖点地，重心落于左脚。左腿下蹲成右虚步。左拳向后划弧收至腰侧。拳心向上；右拳向前屈臂挑出，拳眼斜向上，拳与肩同高。目视右拳（图 16-2-61）。

(五) 第四段

1. 弓步顶肘

(1) 重心升高，右脚踏实。右臂内旋向下直臂划弧以拳背下挂至右膝内侧，左拳不变。目视前下方（图 16-2-62）。

图 16-2-59

图 16-2-60

图 16-2-61

图 16-2-62

（2）左腿蹬直，右腿屈膝上抬。左拳变掌，右拳不变。两臂向前向上划弧摆起。目随右拳转视（图 16-2-63）。

（3）左脚蹬地起跳，身体腾空，两臂继续划弧至头上方（图 16-2-64）。

（4）右脚先落地，右腿屈膝，左脚向前落步，以前脚掌着地。同时两臂向右向下屈肘停于右胸前，右拳变掌，左掌变拳。右掌心贴靠左拳面（图 16-2-65）。

（5）左脚向左上一步，左腿屈膝，右腿蹬直成左弓步，右掌推左拳，以左肘尖向左顶出，高与肩平。目视前方（图 16-2-66）。

要点：交换步时不要过高，但要快。两臂抡摆时要成圆弧。

图 16-2-63

图 16-2-64

图 16-2-65

图 16-2-66

2. 转身左拍脚

（1）以两脚前脚掌为轴向右后转体 180°。随着转体，右臂向上向右向下划弧抡摆，同时左拳变掌向下向后向前上抡摆（图 16-2-67）。

（2）左腿伸直向前上踢起，脚面绷平，左掌变拳收至腰侧，右掌由体后向上向前拍击左脚面（图 16-2-68）。

要点：右掌拍脚时手掌稍横过来，拍脚要准而响亮。

3. 右拍脚

（1）左脚向前落地，左拳变掌向下向后摆，右掌变拳收至腰侧（图 16-2-69）。

（2）右腿伸直向前上踢起，脚面绷平。左拳变掌由后向上向前拍击右脚面（图 16-2-70）。

要点：与本段的转身左拍脚相同。

图 16-2-67

图 16-2-68

图 16-2-69

图 16-2-70

4. 腾空飞脚

（1）右脚落地（图 16-2-71）。

（2）左脚向前摆起，右脚猛力蹬地跳起，左腿屈膝继续前上摆。同时右拳变掌向前向上摆起，左掌先上摆而后下降拍击右掌背（图 16-2-72）。

（3）右腿继续上摆，脚面绷平。右手拍击右脚面，左掌由体前向后上举（图 16-2-73）。

要点：蹬地要向上，不要太向前冲，左膝尽量上提。击响要在腾空时完成，右臂伸直成水平。

图 16-2-71

图 16-2-72

图 16-2-73

5. 歇步下冲拳

（1）左、右脚先后相继落地。左掌变拳收至腰侧（图 16-2-74）。

（2）身体右转 90°，两腿全蹲成歇步。右掌抓握、外旋变拳收至腰侧；左拳由腰侧向前下方冲出，拳心向下。目视左拳（图 16-2-75）。

图 16-2-74

图 16-2-75

6. 仆步抡劈拳

（1）重心升高，右臂由腰侧向体后伸直，左臂随身体重心升高向上摆起（图 16-2-76）。

（2）以右脚前脚掌为轴，左腿屈膝提起，上体左转 270°。左拳由前向后下划立圆一周；右拳由后向下向前上划立圆一周（图 16-2-77）。

（3）左腿向后落一步，屈膝全蹲，右腿伸直，脚尖里扣成右仆步。右拳由上向下抡劈，拳眼向上；左拳后上举，拳眼向上。目视右拳（图 16-2-78）。

图 16-2-76

图 16-2-77

图 16-2-78

要点：抡臂时一定要划立圆。

7. 提膝挑掌

（1）重心前移成右弓步。同时右拳变掌由下向上抡摆，左拳变掌稍下落，右掌心向左，左掌心向右（图 16-2-79）。

（2）左、右臂在垂直面上由前向后各划立圆一周。右臂伸直停于头上，掌心向左，掌指向上；左臂伸直停于身后成反勾手。同时右腿屈膝提起，左腿挺膝伸直独立。目视前方（图 16-2-80）。

要点：抡臂时要划立圆。

图 16-2-79

图 16-2-80

8. 提膝劈掌弓步冲拳

（1）下肢不动。右掌由上向下猛劈伸直，停于右小腿内侧，用力点在小指一侧，左勾手变掌，屈臂向前停于右上臂内侧，掌心向左。目视右掌（图 16-2-81）。

（2）右脚向右后落地，身体右转 90°。同时左掌变拳收至腰侧，右臂内旋向右划弧做劈掌（图 16-2-82）。

（3）上动不停，左腿蹬直成右弓步。右手抓握变拳收至腰侧，左举由腰侧向左前方冲出。目视左拳（图 16-2-83）。

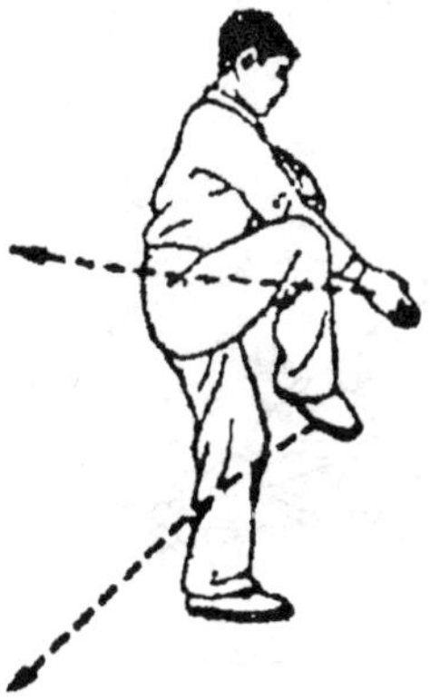
图 16-2-81

图 16-2-82

图 16-2-83

（六）结束动作

1. 虚步亮掌

右脚扣于左膝后，两拳变掌，两臂右上左下屈肘交叉于体左前。目视右掌（图 16-2-84）。

（1）右脚向右后落步，重心后移，右腿半蹲，上体稍右转。同时右掌向上、向右、向下划弧停于左腋下；左掌向左、向上划弧停于右臂上与左胸前。两掌心左下右上。目视左掌（图 16-2-85）。

（2）左脚尖稍向右移，右腿下蹲成左虚步。左臂伸直向左、向后划弧成反勾手；右臂伸直向下、向右、向上划弧抖腕亮掌，掌心向前。目视左方（图 16-2-86）。

图 16-2-84

图 16-2-85

图 16-2-86

2. 并步对拳

（1）左腿后撤一步，同时两掌从两腰侧向前穿出伸直，掌心向上（图 16-2-87）。

（2）右腿后撤一步，同时两臂分别向体后下摆（图 16-2-88）。

（3）左脚后退半步向右脚并拢。两臂由后向上经体前屈臂下按，两掌变拳，停于腹前，拳心向下，拳面相对。目视左方（图 16-2-89）。

3. 还原

两臂自然下垂，目视正前方（图 16-2-90）。

图 16-2-87

图 16-2-88

图 16-2-89

图 16-2-90

第三节 太极拳（二十四式）

一、套路简介

简化太极拳是在杨氏太极拳的基础上，删去了繁难和重复的动作，加以简化、改编的太极拳普及套路。

这套拳分为 8 组，包括“起势”、“收势”共 24 个动作，又称“二十四式”。动作结构和整个套路安排符合由简至繁、先易后难的原则。全套动作易学易懂，易于掌握，既不复杂，又能充分体现太极拳动作的柔和、缓慢、圆活、连贯的特点。练习者可进行整套练习，也可根据身体情况选择单式或分组练习。

练习太极拳时要求做到：全神贯注，上下相随，虚实分明，连贯圆活，速度均匀，动作运行路线处处带有弧形，如行云流水，连绵不断。

二、动作名称

第一组

（一）起势　（二）左右野马分鬃　（三）白鹤亮翅

第二组

（一）左右搂膝拗步　（二）手挥琵琶　（三）左右倒卷肱

第三组

（一）左揽雀尾　（二）右揽雀尾　（三）单鞭　（四）云手　（五）单鞭

第四组

（一）高探马　（二）右蹬脚　（三）双峰贯耳

第五组

（一）转身左蹬脚　（二）左下势独立　（三）右下势独立

第六组

（一）左右穿梭　（二）海底针　（三）闪通臂

第七组

（一）转身搬拦捶　（二）如封似闭　（三）十字手　（四）收势

三、动作说明

（一）第一组

1. 起势

动作要领：

（1）身体自然直立，两脚开立，与肩同宽，脚尖向前；两臂自然下垂，两手放在大腿外侧；眼向前平看（图 16-3-1）。

要点：头颈正直，下颏微收，不要故意挺胸或收腹。精神要集中。

（2）两臂慢慢向前平举，两手高与肩平，与肩同宽，手心向下（图 16-3-2、图 16-3-3）。

（3）两腿屈膝下蹲，上体保持正直；同时两掌轻轻下按，两肘下垂与两膝相对。眼平看前方（图 16-3-4）。

要点：两肩下沉，两肘松垂，手指自然微屈；屈膝松腰，臀部不可凸出，身体重心落于两腿中间。

2. 左右野马分鬃

（1）身体重心移至右腿上；同时右臂收在胸前平屈，手心向下，左手经体前向右下划弧放在右手下，手心向上，两手心相对成抱球状；左脚随即收到右脚内侧，脚尖点地。眼看右手（图 16-3-5、图 16-3-6）。

图 16-3-1

图 16-3-2

图 16-3-3

图 16-3-4

图 16-3-5

图 16-3-6

（2）上体微向左转，左脚向左前方迈出，右脚跟后蹬，右腿自然伸直，成左弓步。同时上体继续向左转，左、右手随转体慢慢分别向左上右下分开，左手高与眼平，手心斜向上；右手落在右胯旁，肘微屈，手心向下，指尖向前。眼看左手（图 16-3-7、图 16-3-8、图 16-3-9）。

（3）左脚蹬地左腿伸膝，上体慢慢后坐，身体重心移至右腿，左脚尖翘起，微向外撇（45°～60°）；随后脚掌慢慢踏实，左腿慢慢前弓，身体左转，重心再移至左腿。同时左手翻转向下，左臂收至胸前平屈，右手向左上划弧放在左手下，两手心相对成抱球状；右脚随即收到左脚内侧，脚尖点地。眼看左手（图 16-3-10、图 16-3-11、图 16-3-12）。

图 16-3-7

图 16-3-8

图 16-3-9

图 16-3-10

图 16-3-11

图 16-3-12

（4）右脚向右前方迈出，左腿自然伸进，成右弓步。同时上体右转，左、右手随转体分别慢慢向下右上分开，右手高于眼平，手心斜向上；左手落在左胯旁，肘微屈，手心向下，指尖向前。眼看右手（图 16-3-13、图 16-3-14）。

（5）与（4）同，只是左右相反（图 16-3-15、图 16-3-16、图 16-3-17）。

图 16-3-13

图 16-3-14

图 16-3-15

图 16-3-16

图 16-3-17

（6）与（4）同，只是左右相反（图 16-3-18、图 16-3-19）。

要点：上体不可前俯后仰，胸部必须宽松、舒展。两臂分开时要保持弧形。身体转动时要以腰为轴，弓步动作与分手的速度要均匀一致。

做弓步时，迈出的脚先是脚跟着地，然后脚掌慢慢踏实，脚尖向前，膝盖不要超过脚尖；后腿自然伸直、前、后脚尖夹角成 45°～60°（需要时后脚跟可以后蹬调整）。做野马分鬃式弓步时，前后脚的脚跟要分在中轴线两侧，它们之间的横向距离应该保持在 10～30 厘米。

3. 白鹤亮翅

（1）上体微向左转，左手翻掌向下，左臂平屈胸前，右手向左上划弧，手心转向上，与左手成抱球状。眼看左手（图 16-3-20）。

（2）右脚跟进半步，上体后坐，身体重心移至右腿，上体先向右转，面向右前方，眼看右手；然后左脚稍向前移，脚尖点地，成左虚步。同时上体再微向左转，面向前方，两手随身体慢慢向右上左下分开，右手上提于右额前，手心向左后方；左手落于左胯前，手心向下，指尖向前。眼平看前方（图 16-3-21、图 16-3-22）。

图 16-3-18

图 16-3-19

图 16-3-20

图 16-3-21

图 16-3-22

要点：定势胸部不要挺出，两臂上下都要保持半圆形，左膝要微屈。身体重心后移和右手上提，左手下按要协调一致。

（二）第二组

1. 左右搂膝拗步

（1）右手从体前下落，由下向后上方划弧至右肩外侧，手与耳同高，手心斜向上；左手由左下向上、向右下方划弧至右胸前，手心斜向下。同时上体先微向左再向右转，左脚收至右脚内侧，脚尖点地。眼看右手（图 16-3-23、图 16-3-24、图 16-3-25）。

（2）上体左转，左脚向前（偏左）迈出成左弓步。同时右手屈回经耳侧向前推出，高与鼻尖平；左手向下由左膝前搂过落于左胯旁，指尖向前。眼看右手手指（图 16-3-26、图 16-3-27）。

图 16-3-23

图 16-3-24

图 16-3-25

图 16-3-26

图 16-3-27

（3）右腿慢慢屈膝，上体后坐，身体重心移至右腿；左脚尖翘起微向外撇，随后脚掌慢慢踏实，左腿前弓，身体左转，身体重心移至左腿，右腿收到左脚内侧，脚尖点地。同时左手向外，掌由左后向上划弧至左肩外侧，肘微屈，手与耳同高，手心斜向上；右手随转体向上、向左下划弧落于左胸前，手心斜向上。眼看左手（图 16-3-28、图 16-3-29、图 16-3-30）。

（4）与（2）同，只是左右相反（图 16-3-31、图 16-3-32）。

（5）与（3）同，只是左右相反（图 16-3-33、图 16-3-34、图 16-3-35）。

（6）与（2）同（图 16-3-36、图 16-3-37）。

图 16-3-28

图 16-3-29

图 16-3-30

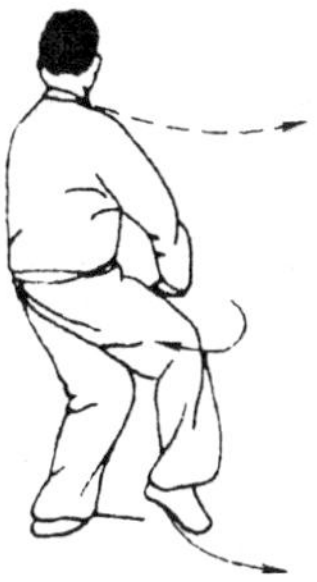
图 16-3-31

图 16-3-32

要点：前手推出时，身体不可前俯后仰，要松腰、松胯。推掌时要沉肩垂肘、坐腕舒掌，同时须与松腰、弓腿上下协调一致。搂膝拗步成弓步时，两脚跟的横向距离保持在30厘米左右。

图 16-3-33

图 16-3-34

图 16-3-35

图 16-3-36

图 16-3-37

2. 手挥琵琶

右脚跟进半步，上体后坐，身体重心转至右腿上；上体半面向右转，左脚略提起稍向前移，脚跟着地，脚尖翘起，膝部微屈，成左虚步。同时左手由左下向上挑举，高与鼻尖平，掌心向右，肘微向右屈；右手收回放在左臂肘部里侧，掌心向左。眼看左手食指（图 16-3-38、图 16-3-39、图 16-3-40）。

要点：身体要平稳自然，沉肩垂肘，胸部放松。左手上起时不要直向上挑，要由左向上、向前，微带弧形。右脚跟进时，脚掌先着地，再全脚踏实。身体重心后移和左手上起、右手回收要协调一致。

3. 左右倒卷肱

（1）上体右转，右手翻掌（手心向上）经腹前由下向后上方划弧平举，肘微屈，左手随即翻掌向上；眼的视线随着向右转体先向右看，再转向前方看左手（图 16-3-41、图 16-3-42）。

（2）右臂屈肘折向前，右手经耳侧向前推出，手心向前；左臂屈肘后撤，手心向上，撤至左肋外侧。同时左腿轻轻提起向后（偏左）退一步，脚掌先着地，然后全脚慢慢踏实，身体重心移到左腿上，成右虚步；右脚随转体以脚掌为轴扭正。眼看右手（图 16-3-43、图 16-3-44）。

图 16-3-38

图 16-3-39

图 16-3-40

图 16-3-41

图 16-3-42

（3）上体微向左转，同时左手随转体向后上方划弧平举，手心向上，右手随即翻掌，掌心向上；眼随转体先向左看，再转向前方看右手（图 16-3-45）。

（4）与（2）同，只是左右相反（图 16-3-46、图 16-3-47）。

图 16-3-43

图 16-3-44

图 16-3-45

图 16-3-46

图 16-3-47

（5）与（3）同，只是左右相反（图 16-3-48）。

（6）与（2）同（图 16-3-49、图 16-3-50）。

（7）与（3）同（图 16-3-51）。

（8）与（2）同，只是左右相反（图 16-3-52、图 16-3-53）。

图 16-3-48

图 16-3-49

图 16-3-50

图 16-3-51

图 16-3-52

图 16-3-53

要点：前推的手臂不要伸直，后撤的手臂也不可直向回抽，随转体仍走弧线。前推时，要转腰松胯，两手的速度要一致，避免僵硬。退步时，脚掌先着地，再慢慢全脚踏实，同时，前脚随转体以脚掌为轴扭正。退左脚略向左斜后，退右脚略向右斜后，避免使两脚落在一条直线上。后退时，眼神随转体动作先向左、右手看，然后再转看前手，最后退右脚时，脚尖外撇的角度略大些，便于接做“左揽雀尾”的动作。

（三）第三组

1. 左揽雀尾

（1）上体微向右转，同时右手随转体向后上方划弧平举，手心向上，左手放松，手心向下。眼看左手（图 16-3-54）。

（2）上体继续右转，左手自然下落逐渐翻掌经腹前划弧至右肋前，手心向上，右臂屈肘，手心转向下，收至右胸前，两手相对成抱球状；同时身体重心落在右腿上，左腿收到右脚内侧，腿尖点地。眼看右手（图 16-3-55、图 16-3-56）。

（3）上体微向左转，左脚向左前方迈出，上体继续向左转，右腿自然蹬直，左腿屈膝，成左弓步。同时左臂向左前方捧出（即左臂平屈成弓形，用前外侧和手背向前方推出），高与肩平，手心向后；右手向右下落放于胯旁，手心向下，指尖向前。眼看左前臂（图 16-3-57、图 16-3-58）。

要点：捧出时，两臂前后均保持弧形，分手、松腰、弓腿三者必须协调一致；下捋时，下体不可前倾，臀下捋须随腰旋转，仍走弧线，左脚全脚掌着地。

图 16-3-54

图 16-3-55

图 16-3-56

图 16-3-57

图 16-3-58

（4）身体微向左转，左手随即前伸翻掌向下；右手翻掌向上，经腹前向下，经腹前向上、向前伸至左前臂下方；然后两手下捋，即上体向右转，两手经腹前向右后上方划弧，直至右手手心向上，高与肩齐，左臂平屈于胸前，手心向后；同时身体重心移至右腿；眼看右手（图 16-3-59、图 16-3-60）。

（5）上体微向左转，右臂屈肘折回，右手扶于左手腕里侧（相距约 5 厘米）；上体继续向左转，双手及左前臂同时向前慢慢挤出，右手心向后，左手心向前，左前臂要保持半圆；同时身体重心逐渐前移变成左弓步；眼看左手腕部（图 16-3-61、图 16-3-62）。

要点：向前挤时，上体要正直。挤的动作要与松腰、弓腿相一致。

（6）左手翻掌，手心向下，右手经左腕上方向前、向右伸出，高与左手齐，手心向下，两手左右分开，宽与肩同；然后右腿屈膝，上体慢慢后坐，身体重心移至右腿上，左脚向上翘起；同时两手屈肘回收至腹前，手心均向前下方，眼向前平看（图 16-3-63、图 16-3-64、图 16-3-65）。

（7）上势不停，身体重心慢慢前移，同时两手向前，向上按出，掌心向前，左腿前弓成左弓步；眼平看前方（图 16-3-66）。

要点：向前按时，两手须走曲线，手腕部高与肩平，两肘微屈。

图 16-3-59

图 16-3-60

图 16-3-61

图 16-3-62

图 16-3-63

2. 右揽雀尾

（1）上体后坐并向右转，身体重心移至右腿，左脚尖里扣。右手向右平行划弧至右侧，然后由右下经腹前向左上划弧至左肋前，手心向上；左臂平屈胸前，左手掌向下与右手成抱球状；同时身体重心再移至左脚内侧，脚尖点地。眼看左手（图 16-3-67、图 16-3-68、图 16-3-69、图 16-3-70）。

图 16-3-64

图 16-3-65

图 16-3-66

图 16-3-67

图 16-3-68

（2）同“左揽雀尾”（3），只是左右相反（图 16-3-71、图 16-3-72）。

（3）同“左揽雀尾”（4），只是左右相反（图 16-3-73、图 16-3-74）。

图 16-3-69

图 16-3-70

图 16-3-71

图 16-3-72

图 16-3-73

（4）同“左揽雀尾”（5），只是左右相反（图 16-3-75、图 16-3-76）。

（5）同“左揽雀尾”（6），只是左右相反（图 16-3-77、图 16-3-78、图 16-3-79）。

（6）同“左揽雀尾”（7），只是左右相反（图 16-3-80）。

要点：均与“左揽雀尾”相同，只是左右相反。

3. 单鞭

图 16-3-74

图 16-3-75

图 16-3-76

图 16-3-77

图 16-3-78

（1）上体后坐，身体重心逐渐移至左腿上，右脚尖里扣；同时上体左转，两手（左高右低）向左划弧，直至右臂平举，伸于身体左侧，手心向左，右手经腹前运至左肋前，手心斜向后上方。眼看左手（图 16-3-81、图 16-3-82）。

（2）身体重心再渐渐移至右腿上，上体右转，左腿向右腿靠拢，脚尖点地；同时右手向右上方划弧（手心由里转向外），至右斜前方时变勾手，略高于肩；左手向下经腹前向右上划弧停于右肩前，手心向里。眼看左手（图 16-3-83、图 16-3-84）。

图 16-3-79

图 16-3-80

图 16-3-81

图 16-3-82

图 16-3-83

（3）上体微向上转，左脚向左前侧方迈出，右脚跟后蹬，成左弓步。在身体重心移向左腿的同时，左掌随上体的继续左转慢慢翻转向前推出，手心向前，手指与眼齐平，肘微屈。眼看左手（图 16-3-85、图 16-3-86）。

要点：上体保持正直、松腰。定势时，右肘稍下垂，左肘与左膝上下相对，两肩下沉。左手向外翻掌推时，要随转体边翻边推出，不要翻掌太快或最后突然翻掌。

4. 云手

（1）身体重心移至右腿上，身体渐向右转，左脚尖里扣；左手经腹前向右上划弧至右肩前，手心斜向后，同时右手变掌，手心向右前。眼看左手（图 16-3-87、图 16-3-88、图 16-3-89）。

（2）上体慢慢左转，身体重心随之逐渐左移；左手由脸前向左划弧，手心转向左下方；右手由右下经腹前向左上划弧，至左肩前，手心斜向后；同时进右脚靠近左脚，成小开立步，两脚距离约 10 ~ 20 厘米（图 16-3-90、图 16-3-91）。

（3）右手向右划弧，手心翻转向右；随之左腿向左横跨一步；上体再向左转，同时左手经腹前向上划弧至右肩前，手心斜向后。眼看左手（图 16-3-92、图 16-3-93、图 16-3-94）。

图 16-3-84

图 16-3-85

图 16-3-86

图 16-3-87

图 16-3-88

图 16-3-89

图 16-3-90

图 16-3-91

图 16-3-92

图 16-3-93

(4) 同 (2)(图 16-3-95、图 16-3-96)。

(5) 同 (3)(图 16-3-97、图 16-3-98、图 16-3-99)。

图 16-3-94

图 16-3-95

图 16-3-96

图 16-3-97

图 16-3-98

(6) 同 (2)(图 16-3-100、图 16-3-101)。

要点：身体转动要以腰脊为轴，松腰、松胯，身体重心不可忽高忽低。两臂随腰的转动而运动，要自然圆活，速度要缓慢均匀。移动时，脚掌先着地再踏实，脚尖向前，眼的视线随云手而移动。第三个“云手”右脚跟最后跟进时，脚尖微向里扣，便于接“单鞭”动作。

5. 单鞭

(1) 上体向右转，右手随之向右划弧，至右斜前方时变成勾手；左手经腹前向左上划弧至右肩前，手心向内。身体重心落在右腿上，左脚尖点地。眼看左手（图 16-3-102、图 16-3-103、图 16-3-104）。

图 16-3-99

图 16-3-100

图 16-3-101

图 16-3-102

图 16-3-103

（2）上体微向左转，左腿向上前侧方迈出，右脚跟后蹬，成左弓步；在身体重心移向左腿的同时，上体继续左转，左掌慢慢翻转向前推出，成“单鞭”式（图 16-3-105、图 16-3-106）。

要点：与前单鞭式相同。

（四）第四组

1. 高探马

（1）右脚跟进半步，身体重心逐渐后移至右腿上；右勾手变掌，两手转向上，两肘微屈；同时身体微向右转，左脚跟渐渐离地。眼看左前方（图 16-3-107）。

（2）上体微向左转，面向前方，右掌经右耳旁向前推出，手心向前，手指与眼同高；左手收至左侧腰前，手心向上，同时左脚微向前移，脚尖点地，成左虚步，眼看左手（图 16-3-108）

图 16-3-104

图 16-3-105

图 16-3-106

图 16-3-107

图 16-3-108

要点：上体自然正直，双肩要下沉，右肘微下垂。跟步移换重心时，身体上下要有起伏。

2. 右蹬脚

（1）左手前伸至右手腕背面，手心向上，两手相互交叉，随即向两侧分开交向下划弧，手心斜向下，同时左脚提起向左斜方进步（脚尖略外撇）；身体重心前移，右腿自然蹬直，成左弓步。眼看前方（图 16-3-109、图 16-3-110、图 16-3-111）。

（2）两手继续向下划弧，向外翻转，至腹前交叉，右手在外，手心均向后，接着，两手同时上托于胸前；同时右脚向左脚靠拢，脚尖点地。眼平看右前方（图 16-3-112）。

（3）两臂左右划弧分开平举，肘微屈，手心均向外；同时左腿屈膝提起，右脚向右前方慢慢蹬出。眼看右手（图 16-3-113、图 16-3-114）。

图 16-3-109

图 16-3-110

图 16-3-111

图 16-3-112

图 16-3-113

要点：身体要稳定，上体不可前俯后仰。两手分开时，腕部与肩齐平，右臂和右腿上下相对。蹬腿时，右腿尖回勾，劲使腿跟，分手和蹬脚须协调一致。如面向南起势，蹬脚方向应为正东偏南（约 30°）。

3. 双峰贯耳

（1）右腿收回，屈膝平举，左手由后向上、向前下落至体前，两手心均翻转向上；两手同时向下划弧分落于右膝盖两侧。眼看前方（图 16-3-115、图 16-3-116）。

（2）右脚向右前方落步，身体重心渐渐前移，成右弓步，面向右前方；同时两手下落，慢慢变拳，分别从两侧向上、向前划弧至前方，两拳拳峰相对，距离略窄于肩，高与耳齐。眼看右拳（图 16-3-117、图 16-3-118）。

图 16-3-114

图 16-3-115

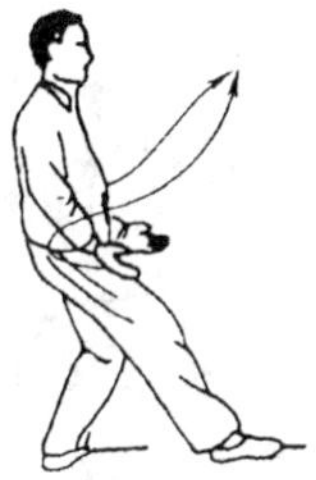
图 16-3-116

图 16-3-117

图 16-3-118

要点：定势时，头颈正直，松胯，两拳松握，沉肩垂肘，两臂均保持弧形。双峰贯耳式的弓步和身体方向与右蹬脚方向相同。弓步的两脚跟横向距离同“揽雀尾”式。

（五）第五组

1. 转身左蹬脚

（1）左腿屈膝后坐，身体重心移至左腿，上体左转，右脚尖里扣；同时两拳变掌，由上向左右划弧分开平举，手心向前。眼看左手（图 16-3-119、图 16-3-120）。

（2）身体重心再移至右腿，左脚收到右脚内侧，脚尖点地；同时两手由外腹前向里划弧合抱于胸前，左手在外，手心均向后。眼平看左方（图 16-3-121、图 16-3-122）。

（3）两臂经上左右划弧分开平举，肘微屈，手心均向外；同时左腿屈膝提起，左脚向左前方慢慢蹬出。眼看左手（图 16-3-123、图 16-3-124）。

图 16-3-119

图 16-3-120

图 16-3-121

图 16-3-122

图 16-3-123

要点：与右蹬脚式相同，只是左右相反，左蹲脚方向与左蹬脚成 180°（即正面偏北约 30°）。

2. 左下势独立

（1）左腿屈膝平举，上体右转，右掌变成勾手，左掌向上，向右划弧下落，立于右肩前，掌心斜向后。眼看右手（图 16-3-125、图 16-3-126）。

（2）右腿慢慢屈膝下蹲，左腿由内向左侧（偏后）伸直，成左仆步，左手下落，并沿左腿内侧向前穿出。眼看左手（图 16-3-127、图 16-3-128）。

图 16-3-124

图 16-3-125

图 16-3-126

图 16-3-127

图 16-3-128

要点：右腿全蹲时，上体不可过于前倾，右腿伸直，左脚伸直，左脚尖须向里扣，两脚脚掌全部着地，左脚尖与右脚跟踏在一条直线上。

（3）身体重心前移，左脚尖尽量向外撇，左腿前弓，右腿后蹬成左弓步，右脚尖里扣，上体微向左转变向前抬起；同时左臂继续向前伸出（立掌），掌心向右，右勾手下落，勾尖向上，眼看左手（图 16-3-129）。

（4）右腿慢慢屈膝提起，成左独立式；同时右勾手变掌，并由后下方顺右腿外侧向前弧形摆起，屈臂立于右脚上方，肘与膝相对，手心落于左胯旁，手心向下，指尖向前。眼看右手（图 16-3-130、图 16-3-131）。

要点：上体要正直，支撑腿膝要微屈，提膝时脚尖自然下垂。

3. 右下势独立

（1）右脚下落于左脚前，脚掌着地，然后以左脚前脚掌为轴脚跟转动，身体随之左转；同时左手向后平举变成勾手，右掌随着转体向左侧划弧，立于左肩前，掌心斜向后。眼看左手（图 16-3-132、图 16-3-133）。

图 16-3-129

图 16-3-130

图 16-3-131

图 16-3-132

图 16-3-133

（2）同“左下势独立”（2）解，只是左右相反（图 16-3-134、图 16-3-135）。

（3）同“左下势独立”（3）解，只是左右相反（图 16-3-136）。

（4）同“左下势独立”（4）解，只是左右相反（图 16-3-137、图 16-3-138）。

图 16-3-134

图 16-3-135

图 16-3-136

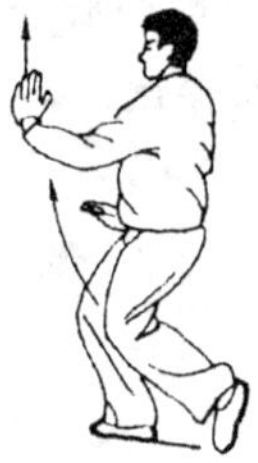
图 16-3-137

图 16-3-138

要点：右脚尖触地后必须稍微提起，然后再向下仆腿。其他均与“左下势独立”相同，只是左右相反。

（六）第六组

1. 左右穿梭

（1）身体微向左转，左脚向前落地，脚尖外撇，右脚跟离地，两腿屈膝成半坐盘式；同时两手在左胸前成抱球状（左上右下）：然后右脚收到左脚的内侧，脚尖点地。眼看前臂（图 16-3-139、图 16-3-140、图 16-3-141）。

（2）身体右转，右脚向右前方迈出，屈膝弓腿，成右弓步；同时右手由脸前向上翻掌停在右额前，手心斜向上；左手先向后向下再经体前向前推出，高与鼻尖平，手心向前。眼看左手（图 16-3-142、图 16-3-143、图 16-3-144）。

（3）身体重心略向后移，右脚尖稍向外撇，随即身体重心再移至右腿，左脚跟进，停于右脚内侧，脚尖点地；同时两手在右胸前成抱球状（右上左下）。眼看右前臂（图 16-3-145、图 16-3-146）。

（4）同（2），只是左右相反（图 16-3-147、图 16-3-148、图 16-3-149）。

要点：完成姿势面向斜前方（面向南起势，左右穿梭方向分别为正西偏北和正西偏南，均约 30°）。手推出后，上体不可前俯。手向上举时，防止引肩上耸。一手上举，一

图 16-3-139

图 16-3-140

图 16-3-141

图 16-3-142

图 16-3-143

手前推要与弓腿、松腰上下协调一致。做弓步时，两脚跟的横向距离同搂膝拗步式，保持在 30 厘米。

图 16-3-144

图 16-3-145

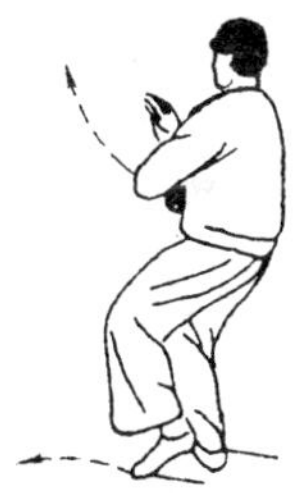
图 16-3-146

图 16-3-147

图 16-3-148

2. 海底针

右脚向前跟进半步，身体重心移至右腿，左腿稍向前移，脚尖点地，成左虚步；同时身体稍向右转，右手下落经体前向后、向上提至肩上耳旁，再随身体左转，由右耳旁斜向前下方插出。掌心向左、指尖斜向下；与此同时，左手向前，向下划弧落于左胯旁，手心向下，指尖向前。眼看前下方（图 16-3-150、图 16-3-151）。

要点：右手前下插时，上体不可过于前倾，要松腰胯，收腹敛臀。

3. 闪通臂

上体稍向右转，左脚向前迈出，屈膝成左弓步；同时右手由体前上提，屈臂上举，停于右额前上方，掌心翻转斜向上，拇指朝下；左手上提经胸前向前推出，高与鼻尖平，手心向前。眼看左手（图 16-3-152、图 16-3-153、图 16-3-154）。

要点：定势时，上体不可过于侧倾，推掌架臂均保持微屈。

（七）第七组

1. 转身搬拦捶

（1）上体后坐，身体重心移至右腿上，左脚尖里扣，身体向右后转，然后身体重心再移到左腿上；与此同时，右掌变拳随转体向左、向下经腹前划弧至左肋旁，拳心向下；左掌上举于额前，掌心斜向上。眼看前方（图 16-3-155、图 16-3-156）。

（2）上体右转，左掌在胸前下按至腹前，掌心向下，掌指向右，同时右拳经胸前向前翻转搬盖，拳心向上；与此同时，右脚回收经左脚内侧向前迈出，脚尖外撇。眼看右拳

（图 16-3-157、图 16-3-158）。

图 16-3-149

图 16-3-150

图 16-3-151

图 16-3-152

图 16-3-153

图 16-3-154

图 16-3-155

图 16-3-156

图 16-3-157

图 16-3-158

（3）全身重心移至右腿上，左脚向前迈一步；左手经左侧向前上划弧拦出，掌心向右，同时右拳向右划弧收到右腰旁，拳心向上。眼看左手（图 16-3-159）。

（4）左腿前弓成左弓步，同时右拳向前打击，拳眼向上，高与胸平，左手扶于右前臂里侧。眼看右拳（图 16-3-160）。

要点："搬"应先按后搬并与右腿伸落相配合。"拦"应以腰带臂平行绕动向前平拦。"捶"应与成线形步配合。整个动作过程均要上体自然，上、下肢协调一致。

2. 如封似闭

（1）右拳变掌，两手手心逐渐翻转向上，左手由右腕下向前伸出，然后左右分开并屈肘回收；同时身体后坐，身体重心移至右腿，左脚尖翘起。眼看前方（图 16-3-161、图 16-3-162、图 16-3-163）。

图 16-3-159

图 16-3-160

图 16-3-161

图 16-3-162

图 16-3-163

（2）两手在胸前向内翻转，向下经腹前再向上、向前推出，腕部与肩平，手心向前；同时左腿屈膝成左弓步。眼看前方（图 16-3-164、图 16-3-165、图 16-3-166）。

要点：身体后坐后，避免后仰，臀部不可凸出。两臂随身体回收时，肩、肘部略向外松开，不要直着抽回。两手推出宽度不要超过两肩。

3. 十字手

（1）屈膝后坐，身体重心移向右腿，左脚尖里扣，上体右转，右手随着转体向右平摆划弧，与左手成两臂侧平举、掌心向前，肘部微屈；同时右脚尖随着转体向外撇，成左横裆步。眼看右手（图 16-3-167、图 16-3-168）。

图 16-3-164

图 16-3-165

图 16-3-166

图 16-3-167

图 16-3-168

（2）身体重心慢慢移至左腿，右脚尖里扣，随即向左收回，两脚距离与肩同宽，两腿逐渐蹬直，成开立步：同时两手向下经腹前向上划弧，腕部交叉合抱于胸前，两臂撑圆，腕高与肩平，右手在外，成十字手，手心均向后。眼看前方（图 16-3-169、图 16-3-170）。

要点：两手分开合抱时，上体不要前俯。站起后，身体自然正直，头要微向上顶，下颏稍向后收。两臂抱时须圆满舒适，沉肩垂肘。

4. 收势

两手向外翻掌，手心向下，两臂慢慢下落，停于身体两侧；眼看前方（图 16-3-171、图 16-3-172、图 16-3-173）。

要点：两手左右分开下落时，要注意全身放松，同时气也徐徐下沉（呼气略加长）。呼吸平稳后，把左脚收到右脚旁，再走动休息。

图 16-3-169

图 16-3-170

图 16-3-171

图 16-3-172

图 16-3-173

第四节 散　手

散手是武术的重要组成部分，是一项斗智、较技的对抗性竞赛项目。散手以不伤害对方为原则，其竞赛规则严格规定了后脑、颈部、裆部等为禁击部位。散手具有增强体质、健体防身、磨练意志、培养品德的作用。

一、基本技术

（一）手型、实战姿势和拳法技术

1. 手型

拳：五指内屈握紧，拇指第一指骨压在食指和中指的第二指骨上，拳心朝下为平拳，拳眼朝上为立拳。

2. 实战姿势

准备姿势是以尽量缩小被打击面积，有利于灵活快速地出击为基本原则。

基本实战姿势为，两脚前后开立，略比肩宽，两脚尖内扣，两膝微屈，重心在两腿之间，前、后脚开立角度约45°（一般正架左脚在前，反架右脚在前，可根据个人习惯选择）；两手握拳，左前右后，拳眼朝上，左手臂弯曲，肘关节夹角在90°~120°之间，左拳与鼻同高，右手臂弯曲，肘关节夹角要小；含胸拔背，收腹，双肘保护两软肋部，方向向下，身体站立，下颌微收，闭嘴含齿，面向对手，两脚尽量脚前掌着地，便于移动（图16-4-1）。

图16-4-1　实战姿势

3. 拳法

（1）冲拳

①左冲拳实战姿势（一般为正架，左手在前），左脚微蹬地，左膝微向内转动，带动胯、腰直至肩部将转动力变为向前的推力，传达到大臂至小臂，最后力达拳面。左冲拳的路线是一条向前的直线，然后迅速还原成实战姿势。

要领：姿势灵活放松，不可僵化，以便于随时移动变化；重心不可太低，膝关节不得小于90°，两手紧护躯体，暴露给对手打击的有效部位尽量小；冲拳时，上体不可前倾，脸略向右侧平转，出拳路线要直，快出快收，迅速回到准备姿势。

左冲拳的用法：击打对手头部；重心下降击打对手腹部。

②右冲拳实战姿势，右脚蹬地并向内扣转动，脚带动胯部、腰部将力传送至肩，顺肩推动大臂、小臂，最后力达拳面。右冲拳的路线是一条直线。此时，左拳变掌回收到右肩

内侧，保护头部。

要领：出拳时要将自脚至身体之力，经过发力过程顺利到达拳面，所以动作要协调。

右冲拳的用法：在双方对峙时，左冲拳刺开对方破绽，右冲拳充分利用蹬腿、转腰的力量加大冲拳力度，直击对方要害部位，如头部；当对手左掼拳向头部攻击时，俯身下躲，同时右冲拳击对手中盘腹部；当对手右冲拳进攻中盘时，先以左手拍压其拳，继而右冲拳反击其头部（图 16-4-2）。

图 16-4-2　右冲拳

（2）掼拳

①左掼拳：由实战姿势开始，上体微向右转，幅度不能过大，带动肩部、臂部直至拳面。

左掼拳是一种横向型进攻动作。出拳时，肘部微翻至水平面，横向用力，肘的角度约 120°；左拳向前、向里横掼，拳心向下，力达拳面，右拳护于右腮。

左掼拳的用法：双方对峙时，对方出左冲拳，突然向右闪，左掼拳反击其头部；对方右掼拳时，俯身不躲闪，向左侧倾，立身反击对手右侧下腮部；对手左抄拳向胸腹部进攻时，左掩肘防守后，左掼拳反击其头部。

②右掼拳：右掼拳的特点是能充分借助右脚蹬地转腰的力量，力度较大，但因进攻路线长，动作幅度大，一般在连击或防守反击时较多用。由实战姿势开始，右脚蹬地向内扣转，合胯向左转腰，顺肩，肘部微屈；由下至水平抬起，右拳再由外至里横掼，弧度不能太大，力达拳面；左拳变掌，屈臂回收至左腮前做保护。

要领：右掼拳从发力时肋部动作跟上，由下至水平面快速出拳，当收拳时，肘部要随身体迅速回收保护软肋部。

右掼拳的用法：双方对峙时，俯身以左拳虚晃，佯攻其腹部，继而起身右掼拳攻其头部；对手右掼拳进攻腹部，左手向里掩肘防守，右掼拳反击其头部；双方相峙时，突然左向上步。攻对方左肋处（图 16-4-3）。

（3）抄拳

抄拳属于上下进攻型动作，由于击打距离短，适用于近距离实战。双方接触时，正面攻击对手的胸、腹或下颏。由实战姿势开始，重心下沉。脚蹬地拧转，左、右转动腰，再由腰带动大臂、小臂，两臂的肘部屈 90°～110°角。拳心朝里，由下向前上方勾起，力达拳面。动作要连贯、顺达，用力由下至上。抄拳时，臂应微内旋，拳呈螺旋形运行。

要领：抄拳要借助脚蹬地、扣膝、合胯、转腰的力量，发力由下至上，协调顺达，重心下沉是为了更好地利用脚蹬地拧转的反作用力，加大抄拳力量。

抄拳的用法：对手左抄拳进攻胸、腹部时，沉身做转右掩肘，以左抄拳反击躯干部位；对手右掼拳进攻上盘右侧时，左手推挡右抄拳反击其躯干以上正面部位（图 16-4-4）。

图 16-4-3　右掼拳

图 16-4-4　抄拳

（二）散手中的基本步法与腿法技术

1. 步法

步法是散手技术中的重要内容。实战时，双方保持着一定的距离，只有通过步法的移动才能抢占有利的位置、发动进攻或转换防守。距离不合适，有效的进攻和防守就是一句空话。武术谚语云："步慢则拳脚慢，手到步到方之为动。"步法的总体要求是"疾、准、活"。"疾"是指步法移动要迅速；"准"是指移动的步幅要准确；"活"是指步法移动要灵活多变，不僵不滞，富有弹性。散手实战中表现出来的步法要综合使用，其中基本步法包括进步、退步、撤步、插步、跨步、闪步、换步、盖步、纵步、垫步、跃步等。下面简单介绍几种步法。

（1）进步

由实战姿势开始，前脚（左脚）先向前进半步，后脚再跟进半步，进步步幅不宜过大，后脚跟进后的身体姿势不变，衔接进步与跟步时越快越好。

（2）退步

后脚先后退半步，前脚再退回半步。

（3）插步

后脚向左横移一步，脚跟离地，两脚略呈交叉。插步时身体不要转动，左侧面仍与对手相对。插步后要及时还原成实战姿势。

（4）跨步

左脚（右脚）向左（向右）侧跨半步，右脚略向左脚靠近，两膝弯曲。同时右拳向斜下方伸出，左拳收至左胯旁。此步法主要用于侧闪防守，跨步后身体重心下降，以利于反击。两腿要一虚一实，两臂分别防守上、下，形成较大防守面。

(5) 闪步

左(右)脚向左(右)侧移半步，右(左)脚随之向左(右)滑步，同时身体转动90°，步法轻盈，转体闪躲灵活、敏捷。

(6) 换步

左脚与右脚同时蹬地并前后交换，同时两拳也前后交换成反架姿势。转换时要以髋关节带动两腿，身体不能明显向上腾空。

2. 腿法

腿法是散手技术中非常重要的一项技术。古谚道："手是两扇门，全靠腿打人。"

(1) 蹬腿

①左蹬腿实战姿势站立，面向对手，右腿直立或稍屈，左腿提膝抬起。勾脚，先向前蹬出，力达脚跟；也可送髋，脚掌下压，力达脚前掌。

②右蹬腿实战姿势，身体重心前移，左腿直立或稍屈支撑身体，右腿提膝前抬。勾脚，出脚时应稍送髋，身体轻微前压，以脚跟领先向前蹬出，力达脚跟，脚掌下压，力达脚前掌(图16-4-5)。

要领：支撑直立或稍屈，另一脚由屈到伸，脚尖勾起用脚跟猛力蹬出，快速连贯，高不过胸，低不过腰，出腿时一定要注意蹬腿的路线是直线，不要做成弹腿。

图16-4-5　蹬腿

用法：散手中的蹬腿，除与套路中的要求相同外，还吸取了前点腿的优点，力达脚跟。当击中对方时，脚踝发力，前脚掌下压，这样击后容易将对方蹬开或使其倒地。例如，当双方移动，与对手正面相对时，蹬腿击其躯干，是为主动蹬腿；当与对手距离较远时，垫步接近对方，同时蹬腿击其躯干，是为垫步蹬腿；当对方上步，用拳法进攻时，迎面抢先用蹬腿击其躯干，是为迎面蹬腿。

(2) 踹腿

①左踹腿实战姿势，右腿直立或稍屈支撑；左腿屈膝抬起，小腿外摆，脚尖勾起，脚掌正对攻击目标，展胯、挺膝向前踹出，力达脚掌，上体也可倾斜。

②右踹腿左腿直立或稍屈支撑，身体向左转180°，同时右腿屈膝前抬，小腿外摆，脚尖勾起，脚掌正对攻击目标，用力向前踹出，力达脚掌(图16-4-6)。

实战范例：以左侧踢踹腿，假装攻击对方下肢，随即用右踹腿实攻对方上肢；左侧弹腿假装攻对方下肢，然后转身踹腿攻击对方上肢。

用法：踹腿是比赛中使用频率较高的腿法之一，配合步法运用，变化多，宜于在不同距离上使用。例如，当对方向前进步时，退步，左踹腿反击对方下肢，是为退步踹腿；当对方进步时先用踹腿击其下肢，若对方提膝躲闪，可当其落地时，二次踹腿击其胸部，是

(1)　　　　(2)

图 16-4-6　踹腿

为连续踹腿；先用前腿踹击对方，对方后撤躲闪，前腿落地，继续以后腿踹击对方头部，是为转换踹腿。

(3) 横摆踢腿

①左横摆踢腿上体稍左转并侧倾，同时带动左腿收髋、扣膝，直腿向右上方横摆打腿，踝关节屈紧，力达脚背至小腿下端。

②右横摆踢腿实战姿势开始，左膝外展，上体左转，收腹，带动右腿收髋、扣膝，直腿向左上方横摆打腿，踝关节屈紧，力达脚背至小腿下端。

用法：以身带腿，速度快，力量大，运用得好能起到重创对手的作用；但因其弧形横摆，路线长，幅度大，较易被对手察觉和防守，实战中应注意动作快速及把握好时机。

(4) 转身横扫腿

①左转身横扫腿右脚向左脚前上步，微屈独立支撑，左后转身 360°；随转体上体稍侧倾，左腿经左后向前横扫，脚面绷平，力达脚掌；目视左脚。

②右转身横扫腿身体右后转 360°，随转体右腿直腿由后向前横扫，脚背绷紧，力达脚掌；目视右脚。

实战范例：当对方用右侧弹腿攻击上肢时，拍挡防守后随即用右后横扫腿攻击对方上肢。

用法：横扫腿是横向型的进攻动作，虽动作路线长，但在直线动作难以进攻时，突然改变路线，亦能使对手防不胜防。运用时往往以假动作做掩护，动作要果断、敏捷、快速。此动作适合提高班学习。

(5) 后扫腿

左腿屈膝全蹲，脚前掌为轴；两手扶地向右后方弧线擦地，直腿后扫，脚掌内扣前勾紧，力达脚后跟至小腿下端背面。

实战范例：当对方以左弹腿攻击上肢时，拍挡防守后随即用后扫腿攻击对方支撑腿。

用法：交战中，突然下蹲，没有经验的对手都会产生瞬间的迟疑，容易被扫倒。此动作适合提高班学习。

(三) 摔法技术

1. 夹颈过背

双方由实战姿势开始，甲以左直拳击乙头部，乙用前臂挡甲臂，左臂由甲左肩上穿过后，屈肩夹甲颈部，同时两腿屈膝，身体右转，以左侧髋部紧贴甲前身，继而两脚蹬伸，向下弓腰、低头，将甲背起，向后摔倒（图 16-4-7）。

图 16-4-7

2. 抱腿过胸

甲用右冲拳击乙头部，乙立即上右步，屈膝，弓腰，两手抱甲双腿，随即向前上右步，蹬腿，挺身将甲抱起后，向后弓腰，仰头，后倒。

要点：上步下潜快，抱腿紧，仰头后倒大胆，空中翻身及时。

3. 抱腿前顶

甲出拳击乙头部时，乙上左步，下潜躲闪，两手抱甲腿，屈肘，两手用力回拉，同时用左肩前顶甲大腿或腹部，将甲摔倒。

4. 接腿勾腿摔

当对方用右侧弹腿踢击时，左手抄抱其小腿，右手由对方右肩上穿过，下压其颈部，同时左手上抬，右脚向前上方踢其支撑腿将对方摔倒。

5. 接腿侧摔

当对方用右侧弹腿踢击时，双手抓握对方右脚，并向左拉，随即向下、向右上方成弧形摆荡将其摔出。

6. 接腿上托摔

当对方用右正蹬腿踢击时，两手抓握其小腿下端，随即屈臂上抬，两手挟托其脚后，同时上右步，向前上方推展将其摔倒。

（四）防守技术

拳经说“功中能守守不丢，守中善攻练家愁，严守只为攻必进，能攻才能好防守”。防守是积极主动的，其目的是为了更好地进攻。防守方法有以下几种：

（1）拍挡正架预备姿势开始，左手（右手）以拳心或掌心为力点向里横向拍挡。

要点：前臂尽量呈垂直状，拍挡幅度小，用力短促。切勿向前迎拨，否则幅度过大。

（2）拍压左手（右手）变掌，掌心或掌根的力点由上向前拍压。

要点：臂要弯曲，手腕和掌指要紧张用力，臂内旋，虎口、指尖均朝右（左）。

（3）阻挡两脚蹬地，身体前移，以肩部或手心阻挡对方直线拳法的进攻，以臂部阻挡对方直线的进攻。

要点：身体紧张，含缩，闭气，尽量缩小被击面，两手保护要严密。

（4）挂挡左手屈臂向同侧头部或肩部挂挡。

要点：大小臂叠紧并贴于头侧，要含胸侧身，暴露面小。

（5）外抄左手臂外旋弯曲，上臂紧贴肋部，前臂水平，手心朝上，同时右手屈臂紧贴腹部，立掌，手心朝外，手指朝上。

要点：上臂紧护躯干，两手成钳子状，抱脚时两手相合锁扣。

（6）里抄左臂外旋，微屈，紧贴腹前，手心朝上，同时右手臂紧贴胸前，虎口朝上，掌心朝外。

要点：与外抄相同。

（7）撤步前脚由前向后收步，接近后脚时脚前掌着地，重心落于后腿。

要点：前脚回收迅速，虚点地面，上体正直，支撑要稳。

（8）提膝后膝微屈独立支撑，前腿屈膝提起。

要点：重心后移，提腿迅速，根据对方腿法进攻的路线、方位，膝盖分别有里合、外摆或垂直向外的变化。

二、基本战术

散手的战术方式是指为了完成战术意图而由各种动作组成的具体方法。散手以它丰富的技术内容和相生相克、互相制约、相互转换的技术规律，为散手多彩多姿的战术形式提供了先决条件。散手的战术方式有以下三种：

（一）直攻战术

直攻战术是指在没有虚晃假动作的掩护下，所使用的攻击对方的方法。运用直攻战术须具备以下条件：

（1）当对方的反应速度、动作速度、位移速度没有自己快时；

（2）当对方的攻防动作不够熟练时；

（3）当对方的体力不足时；

（4）当对方的防守姿势出现空隙时；

（5）当与对方的距离能有效地使用进攻动作时。

（二）强攻战术

强攻战术是指硬性突破对方的防守后发出的攻击。运用强攻战术须具备以下条件：

（1）力量、速度、耐力素质比较好，但技术不如对方时；

（2）身体素质好，技术比较全面，但比赛经验不如对方时；

（3）对方的近战能力比较差时；

（4）对方的耐力比较差时；

（5）对方的心理素质比较差时。

采用强攻战术，以破坏对手的心理平衡、战术准备和距离感，从而乱中取胜。猛冲猛打并不是盲目蛮干，而是通过强攻这一战术手段扬己所长，实现打击对方的目的。

（三）佯攻战术

佯攻战术是有目的地造成对方的错觉，把对方引入歧途，实现真实进攻。在散打比赛中，佯攻是最为常见的战术形式之一。随着战术水平的普遍提高，特别是当对手反应快、防范能力强时，直接进攻容易被防守、截击或反击。采用左右、前后、上下虚晃动作，和指上打下、指下打上、指左打右、指右打左等假动作，可以转移对方的注意力，促使对方对自己的虚假动作产生某种反应，而改变正确的防守姿势，然后加以利用，使自己的进攻机会得以出现，可以提高进攻效率。

三、综合练习

（一）绝对力量的练习

发展运动员的绝对力量基本采用本人最大力量60% ~70%的负荷量来练习，重复次数为8 ~12次，组数以不降低重复次数为原则，组间间歇2 ~5分钟。具体训练方法如下：

训练中，经常采用的具体方法如下：

（1）杠铃屈臂两脚左、右开立，两手反握杠铃，提杠铃至腹前，以肘关节为轴做两臂屈伸动作。

（2）仰卧在长凳上，做卧推杠铃动作。

（3）负重仰卧起坐，将两脚固定，或请同伴扶按两脚，两手持杠铃片置于脑后，做仰卧起坐动作。

（4）负重仰卧体后屈俯卧，两脚固定，两手持杠铃片置于脑后，做身体抬起动作。

（5）负重深蹲肩负杠铃，深蹲起。

（二）速度力量的练习

发展运动员的速度力量应采用小重量的负荷或不加外负荷，练习时动作速度要快而连贯。训练中，经常与基本动作结合，主要方法有下面几种：

（1）马步推砖（哑铃）两脚并立，屈膝半蹲成马步；两手持砖（哑铃），屈肘置于胸前，手心向内，然后左右手依次向前推出。推砖时，借助腰力，转腰顺肩，旋臂伸肘，爆发用力。

（2）蹲跳冲拳半蹲或全蹲，两手握拳，屈肘抱于胸前，当右脚上步时，冲左拳；左脚上步时，冲右拳，并收回左拳。

（3）腿负重练习腿系沙袋做蹬、踹、弹等各种腿法练习。

（三）力量耐力的训练

散手训练中的力量，首先是爆发力，其次是力量耐力。发展运动员的力量耐力多采用小重量负荷，重复次数多，直至极限的重复次数。采用的动作方法如下：

（1）推小车同伴帮助将两腿抬起，做两臂支撑向前爬行动作。

（2）肋木举腿背靠肋木，两手抓握横木（或能支撑一定重量的横杆）悬垂，做收腹举腿动作。

（3）蹲步换跳一腿屈膝全蹲，另一腿前伸，跳步交换。

（4）匀速跑、越野跑心率控制在150次/分钟左右，负荷时间保持在30分钟以上。

（5）打沙包进行拳法或腿法以及组合动作的计时练习，一般3 ~5分钟，练习3组，每组间休息1 ~3分钟。要求以最快速度完成，全力使用力量。

（四）柔韧素质训练

武术对柔韧素质有着较高的要求，特别是腿部的柔韧练习。其方法如下：

（1）压腿分正压腿、侧压腿、后压腿。

（2）“吻靴”并步站立，右腿屈膝略蹲，左腿伸向身前，膝部挺直，脚尖翘起，脚跟着地；上身前俯，右手握住左脚内侧，左手握在脚尖外侧，两臂屈肘，两手用劲向后拉，上身前俯用下额触及脚尖。略停片刻，上身直起，两臂伸直，接着做下一次。

（3）仆步压腿两脚左右开立，右腿屈膝全蹲，全脚着地，左脚挺膝伸直，脚尖里扣；然后两手分别抓握两脚外侧，成左仆步。练习时，左右仆步交替进行。

第五节　初级刀术

一、动作名称

（一）预备动作（图 16-5-1～图 16-5-8）

（二）第一段（图 16-5-9～图 16-5-30）

1. 弓步缠头　2. 虚步藏刀　3. 弓步前刺　4. 并步上挑
5. 左抡劈　6. 右抡劈　7. 弓步撩刀　8. 弓步藏刀

（三）第二段（图 16-5-31～图 16-5-51）

1. 提膝缠头　2. 弓步平斩　3. 仆步带刀　4. 歇步下吹
5. 左劈刀　6. 右劈刀　7. 歇步按刀　8. 马步平劈

（四）第三段（图 16-5-52～图 16-5-72）

1. 弓步撩刀　2. 插步反撩　3. 转身挂劈　4. 仆步下砍
5. 架刀前刺　6. 左斜劈　7. 右斜劈　8. 虚步藏刀

（五）第五段（图 16-5-73～图 16-5-103）

1. 旋转扫刀　2. 翻身劈刀　3. 缠头箭踢　4. 仆步按刀
5. 缠头蹬腿　6. 虚刀藏刀　7. 弓步缠头　8. 并步抱刀

（六）结束动作（图 16-5-104～图 16-5-106）

图 16-5-1

图 16-5-2

图 16-5-3

图 16-5-4

图 16-5-5

图 16-5-6

图 16-5-7

图 16-5-8

图 16-5-9

图 16-5-10

图 16-5-11

图 16-5-12

图 16-5-13

图 16-5-14

图 16-5-15

图 16-5-16

图 16-5-17

图 16-5-18

图 16-5-19

图 16-5-20

图 16-5-21

图 16-5-22

图 16-5-23

图 16-5-24

图 16-5-25

图 16-5-26

图 16-5-27

图 16-5-28

图 16-5-29

图 16-5-30

图 16-5-31

图 16-5-32

图 16-5-33

图 16-5-34

图 16-5-35

图 16-5-36

图 16-5-37

图 16-5-38

图 16-5-39

图 16-5-40

图 16-5-41

图 16-5-42

图 16-5-43

图 16-5-44

图 16-5-45

图 16-5-46

图 16-5-47

图 16-5-48

图 16-5-49

图 16-5-50

图 16-5-51

图 16-5-52

图 16-5-53

图 16-5-54

图 16-5-55

图 16-5-56

图 16-5-57

图 16-5-58

图 16-5-59

图 16-5-60

图 16-5-61

图 16-5-62

图 16-5-63

图 16-5-64

图 16-5-65

图 16-5-66

图 16-5-67

图 16-5-68

图 16-5-69

图 16-5-70

图 16-5-71

图 16-5-72

图 16-5-73

图 16-5-74

图 16-5-75

图 16-5-76

图 16-5-77

图 16-5-78

图 16-5-79

图 16-5-80

图 16-5-81

图 16-5-82

图 16-5-83

图 16-5-84

图 16-5-85

图 16-5-86

图 16-5-87

图 16-5-88

图 16-5-89

图 16-5-90

图 16-5-91

图 16-5-92

图 16-5-93

图 16-5-94

图 16-5-95

图 16-5-96

图 16-5-97

图 16-5-98

图 16-5-99

图 16-5-100

图 16-5-101

图 16-5-102

图 16-5-103

图 16-5-104

图 16-5-105

图 16-5-106

第十七章　跆　拳　道

第一节　跆拳道运动概述

跆拳道起源于朝鲜半岛，是一项古老而又有创新的竞技体育运动。远古朝鲜民族为了狩猎获取食物，抗击外来入侵，在生活中采用一些格斗和锻炼身体的方法，到近代这些方法受到高丽人民的喜好，逐步形成了“手搏”“跆跟”。

目前跆拳道在世界上开展得非常普及，跆拳道协会有150个会员国，并在第27届悉尼奥运会上成为正式项目，我国开展此项运动才十余年时间，但发展很快，深受青少年们的喜爱。

跆拳道运动的特点是以腿法为主，拳脚并用，非常刚烈，发力快而硬，并辅以发声助威，给自己增强斗志，因此跆拳道有很高的竞技性和观赏价值。

跆拳道突出一个“礼”字，任何练习者在不同的场合都要行礼鞠躬，强调“以礼始、以礼终”的武道精神。练习跆拳道能增强人的各种力量，使身体素质全面发展，培养无畏坚毅的意志品质。

为了正确评价跆拳道的技术、人格、耐性、勇气、诚实性和精神，跆拳道分为十级和九段。初级选手从最低级10级开始依次往上到1级；高级选手从最低段开始依次往上到九段。一段到三段为学习阶段，四段到六段为步入行家阶段，从七段开始为精通技术和精神阶段。

区别跆拳道选手的级别主要从腰带上来看：

10级和9级为白带：表示空白，根本没有跆拳道知识，意味着入门阶段。

8级和7级为黄带：表示大地，草木在大地生根发芽，意味着学习基础阶段。

6级和5级为绿带：表示草木，成长中的绿色草木，意味着技术的进步阶段。

4级和3级为蓝带：表示蓝天，草木向着蓝天茁壮成长，意味着进度达到相当高的阶段。

2级和1级为红带：表示危险，已具备相当的威力，意味着克己和警告对手不要接近。

黑带：表示白色的对立，相对于白色技术已经熟练，意味着黑暗中也能发挥自身能力。

区别跆拳道的段位还要看道服和肩章：一段至三段的道服衣边有黑色带条，四段以上道服的衣袖和裤腿两边有黑色带条。根据道服上的肩章和腰带上的罗马数字i到ix可区别段位和级别。

第二节 跆拳道基本技术

一、基本步型和步法

1. 基本步型

（1）准备姿势。两脚开立与肩同宽，身体自然直立，两脚尖略外展，两手握拳置于腹前。

（2）开立步。两脚开立与肩同宽，身体自然直立，两膝微屈，两脚尖正对前方，两手握拳置于体侧。

（3）马步。两脚开立，较肩宽，两脚尖平行或略内扣，挺胸直背，两腿屈膝半蹲，重心落在两脚之间。

（4）弓步。又称前屈立。前后脚分立，两脚相距一步半，前腿屈膝，后腿伸直，前腿膝关节与脚尖垂直，重心大部分落在前脚上，左脚在前称左弓步，右脚在前称右弓步。

（5）前探步。又称高前屈立。如走路姿势，两脚之间距离小于弓步，上体略前倾，前腿膝关节略屈，重心大部分落在前脚上。左脚在前称左前探步，右脚在前称右前探步。

（6）虚步。前脚掌点地，脚跟提起，重心落在后脚。左脚在前称右虚步，右脚在前称左虚步。

（7）交叉步。一脚向另一脚的前侧（前交叉步）或后侧（后交叉步）落步，脚尖着地，两腿屈膝交叉。

（8）并步。两腿直立，两脚跟并拢，脚内侧相靠，两臂握拳自然垂于体侧。

2. 步法

（1）前进步。前进步主要包括前滑步和前跃步，是主动进攻时常常采用的步法，也常运用于假动作过程中的战术配合。标准实战姿势开始，两脚成斜马步，两手握拳置于胸前。前进时，后脚蹬地，前脚先向前方滑出一步，后脚迅速跟上一步，称为前滑步；后脚蹬地，前脚向前跳跃称为前跃步。在做跃步和滑步时候，重心不要起伏过大，尽量保持身体重心的平稳移动。

（2）后退步。后退步包括后跃步和后滑步。由标准实战姿势开始，前脚掌用力蹬地，两脚向后跃起退后一步，称为后跃步。若前脚掌蹬地后，后脚后移一步，前脚随即向后移动一步，两脚以及身体仍保持原来姿势，叫做后滑步。应用此步法可以拉开与对手的距离，避开对方的进攻或准备反击。

（3）后撤步。标准实战姿势开始，以后脚前脚掌为轴，前脚抬起向后经后脚内侧向后撤一步，形成和原来相反的实战姿势。后撤步可根据实战需要左右变化，调整与对方的相对距离，准备进行攻击或反击。

（4）侧移步。由标准实战姿势开始，两脚前脚掌同时向左（右）侧蹬地，使身体向右（左）侧移动，离开原来的位置。向左移称为左移步，向右移称为右移步。侧移步的作用是避开对方有力攻击，移动到对方的侧面，准备进行反击。

（5）跳换步。由标准实战姿势开始，两脚同时蹬地使身体腾空，空中两脚前后交换，同时转体；落地时身体姿势成另一侧的准备姿势。跳换步的腾空不宜高，略离地即可；换步时要拧腰转髋，迅速敏捷，其目的是干扰对方的攻防思路，选择适宜自己进攻的方位和转换自己身体的得分部位使对方不能得分，同时争取反击的空间和时间，马上转入进攻。

（6）弧形步。由标准实战姿势开始，前脚的前脚掌原地蹬碾地面，后脚同时向左（右）蹬地后右（左）跨移一脚，成为与原来准备姿势不同方向的准备姿势。向左跨为左弧形步（或左环绕步），向右跨步为右弧形步（右环绕步）。

（7）上步。上步是为了调整与对方的距离，为准备进攻和反击做准备。左势站立，以左脚前脚掌为轴，右腿上前一步，成为右势实战姿势。

（8）垫步。垫步主要有两种，即前垫步和后垫步。垫步的动作要求快捷、连贯，迅速接近或远离对手。

①前垫步：由基本姿势开始，右脚蹬离地面向左脚的脚跟方向移动一步，左脚随即迅速前移一步，保持实战姿势，主要运用于主动进攻时接近对方。

②后垫步：由基本姿势开始，左脚掌蹬离地面向后快速移动一步落于右脚前，右脚随即迅速后移一步，保持实战姿势不变。后垫步主要运用于防守和防守反击。

（9）组合步。指各种步法之间的不同组合。实际上，跆拳道技术在实战运用的过程中，无不通过各种步法的运用和变化而得到实施，而且使用的步法都是有意或无意地组合起来综合运用的。

运用步法的目的是为了调整距离，使自己的动作更加快速灵活，进而达到进退自如、控制节奏、有效攻击和有效防守的目的。步法的组合应根据实际情况的变化而改变，把攻击和反击的技术与步法紧密结合起来，做到在移动中进攻，在移动中防守，在移动中反击，使步法的运用和拳法、腿法融为一体，成为进攻、防守、反击的有机连接技术，从而达到取得实战胜利的目的。

二、基本进攻技术

跆拳道实战的基本进攻技术主要包括拳法、掌法、肘法、膝法和脚踢法，这些技法组成了跆拳道实战的基本形式。只有练好基本进攻技术，才能为以后掌握更高难的动作打好基础，才有可能成为优秀的跆拳道选手和跆拳道实战家。所以，必须认真学习基本进攻技术，体会其动作含义，揣摩研究基本进攻技术的实际运用规律，打下扎实的功底，为今后的提高打下坚实的基础。

1. 拳的基本进攻技术

拳法是跆拳道实战中最基本而又非常重要的技术。运用拳法时，拳必须握紧，动作发力要迅猛短促，完成击打动作后要立即收回，拳击出的过程中要做手臂的内旋动作，拳击至最远端时手臂伸直，拳向下，击打目标后放松收回。下面介绍几种主要的拳法。

（1）冲拳（图 17-2-1、图 17-2-2）

①两脚开立，与肩同宽，两手握拳收于腰间，拳心朝上。

②左脚向前上步成左弓步；同时，右拳从腰间由屈到伸，臂内旋向前平冲。用拳面击打对手的身体。除前冲拳外，还有侧冲拳、后冲拳。

③此拳通常用于对面部及下颚作上盘攻击；对胸部及腹部作中盘攻击；对下腹部、下肋部及阴部做下盘攻击。此外，除了向对方攻来的部位施以防御性的自卫外，还可主动击打对方手及脚部的肌肉、关节等，使其无法活动自如，抑制对手的攻势。

图 17-2-1

图 17-2-2

（2）弹拳（图 17-2-3、图 17-2-4）

①两脚开立，身体右转；两手握拳，两臂屈肘置于腹前，右拳在外，左拳在内，两拳心均朝下，体左转，同时左臂屈肘提至胸前，以肘关节为轴使左拳由下颚向前弹击，力达拳背。

②此拳通常用于攻击人的上唇、人中穴或面部。

图 17-2-3

图 17-2-4

（3）鞭拳（图 17-2-5，图 17-2-6）

①两脚前后开立；左手握拳，左臂屈肘上提至肩高，左拳置于右肩前方，拳心向内；右手握拳收于腰间。

②左臂以肘关节为轴，由里向外用拳背鞭打对手的面部或胸部。

③此拳通常用于攻击人的面部或胸部。

图 17-2-5

图 17-2-6

（4）劈拳（图 17-2-7）

①两脚开立；同时左手握拳置于腹前，拳心朝内，右手握拳收于腰间。

②两脚不动：左臂由下向上向左直臂抡劈，用拳轮劈击对手的头部、颈部或胸部。

图 17-2-7

（5）截拳（图 17-2-8，图 17-2-9）

①两脚开立，身体微右转；同时左手握拳，左臂屈肘上提，左拳置于右肩上方，拳心朝内；右手握拳收于腰间。

②左脚向前上步成左弓步；同时，左臂以肘关节为轴，臂内旋向前，用拳轮横击对方的面部、胸部或肋部。

图 17-2-8

图 17-2-9

2. 掌的基本进攻技术

掌法在跆拳道实战中是非常多见的。虽然正式的跆拳道比赛不准使用掌法，但是，掌法在跆拳道品势练习、实战格斗以及防身自卫中，具有非同寻常的攻击效果，轻者致伤，重者致残致命。因此练好掌法对增强实战格斗和防身自卫能力有着重大的意义。

（1）砍掌（手刀砍，见图 17-2-10、图 17-2-11）

①两脚开立，右臂屈肘上举，右掌提至右耳旁，随即边伸臂边用右手刀向前横砍，掌心朝上。

②右脚向前上步成右弓步；同时右臂由屈到伸向前横砍，用手刀砍击对手的颈动脉处，掌心朝上。

③砍掌分仰掌砍击、俯掌砍击。

图 17-2-10

图 17-2-11

（2）插掌（贯手，见图 17-2-12 及图 17-2-13）。

①两脚开立；握拳收于腰间掌心朝上。

②右脚向前上步成右弓步；同时右拳变掌，掌指朝前，从腰间由屈到伸向前插击，用掌指末端插击对手的腹腔神经丛。

③插掌可分为立插掌和平插掌。

图 17-2-12

图 17-2-13

（3）掌根推击（图 17-2-14，图 17-2-15）

①两脚开立；两手握拳收于腰间拳心朝上。

②右脚向前上步，同时右手成“熊掌”（四指并拢，第二指节卷屈、拇指扣于虎口处）屈腕向前推出，力达掌根，从腰间向前推击，用掌跟击打对手的面部。

图 17-2-14

图 17-2-15

3. 肘的基本进攻技术

肘关节由于骨结构本身的特点，使用肘的骨尖部，其击打的力度和威胁都很大。尤其是在贴身的近距离攻击中，肘的威力能更充分发挥，给对方以强有力的打击。因为肘关节前后左右都可以使用，所以肘的进攻动作可以向多个不同方向击出。

（1）项肘（图 17-2-16，图 17-2-17）

①左脚开立侧向；左手握拳，左臂屈肘置于右胸前，拳心朝下；右臂屈肘，右掌贴附左拳拳面。

②准备姿势开始，左脚向前迈出一步成左弓步，同时左臂屈肘上提至胸前，左拳置于脚前，拳心向下；右拳变掌提到胸前，用右手掌推动左拳，以左肩关节为轴，左肘关节尖领先，将左肘向前顶击。

③攻击的主要部位是头面部、胸部、腹部和肋部。

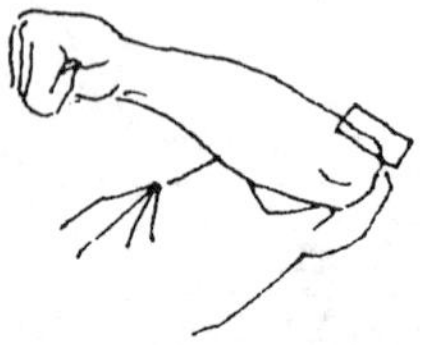

图 17-2-16

图 17-2-17

（2）挑肘（图 17-2-18，图 17-2-19）

①两脚开立；两手握拳收于腰间，左拳拳心朝上；右掌拳心朝下。

②准备姿势开始，左脚向前迈一步成左弓步，同时右拳自腰间上举，右肘关节屈曲收紧，肘尖自下向上挑起。挑时动作可用左右肘完成，只是方向相反。

③攻击的主要部位有下颚和腹部。挑肘时要拧腰顺肩，以增加挑肘的距离和力量。

图 17-2-18

图 17-2-19

（3）击肘（图 17-2-20，图 17-2-21）

①两脚开立；右手握拳，右臂屈肘置于右腹前；左手附于右拳面。

②右脚向前上步成右弓步；同时，右臂以肘尖领先由外向里弧形摆动，用肘部横击对手的腹腔神经丛。

③击肘时要尽量将身体重量作用于肘部，增加击肘的力量。

图 17-2-20

图 17-2-21

4. 膝的基本进攻技术

膝关节在跆拳道实战格斗中是近距离攻击对方的主要武器之一，因为膝关节是人体关节武器化中最具力量的一种，而且使用简单，一旦击中会致敌败北。膝关节的主要使用技术是顶膝和撞膝技术。

（1）顶膝（图 17-2-22，图 17-2-23）

①准备姿势开始，左脚上前迈半步成左弓步，同时双手自腰间前举，由拳变掌抓对方的肩部或衣襟；随即双手用力向下压拉对方的肩部或衣襟，同时提右膝向上顶击。

②顶膝的主要部位有腹部、裆部、头面部。顶膝时两手的下压、下拉用力和提膝上顶的力量协调进行，形成合力顶击对方。

图 17-2-22

图 17-2-23

（2）撞膝（图 17-2-24，图 17-2-25）

①准备姿势开始，左脚掌为轴碾地，身体左转，同时右腿屈膝上提，自右下向左上侧用膝部撞膝，两拳抱于腹前。

②左脚上步成左弓步；同时，双手抓住对手的双肩，使其身体前倾；右腿屈膝上提，用膝部冲撞对手的头部或腹腔神经丛。

③撞膝的主要部位是腹腔神经丛和两软肋部。做动作时提膝、转体、撞膝的动作连续协调，形成加速撞钟式的动作，以提高杀伤力。

图 17-2-24

图 17-2-25

5. 脚踢的基本进攻技术

跆拳道实战中脚踢进攻时一般使用的部位包括脚前掌、脚趾、脚背、足刀、脚后跟、脚后掌（脚跟底部）。利用这些部位可以进行站立踢、跳动踢、助跑踢、转身踢和飞踢等不同形式的踢法进攻，每种踢法踢击的部位各有不同。实战过程中，要根据具体情况，如对方所处位置、暴露的部位、防守的姿势以及双方的距离，选择不同的踢法。

（1）前踢（图 17-2-26）

①实战姿势的基本姿势开始，右脚蹬地，髋关节向左旋转，双手握拳置于体侧；同时，右腿以髋关节为轴屈膝上提。

②当大腿抬至水平或稍高时，髋关节向前送，将要踢的那只腿弯曲举起，并把膝盖抬到胸前，待脚的位置与目标成一直线后，再用弹性力从膝盖发力去踢，另外还可将脚趾向后弯曲，用脚底去踢对方。

③膝关节夹紧，小腿放松，要有弹性；髋往前送，高踢时髋往上送；小腿回收与前踢的速度一样快。主要攻击部位有面部、下颚、腹部、裆部。前踢亦可用于防守。

图 17-2-26

（2）侧踢（图 17-2-27）

①实战的基本姿势开始；右脚蹬地，右腿以膝关节为轴屈膝提起，两手捏拳置于体侧，身体侧向对方站立。

②左脚以前脚掌为轴外旋 180°，髋关节向左旋转，右腿以膝关节为轴向前蹬伸，右脚快速向右前上方直线踢出，力点在脚跟，发力后沿起腿路线收腿、放松，重心落下（原处或向前均可），再次回到实战姿势。

③起腿时大小腿、膝关节夹紧；踢出发力时头、肩、腰、髋、膝、腿和踝成一直线；

大小腿直线踢出，原路线收回。侧踢动作的主要攻击部位有膝部、腹部、肋部、胸部和头面部。

图 17-2-27

三、组合技术

组合技术，就是根据比赛中攻防情况的变化，将两个以上的动作组合在一起的连接技术。由于跆拳道比赛日趋激烈，运动员的技术水平越来越接近，可能运动员在进攻的同时就要防守，或是在防守的同时就要反击。使用单个的技术，往往会被有经验的选手化解或反击。为了战胜对手，就必须在熟练掌握单个基本技术的基础上，掌握一些组合技术，使对手在短时间内很难适应。当然这些组合技术也不是一成不变的，运动员在比赛中要根据场上的具体情况，灵活多变地运用组合技术，使得对手摸不清自己技术动作的规律，以达到出奇制胜的目的。

1. 左冲拳两次连击

预备势站立（图 17-2-28）。第一次冲拳轻击（图 17-2-29），一击即弹回；第二次击打要送肩转髋（图 17-2-30）。

图 17-2-28　　图 17-2-29　　图 17-2-30

2. 左冲拳——左侧拳

预备势站立。出左拳时，右拳护住右颚（图 17-2-31）；左拳伸直后即屈肘，左臂成勾，左脚跟外转，左膝内扣，身体右转带左拳向右横击（图 17-2-32，图 17-2-33）。

图 17-2-31

图 17-2-32

图 17-2-33

3. 左右侧拳

预备势站立。左脚蹬地，后跟提起，左膝内扣身体右转，同时左臂屈成 135°左右，左拳拳心向下，随转体向右横击（图 17-2-34，图 17-2-35）；上动不停，右脚蹬地，身体左转打右侧拳（图 17-2-36）。

图 17-2-34

图 17-2-35

图 17-2-36

4. 四连击

预备势站立。左脚向前一步，同时左冲拳头（图 17-2-37），右脚跟上半步，重心下降，转腰送肩右冲拳击胸（图 17-2-38）；上动不停，向右转身，重心上升的同时左侧拳向右横击（图 17-2-39）；上动不停，腰微下沉，右拳向前上勾，拳心朝里（图 17-2-40）。

图 17-2-37

图 17-2-38

图 17-2-39

图 17-2-40

5. 上段左右冲拳

预备势站立。原地出左直拳（图 17-2-41）；左拳收回同时出右拳，出右拳要蹬腿转

腿送肩，体重70%压在左腿上（图17-2-42）

图17-2-41

图17-2-42

第三节　跆拳道基本战术

运动员在比赛中，根据自己和对手的情况，充分发挥己方特长，限制对方特长，为战胜对手而采取的计策和方法，即为战术。

跆拳道战术的实质在于使运动员能在跆拳道比赛中依据各种可能发生的情况，运用自己平时训练中所练就的各项技能，最有效地发挥自己的优势去战胜对手。在运用战术的过程中，要树立正确的战术思想，体现以我为主、快速灵活的方针，要遵循跆拳道的技术发展变化规律，使战术训练有明确的目的性。

（一）跆拳道比赛的战术原则

跆拳道比赛的战术原则，是制定战术计划、实施战术方案必须遵循的准则。主要的战术原则有以下几种：

1. 根据跆拳道比赛技术特点的功能设计战术

技术，是实现战术的基础，战术又是通过一定的技术动作实现的，不同技术动作的组合，表达了不同的战术意识。因此，根据跆拳道比赛技术动作的特点和功能设计战术是合理、有效的发挥技术的战术原则之一。它能使我们从跆拳道技术的整体性、相对独立性、相关性、动态性、有序性和互变规律性的系统观点出发，正确地制定战术，而不是孤立地、片面地只考虑某一个战术环节和某一个战术动作的技术因素，产生单一的战术方案。跆拳道比赛的技术以踢法为主，制定战术时根据踢法的不同形式、方位、远近、高低以及动作之间的连接规律，按照不同动作的不同作用，充分运用竞赛规则允许的条件，制定不同的战术方案。

2. 攻防兼顾的战术原则

跆拳道的比赛紧张、激烈、刺激，如果比赛中只一味讲究进攻或单纯防守，就会攻防失调、顾此失彼。因此，比赛中一定要遵循攻防兼顾的原则，在瞬息万变的激烈对抗中临战不惧，临危不乱，保持合理的攻防节奏和效果。

攻防兼顾原则的运用是根据比赛时的具体情况灵活应用的，比赛时如果你面对的是强于自己的对手，你就要加强防守，运用防守反击战术与对手对抗；如果你面对的是弱于自己的对手，你就要采取主动进攻战术，争取主动战胜对方；如果两人功力相当时，要攻防兼顾，充分发挥你的智能，运用适当的战术，做到有序进攻，稳妥防守，抓住战机，猛烈进攻。

3. 利用控制与反控制原则

在跆拳道比赛中，经常会遇到这样的情况，就是一名运动员虽然具有较好的专项身体素质和较高的技、战术水平，但比赛中被对方控制得不能有效发挥，他的一举一动都被对方有效控制，因而导致比赛的失败。这种控制就是运用技、战术扼制对方进攻的有效方法。如果你的控制能力好，运用技、战术合理，你就会占据比赛的主动和优势；相反，你就会处于劣势和被动。但如果你具有更强的反控制技战术，你就会变被动为主动。

4. 灵活多变原则

跆拳道赛场上的局势是千变万化的，比赛时如果利用为数不多的战术，甚至采用固定的战术，容易被对方摸到规律，使自己陷入被动挨打的局面。因此，在设计战术和进行战术训练时，要根据比赛中可能发生的情况，多考虑几种战术组合及其相互之间的衔接配合和变化运用。利用多种技战术方法，最大限度地体现不同的进攻方向和进攻点。利用比赛场上的时间、空间、角度、方向和位置，以及真假动作的交替变化，即利用一切可以利用的条件和规则允许，设计和练习灵活多变、多种形式的战术组合、战术意图。而且，这些战术一定要有针对性和实效性，否则，只有华而不实的技术战术动作组合，形式再多，动作再漂亮，也不可能取得最终的胜利。

5. 根据对方的实际情况设计战术

《孙子兵法》曰："知己知彼，百战不殆。"即只有正确地认识自己，清楚地了解对方的实际情况，才能百战百胜。跆拳道比赛中同样需要运用这一策略。要想战胜对方，就要了解对方的具体实力和各种优缺点，然后针对这些具体情况考虑设计相应的战术，实现运筹帷幄，决胜于比赛之中的战略战术意图。因此，在双方交战前一定要全面了解对手的具体情况。

（二）跆拳道比赛的战术种类

跆拳道比赛的战术种类是指运动员在临场复杂多变的比赛中，根据比赛的规律和各方面的情况随机应变，有判断、有目的、有预见地决定自己对付对手的策略思维活动。符合自己特点的战术容易掌握和运用，并可以达到有效使用的目的，而要切实提高战术的质量，则战术要先进，要充分了解战术本身的优点和缺点及对方的适应情况，挖掘发展潜力大的战术，不断地创造新战术。

1. 技术战术

利用技术全面、熟练、有效果的特点，变化运用各种技术，发挥自己的得意技术，掌握比赛的主动权，抑制对手，达到取胜对手的目的。

2. 假动作或假象战术

用逼真的假动作或假象欺骗对手，引其上当，分散其注意力，使其露出破绽，利用这个机会猛烈攻击而得分。

3. 心理战术

比赛开始前，利用情绪、动作和表情等威慑对手，比赛中用气势压倒对手，或利用规则允许和基本允许的各种手段，干扰对方情绪，给对方造成心理负担，使对手技能战术发挥失常，挫伤对方的锐气，发挥自己的优势，在气势上战胜对方。

4. 破坏战术

使用黑招重招使对手先受伤，失去正常比赛的能力，或用技术破坏对手技术，控制其动作发挥，使对方进攻无效并且消耗体力，丧失信心，导致比赛的失败。

5. 防守反击战术

利用防守好的特点，在防守的基础上利用反击技术打击对方。

6. 体力战术

对于耐力好的运动员来说，要充分发挥体力比对方要好的优势，让对手和自己一直处于运动之中，与对方比拼体力，耗掉对方的体力而战胜对手。

7. 规则战术

在竞赛中，有对攻击部位和攻击方法的限制，但也有规则限制模糊的地方，可以利用规则允许或基本允许使用的各种制胜办法攻击对手，也可以利用规则的漏洞。

8. 步法战术

利用自己步法灵活和动作敏捷的优势，围绕对手游斗，引对手上当或扰乱其情绪；待对方反击时又迅速撤退或靠近对手，扰乱对手的情绪和攻防意图，破坏对手进攻而战胜对手。

9. 优势战术

在比赛平分的情况下，利用规则上允许的技术，靠主动进攻次数或使用高难技术而取胜。规则中规定，在比赛平分的情况下，裁判员根据双方主动进攻的次数和使用高难技术的多少进行判定，进攻次数或使用高难技术多的一方为胜方。

10. 特长发挥战术

利用自己的特长、优势技术不断得分的战术。

11. 空间战术

充分利用赛场的空间，攻击对手不同的得分部位或同一部位，或故意露出某一部位引诱对手进攻，实行反击。

12. 语言战术

教练员和运动员达成默契的配合，用语言引诱对手上当受骗；但要注意语言的隐蔽性和合理性，既能够使对方上当，又不要触犯规则。

第四节　跆拳道运动基本竞赛规则

一、比赛场地

比赛场地是 12m×12m 水平的、无障碍物、正方形场地。比赛场地应有弹性的垫子，必要时比赛场地可根据实际情况高出地面 50～60cm，为了安全，比赛台的支撑装置与地面的夹角要小于 30°。比赛区域的划分：

（1）12m×12m 的比赛场地，中央 8m×8m 的区域为比赛区，其余部分为警戒区。

（2）比赛区与警戒区的表面用两种不同颜色划分，同色时要用 5cm 宽的白线区分。

（3）划分比赛区和警戒区的线称为警戒线，比赛场地最外边的线称为边界线。

二、运动员

(1) 参加比赛的运动员必须戴中国跆协认可的道服和保护用具。

(2) 比赛选手应戴好护身、头盔、护裆、护臂、护腿后进入比赛区，护裆、护臂、护腿应戴在道服里面。

三、体重级别

奥运会体重级别如表 17-4-1 所示：

表 17-4-1　奥运会体重级别对照表

男子		女子	
58kg 以下	蝇量级	49kg 以下	蝇量级
58～68kg	鳍量级	49～57kg	鳍量级
68～80kg	中量级	57～67kg	中量级
80kg 以上	重量级	67kg 以上	重量级

四、比赛时间

每场比赛分 3 局，每局比赛的时间为 3min，局间休息 1min。青年锦标赛每场比赛为 3 局，每局比赛为 2min，局间休息 1min。

五、称重体重

(1) 参加当日比赛的运动员在首场比赛开始前 1h 必须称重完毕。

(2) 称重时，男运动员着内裤，女运动员着内裤、胸罩，如运动员要求，也允许裸体称重。

(3) 第一次称重不合格时，在规定称重时间内，可以再给一次称重机会。

(4) 为了避免称重不合格，组委会要准备一个与正式体重称相同的体重称，放在运动员驻地或附近供测试。

六、允许的技术和攻击的部位

(一) 允许的技术

(1) 拳的技术使用：拳的技术必须紧握拳，用拳正面的食指和中指部分击打。

(2) 脚的技术使用：脚的技术必须用踝关节以下脚的前部击打。

(二) 允许攻击的部位

(1) 躯干。可用拳或脚的技术攻击髋骨以上至锁骨以下及两肋部，但背部没有被护具保护的部位禁止攻击。

(2) 面部。从两耳向前的头颈的前部，只允许用脚的技术攻击。

(三) 有效得分

(1) 联单有效得分部位。①躯干。包括腹部和两肋部。②面部。面部允许被攻击的部位。

（2）得分是使用允许的技术，准确有力地击中有效得分部位。但使用允许的技术，攻击被保护的非有效得分部位，击倒对方时，按得分计。

（3）得分一次累加 1 分（+1）。

（4）比分为三局比赛得分总计。

（5）下列情况不计分：

①攻击后故意倒地。

②攻击后有犯规行为。

③使用任何犯规动作进攻。

七、犯规行为

（1）任何犯规行为将由主裁判判罚。

（2）如属于多重犯规时，选择最严重的一项处罚。

（3）处罚分为警告和扣分。

（4）警告两次扣 1 分（−1），警告次数为奇数时，最后一次不计。

（5）扣分一次扣 1 分（−1）。

（6）判罚警告的犯规行为：

①接触行为：抓住对手；搂抱对手；推对手：用躯干贴靠对手。

②消极行为：故意越出警戒线；转身背向对手逃避进攻；故意倒地；伪装受伤。

③攻击行为：用膝部顶撞对手；故意攻击对手裆部；故意蹬踏对手的腿部和脚；用掌或拳击打对手面部。

④不当行为：教练员或运动员示意得分或扣分；教练员或运动员有不文明语言或不得体行为；比赛中教练员离开规定位置。

（7）判罚扣分的犯规行为：

①接触行为：攻击倒地的对手；抓住对手进攻的脚故意将其摔倒。

②消极行为：越出边界线；故意拖延比赛时间。

③攻击行为：攻击倒地的对手；故意击打对手后脑或后背；用手重击对手面部。

④不当行为：教练员或运动员有严重的过激表示或行为。

（8）运动员违背竞赛规则和故意不服从裁判员时，主裁判有权直接判其“犯规败”。

（9）犯规累计扣 3 分（−3）者，判其“犯规败”。

（10）警告和扣分按 3 局累计。

八、优势判定

（1）因扣分造成同分时，3 局中得分多者获胜。

（2）除第一种情况外出现同分，即双方得分和（或）扣分相同时，主裁判根据 3 局的比赛情况判定占优者获胜。

（3）比赛中表现出的积极主动行为是优势判定的依据。

九、获胜方式

（1）击倒胜（KO胜）。
（2）主裁判终止比赛胜（胜）。
（3）比分或优势胜（判定胜）。
（4）对方弃权胜（弃权胜）。
（5）对方失去资格胜（失格胜）。
（6）主裁判判罚犯规胜（犯规胜）。

十、击倒

（1）被攻击后，除脚以外的身体任何部位着地。
（2）身体重心晃动，丧失继续比赛的能力或意识。
（3）主裁判判定其受到强烈击打而不能继续比赛时。

十一、击倒后的处理程序

运动员受到合法攻击被击倒时，主裁判将采取以下处理程序：

（1）主裁判发出“Kal-yeo”（分开）口令暂停比赛，并将进攻者置于远处。

（2）裁判大声向被击倒的运动员从“1”到“10”读秒，每间隔一秒读一次，同时用手势显示。

（3）即使运动员在读秒过程中表示再战，主裁判也必须读到“8”，使运动员获得休息，并确认运动员是否恢复，如已恢复就发出“Key-sok”（继续）口令继续比赛。

（4）主裁判读到“9”时，被击倒的运动员仍无再战表示，则宣布另一方“KO胜”。即使一局或整场比赛时间到，主裁判也要继续读秒。

（5）双方运动员同时被击倒，如有任何一方尚未恢复，主裁判将继续读秒。

（6）双方运动员同时被击倒，主裁判读到“10”后双方都不能再战，应按当时得分情况判定胜负。

（7）主裁判判定被击倒的一方不能继续比赛，可以不读秒或在读秒过程中直接判另一方获胜。

十二、比赛结束后的处理

因被击中头部KO的运动员在30天内不得参加比赛。30天后须经有资格的医生证明其已恢复参赛能力，方可参赛。

十三、比赛中断的处理程序

在一方或双方选手受伤时，主裁判可中断比赛，并采取以下处理程序：

（1）主裁判发出“Kal-yeo”（分开）口令暂停比赛并发出“Kye-shi”（计时）口令，令计时员暂停比赛时间。

（2）允许运动员在1min内进行治疗。

（3）即使只受轻伤，1min后仍不示意再战，就判其负。

（4）由扣分犯规行为造成另一方受伤，1min 后不能恢复比赛，判犯规者负。

（5）双方同时被击倒受伤，1min 后都不能进行比赛时，按受伤前双方得分情况判定胜负。

（6）裁判判定一方明显神志不清并处于危险状态时，应立即中断比赛，安排急救。如果受伤害事故是由扣分犯规行为造成的，就判犯规者负；如果不是扣分犯规行为造成的，按当时双方犯规情况判定胜负。

第十八章　户外运动

第一节　登山与攀岩

一、登山运动概况

（一）登山运动的产生与发展

现代登山运动诞生于18世纪欧洲西部的阿尔卑斯山区。法国科学家德·索修尔在考察阿尔卑斯山区时，对其主峰勃朗峰巨大的冰川和高山植物产生了浓厚的兴趣，并悬赏重奖登顶者。1786年一个乡村医生巴卡罗揭榜，并与当地石匠巴尔玛结伴于当年8月8日成功登上了勃朗峰的顶峰。因此1786年，被定为现代登山运动的诞生年，德·索修尔被称为现代登山运动的创始人。

现代登山运动诞生后，阿尔卑斯山区的登山运动发展极为迅速。1857年，世界上第一个国家性的登山组织——英国登山俱乐部成立。各国运动员不断研制和改进登山装备和工具，不断向从未有人攀登过的、更为难攀、更为艰险的路线去攀登世界上所有的高峰。从1950年起至1964年，包括珠穆朗玛峰在内的地球上14座海拔在8 000m以上的高峰已全部被人类征服。

（二）我国登山运动概况

我国是一个多山国家，登山历史悠久。早在汉代司马迁的《史记》中就有了登山探险的记载。自西汉开始，我国就有九月九日重阳节登高的习俗，这一习俗直到今天还广为流传。到了明代，我国著名旅行家、地理学家徐霞客从20岁起就开始了其长达30多年的登山旅行生涯。游历于名山大川，写了详尽的名山游记《徐霞客游记》，为后人留下了宝贵的古代登山活动史料及高山科学考察资料。与欧洲早期登山活动相比，在时间及高度上，我国都处于领先地位，但作为现代登山运动，我国起步却较晚。

1958年国家体委将登山列为正式的体育运动项目。1960年5月25日，我国登山队首次从北坡成功地登上了世界第一高峰——珠穆朗玛峰，从此跻身于世界登山的先进行列。中国登山队已成功登上世界上所有8 000m以上的高峰和七大洲所有的最高峰。

（三）登山运动的锻炼价值

登山是我们亲近大自然的体育项目，作为一项户外运动，它为人们提供了重塑人际关系，使自身创造力得以释放和尽情享受自然风光的各种机会。它使人们抛开都市喧嚣和烦恼，获得身心极度舒放的愉快。目前，登山与攀岩已成为世界各地人们用以度过闲暇时间的最喜欢的活动之一。经常登山能锻炼体魄，提高对自然环境的适应能力，陶冶性情，净化灵魂，培养团结协作的精神。它是那些追求刺激、挑战、冒险的人们最好的休闲活动，能使之在登山过程中体会奋斗的快乐，领悟人生的真谛，培养机智勇敢和拼搏精神。登山对于某些登山爱好者而言，还将为他们提供一种目的感，一种不断的挑战感，尤其是在征服那些一般人难以攀登的山峰后体会到其他地方很难体会到的激情。

（四）登山运动分类

根据登山的难度、高度及是否使用登山装备，通常将登山运动分为高山探险登山、竞技登山运动、攀岩运动和普通登山活动四大类。

1. 高山探险登山

高山探险登山是登山者在各种登山技术装备的辅助下，经受各种恶劣自然条件的考验，以攀登高峰峰顶为目的的登山活动。高山探险登山对登山者要求较高，通常是训练有素的专业登山运动员。

2. 竞技登山运动

它是一种运用熟练的攀登技术和各种技术装备，专门攀登悬崖峭壁或冰壁的竞技性登山运动。

3. 攀岩运动

攀岩运动是一项不用攀登工具，仅依靠手脚和身体的平衡攀登峭壁或人工岩墙的竞技性运动项目。根据竞赛规程，攀岩比赛可分为“难度攀岩”和“速度攀岩”。

4. 普通登山活动

普通登山活动分为旅游登山和定向登山比赛。

（1）旅游登山

旅游登山是一项旅游与登山相结合的活动，历史悠久。在我国，素有“九九重阳登高”的历史。由于中国登山队的成就及登山运动本身又能锻炼人的身体和意志，因此群众性的大型登山活动也随之逐步开展起来，一些大专院校先后成立了登山协会。这些协会主要利用假期组织青少年登山夏令营，并普及登山基本知识和技术。每年重阳节登泰山、新年登长城、秋季登香山已成为国际著名的群众性登山项目之一。

（2）定向登山比赛

定向登山比赛。通常要事先选定一座山峰，攀登难度不宜太大，以登顶为目标，将参加比赛的登山者分为若干个结组，从一个出发点同时出发，按事先规定的路线越过草坡、山涧河流或小溪，选择宿营地点，攀登岩石峭壁，登上顶峰后下山返回指定地点。

（五）登山装备

登山装备是指登山过程中为顺利完成登山活动所需的装置和设备，是直接与登山活动有关的最必需的基本装备。登山装备要适应登山运动的环境条件，在设计、选材、用料、制作上要尽量使用轻便易携，坚固耐用，便于拆卸，能一物多用，并能保暖防水的装备。

按登山装备使用范围的不同可分为以下几类：

1. 全人装备

全人装备指登山运动员必备的服装及防护用具。竞技登山的全人装备包括登山帽、岩石衣裤、岩石鞋和普通登山鞋等。探险登山的全人装备还需要有御寒服装、风雨衣、高山靴、手套、帆布背囊、防护眼镜、手电筒等。

2. 技术装备

技术装备指攀登时需使用的器材，主要包括登山绳、登山铁锁、登山安全吊带、挂梯、升降器、冰镐、冰爪、雪崩飘带、钢锥、铁锤及雪铲等。

3. 宿营装备

宿营装备主要包括帐篷、睡袋、食品、炊具及燃料等。

4. 保障装备

保障装备是为了应付各种意外情况和其他目的而备用的一些器材用具。如氧气装备、通信器材、摄影器材、自卫武器、交通工具、观察仪器、医药救护器材等。

二、登山技术

登山技术是指登山运动中为克服地形上遇到的各种困难而采取的科学的操作方法。在登山时会遇到各种困难的地形，它是运动员行动的威胁和障碍。登山过程，也就是运动员不断排除这种威胁和障碍的过程。在同一客观困难面前，是战胜它去夺取胜利，还是坠入险境而酿成事故，一般来说与每个登山运动员的技术状况、集体配合有很大关系。因而登山技术对于实现登山各种战术要求具有重要意义。

登山技术分为结绳、保护、攀登、下降、渡河搭桥等技术。

（一）结绳技术

结绳技术即绳索之间、绳索与其他装备之间的连接，称为结绳技术（或称结绳方法）。

1. 结绳技术在登山中的应用

结绳技术是登山运动员必须掌握的基本技术之一。在登山途中，运动员互相保护，越过障碍，攀登岩石或冰雪陡壁，渡过山涧急流，都离不开绳索。绳索是登山技术中所使用的最重要装备。

2. 结绳类型及用途

结绳依其用途不同可分为：固定和操作用的绳结、接结用的绳结、保护用的绳结三种类型。

（1）固定和操作用的绳结：即将绳索一端直接固定于自然物体上，固定时多采用下列绳结：

①织布结（布林结）：通常用于绳索一端与自然物体的固定，如上方固定保护时将绳拴在自然物体上，有时在没有安全带的情况下，可将此结打于胸部，以作胸绳用（图 18-1-1）。

②牵引结：为了拉紧绳子，将一端在树干上缠绕固定，利用绳子和树干的一定缠绕摩擦就可将绳拉得很紧很结实，一般用于渡河搭桥时用（图 18-1-2）。

③通过结：用于和铁锁的连接或挂于铁锁中作固定用。此结有通过结和 8 字通过结（图 18-1-3）。

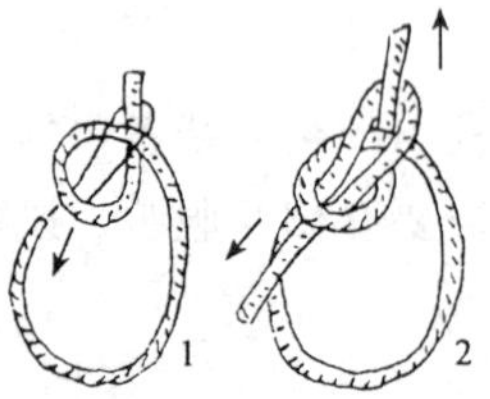

图 18-1-1

图 18-1-2

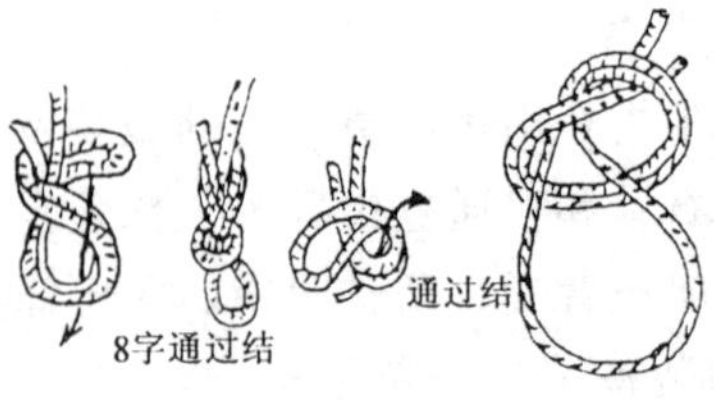

图 18-1-3

（2）接绳用的绳结：将短绳接成长绳使用的绳结。

①平结：用于直径相同绳索之间的连接（图 18-1-4）。

②交织结：用于直径相同绳索之间的连接（图 18-1-5）。可分为单交织结和双交织结。

③混合结：用于两根不同直径绳索之间的连接（图 18-1-6）。

图 18-1-4

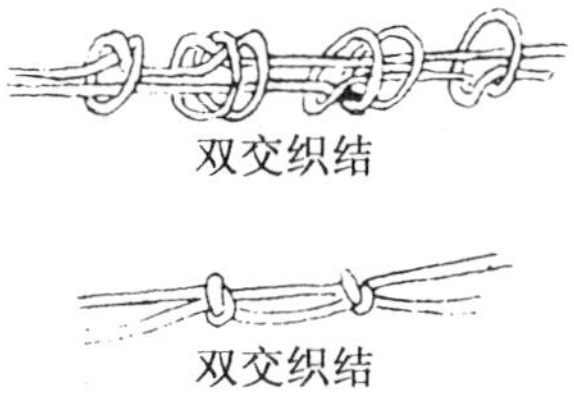

图 18-1-5

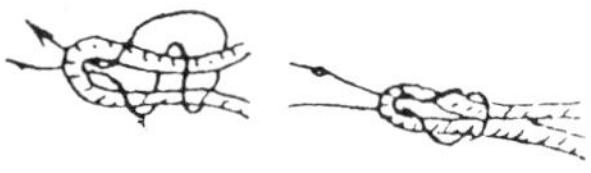

图 18-1-6

（3）保护用的绳结：保护用的绳结是使绳索之间或绳索与铁锁之间能够产生摩擦和滑动的连接方法。

①单环结：用于沿主绳下降时的速度控制（图 18-1-7）。将绳索在铁锁上缠绕，增加摩擦力而控制下降时的速度。常用于岩壁上坐式下降时用。

②抓结：用于行进中的自我保护。利用细绳在粗绳上的缠绕，使之摩擦阻力加大，从而起到暂时固定和自我保护的作用（图 18-1-8）。抓结有单抓结，即利用单根绳打结和双抓结，即套绳打结两种方法。

结绳注意事项：

（1）在用结绳组合各种技术装置时，对绳索的装、收要有条理，不要乱拉乱放而造成交织混杂，影响技术操作。

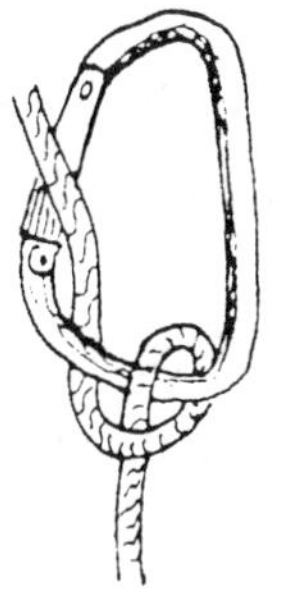

图 18-1-7

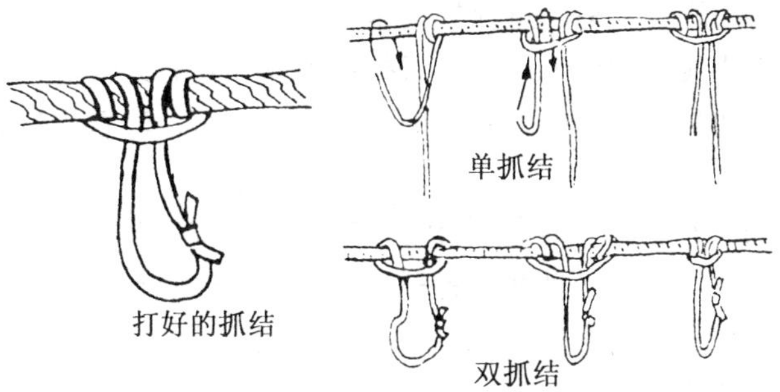

图 18-1-8

（2）在行进或攀登路线上装置绳索，要避开岩缝和尖石等障碍物，排除自然物对绳索拉力的干扰。

（3）行进或休息时，切忌踩踏绳索，特别是脚下绑有冰爪时更要注意，否则有可能对绳索造成隐患而酿成各种事故。

（4）结好绳后，一定要检查是否正确，否则要重新结好，千万不能马虎。

（二）保护技术

为了防止在登山过程中因动作失误而引起的意外险情所进行的各种操作，称保护技术。

1. 保护技术和方法

保护技术分为固定保护、行进保护和自我保护三种。

（1）固定保护：固定保护是对行进者或攀登者预设的专门保护。保护者将主绳进行某种固定，选择有利位置专门负责保护。在攀登岩石峭壁、冰峭壁等技术操作复杂、危险性大的路段时多被采用。固定保护又可分为交替、上方和下方三种保护方式。

交替固定保护：登山过程中，结组通过较陡峭危险的地段如冰坡时，多采用这种保护。保护方法：结组内只能有一个人行进，其他人停止行进，将冰雪锥或冰镐打入坡面，作为牢固支点，并将主绳在它上面按特定的要求缠绕。做好保护后，可根据行进者的速度做收、放绳动作。行进的队员在走完主绳间隔那一段距离后，停下来改做保护者（做法同上）。第二人开始行进依次反复进行，逐级攀登。

上方固定保护：固定保护者处于被保护者上方而得名，多用于攀登岩石峭壁的保护。保护者在峭壁顶部利用钢锥或自然物将主绳一端牢牢固定，然后，将自己身体也牢结于主绳的相应位置，成自我保护装置，防止攀登者失误摔落时被牵动。最后将主绳另一端抛给峭壁底部的攀登者。攀登者将绳端牢固结于自己身上，通知上方后，便可以行动。保护者随攀登者的行进，要不断做收绳动作。

下方固定保护：第一人攀登峭壁时，因上方无人，只能采用下方固定保护，即保护者的位置在攀登者的下方。其保护装置也是将主绳一端在保护者附近固定，另一端交攀登者系牢在身上。攀登者在行动过程中，要不断把主绳挂到自己打入峭壁的新支点上。保护者要随着攀登者的上升，不断做放绳动作。在攀登者失误脱落时，因牵动保护者的拉力来自上方，对保护者构不成威胁，故一般情况下，下方可不设自我保护装置。

（2）行进中保护：行进中保护指行进中不需要预设专人保护，只是在出现险情后依靠保护装置而采取的一种应急保护技术。最普遍而简便的方法是用主绳将 2 ~ 5 名运动员的身体连接而构成一个结组。在结组行进中，一旦有人失误滚坠，同组其他人都要立刻以最方便的姿势和最快的动作，将冰镐全力插入冰雪、碎石或裂缝中，以期通过固定自己的身体而拉住滚坠者。

（3）自我保护：不管是行进中保护还是固定保护，攀登者一旦失误，都不能消极地依赖别人的保护，而要尽量做出各种自救动作，这叫自我保护。特别是在行进中，失误滑坠，就要在高呼“保护”的同时，迅速将身体呈俯卧姿势，并用全力使冰镐尖与坡面摩擦，以减低下滑速度。

2. 保护中应注意的事项

（1）保护前对所使用的工具装备，要认真进行检查。

（2）保护地点要尽量安全可靠，要有利于保护者操作。禁止在雪崩、冰崩、滚石区做保护。

（3）保护者首先要做好自我保护装置，戴上手套和安全帽。

（4）在攀登岩石峭壁的保护中，一定要随时观察绳索是否有磨损，若有，一定要妥善处理。在被保护者没有到达安全地点前，保护者一定要注意力集中，以高度负责的态度，克服一切困难完成保护任务。

(5) 在攀登岩石作业中，要保持安静，听从指挥，杜绝一切事故的发生。

(三) 下降技术

下降技术是登山运动的基本技术之一，这里只介绍几种陡坡和峭壁下降的技术。

1. 器械下降

器械下降是最常用的一种方法，原理是利用主绳同连接于身体上的一定器械之间的摩擦，减缓控制下滑速度达到下降目的。

(1) 下降器下降：将主绳一端在峭壁顶部固定，另一端抛至下方。下降者在腰部系好安全带，腹前挂好铁锁，然后将主绳按 8 字缠绕于下降器上，再将下降器的铁锁连接，左手握主绳上端，右手则在胯后紧握从下降器穿绕出来的主绳。面向岩壁，两腿分开约成80°角，蹬住崖棱，身体后坐，使躯干与下肢约成 100°角，将左手上方主绳搭于崖棱上之后，可开始下降。

动作要领：下降时两腿上下分开向下逐渐移步，身体向右手方向倾斜，随身体重量的下沉，右手逐渐放（松）绳，两脚也随之向下移步，身体便不断下降。为了消除初学者的恐惧心理，可增加抓结装置，一旦操作紧张将下端的右手松开时，抓结就可起到保护作用。

(2) 单环结下降：这种下降方法是在没有下降器的情况下，以铁锁和单环结的连接，代替下降器下降（图 18-1-9）。

准备动作和下降方法同下降器下降法，必须注意的是单环结要打得正确，铁锁一定要拧紧螺扣。

2. 坐绳下降

坐绳下降是利用绳索与下降者的身体相缠绕而产生摩擦，控制下降速度。它是下降的一种简单易行、不需要很多装备器材就可实现下降目的的一种方法。

准备动作：面向固定绳端，两腿夹住上方固定好的主绳，将身后主绳沿右（左）大腿根部从外侧绕至前面，经腹、胸，左（右）肩至背后，用右（左）手在胯后将其握住（图 18-1-10）。采用这种方法下降，应身着较厚的耐磨衣服，并要掌握好动作要领，维持好身体平衡，经过大腿根部的主绳不能移位或脱离，下降速度不宜过快，否则很容易擦伤身体。

3. 缘绳下降

坡度在 75°以下，可采用缘绳下降法。采用这种方法不需要过多的装备，只要有主绳即可。

准备动作：在主绳上打好抓结，双手握主绳，两腿分开退至崖棱时，拉紧主绳，开始下降。

下降方法：双手沿主绳依次向下倒手，并在倒手的同时将抓结捋下，两脚交替下移，用前脚掌蹬住岩壁，上体和下肢约成 150°角，一旦失手，抓结可起保护作用，也可利用双主绳，一绳保护，另一绳下降。

4. 渡河搭桥技术

在野外进行地质考察或在登山探险途中经常会遇到山涧河流，这就必须熟练地掌握渡过山涧河流的技术和方法。现将最主要的渡河搭桥技术介绍如下：

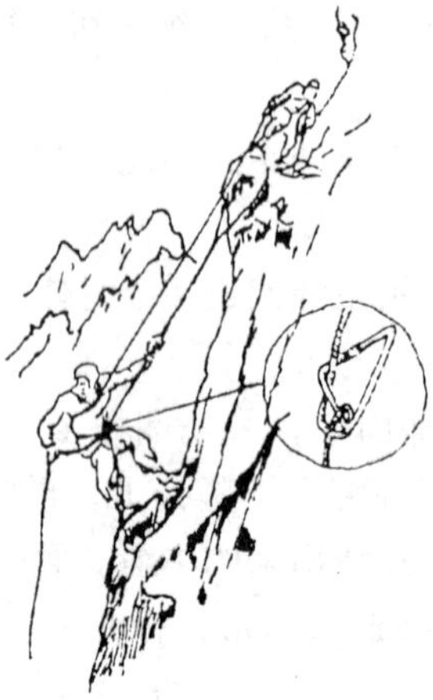

图 18-1-9

图 18-1-10

（1）涉水渡河：对水位较浅、流速不大的河流可采用涉水过河的办法，但应注意，山涧河流的水温低，水流急，而且河底布满石块，涉水通过时不宜脱掉鞋袜，渡河地点要选在河面较窄而河水较浅的地段。

（2）绳索渡河：即利用连接两岸的空中绳索渡河，根据绳索装置方法的不同分为以下三种：

牵引渡河：牵引渡河是借助固定于两岸的单根主绳横渡河流，适用于河面较宽、河水较深的河流。选会游泳的运动员，携带着主绳的一端先渡河，并把主绳固定于对岸的树木、岩石等物上。待两岸绳端拉紧固定后，渡河者可用滑轮牵引或缘绳的办法渡河。

抛地锚渡河：在对岸条件允许、河面不太宽的情况下，将主绳一端绑一铁锚（或用冰爪代替），抛向对岸，并使其在岩石缝等处卡牢。其他操作与牵引渡河方法相同。

搭吊桥渡河：先用绳索装置成简易吊桥，再步行通过。此方法适用于河面较宽、河水较深，又有较多人员和物资重复通过河流时。此法是将 3 根主绳固定于两岸，其中 2 根主绳平行固定在上面；一根固定在两根主绳的下面，各间隔 1 米，拉成底朝上的等边三角形，然后用辅助绳从两侧找一定间隔将 3 条主绳交织连接，以使其同时受力。这样下面的 1 根主绳便成了步行的“桥板”，上面的 2 根绳索做“桥栏”。通过时应依次单人行进，并设保护装置。

（3）架独木桥渡河：渡过河面不宽，但水深流急的河流时，可选用较粗的木棍或树干等作桥面渡河。先将选好的长度适中的木棍细端用主绳的中间部位打双套结，另一端固定在岸边，然后将木棍竖起，拉紧主绳两端，再向对岸缓缓地放下，搭于对岸的岸边上。选一队员先利用还未固定好的主绳作扶手，稳步渡过去之后，将系独木桥的主绳解脱固定于对岸的岩石或树木上拉紧。这样后面的人就可以安全渡过。

（4）其他渡河方法：主要有骑马或骑牦牛渡河，或利用皮筏和橡皮船渡河等。

三、攀岩技术

在攀登岩石、峭壁过程中所需要的特殊技术称为攀岩技术。攀岩现已发展成为一项独立的运动，即攀岩运动。由于攀岩运动是一项很好的健身运动，其特有的惊险性、技巧性、刺激性、竞争性和趣味性，吸引着越来越多的人参加这项运动。目前，在欧、美国家除了建有专门的攀岩场地外，在很多公园和游乐场所，也都建有攀岩场地。有的国家还把攀岩项目引入中小学作为教学课程。

根据攀登者在攀岩过程中运用的技术装备和攀登特点，可将攀岩技术分为徒手攀登法、利用器械攀登法、缘绳攀登法、结组攀登法、攀登裂缝法及棱脊攀登法等。

（一）徒手攀登法

由于在攀岩过程中，攀登者通常是结组进行，因此徒手攀岩的难度，主要体现在第一人的攀登过程中。其基本方法是利用自然支点和人为支点进行徒手攀登，用双手和双脚构成人的四个支撑点。

攀登的技术要领就是"三点固定"，在双手抓牢和双脚蹬牢三个支点的条件下才能移动第四个支点。虽是徒手攀登，但也必须在特设的固定保护装置下进行。第一人设下方保护，结组的其他人设上方保护。

攀登时的身体姿势：面向岩壁，攀登时四肢握或蹬牢四个支撑点，站立在岩壁上，身体自然放松，并与岩壁保持一定的距离。眼睛注意观察路段，寻找支点。两脚要支撑身体重量。双手紧握支点维持身体平衡，在三点固定好的情况下，移动第四点，此时，身体重心也要随着身体的移动而迅速转换，上下肢要协调配合，有节奏地进行攀登。

（二）利用器械攀登法

根据攀岩所使用的器械，可分为以下三种：

（1）上升器攀登法第一人登顶后，在上方将主绳一端固定，将另一端扔至下方，下方固定拉紧。后继攀登者双手各握一只与脚相连的上升器，卡于主绳上，沿主绳上攀。

（2）抓结攀登法：攀登陡峭的岩石壁，在没有支点可抓握的情况下，采用双主绳方法，即在主绳上用辅助绳打上抓结（手握处），抓结的另一头（接脚的部位）打上双套结，然后脚踩双套结（如马蹬），手推抓结向上攀登。

攀登动作：将上方固定的两条主绳扔至下方固定好后，双手各握与脚相连接在上端主绳上的抓结，一腿上抬，使连接抓结的绳索松弛并迅速沿主绳将抓结向上推进，身体重心迅速跟上并伸直腿站立。另一腿同样上抬，同样向上推移抓结，然后腿蹬直站立，如此反复交替操作。攀登时注意提腿、推抓结和身体重心移动、下蹬伸直腿的动作要一气呵成，身体始终靠近岩壁，切勿后仰，抬腿时脚可借助蹬踏岩壁的力量向上推移抓结和维持身体平衡。

（3）挂梯攀登法：遇上特别陡峭或如屋檐状的岩壁必须攀登时，可采用挂挂梯的办法向上攀登。就是将准备好的小挂梯交替向上挂于相应的人为支点上（人工打入岩壁的钢锥），攀登者利用挂梯作支点向上攀登。

（三）缘绳攀登法

当攀登的岩面坡度小于90°时，后继攀登者双手抓紧第一攀登者放下的主绳，两脚蹬踏岩壁，手脚配合，缘绳向上攀登。

（四）两人结组攀登法

若攀登路段过长，可采取两人结组交替保护的攀登方法。

（五）攀登岩面裂缝的技术

攀登岩面裂缝技术仅适用于宽度不超过 1 米的裂缝。根据裂缝的宽度应分别采取立式攀登、剪式攀登、坐式攀登和跪式攀登等不同的攀登方法（图 18-1-11）。

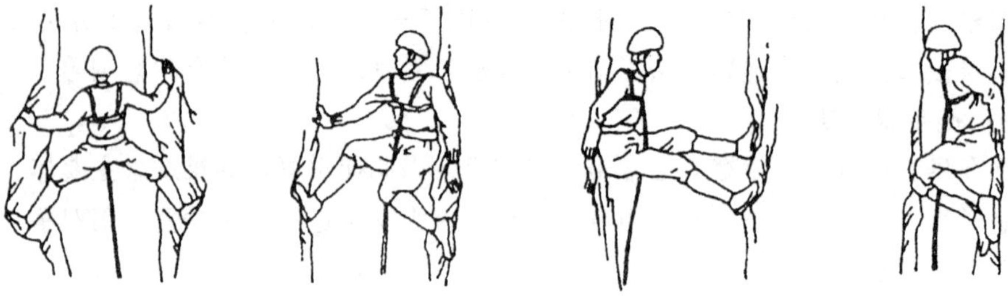

立式　剪式　坐式　跪式

图 18-1-11

有些过窄的裂缝只能将手或脚插入裂缝，可用双手交叉，掌心向外推，手脚交替向上攀登。当裂缝稍宽、刚好能挤进身体时，可将身体的一半塞进裂缝，利用身体和岩面的摩擦力，逐渐向上攀登。

（六）攀登棱脊的技术

攀登棱脊的方法通常是脚蹬岩面抓握棱脊进行攀登。如棱脊无法用力抓握时，就只能骑在岩脊上，充分利用双手向里挤压的力量和双脚脚底或脚内侧与岩面的摩擦力向上攀登。

第二节　定向越野

一、定向越野概述

19 世纪末、20 世纪初，欧洲北部斯堪的纳维亚半岛广阔而崎岖不平的土地上覆盖着一望无际的森林，散布着无数的湖泊。城镇、村庄稀疏散落，人们的交通主要是依靠那些隐现在林中弯弯曲曲的小路。在这样的地理环境中生活，理所当然地要比别的地方更需要地图和指北针，否则，要想穿越那莽莽林海是十分困难的。正因为如此，那些最经常地在斯堪的纳维亚半岛山林中行动的军队，便成了开展定向越野的先驱。他们深知，如果不具备在山林中辨别方向、选择道路和越野行进的能力，就不能完成保卫国家的重任。

开展定向越野的基本器材——地图，原本为保障军队的行动而测制的。军人利用它进行体育竞赛的雏形最早在瑞典（1888 年）和挪威（1895 年）出现。1897 年 10 月 31 日，第一次面向民众的比赛在挪威组织了起来，其后在挪威还举行了一些小规模的比赛。到了 20 世纪初，定向越野在挪威销声匿迹，但在瑞典却得到逐步重视。1919 年 3 月 25 日，一次影响深远的定向比赛在斯德哥尔摩南部 Nacka 的林中举行，它的组织模式与规格标志着定向运动作为一个独立的体育项目，结束了它在准备时期的长期探索。因此，时任瑞典斯德哥尔摩体育联合会主席的吉兰特便被人们视作现代“定向运动之父”。

由于定向比赛适应的人群广泛，既能提高野外辨别方向的能力，又能促进使用地图的学习，培养和锻炼人的勇敢顽强拼搏精神，场地和器材的花费也不高，并且娱乐性与实用性兼备，因此人们对它的兴趣就如星火燎原一样，迅速地传开了。定向运动也由初期单一的一种比赛形式逐步演变为包括各种各样的比赛或娱乐项目在内的体育运动。为使定向运动得到更好、更健康的发展，1961 年 5 月，十几个国家的定向运动积极分子在哥本哈根成立了国际定向运动联合会，科学地划分、确定了全世界统一的正式专业项目、主要赛事、主要比赛项目，并制定了一系列的比赛规则和技术规范。国际定联成立时有成员国 10 个，到 2002 年底，已发展包括中国在内的 62 个国家和地区。国际定联早在 1977 年就成为国际奥委会承认的“世界单项体育组织”，并长期得到国际奥委会的支持。国际定联还是“国际世界越野会协会”、“国际单项体育联合会总会”的成员。在 2001 年，定向运动成为“世界运动会”的正式比赛项目。

二、定向越野的比赛方法与基本竞赛规则

定向越野的比赛方法就是运动员手持地图和指北针独立按顺序到访地图上所指示的各个点标，以最短时间到达所有点标者为胜。一条标准的定向路线，包括一个起点（用三角形表示），一个终点（用双圆形表示），每一个要找的点标（用单圆形表示）。我们可以图示为：

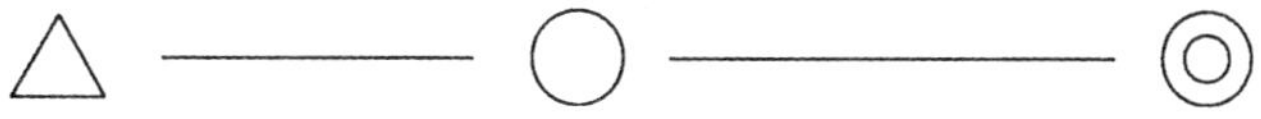

这些点标已在地图上用数字标明，按顺序连线。点标与点标之间的路线并不是指定或固定的，相反运动员应该自己作出选择。

竞赛主要规则是指参赛者在比赛中必须遵守的规定，以确保成绩有效。运动员在起点处领取地图、指卡，在途中必须按顺序到访路线上的所有点标，每个点必须要打卡，在终点处必须将指卡和地图交回，并领取成绩单。

三、定向越野的器材和分类

（一）器材

1. 地图

地图是定向越野最重要的器材，它的质量的好坏直接关系到比赛过程是否安全、结果是否公正。为了方便使用者比较、辨别地面的障碍程度，同时保持地图在越野中的清晰易读，定向地图应尽可能多地表示出各种地物、地貌的特征，特别是在有植被的情况下，应使用较多的鲜艳色彩来表现图中的内容。

（1）比赛路线：由赛事组织者印刷或手绘在地图上，与比赛地图一齐发给比赛人员使用。

（2）地图比例尺：比例尺是地图上最重要的参数之一，要想学会、识别、使用地图，首先应该懂得比例尺。

（3）地图符号：地图符号是地图与用图者对话的语言，是我们获取现地地形信号的惟一来源，因此完整、准确地识别符号是正确使用地图的前提。

（4）地貌——等高线的识别：地貌是地表的高低起伏状态。

2. 指北针（图 18-2-1）

用于越野中辨别和保持方向，它是定向越野可借助的惟一合法器材，指北针的红色指针永远指向北方，要使红色指针永远与地图上标明北方的红色箭头或地图顶部红色横线保持方向一致，这样就不会迷失方向，知道自己身在何处。

3. 电子指卡、点鉴器和打印机（图 18-2-2）

为了证明每个人找到并到访了各个检查点，赛前组织者每人发一个基于电子点鉴系统的成绩验证装置——电子指卡。越野员使用它时，把指卡头往点鉴器的打卡区域轻轻一靠，听到哗哗声或打卡器上的红灯闪烁，便可确信到访及到访时间已被记录，然后通过便携式热敏打印机就可以在越野员到达终点后立即打印出到达各个点标的时间、点与点之间的用时以及跑完全程的用时。

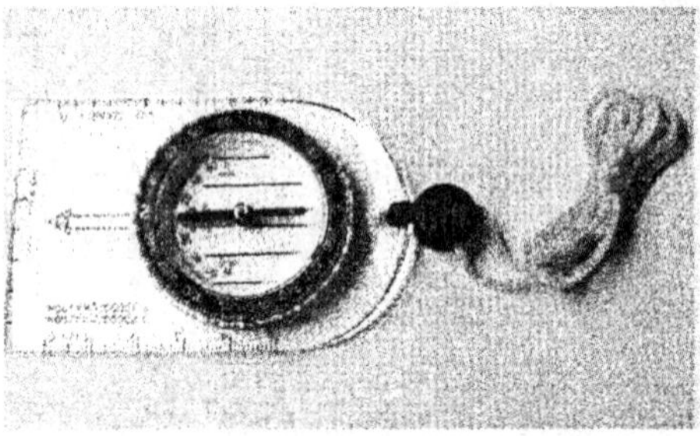

图 18-2-1

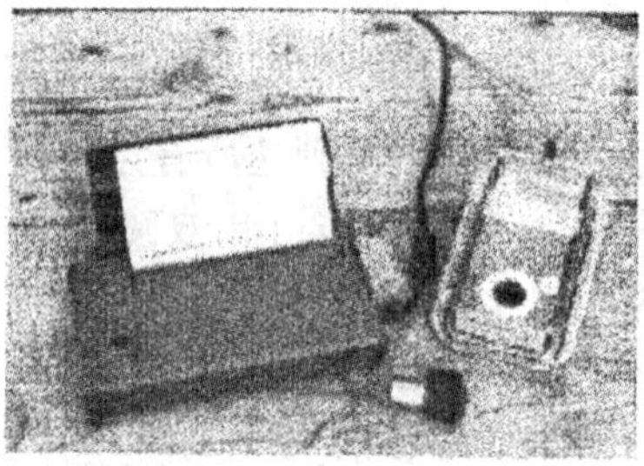

图 18-2-2

4. 点标

点标是设在各检查点的标志，用三面标志旗围成的“三角形灯笼”（图 18-2-3），每个面的标志旗呈正方形，沿对角线分开，左上方为白色，右下方为橙红色，尺寸为 30 厘米×30 厘米。每个点标上有一个编号，供运动员辨别是否要找的点标。

5. 号码布（图 18-2-4）

当比赛的级别较高、运动员较多时，这是用来识别队员的必需品，保证裁判工作的正常进行。

6. 检查点说明表（图 18-2-5）

图 18-2-3

图 18-2-4

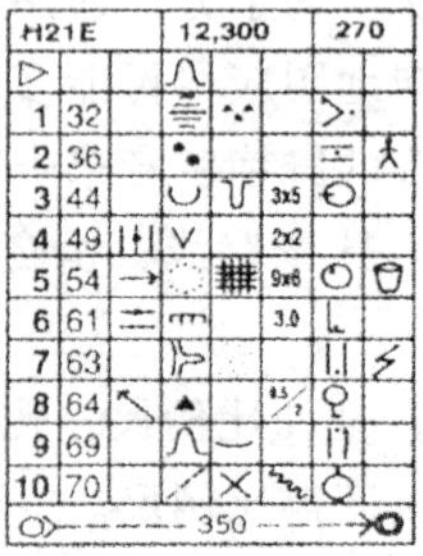

图 18-2-5

所谓检查点说明表，是指在越野员出发时，以表格的形式发给他们的一套世界统一的符号（和文字）系统。它可以使你在进入图上的检查点圆圈之后，不必再为寻找点标的位置而东奔西跑。

（二）分类

（1）定向越野按运动工具的不同可分为两种：

①徒步走向：如传统定向越野跑、接力定向、积分定向、夜间定向、五日定向、校园定向、公园定向等。

②工具走向：如滑雪定向、山地自行车定向、摩托车定向等。

（2）定向越野按性别的不同可分为男子组和女子组。

（3）定向越野按年龄的不同可分为青年组、老年组和少年组。

（4）定向越野按技术水平的不同可分为初级组（体验组和家庭组）、高级组和精英组。

（5）定向越野按参加人数的不同可分为个人单项、个人双项和集体项。

四、定向越野基本技术

（一）地图正置及拇指辅行法

1. 动作要领

先将地图正置，把拇指放在地图上自己的位置。这样你要前进的方向便在地图前面，使你清楚观察四周的环境及地理特征。当前进时，拇指随着移动，当改变前进方向时，地图也要随着转移，即保持地图北向正北方。那样你可以在任何时候都能立即指出自己在图中的位置，可省不少时间和精力。

2. 练习方法

（1）明确自己的站立点、比赛路线、到达的目标（图 18-2-6）。

（2）转动地图，使地图与现地的方向一致（图 18-2-7）。

（3）以左手拇指压于站立点上（此时要把拇指想像为你自己）（图 18-2-8）。

（4）开始行进（图 18-2-9）。

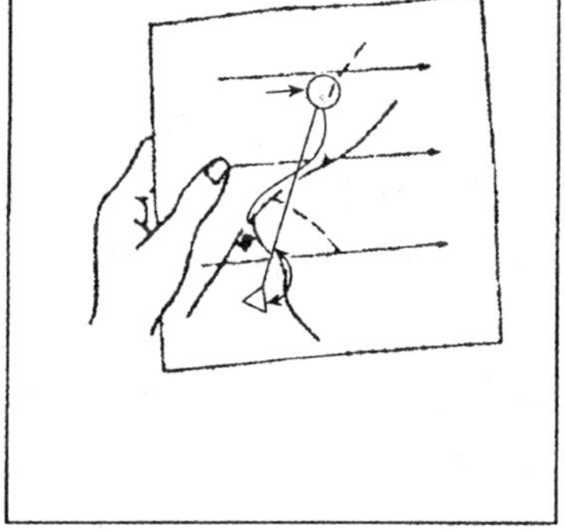

图 18-2-6

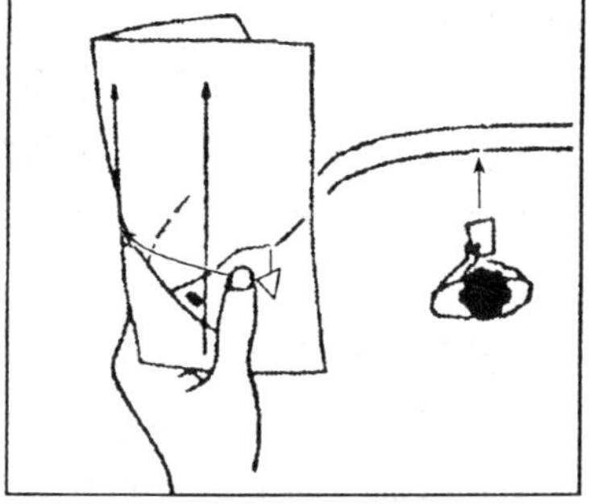

图 18-2-7

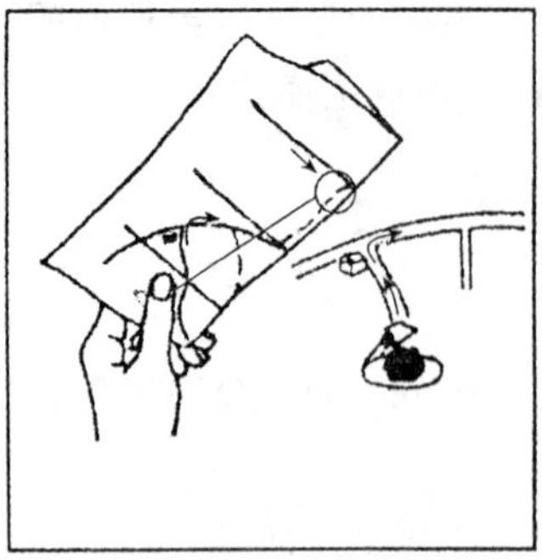

图 18-2-8

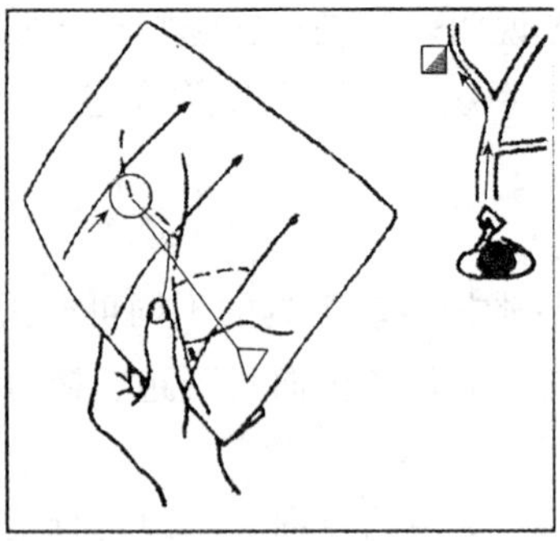

图 18-2-9

3. 易犯错误与纠正方法（表 18-2-1）

表 18-2-1

易犯错误	纠正方法
人在实地行走，拇指在地图上不移动； 实地行进转变方向时，拇指忘记改变方向。	人在实地行走，拇指在地图上也要移动； 实地行进转变方向时，拇指也要改变方向。

（二）指北针与地图结合使用法

1. 动作要领

利用指北针与地图，准确地找出目标的方向，每次前往目标前，可先观察目标周围的地势，加深印象，务求快速及准确地到达目的地。

2. 练习方法

（1）标定地图

标定地图就是为了使定向地图的方位与现地的方向相一致。

①概略标定：定向地图的方位是，上北、下南、左西、右东，当我们现地正确地辨别了方向之后，只要将地图的上方对现地的北方，地图即已标定。

②利用磁北线标定：先使透明式指北针圆盒内的定向箭头“↑”朝向地图上方，并使箭头的平行线与地图上的磁北线重合（或平行），然后转动地图，使磁针北端对正磁北方向，地图即已标定（图 18-2-10）。

③利用直长地物标定：利用直长地物（如道路、土垣、沟渠、高压线等）标定地图，首先应在图上找到这段直长地物，对照两侧地形，使图与现地各地形点的关系位置概略相符，然后转动地图，使图上的直长地物与现地的直长地物方向一致，地图即已标定（图 18-2-11）。

④利用明显地形点标定地图：当你位于明显地形点上，并已从图上找到该地形点的位置（即自己所在的站立点）时，可以利用明显地形点标定地图。方法是：先选择一个图上与现地都有的远方明显地形点（目标），然后转动地图，使图上的站立点至目标的连线与现地的站立点至目标的连线相重合，此时地图即已标定（图 18-2-12）（利用明显地形标定地图）。

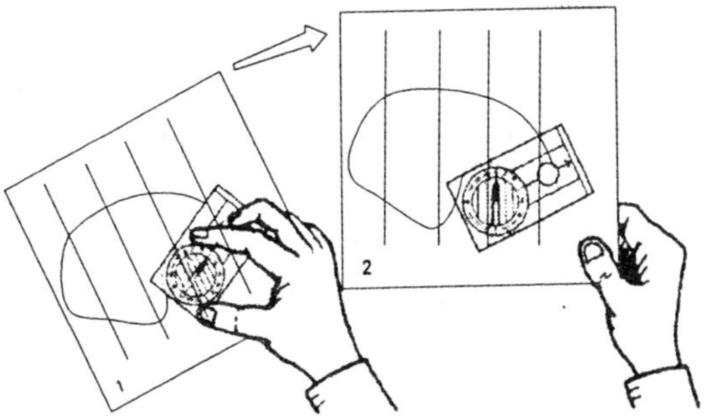

图 18-2-10

图 18-2-11

图 18-2-12

（2）对照地形

就是要通过仔细的观察，使图上和现地的各种地物、地貌一一“对号入座”，即相互对应。对照地形在定向越野比赛中的作用主要有两个：一是在站立点尚未确定时——只有正确地对照地形，才能在图上找出正确的站立点位置；二是在站立点已经确定，需要变换行进方向时——只有通过对照地形，才能在现地找到已选定的最佳行进路线。对照地形一般应先标定地图，然后根据不同的需要采用不同的对照方法：

①在站立点尚未确定前：首先应概略地标定地图，然后迅速地观察一下周围，记清最大或最有特征的地物、地貌的大概方位与距离，并从图上找到它们，此时站立点的位置即可概略地确定。若想较精确地确定，则需按下面所介绍的方法去做。

②在站立点已经确定之后：同样首先应概略地标定地图，然后从图上查明自己选定的越野路线上近前方两侧的特征物，同时记清它们的大概方位与距离，并将它们在现地辨别出来，然后再前进。如果因为地形太复杂，如山丘重叠、形状相似等，不易进行对照，可以先采用较精确的方法标定地图，然后用带刻度尺的指北针的长边切站立点和特征物，并沿这条直长边向前瞄准，则特征物一定在此方向线上。如此方法还不能解决问题，应变换对照位置，或者登高观察和对照。在这里需要特别强调的是，无论在什么情况下进行现地对照地形，都必须特别注意观察和对照地形的顺序与步骤问题。现地对照地形的顺序一般是：先对照大而明显的地形，后对照一般地形；由近及远，由左至右；由点及线，由线及面；逐段分片，有规律地进行对照。在步骤方面，首要的、也是必不可少的是要保持地图

方位与现地方位的一致，然后再根据不同需要进行下面的步骤。

（3）确立站立点

熟练地掌握在图上确定站立点的各种方法是学习使用地图的关键。对于这些方法，除了要记住它们各自的步骤、要领，尤其重要的是要学会根据不同情况，对它们进行选择使用和结合使用。

①直接确定：当自己所处位置是在明显地形点上时，只要从图上找出该地形点，站立点即可确定。这是一种在行进中，特别是奔跑中最常用的方法。但是，采用直接确定法的困难在于：在紧张的进程中，怎样才能很快地发现可供利用的明显地形点？当同一种明显的地形点互相靠近的时候，这样才能够正确地区别它们，防止“张冠李戴”？可以称得上是明显地形点的地物主要有：

——单个的地物；

——现状地物的拐弯点、交叉点（呈“十”字形）、交汇点（呈“丁”字形）（图18-2-13），直接确定利用道路交汇点）和端点；

——面状地物的中心或者有特征的边缘。

可以称得上是明显地形点的地貌主要有：

——山地、鞍部、洼地；

——特殊的地貌形态：陡崖、冲沟等；

——谷地的拐弯、交叉和交会点：

——山脊、山背线上的转折点、坡度变换点。

图 18-2-13

②利用位置关系确定站立点（图18-2-14）。当站立点位于明显地形点附近时，可以采用位置关系法。利用位置关系法确定站立点主要是依据两个要素，一是站立点至明显点的方向，二是站立点至明显点的距离。在地形起伏明显的地方，还可以结合高度差情况进行判定。

③利用“交会法”确定：当站立点附近无明显地形点时，可以利用“交会法”确定站立点。按不同情况，它又可以具体分为90°法、截线法、连线法、后方交会法和磁方位角交会法。这些方法的优点是：不需要判断或测量距离也能确定出较为准确的站立点位置，这对于初学者学习、巩固使用定向地图的训练是很有意义的。但是，它们中的一些方法，要么只能在某些特定的条件下才能运用，要么就是步骤繁琐，费时费力，因此在定向

越野比赛中一般较少使用。

90°法：当待测点位于线状地形（包括道路、沟渠、山脊线、谷底线、坡度变换线等）上时，如果在与越野方向相垂直的方向上能够找出一个明显地形点，那么确定站立点就简单得多：线状地形符号与垂直方向线的交点即为站立点。

截线法：当待测点位于线状地形上，但在其与越野方向相垂直的方向上没有明显地形点，可以采用此法。其步骤是：标定地图；在线状地形的侧方选择一个图上与现地都有的明显地形点；利用指北针的直长边缘（也可用三棱尺、铅笔等）切于图上明显地形点的定位点上（为便于操作可插一细针），然后转动指北针，使其直长边照准该地形点；沿指北针的直长边向后画方向线，该方向线与线状地形符号的交点，就是站立点在图上的位置，见图 18-2-15（利用 90°法确定站立点）。

图 18-2-14

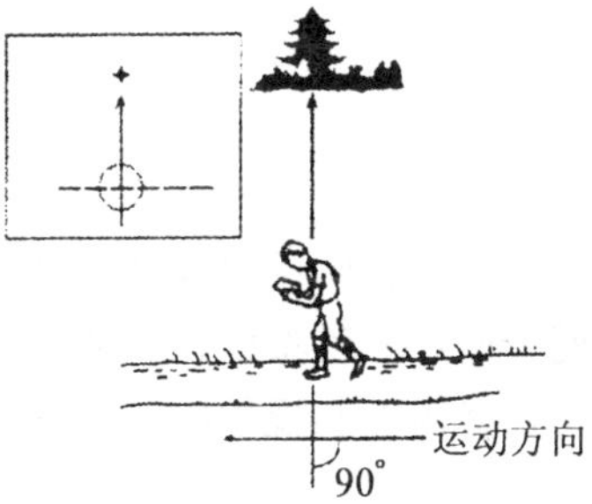

图 18-2-15

连线法：当待测点位于线状地形上，同时待测的位置恰好是在某两个明显地形点的连线上时，可以利用这种方法确定站立点，见图 18-2-16（连线法确立站立点）。

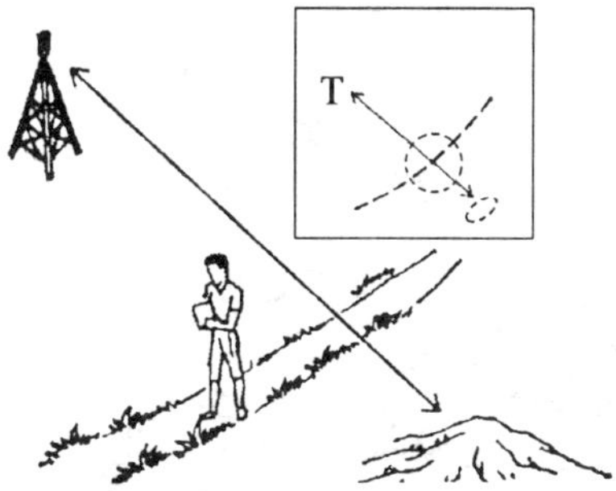

(a) 位于两地形点之间的连线上

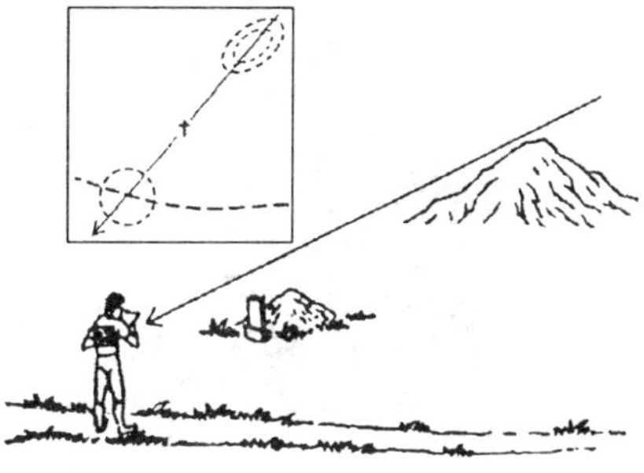

(b) 位于两地形点之间连线的外端

图 18-2-16

后方交会法、磁方位角交会法：这两种方法只在下述情况下使用，即在待测点上无线状地形可利用，而且地图与现地相应地都有两个以上的明显地形点。后方交会法通常要求地形较开阔，通视良好。其工作步骤如下：在图上找到选定的方位物之后，标定地图；然后按照截线法的步骤分别向各个方位物瞄准并画方向线，见图 18-2-17（后方交会法确定站立点)。

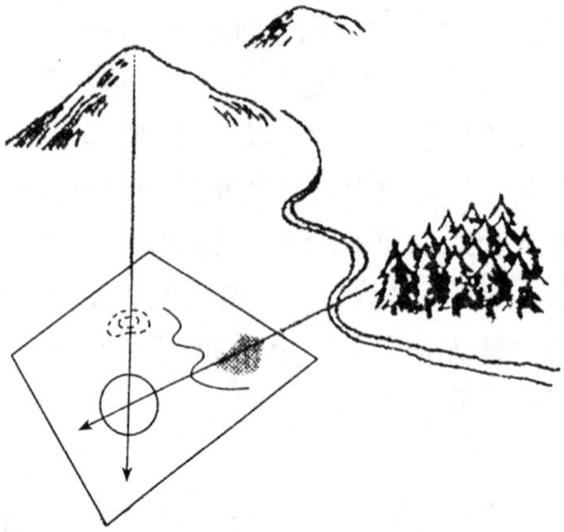

图 18-2-17

磁方位角交会法：既可以在地形开阔时使用，也可以在丛林中使用。但是，在丛林中需要攀爬到便于向远方观察的树上或其他物体上进行。其步骤如下：

第一步，选择图上和现地都有的两个明显地形点，并用指北针分别测出至该两地形点的磁方位角；

第二步，标定地图。将所测磁方位角图解在地图上。图解磁方位角时，要先转动指北针的分度盘，让指标分别对正所测的方位角值，再将指北针的直长边分别切于图上被照准的两个地形点符号并转动指北针；待磁针与定向箭头重合后分别沿直长边描画方向线。两方向线的交点，就是站立点在图上的位置，见图 18-2-18（磁方位角交会法确定站立点）。

图 18-2-18

3. 易犯错误与纠正方法（表 18-2-2）

表 18-2-2

易犯错误	纠正方法
使用指北针方法不当； 野外迷失方向； 无法确定站点。	使用时应使指北针保持水平； 随时标定地图，尽早停止越野； 概略标定地图，现地及时对照地形。

（三）扶手法

1. 动作要领

利用明显地理或人做特征作引导，使前进时更具信心。如小径、围栅、小溪涧、山嘴等，皆是有用的扶手。

2. 练习方法

当检查点位于线状地形或在其附近时，可用“借线法”。越野员在行进时要先明确站立点，然后利用易辨认的线状地形，如小径、围栅、高压线、小溪涧、山嘴等，作为行进的“引导”，使自己越野时更具信心，见图 18-2-19（借线法行进图）。

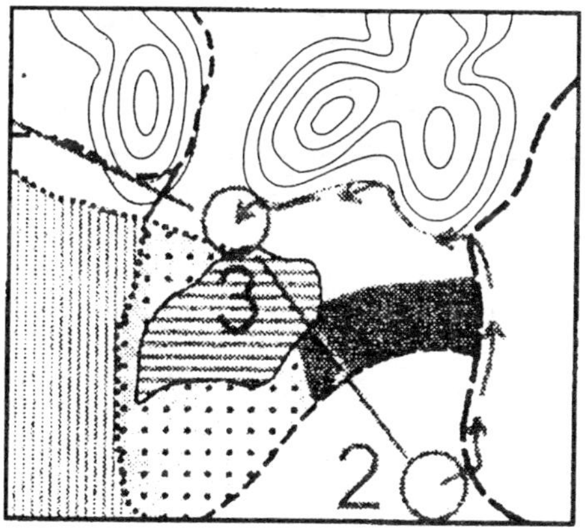

图 18-2-19

3. 易犯错误与纠正方法（表 18-2-3）

表 18-2-3

易犯错误	纠正方法
无法确立站立点； 前进时忽视利用小径、围栅、小溪等线状地形。	概略标定地图，现地及时对照地形； 重视线状地形，沿线状地形前进。

（四）搜集途中所遇特征

1. 动作要领

辨别前往控制点途中所遇到的地理特征，确保前进方向及路线正确。切勿将相似的特征误认。

2. 练习方法

当站立点距离检查点较远，途中地形又很复杂时，可用“导线法”（图 18-2-20）。行进过程中，要多次利用各个明显地形点，确保前进方向与路线的正确性。但需注意：切勿将相似的地形点用错。

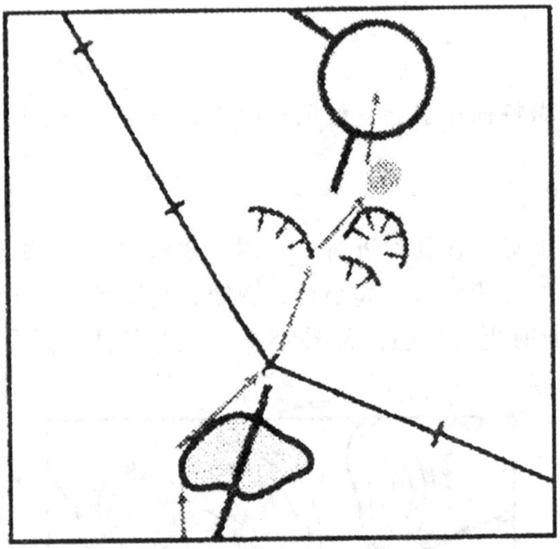

图 18-2-20

3. 易犯错误与纠正方法（表 18-2-4）

表 18-2-4

易犯错误	纠正方法
前进时忽视利用明显地形； 容易将相似地形混淆。	重视明显地形，利用明显地形； 细心对照现地地形。

（五）攻击点

1. 动作要领

先找出控制点附近特别明显的特征，然后利用指北针，从攻击点准确而迅速地前往控制点。攻击点必须是容易辨认，如电塔架，小路交点等。

2. 练习方法

当检查点附近有高大、明显的地形点时，可用“借点法”（图 18-2-21）。行进前，要先将目标辨认清楚（亦可用其他物体佐证），然后用最快的速度前往检查点。

3. 易犯错误与纠正方法（表 18-2-5）

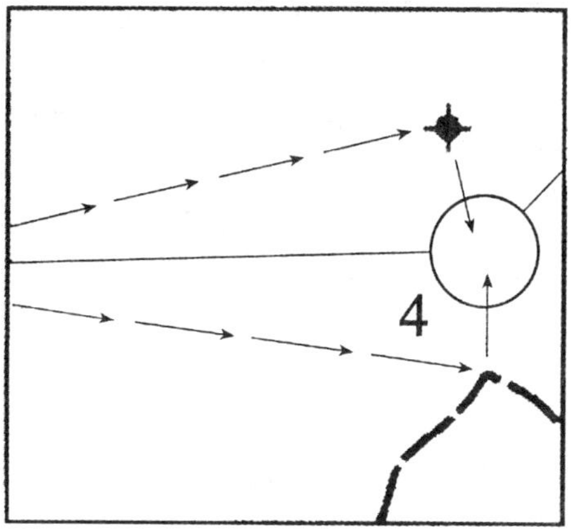

图 18-2-21

表 18-2-5

易犯错误	纠正方法
前进时忽视利用明显地形； 视野不够开阔。	重视明显地形，利用明显地形； 仔细观察、检查附近有否高大、明显地形。

（六）数步测距

1. 动作要领

先在地图上量度两点间的距离，然后利用我们的步幅准确地测量要走的路程。

2. 练习方法

站立点（或辅助点）与检查点在同一高度，或站立点（或辅助点）与检查点之间的可通行或无其他不利奔跑的障碍物时，可用“水平位依法”沿着等高线走。先量度 100 米我们所需步行的步数，（设 120 步），当我们在地图上发觉由起点到第一点的距离是 200 米便可计算出应走 240 步。为了减少步数的数目，我们利用“双步数”，只数右脚落地的一步，便可把步数减半。上面的例子双步数为 120 步，见图 18-2-22（借复步法行进）。

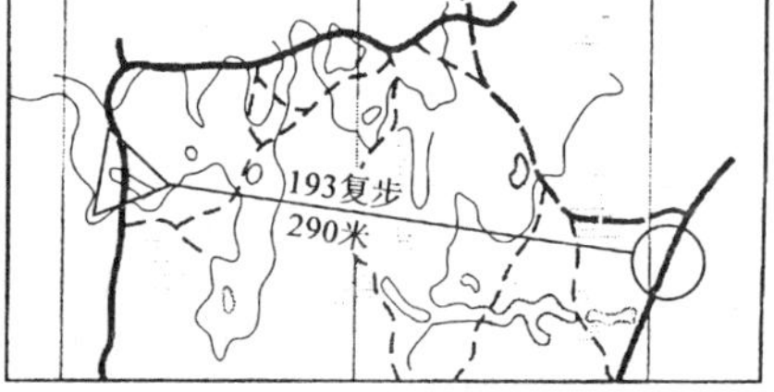

图 18-2-22

3. 易犯错误与纠正方法（表 18-2-6）

表 18-2-6

易犯错误	纠正方法
盲目越野、选择线路； 跑进时忘记数复步。	仔细观察站立点与检查点是否在同一高度；站立点与检查点之间是否有不利奔跑的障碍物；从图上量好距离后，仔细数好自己的复步。

（七）目标偏测

1. 动作要领

利用指北针前进，把目标偏移，当到达目标的上面或下面时，才沿“扶手”进入目标。

2. 练习方法

当检查点位于线状地形上或其附近时，所处的位置因与其相对而不是顺延，此时如果我们直接瞄准它前进，途中多种因素造成的偏移一定会使越野员在到达该线状地形后，不知检查点在何方（应该向左找还是向右找）相反，假如一开始我们就有意识地将目标方向往左或往右偏移一定的角度，则在到达线状地形后就非常明确检查点所在的位置了，见图 18-2-23（借偏向瞄准法行进）。

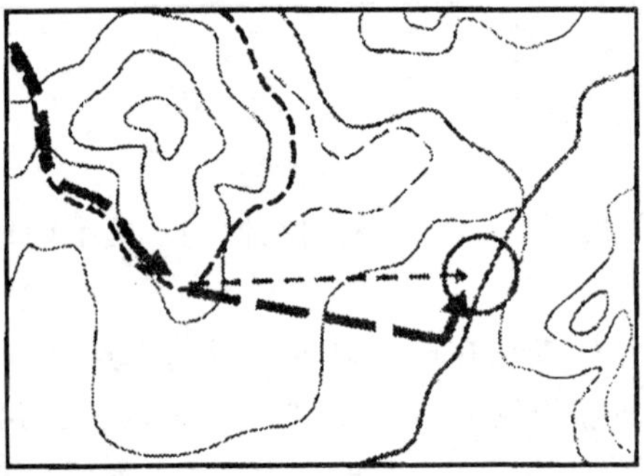

图 18-2-23

3. 易犯错误与纠正方法（表 18-2-7）

表 18-2-7

易犯错误	纠正方法
不喜欢用指北针定方向； 当检查点位于线状地形上或其附近时，喜欢直接瞄准它前进。	利用指北针精确定方向； 有意识地将目标往左或往右偏移一定角度。

第三节　棒　垒　球

一、棒垒球运动概述

现代棒球运动脱胎于英国的板球运动，创始人窦布戴伊于1839年在美国纽约创立了该项运动。1845年，美国人亚历山大·卡特赖特制定了第一个棒球竞赛规则，并正式起用了“棒球”（baseball）这一名称。1938年在英国举行了第一届世界业余棒球锦标赛。国际业余棒球联合会成立于1976年。从第25届奥运会起，棒球被列为正式比赛项目。

垒球运动是在1887年从室内棒球逐步演变发展形成的一个独立比赛项目。1933年制定了第一个统一的比赛规则，并取名为“垒球”（softball）。1952年国际垒球联合会宣告成立。在国际垒联的积极努力下，从1996年第26届奥运会起，垒球被列为正式比赛项目。

棒垒球虽然在20世纪初就传入我国，但是其普及程度远不及其他运动项目。经过棒垒球工作者多年的努力，特别是我国女子垒球的发展呈现出了良好的态势。自从1976年我国加入国际垒联后，涌现出了一批又一批世界级的优秀垒球运动员，在国际赛场上，多次获得世界锦标赛亚军、世界青年锦标赛冠亚军。在第26届奥运会上，我国女垒健儿勇夺亚军，翻开了我国垒球运动发展的新篇章。

棒球和垒球的技术、战术及比赛方法基本相同，只是场地大小，球和棒的尺寸、重量以及投球和离垒的方法不同。而且棒垒球比赛方法与其他球类有非常大的差别，即攻守截然分开。

二、棒垒球基本技术与练习方法

棒垒球技术包括防守技术（接球、传球和投球）、进攻技术（击球和跑垒）。它是构成各种战术的基础。

（一）防守技术

1. 接平直球

（1）技术要点

正面对传球者站立，两脚分开同肩宽，双膝微屈，双肘屈，合手置于胸前，双眼正视传球者。手套不能戴得太深，也不能戴得太浅。太深使用不灵活，太浅则容易被传球打落。不论高低、左右的传球，都要用手套的掌心对着来球接，使手套正面成一平面，与传球成为垂直面。绝不可用手套的手指对着来球接。传球在腰部以上，手指朝上；传球在腰部以下，手指朝下；传球偏右，如果来得及移动身体，则用正面双手接，仍按腰部上下传球的要求；如果来不及，则手指朝右，单手接球。传球偏左，手指朝左；传球偏右下侧时，可用正手接，也可用反手接。但不论正手、反手，手指都要朝右。手套的接球位置在虎口与掌心之间，球进手套后双手合拢后引，右手伸入手套拿球。

（2）练习方法

徒手变换接上、下、左、右、上左、上右、下左和下右八个方向来球的手套位置；近距离接抛球。

2. 接地滚球

(1) 技术要点

面对来球，两脚分开比肩稍宽，前导脚稍前，轴心脚稍后，屈膝，上身前俯，重心置于双脚前掌，双手自然放在双膝之前，双眼正视来球。正面迎球，双手前伸靠拢，手套张开，掌心向前上方，贴地，传球手放在手套上，调整步法，在地滚球弹跳到最高点或刚着地时，用双手接球（图 18-3-1）。球进入手套后，传球手覆盖手套，并将手套稍后引，以免球从手套中弹出。同时，传球手把手套里的球抓住，准备垫步，再将传球臂后摆，做传球准备。

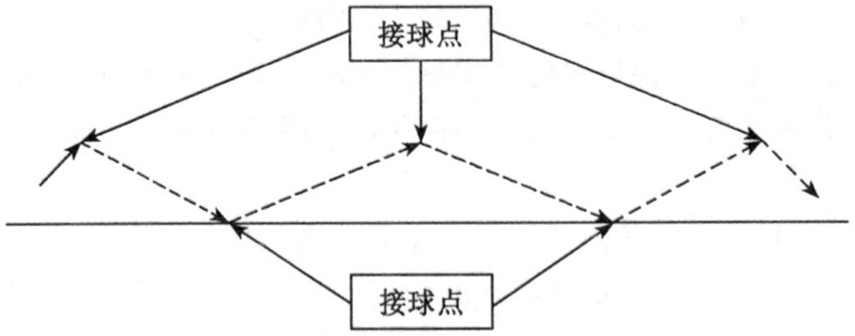

图 18-3-1

接地滚球时，除非来球很迅猛而来不及上前接，其他情况则只能上前接，而不能等着接，更不能退后接。特别是接球速不快的地滚球时，必须起步向前，在距来球 1 ~ 2 米时下蹲接球。接左前方或右前方的地滚球时，起动路线不能与来球路线交叉，不能等球到跟前才下蹲接球，而应留有余地，采取弧形跑动路线，然后在距来球 1 ~ 2 米时下蹲接球。

(2) 练习方法

徒手下蹲做双手正面接地滚球练习；练习接近距离抛来或传来的地滚球；练习接教练击出的地滚球；结合内外场练习接地滚球。

3. 接高飞球

(1) 技术要点

面对前方，两脚分开比肩稍宽，左脚稍前，两膝微屈，上体前倾，双手自然放在双膝前或胸腹前，两眼正视前方，注意力集中。接高飞球时，先判断其落点，迅速起动到落点附近。

正对来球，自然站立，双臂屈肘，上举到头部前上方，手套手指朝上，掌心向前上方张开，传球手放在手套旁，双眼从手套上沿看来球，球进入手套时，传球手将球覆盖，用双手牢牢把球接住，同时顺势后引，准备传球。在移动中，不要将手套放在头上。接身后高飞球时，应采用侧身跑或侧身跑后再接侧身跑的方法。

(2) 练习方法

近距离原地接抛来的小高飞球；步法练习，侧身跑与后转身组合练习；接教练击出的高飞球，并结合内外场练习接高飞球。

4. 传球技术

(1) 握球方法

棒球的握球方法：把球放在食指和中指的指根，这两指放在球体的上部，两指分开约一指宽，两指的第一指节前部要压在球缝处，拇指和无名指扶持球体下部两侧，拇指第一指节也要压球缝，形成三点压球缝，两点在上，一点在下正中。不要把球握在掌心，也不要把球完全贴在虎口，球与虎口之间要留有空隙。不要把球握得太紧或太死，要放松一些。

垒球的握球方法：食指、中指、无名指自然分开，指根以上部位放在球体上方，大拇指放在球体下方，小指放在球体外侧。手型较大或手指较长者，也可以采用棒球的握法。

（2）传球技术

传球姿势由于出球位置的不同而分为肩上传球、体侧传球和肩下传球三种。

这三种传球姿势中，以肩上传球姿势最为合理，此种传球有力而准确，且不易伤及肩、臂，因此要以肩上传球姿势为主。只有在特定情况下，才用体侧传球和肩下传球姿势。

肩上传球的动作要领：正面对着传球目标站立，两脚分开同肩宽，双膝微屈，左脚稍前，双眼正视接球队员的胸前，两手持球置于身前。身体向传球臂方向转动约90°，右臂摆向身后，左脚向传球方向前移，准备伸踏。这时，以右脚或双脚支撑整个身体，使之保持稳定，两臂前后分展，球在掌下。随左脚向传球方向伸踏落地，身体左转，左臂屈肘，向左肩后收，带动右臂从身后向身体右上方（体侧3/4部位）前送。待通过体侧线时，用力甩臂扣腕，将球在身体前上方传出。双眼始终盯准接球者。右臂从身后前送时，要使手背在下，球在上，肘平肩屈成90°左右，肘关节不低于肩关节，腕不低于右耳，但不能过于靠近右耳。甩臂扣腕要由上向下用力，借助转髋力量，要有爆发力。球出手时，食指和中指第一指节压球缝部分要有拨指动作，使传出的球做由下向上的旋转，加速球体向前运动的冲力（图18-3-2）。

图 18-3-2

传球出手后，右臂继续向身体左下方摆动，上身自然下压，右脚前移，做接球的准备姿势。

（3）练习方法

连续往自己手套里传球、拿球，体会握球的要领；肩上传球姿势，连续抽毛巾练习；两人间由近到远、由远到近传接球练习和垒间传球练习；结合内外场练习传球。

5. 棒球投球技术（以右投为例）

投球有正面投球和侧身投球两种姿势，投手可随时选择其中一种姿势投球。正面投球就是投手正面向着击球员站立投球；侧身投球就是投手侧身向着击球员站立投球。它们之间的区别在于前者便于投球，后者便于传牵制球，这是因为棒球比赛中跑垒员不受离垒限制。因此，在垒上没有跑垒员时，不论右投还是左投，投手都采取正面投球姿势。但垒上有跑垒员时，则采取侧身投球姿势。

无论正面投球还是侧身投球，根据投球出手时投球臂的角度和出球点的高低，有三种投球方法：上投法、侧投法、下投法。其中上投法是最基本的投球技术。

（1）正面投球技术要点

准备姿势：右脚踏在投手板上，左脚放在投手板两侧以外的任何地方，正面对着接手，右手调整握球的位置，将食指、中指的指尖压在球的线缝上。保持握球的隐蔽性和身体的稳定性。

投球预摆：双臂向上摆动并合手，转体提膝，重心置于右脚，双眼注视接手。尽可能提高提膝的高度，但不能破坏身体平衡。

投球出手：右膝微屈蹬地，左髋前送，左脚伸踏，根据腿部力量决定伸踏幅度。上体左转，重心前移，左臂屈肘后收，右臂前挥，手腕下压，手指拨球出手。

投球臂随挥：其技术动作与肩上传球相似（图 18-3-3）。

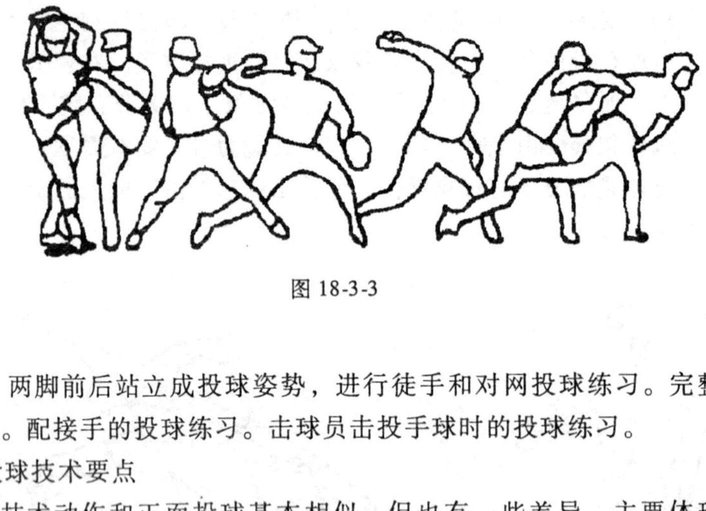

图 18-3-3

练习方法：两脚前后站立成投球姿势，进行徒手和对网投球练习。完整动作的徒手和对网投球练习。配接手的投球练习。击球员击投手球时的投球练习。

（2）侧身投球技术要点

侧身投球的技术动作和正面投球基本相似，但也有一些差异，主要体现在以下几方面：

准备姿势：身体侧对接手，两脚左右开立，左脚在前，右脚踏在投手板上，并保持身体静止。

投球预摆：侧身投球无须预摆。提膝高度视投手的动作速率和投球速度而定。

投球出手：投球出手和投球臂随挥的技术动作与正面投球相似。

练习方法：与正面投球基本相似。

6. 垒球投球技术（以右投为例）

垒球投球方法有后摆式和绕环式两种。目前，国际上普遍采用绕环式投球方法。初学者往往从学习后摆式投球入手，因为该方法较易掌握且准确性也易控制。现将该方法介绍如下：

（1）技术要点

握球：握球方法与传球的握法相同，最好是食指和中指握在球的线缝上，借以加强对球的控制力量和球的旋转。

踏板位置：两脚站在投手板上，可平行站立，或右脚稍在前，触踏在板的前沿，脚尖稍偏向三垒，左脚在后，触踏投手板，两脚之间距离略小于肩宽，重心落在右脚上，身体自然放松，两肩与一、三垒平行，面对击球员。

投球动作：投球前，双手握球置于身前。静止后，两手分开，开始做向后摆臂动作。右手握球，右臂直臂经体侧由下向后上摆。在后摆的同时，上身前倾并向右转，左腿屈膝提踵向右转。当摆臂至后上方最高点时（约与地面垂直），左脚向正前方迈出一大步，呈弓箭步，利用身体前倾（重心前移）、腰部扭转、髋关节前送和右脚用力蹬地，加快手臂下摆速度。最后加上手腕和手指的力量，将球经体侧向前投出。球出手后，右臂继续前摆，右脚顺势跨出一步，与左脚平行，两膝微屈，上身前倾，做好防守准备。

（2）练习方法：与棒球练习方法基本类似。

（二）进攻技术

进攻技术包括击球技术（挥击球、触击球）和跑垒技术。击球技术是棒垒球运动中进攻的基本技术，也是最重要的技术。跑垒是进攻技术的一部分，它包括跑一个垒、连续进垒和离垒。

1. 挥击球（以右打为例）

（1）技术要点

握棒：双手握棒，左手在下，右手在上，两手并拢，不留空隙。把棒放在右手指第三指节根部、左手指第三指节上，然后合手拧紧。（图 18-3-4）

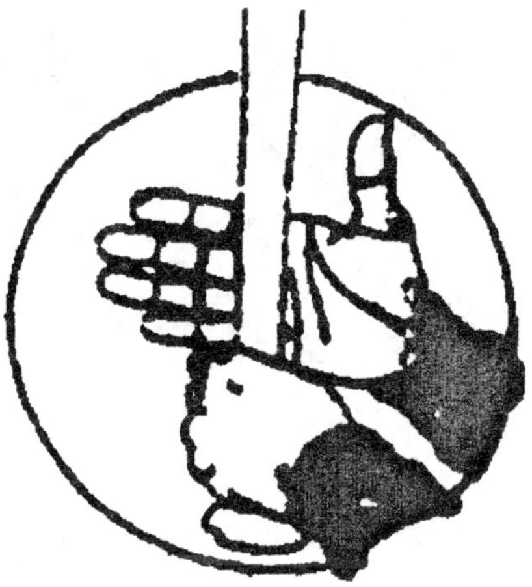

图 18-3-4

准备姿势：击球员的站姿有平行式、开放式、封闭式三种（图 18-3-5）。

平行站姿对初学者较为适宜。当击球员进入击球区后，应正对本垒板站立，两脚分开同肩宽，两膝微屈，双手握棒，像持雨伞那样将棒立于右肩前，左臂横放胸前，离胸部约

图 18-3-5

一拳，头部转向投手，注视投手投球动作，全身放松。

挥棒与击球：在投手开始摆臂时，击球员应将重心移到右脚上。当投手投球出手的一刹那，击球员即将左脚向前伸踏一小步，重心随即落在两脚上，双膝微屈，右脚以前脚掌为轴，向内转动，髋关节主动左转前移，带动腰及上体向前转动，同时，握棒的双手以腕领棒，加速前挥。当挥棒的两臂伸直时，也就是挥棒速度最快、力量都集中在棒头的时候，以棒的粗端在本垒板前上空把球击出。在触球的一刹那，手腕要向前用力顶一下，以增加击球力量。击中球后，棒要继续挥动，不得停顿。右手要向上翻腕，同时随势屈肘，当双手贴近左肩时才算完成整个挥棒动作。击中球时，重心应在两腿之间，左腿伸直，右腿屈膝，脚步稳定，支撑有力。在整个挥棒击球过程中，两眼要始终注视来球，特别是击中球的一刹那。挥棒速度由慢至快，挥棒方向基本上与来球保持同一水平方向。根据来球的内外、高低，随时改变棒的挥动轨迹和击球点。(图 18-3-6)

图 18-3-6

(2) 练习方法

转髋和伸踏的徒手练习；挥空棒练习；击立柱球、垂直抛击球和斜抛击球练习；轻击球和击投手球练习。

2. 触击球（以右打为例）

(1) 技术要点

击球前的准备姿势与挥击球相似。当投手投球出手后，击球员向左转体，重心前移，两膝弯屈，右脚提踵，收腹含胸，上身前倾，左手斜握棒柄，右手采用拇指在上、四指弯曲在棒下或五指朝上的握棒方法滑向棒的1/2处，双臂屈肘前伸，使棒的粗端略高，并在

1/3处触球，眼睛与球棒的触球位置平齐，以便盯住来球（图18-3-7）。在棒碰触球的瞬间，小臂和手腕要有缓冲。根据来球的高低、内外，击球员要用双膝和双手来调整棒的位置。

图 18-3-7

（2）练习方法

触击动作练习；抛（投）球触击练习。

3. 跑垒、离垒

（1）跑垒的技术要点

在跑一个垒时，应直线跑进，而跑两个或两个以上的垒时，应先向外绕弧线，然后身体向里倾斜，并用脚踏垒包的内角（图18-3-8）。但无论怎样跑垒，只要跑垒员在到达垒位之前有被杀的可能（除击跑员跑向一垒），就应滑垒或扑垒。

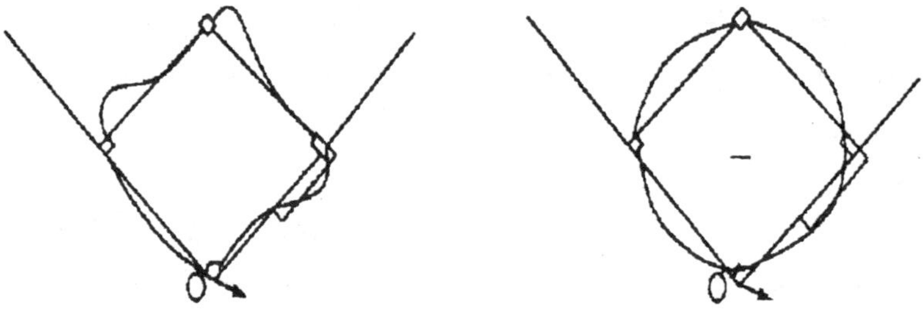

图 18-3-8

（2）离垒的技术要点

棒球的离垒：当投手踏上投手板并合手后，跑垒员后交叉步离垒2~3米，面向场内，两脚分开，屈膝弯身，重心置于左脚，两臂身前自然下垂，注意观察投手动作。当投手开始投球时，跑垒员可以直接跑向下一个垒，或向前起动，根据击球员击球与否和击球情况再作出跑垒和返垒的决定。当投手向垒上传牵制球时，跑垒员应立即返垒（二垒跑垒员在二垒手或游击手进二垒时，也应返垒），返垒可以是扑垒，也可以是跑垒。

垒球的离垒：当投手踏上投手板并合手后，跑垒员的一只脚踏在垒上，然后屈膝弯身，重心置于前脚，身体正对下一个垒位，双眼注视投手。球出手后的离垒与棒球相似。

（3）跑垒、离垒的练习方法

起动、急停、转身练习；挥棒起动跑一垒练习；各垒位的起动连续跑垒练习；高飞球时的离垒和跑垒练习；实战练习中的跑垒及偷垒练习。

跑垒时，应注意按规则要求跑。后一位跑垒员的跑垒应视前一位跑垒员的跑垒情况而定。棒球离垒时，特别要注意看清投手的动作，以免被牵制出局。

三、棒垒球基本战术

棒垒球比赛的战术是在特定场合下所采取的打法，它带有一定的局限性，但在关键时刻，也能起到决定性的作用。

（一）进攻战术

1. 单偷垒

（1）技术要点

当一垒或二垒抑或一、二垒跑垒员在投手投球开始时（棒球）或投球出手时（垒球），快速向下一个垒跑进，击球员则采用挥空棒或假触击的方法给予掩护。

（2）练习方法

在投手、接手的配合下练习。棒球跑垒时，要注意观察投手的投球动作。对垒球，应注意离垒是否过早。

2. 牺牲触击技术

（1）技术要点

两出局前，一垒或二垒抑或一、二垒（一、三垒）有跑垒员时，击球员采用触击的方法将投手投来的球击进场内，而跑垒员则乘机跑向下一个垒。

（2）练习方法

结合防守进行练习。击球员只触击好球，而放弃坏球。触击腾空球时，跑垒员要等到球落地后，才能向下一个垒跑进。击球员只有在完成触击任务后，才能起动跑向一垒。

3. 抢分触击技术

（1）技术要点

两出局前，三垒或二、三垒抑或一、三垒有跑垒员时，击球员采用触击的方法将投手投来的球击进场内，而三垒跑垒员则采用单偷垒的方法冲向本垒。

（2）练习方法

结合防守进行练习。好坏球都要触击。若遇击球员触击未成，或触击成腾空球时，跑垒员应急停返垒。

（二）防守战术

进攻与防守是互相联系的，根据进攻战术采取针锋相对的打法，这就是防守战术。

1. 防单偷垒战术

（1）技术要点

投手利用传牵制球来控制跑垒员的离垒距离（棒球），有偷垒可能时，投手投偏外的球，二垒手或游击手向所要偷的垒位靠近两三步。

（2）练习方法

接手接投手球后传各垒位的练习和单偷垒战术组合练习。注意二垒手移动要迅速，接手动作要快，传球要准。

2. 防牺牲触击战术

（1）技术要点

一、三垒手采取紧迫防守的站位，投手投本垒板两侧偏高或偏低的好球。守场员接球后，争取传杀前一位跑垒员，若不行，则往一垒传杀击球员。

（2）练习方法

在垒上无跑垒员或有跑垒员的情况下，防教练棒击出的触击球。结合攻队牺牲触击战术进行练习。注意防守队员起动要快，补位要迅速。

3. 防抢分触击战术

（1）技术要点

投手投偏外的坏球，一、三垒手采取紧迫防守的站位，见触击动作就起动，赶在三垒跑垒员前将球传至本垒。

（2）练习方法

结合抢分触击战术进行练习。注意防守队员，起动要快，传球要准，接手持球要牢固。

四、棒垒球比赛方法与基本竞赛规则

（一）比赛方法

棒垒球比赛在一块直角扇形的场地上进行（图 18-3-9），每队有 9 名队员上场参加比赛。比赛开始时，9 名防守队员按防守位置站列，攻队则按照赛前教练员排定的击球次序轮流击球。击球员的目的是将投手投来的球击出，然后通过跑垒争取安全上一垒、安全上二垒、安全上三垒，最后安全返回本垒得分。而守队则是通过投手的投球和其他队员的防守，来抑制击球员的击球和跑垒员的跑垒，争取将他们杀出局。如果守队在防守中累计将 3 名攻队队员杀出局，则双方攻守交换。一个队攻、守各一次为一局。棒球比赛为 9 局，垒球比赛为 7 局，最后根据得分多少决定胜负。一般情况下，棒垒球比赛若打平，须通过增加局数决胜负。

（二）规则简介

1. 比赛人数

每队必须有 9 名上场队员才可以开始或继续比赛，否则判弃权。

2. 三击不中

投手投出的球通过本垒板上空，高度在击球员自然击球时的腋下、膝上为好球，判一击；否则为坏球，判一球。此外，击球员挥（触）击未中，也判一击。如果击球员被判三击，则出局。

3. 界内球

击出的地滚球或腾空球在一、三垒垒包前（包括垒包），未碰到任何障碍物而进入垒

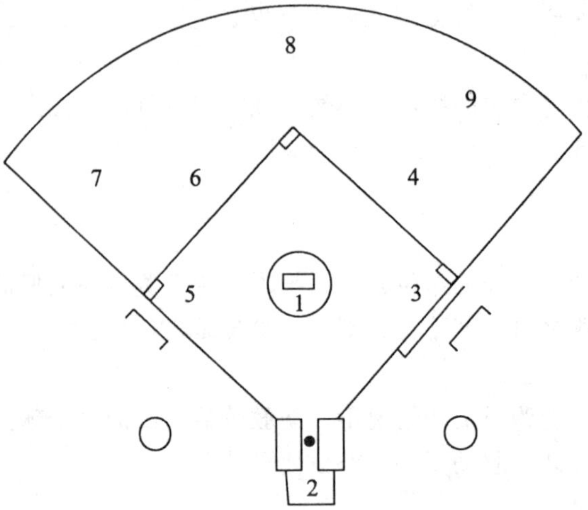

1 投手　2 接手　3 一垒手　4 二垒手　5 三垒手
6 游击手　7 左外野手　8 中外野手　9 右外野手
图 18-3-9

线以内，或击出的腾空球第一落点在一、三垒垒包后的垒线以内（包括垒线），为界内球，否则为界外球。若击出的腾空球从界内地区上空直接越过本垒打围网时，为本垒打。击球员在二击前，击一个界外球，判一击，二击以后不再判击，但二击后触击成界外球时，则判击球员出局。

4. 申诉

守队可以在投手投出下一个球前对攻队的击球次序错误、漏踏垒或高飞球离垒过早向裁判提出申诉，裁判员则根据规则给予安全或出局的判罚。

5. 妨碍

跑垒员在跑垒过程中与正在接球的防守队员发生冲撞，或被击出的球击中，则判跑垒员出局，其他跑垒员返回原垒。

6. 投球离垒过早

垒球比赛中，跑垒员在投手投球出手前离开垒位，则判跑垒员出局。

参考文献

1. 易勤，郭晶．当代大学生体育教程［M］．武汉：武汉大学出版社，2007

2. 易勤，郭晶等．大学体育教程［M］．武汉：武汉大学出版社，2005

3. 孙麒麟．体育实践教程［M］．大连：大连理工大学出版社，2002

4. 史绍蓉等．大学运动健康（理论）［M］．北京：高等教育出版社，2006

5. 从群等．大学体育［M］．上海：上海交通大学出版社，2006

6. 左从现等．高校体育教程［M］．武汉：武汉大学出版社，2006

7. 游春栋等．体育与健康［M］．北京：清华大学出版社，2006

8. 贾冠军等．大学体育健康实用教程［M］．长春：吉林文史出版社，2005

9. 颜雪珍主编．普通大学体育教程［M］．厦门：厦门人学出版社，2006

10. 邓树勋等．现代大学体育理论教程［M］．广州：广东高等教育出版社，2006

11. 金其荣．体育与健康实践教程［M］．北京：北京大学出版社，2006

12. 王良民．体育与健康［M］．北京：科学出版社，2006

13. 王方椽，高校体育选项课理论教程［M］．上海：复旦大学出版社，2005

14. 孙洪涛．体育教程［M］．长沙：湖南师范大学出版社，2006

15. 许砚田等．大学体育教程［M］．天津：天津大学出版社，2004

16. 何永超．体育理论教程［M］．北京：北京体育大学出版社，2004

17. 凌月红．体育健康教育与运动处方［M］．北京：北京体育大学出版社，2005

18. 金元浦，大学奥林匹克文化教程［M］．北京：高等教育出版社，2006

19. 梁丽娟译．萨马兰奇与奥林匹克运动［M］．北京：人民体育出版社，1993

20. 邹继豪．全国普通高等学校体育与健康课程理论教材［M］．大连：大连理工大学出版社，2001

21. 林春茂．体育知识百科全书［M］．延吉：延边人民出版社，2000

22. 曹勇．怎样欣赏体育比赛［M］．北京：军事科学出版社，1996

23. 邓树勋．大学体育［M］．广州：中山大学出版社，2003

24. 杨忠伟．体育运动与健康促进［M］．北京：高等教育出版社，2004

25. 杨文轩．当代大学体育［M］．北京：人民体育出版社，2005

26. 陈吉隶．运动营养学［M］．北京：北京医科大学出版社，2002

27. Dianne Hales 著，孙云霞等译．现代健康指导手册［M］．北京：中国轻工业出版社，2000

28. 邓树勋等主编．运动生理学［M］．北京：高等教育出版社，2005

29. 季成叶著．体质自我评价和运动健康处方［M］．北京：北京体育大学出版社，2002

30. 兰荣等．体育领域中“体适能”概念的产生及其影响［J］．广州体育学院学报，2004，24（1）

31. 张健平．美国最佳体适能教育计划及其对我国体育课程改革的启示［J］．体育与科学，2001，22（1）

32. 王润平．体育锻炼与心理健康［M］．桂林：广西师范大学出版社，2005

33. 朱学雷等．锻炼心理学研究综述［J］．上海体育科研，2003（6）

34. 季浏．锻炼心理学学科思想的沿革［J］．上海体育学院学报，2004（3）

35. 顾德明等．健美训练［M］．北京：人民体育出版社，2004

36. 纪斯超．网球［M］．北京：北京体育大学出版社，1998

37. 蒋立．乒乓球［M］．北京：人民体育出版社，1997

38. 全国体育院校教材委员会．大众艺术体操［M］．北京：人民体育出版社，1998

39. 王爱兰．艺术体操［M］．北京：人民体育出版社，1987.

40. 体育院校普修通用教材．大众艺术体操［M］．北京：人民体育出版社，2000

41. （日）大河原久典著，陆薇薇，徐翠译．塑造形体锻炼法［M］．南京：江苏科学技术出版社，2003

42. 黄宽柔主编．艺术体操与健美操［M］．广州：广东高等教育出版社，2003

43. 孔庆鹏．教你练健美操［M］．南京：江苏科学技术出版社，1999

44. 李春文．体育舞蹈教程［M］．沈阳：辽宁人民出版社，2000

45. 马振洪．篮球［M］．北京：人民体育出版社，1998

46. 彭美丽．羽毛球技巧图解［M］．北京：人民体育出版社，2003

47. 邱丕相．武术［M］．北京：人民体育出版社，1995

48. 球类运动足球［M］．北京：高等教育出版社，2000

49. 施达生．排球教学训练指导［M］．北京：人民体育出版社，1995

50. 苏丕仁．乒乓球教学与训练［M］．北京：人民体育出版社，1995

51. 陶志翔．网球［M］．北京：北京体育大学出版社，2000

52. 腾栋梁等．大学体育教材［M］．长春：吉林人民出版社，1996

53. 王庆跃．健美操入门［M］．成都：四川科学技术出版社，1998

54. 王双忠．道馆式跆拳道［M］．北京：北京体育大学出版社，2004

55. 虞重干．排球运动［M］．北京：人民体育出版社，1999

56. 张清澍．体育舞蹈［M］．北京：北京体育大学出版社，1997

57. 罗汉新编著．游泳速成［M］．北京：人民体育出版社，1996

58. 沈文益编著．游泳［M］．北京：人民体育出版社，1999

59. 温仲华等编著．游泳［M］．北京：北京体育大学出版社，1998

60. 俞继英主编．奥林匹克游泳［M］．北京：人民体育出版社，2001